Exilforschung · Ein internationales Jahrbuch · Band 28

I0130497

Exilforschung
Ein internationales Jahrbuch

28/2010

Gedächtnis des Exils –
Formen der
Erinnerung

Herausgegeben im Auftrag der
Gesellschaft für Exilforschung/Society for Exile Studies
von Claus-Dieter Krohn und Lutz Winckler
in Verbindung mit Erwin Rotermund

et+k
edition text + kritik

Redaktion der Beiträge:

Prof. Dr. Lutz Winckler
Bundesratufer 7
10555 Berlin

Bibliografische Information der Deutschen Nationalbibliothek
Die Deutsche Nationalbibliothek verzeichnet diese Publikation
in der Deutschen Nationalbibliografie; detallierte
bibliografische Daten sind im Internet über
http://dnb.d-nb.de abrufbar.

ISBN 978-3-86916-077-1

Umschlagentwurf: Thomas Scheer, Stuttgart

Das Werk einschließlich aller seiner Teile ist urheberrechtlich geschützt.
Jede Verwertung, die nicht ausdrücklich vom Urheberrechtsgesetz zugelassen ist,
bedarf der vorherigen Zustimmung des Verlages. Dies gilt insbesondere für
Vervielfältigungen, Bearbeitungen, Übersetzungen, Mikroverfilmungen und die
Einspeicherung und Verarbeitung in elektronischen Systemen.

© edition text + kritik im Richard Boorberg Verlag GmbH & Co KG, München 2010
Levelingstraße 6a, 81673 München
www.etk-muenchen.de

Satz: Fotosatz Schwarzenböck, Hohenlinden
Druck und Buchbinder: Laupp & Göbel GmbH, Talstraße 14, 72147 Nehren

Inhalt

In memoriam Wulf Koepke (1928 – 2010)

Am 14. Mai 2010 ist Wulf Koepke, der langjährige Mitherausgeber des Jahrbuchs Exilforschung, in Boston gestorben. Nach Studien in Freiburg und
Paris, die er 1955 mit der Promotion abschloss, arbeitete Wulf Koepke für
den DAAD in Singapur, anschließend am Goethe-Institut in München.
Danach ging er als Hochschullehrer in die USA – an die University of Illi-
nois (Chicago), die Rice University (Houston) und schließlich an die Texas
A&M University. Nach seiner Pensionierung lebte und forschte er als Distinguished Professor Emeritus in Boston. Zu seinen Forschungsschwer-
punkten zählte außer dem Exil die Literatur der Goethezeit: Neben Büchern
über Alfred Döblin und Lion Feuchtwanger hat Wulf Koepke Untersuchungen zu Johann Gottfried Herder und Jean Paul veröffentlicht. Wulf
Koepke war zugleich Forscher und engagierter Pädagoge – wichtig waren
ihm vor allem seine Studenten, die Leser seiner Bücher und zahlreichen Aufsätze, schließlich die Freunde und Kollegen, mit denen er auf Tagungen und
Kongressen im germanistischen Universum zusammentraf und diskutierte.
Seine letzte Arbeit, im diesjährigen Jahrbuch veröffentlicht, galt nicht zufällig Heinrich Mann – einem Autor, mit dem ihn nicht nur die gemeinsame Geburtsstadt Lübeck und die Erfahrung der USA verband, sondern
vor allem auch die Überzeugung von der humanisierenden, bildenden und
verändernden Kraft der Kultur. Wissenschaft und Leben, Literatur und Erinnerung standen für Wulf Koepke in unmittelbarer, enger Beziehung. Wie
sehr sein Leben und seine wissenschaftliche Arbeit geprägt waren von der
geschichtlichen und persönlichen Situation, die er vorfand und sich zu
eigen machte, zeigt die Widmung seines letzten, 2008 erschienenen Buches
Wartesaal-Jahre. Deutsche Schriftsteller im Exil nach 1933: »Gewidmet ist
dieses Buch meiner Frau Monique, mit der ich seit 55 Jahren verbunden bin
und deren Schicksal mir die Exilforschung als einen Brennpunkt meiner
Arbeit vorgezeichnet hat, dem Andenken ihrer in Auschwitz ermordeten
Eltern und besonders meinen Kindern und Enkeln, die in Amerika die hier
geschilderte Erbschaft in ihrer eigenen Weise weitertragen.«

Lutz Winckler

Gedächtnis des Exils: Erinnerung als Rekonstruktion
Vorwort

Die Frage nach dem Gedächtnis des Exils bedeutet mehr als eine Erweiterung des Themenspektrums der Forschung, sie verweist auf einen Einschnitt im historischen Bewusstsein und der wissenschaftlichen Auseinandersetzung mit dem Exil: auf die Tatsache, dass das Exil zwischen 1933 und 1945 mit dem Tod der Zeitzeugen und Zeitgenossen zur Geschichte wird, deren Beziehung und Bedeutung für die Gegenwart erst rekonstruiert werden muss. Dies ist die Aufgabe des Gedächtnisses und der Erinnerung. Gedächtnis und Erinnerung sind komplementär: »Das Gedächtnis«, so Aleida Assmann, »ist die Dispositionsmasse, aus der die Erinnerung auswählt, aktualisiert, sich bedient« [1]. Um diesen Zusammenhang zu erläutern, soll zunächst ein Blick auf die unterschiedlichen Formen des Gedächtnisses geworfen werden.

Aleida Assmann unterscheidet zwei Formen des Gedächtnisses: das kommunikative Gedächtnis und das kulturelle Gedächtnis. Träger des kommunikativen Gedächtnisses sind die Mitlebenden; seine zeitliche Grenze umschließt drei Generationen. Sein Inhalt umfasst einen überschaubaren, aber wechselnden Interpretationen unterliegenden zeitgenössischen Lebens- und Erfahrungszusammenhang. Das »kommunikative Gedächtnis«, so Aleida Assmann, »entsteht in einem Milieu räumlicher Nähe, regelmäßiger Interaktion, gemeinsamer Lebensformen und geteilter Erfahrungen« [2]. Erinnert wird in den narrativen Formen der mündlichen Rede, des Gesprächs, biografischer und historischer Erzählungen: Das kommunikative Gedächtnis ist unabgeschlossen, fragmentarisch, labil. Diese Eigenschaften verbinden sich mit einem hohen Maß emotionaler Selbstbeteiligung und selbst- bzw. gruppenbezogener Wertung. Der emotionale Erinnerungshorizont ist immer auch ein partikularer Wertungshorizont.

Das kulturelle Gedächtnis löst sich aus dem Lebenszusammenhang der Zeitgenossen und ihrer auf unmittelbare Kommunikation angelegten Erinnerungsformen. Seine Träger sind Institutionen wie Bibliotheken, Archive und Museen. Kulturelle Erinnerung vermittelt sich über Medien: über die Schrift, Bilder und Objekte, über Zeichen und Symbole. Der Zeithorizont ist potenziell unbegrenzt, er reicht über den individuellen und generationellen Zeitbezug hinaus auf die gesamte, dem Wissen verfügbare Geschichte. [3] Lässt sich das kommunikative Gedächtnis als Gedächtnis der Zeitgenossen definieren, so ist das kulturelle Gedächtnis das Gedächtnis der Nachgeborenen. Unterschiedlich ist auch das Verhältnis zur Geschichte: An die Stelle der emotionalen Nähe tritt die kritische Distanz.

Kommunikatives und kulturelles Gedächtnis haben eine gemeinsame Eigenschaft: Sie sind, wie Jan Assmann betont, »identitätskonkret«[4] – das heißt, sie tragen zur Identität der erinnernden Person oder der Gruppe bei, bestimmen die Normen ihres Verhaltens. Aber die Art und Weise dieses Identitätsbezugs ist verschieden: Die Unmittelbarkeit des lebensgeschichtlichen Zusammenhangs von Erinnern, Erfahren und Handeln, der für das kommunikative Gedächtnis bestimmend ist, ist im kulturellen Gedächtnis aufgehoben und muss immer neu rekonstruiert werden. Das verleiht dem kulturellen Gedächtnis und den daraus abgeleiteten Erinnerungs- und Orientierungsformen eine »irreduzible Vielstimmigkeit«[5]. Das kulturelle Gedächtnis ist selbstreferenziell: Der Erinnerungsvorgang wird von der Emotionalität umgestellt auf Reflexivität.[6]

Kommunikatives und kulturelles Gedächtnis schweben nicht im geschichtsfreien Raum. Beide entstehen und verlaufen innerhalb historischer und sozialer »Rahmen« – ein Begriff der auf Maurice Halbwachs zurückgeht.[7] Halbwachs versteht darunter Artikulationsformen und Normen des kollektiven Gedächtnisses, wie sie sich aus dem Lebenszusammenhang der Individuen innerhalb sozialer Gruppen – der Familie, dem Beruf, religiösen und politischen Gemeinschaften – entwickeln. Diese sozialen Rahmen bilden den Horizont des Gedächtnisses. Das kommunikative Gedächtnis artikuliert sich innerhalb dieser Horizonte, individuelle und kollektive Identität folgen der Logik von Einschließung und Ausschluss. Im kulturellen Gedächtnis werden die Horizonte als Bedingungen der Erinnerung immer mit reflektiert, Identität geht aus dem Vergleich unterschiedlicher Horizonte hervor.

Funktionen und Formen des kommunikativen und des kulturellen Gedächtnisses lassen sich durch den Vergleich mit der diskursiven Formation des »Zeugen« und des »Archivs« näher erläutern. Ich stütze mich dabei auf die Epistemologie des Zeugnisses und des Archivs, die Paul Ricœur entwickelt hat.[8] Das Zeugnis ist nicht zu trennen von der Person des Zeugen: Zeugnisse – sowohl Aussagen, Texte oder Objekte – stehen in unmittelbarem Zusammenhang mit der Person des Zeugen; sie erhalten ihre Bedeutung aus dem Leben und der Geschichte des Zeugen. Entscheidend ist die Glaubwürdigkeit (fiabilité) des Zeugen, sie verbürgt die Wahrhaftigkeit des Zeugnisses. Der Zeuge ist nicht allein, er benötigt jemanden der ihn befragt, der ihm zuhört: Zeuge und Zuhörer bilden den Kern einer Gemeinschaft, die über den Zeugen hinausreichen kann – eine kommunikative Atmosphäre des Verstehens und Vertrauens (sociabilité). Auf diese Weise entstehen Zeugnisgemeinden, die die Sache des Zeugen vertreten. Diese Zeugnisgemeinden sind das diskursive Modell des kommunikativen Gedächtnisses.

Das Archiv trennt die Zeugnisse vom Zeugen, die Objekte von der Person ihres Besitzers, Benutzers oder Herstellers. Das Archiv bewahrt »Reste« auf: Dokumente, Texte und Gegenstände; es sammelt funktions- und herrenlose Dinge und ordnet sie nach eigenen institutionell vorgegebenen Kriterien. Als Archiv im weiteren Sinn verstehen wir die diskursive Form, die die kulturelle Überlieferung annimmt, die aus dem kommunikativen Generationenzusammenhang herausfällt. Die Bedeutung der im »Archiv« überlieferten Objekte – der Gegenstände, Texte, Bilder – muss neu erschlossen werden. Die dialogische Struktur und das Vertrauensband zwischen Zeugen und Zuhörer, die Formen direkter Kommunikation werden ersetzt durch methodisch abgesicherte Interpretationsverfahren, die die Distanz zwischen dem Zeugnis und dem Interpreten überbrücken sollen. Die Interpretation stützt sich dabei auf »Spuren«[9], die Hinweise geben auf den Autor, Eigentümer oder Benutzer von Texten und Objekten, auf die historischen Voraussetzungen ihrer Hervorbringung, die Formen und Funktionen ihres Gebrauchs. Zugleich muss die Interpretation der Tatsache gerecht werden, dass sich der Charakter des Zeugnisses im Archiv verändert. Herausgelöst aus dem Lebenszusammenhang des Zeugen wird es zum Zeichen, zum Bestandteil eines kulturellen Bedeutungszusammenhangs von Texten und Gegenständen, dessen Deutung durch den historischen Vergleich erfolgt.[10]

Der Statuswechsel[11] der Texte und Objekte zu Bedeutungsträgern, die den Wandel vom Zeugnis zum Zeichen begleitet, schließt auch ein verändertes Verhältnis zur Geschichte ein. Für den Zeugen existiert Geschichte nur als eigene, unvollendete Geschichte. Die Vergangenheit wird ihm zur Gegenwart, in der die Geschichte seines Lebens wieder neu beginnt. Es gibt eine traumatische Form der Wiederkehr der Vergangenheit: als Gegenwärtigkeit des dem Zeugen zugefügten Schmerzes, des erlittenen Unrechts, die nicht vergehen. Und es gibt eine utopisch aufgeladene, moralisch begründete Form der Wiederkehr der Vergangenheit: als Forderung, die Bedingungen des Überlebens für die eigene Person und für die Menschheit (wieder)herzustellen. Das Archiv vermag weniger und mehr: Es verspricht keine Wiederkehr der Vergangenheit, keine Heilung der Geschichte, keine Tilgung der Schuld. Es stellt sich die Aufgabe, aus den Resten und Spuren der gesammelten und aufbewahrten Dokumente die Geschichte ihrer Entstehung, ihrer Zerstörung und ihres Verlusts abzulesen und mithilfe der so gewonnen Daten ihre materielle Geschichte zu rekonstruieren. Ihre Bedeutung als kulturelle Zeichen erhalten die Zeugnisse im Rahmen des gegenwärtigen Erinnerungs- und Erfahrungshorizonts. Die Geschichte ist im Archiv Vergangenheit: Sie kehrt nicht wieder wie im Zeugnis, wird allenfalls durch Wissen und Vergleich vergegenwärtigt. Texte, Bilder, Gegenstände des Archivs sind Spuren einer Vergangenheit, die vergangen ist. Erinnerung, nicht Vergegenwärtigung, Eingedenken nicht Wiedergutmachung ist die dem Archiv angemessene Form der wissenschaftlichen Annäherung. Das moralische Interesse, das sich damit verbindet, zielt auf die öffentliche Anerkennung universalistischer Werte, in der auch die Einzelschicksale ihren Stellenwert erhalten. Diese Form der Erinnerung teilt das Archiv mit dem kulturellen Gedächtnis.

Kommunikatives und kulturelles Gedächtnis und die entsprechenden Diskurse des Zeugnisses und des Archivs sind zwei Modi der Erinnerung, die unterschiedliche Methoden der wissenschaftlichen Annäherung an die Geschichte beschreiben, aber im historischen Prozess der Exilforschung neben- und miteinander auftreten. Zeugen und Zeugnisse, deren Befragung und Auswertung, Sammlung und Dokumentation stehen am Beginn der Exilforschung[12]. Walter F. Berendsohns 1946 im Europa Verlag Zürich erschienene »Humanistische Front«, auf die die literaturwissenschaftliche Exilforschung zurückgeht, ist das Werk eines »Zeugen«. Sein bestimmender Impuls, den Opfern Gerechtigkeit widerfahren zu lassen, die vergessenen Werke und Autoren ins Leben zurückzurufen, bezeichnet eine Haltung, die die Forscher ins Archiv begleiten. Verändert hat sich nur das Verhältnis zur Geschichte: Wo der Zeuge und die Zeugenerinnerung Kontinuität voraussetzen, steht für den Forscher der Bruch mit der Vergangenheit. Distanz ersetzt die Nähe, wissenschaftliche Kritik tritt an die Stelle der evokativen Vergegenwärtigung. Die wissenschaftliche Auseinandersetzung mit der Vergangenheit nimmt die Form der Erinnerungsarbeit an.

Paul Ricœur spricht im Anschluss an Freud von der »Arbeit der Erinnerung«[13]. Er versteht darunter einmal die Form gelungener Erinnerung als Voraussetzung für eine kritische Auseinandersetzung mit den im Archiv des individuellen und kollektiven Gedächtnisses gespeicherten Erfahrungen. Zugleich bildet sie im umfassenden Sinn die kritische Instanz, die den Wissenschaften – bei Ricœur: der Geschichtswissenschaft – ihren Platz im kulturellen Gedächtnis und den Prozessen kultureller Erinnerung zuweist. Voraussetzung für das Gelingen der Erinnerungsarbeit ist eine Haltung psychischer und kritisch-reflexiver Distanz zur Vergangenheit und zur eigenen Geschichte. Eine gelungene Erinnerungsarbeit setzt die Individuen instand, Verantwortung für ihr Handeln zu übernehmen, angetanes oder erlittenes Unrecht auszusprechen ohne es gegeneinander aufzurechnen. Erinnerungsarbeit setzt ein »rekonstruierendes Gedächtnis« voraus – das »wiederholende Gedächtnis« bleibt hingegen im Kreislauf von Schuld und Verdrängen, erlittenem Leid und Trauma, von Projektion und Vergessen verhaftet.[14]

Vergessen und Verdrängen sind Formen des wiederholenden Gedächtnisses. Während die Opfer ihre traumatischen Erfahrungen einkapselten und sprachlos wurden, projizierten die Täter eigene Schuldgefühle auf die Emigranten. Klaus Briegleb[15] und Stefan Braese[16] haben gezeigt, wie diese symbolische Ausgrenzung in der deutschen Nachkriegsliteratur zur faktischen Ausgrenzung, einem »Nach-Exil« deutschsprachiger jüdischer Autoren – Paul

Celan, Wolfgang Hildesheimer, Peter Weiss oder Edgar Hilsenrath – geführt hat. Der Schuld- und Verdrängungszusammenhang, wie er im kommunikativen Gedächtnis entsteht, wirkt bis heute nach und ist eine der Ursachen für Defizite und Leerstellen im kulturellen Gedächtnis des Exils. Aber auch die Erinnerung und wissenschaftliche Aufarbeitung des Exils ist nicht frei von Momenten des wiederholenden Gedächtnisses. Konzepte etwa wie das »andere Deutschland« oder der »Antifaschismus«, ästhetische Programme wie der »Realismus« haben, sofern sie nicht als geschichtliche Erinnerungsrahmen angesehen wurden, in der Forschung und öffentlichen Wahrnehmung die Funktion identifikatorischer Mythen übernommen, mit deren Hilfe das Exil, seine politischen und ästhetischen Programme und die sich daraus ergebenden historischen Erwartungen und Konfliktlinien affirmativ in die Gegenwart hineinverlängert wurden.[17]

Die Beiträge des vorliegenden Bandes orientieren sich am »rekonstruierenden Gedächtnis«. Die Autorinnen und Autoren beziehen sich auf das Exil als »Archiv«. Sie untersuchen den Stellenwert des Exils in einzelnen Gedächtnisfeldern – Archiven, Museen und Bibliotheken, Schulbüchern und literarischen Texten – und vermitteln einen Einblick in die Methoden und Formen der Erinnerungsarbeit. Gerhard Paul rekonstruiert in seinem Beitrag zur Rolle des politischen Exils in den deutschsprachigen Schulbüchern die Geschichte einer verhinderten Rezeption. Sein Hinweis auf »Leerstellen« im kulturellen Gedächtnis verweist auf Defizite und Desiderate der gegenwärtigen Erinnerungskultur, regt aber zugleich an, nach dem Stellenwert des Exils in anderen Bereichen der Erinnerungskultur zu fragen. Als einziges öffentliches Erinnerungsdatum an das Exil fungiert die Bücherverbrennung vom 1o. Mai 1933. Christoph Kopke und Werner Treß rekapitulieren deren Erinnerungsgeschichte und kommemorative Symbolik und beschreiben einen Vorgang, der die historische Tatsache geistiger Verfolgung und Zensur zum erinnerungspolitischen Schlüsselereignis des gesamten Exils gemacht hat.

Archive und Museen gehören zu den traditionellen Gedächtnisspeichern, die aus ihren Beständen organisierten Ausstellungen machen sie zu aktiven Erinnerungsorten. Von der »vermittelten Erinnerung« im Archiv und seinen Ausstellungen handelt der Beitrag von Sylvia Asmus und Brita Eckert zur Geschichte des »Deutsches Exilarchivs«. Die bloße Präsentation von Dokumenten wird ersetzt durch visualisierende Verfahren wie die Rekonstruktion von Räumen, in denen Geschichte erfahren werden kann. Imaginäre Orte der Erinnerung und Erfahrung sind das Marbacher »Literaturmuseum der Moderne«, dessen Konzeption von Heike Gfrereis und Verena Staack vorgestellt wird, und das »Museum der deutschsprachigen Juden« in Israel, dessen Geschichte Lena Kreppel im Kontext der Geschichte des israelischen Erinnerungsdiskurses darstellt. Die Verräumlichung der Erinnerung und ihre pädagogische Konkretisierung stellen Angelika Meyer, Marion Neumann und Sabine Hillebrecht am Beispiel der Ausstellung über Varian Fry in der Berliner Akademie der Künste vor. Heinz Högerle und Barbara Staudacher schildern am Beispiel des schwäbischen Dorfes Rexingen und Shavei Zion in Israel, wie das Projekt einer Ausstellung, die Zeugenbefragungen, Erinnerungsprotokolle und -archive und die Ausstellung selbst als »dritter Raum« zum Begegnungsort jüdischer Emigranten und deren Nachkommen mit den Einwohnern ihrer früheren Heimatgemeinde werden. – Gespächsprotokolle des Freundes- und Schülerkreises des Sozialpädagogen Ernst Papanek, die Inge Hansen-Schaberg aufgezeichnet hat, rekonstruieren Erinnerung als kommunikativen Raum.

Das rekonstruierende Gedächtnis hat auch konkrete historische Ursachen: Es verweist auf Brüche und Lücken der Tradierung als Folge gewaltsamer Prozesse der Vertreibung und Vernichtung von Menschen, der Enteignung ihres Besitzes, darunter auch des Raubs von Büchern und Kunstgegenständen nach 1933. Provenienzforschung ist heute ein zentraler Teil der öffentlichen und wissenschaftlichen Erinnerungsarbeit. Kunsthistoriker und Bibliothekswissenschaftler haben im Rahmen von Restitutionsansprüchen und Bestandsprüfungen erinnerungsgeschichtliche Methoden entwickelt, um die Spuren zu entziffern, die Aufschluss über die früheren Besitzer und das Schicksal von Kunstsammlungen und Bibliotheken geben. Regine Dehnel stellt Verfahren und Vorgehensweise der bibliothekswissenschaftlichen Provenienzforschung am Beispiel des »Projekts zur Suche nach geraubten Büchern« an der Gottfried Wilhelm Leibniz Bibliothek in Hannover dar; Anja Heuß verweist auf die erinnerungsgeschichtliche Bedeutung von Rechtsnormen und ihre Anwendung für die historische Wahrnehmung des Kunstraubs und die Restitution von Kunstwerken; Ines Rotermund-Reynard stellt am Beispiel der Geschichte der Kunstsammlung Paul Westheims die Methodik kunstgeschichtlicher Recherche vor.

Den Band beschließen zwei Beiträge, die den literarischen Narrativen rekonstruierender Erinnerung im Exil selbst nachgehen: Lutz Winckler untersucht die Erinnerungsarbeit in Anna Seghers *Transit* und Wulf Koepke meditiert am Beispiel von Heinrichs Manns Autobiografie *Ein Zeitalter wird besichtigt* über den Versuch, eine Lebensbilanz als erinnerungsgeschichtlichen Rückblick auf ein Zeitalter zu schreiben.

Die Frage nach dem Gedächtnis des Exils schließt die Frage des Vergessens ein. Die »kollektive Verdrängung«, wie sie für die BRD der 1950er und 1960er Jahre galt, die parteilich orientierte, eingeschränkte Rezeption in der DDR haben zu Versäumnissen geführt, die unaufhebbar sind. Dem stehen die Bemühungen von Archiven, Wissenschaften, Verlagen und in jüngster Zeit von Kunstmuseen, wissenschaftlichen Bibliotheken und ihren wissenschaftlichen MitarbeiterInnen, von engagierten AusstellungsmacherInnen gegenüber, die Geschichte des politischen und kulturellen Exils aufzuarbeiten und dem öffentlichen Bewusstsein zugänglich zu machen. Für eine Bilanz des erinnerungskulturellen Stellenwerts des Exils erscheint es noch zu früh. Die Darstellung der Erinnerungsarbeit in verschiedenen kulturellen Gedächtnisfeldern, der Vergleich der unterschiedlichen Methoden und erinnerungskulturellen Narrative[18] sind erste Schritte. Sinnvoll und notwendig erscheint das Nachdenken darüber, in welche Richtung sich die Erinnerungsarbeit entwickeln sollte.

Von Wertgemeinschaften zu Erinnerungsgemeinschaften – so könnte die Perspektive für eine kritische Erinnerungskultur, den Wandel der Exilforschung von einer am Zeugen orientierten zu einer am Archiv arbeitenden Wissenschaft lauten. Wertgemeinschaften sind geschlossen, auf die Werte der eigenen Gruppe bezogen, Erinnerungsgemeinschaften sind offen, die eigenen Werte mit anderen vergleichend: Ihr Verhältnis zur Geschichte ist rekonstruktiv nicht revokativ wie das der Wertgemeinschaften. Die Einstellung zur Gegenwart und Zukunft ist nicht vorgegeben, sondern offen – Werte und Ziele sind verhandelbar. Als ein Element, das in diese Verhandlung eingebracht wird, bleibt die Geschichte des Exils und die mit ihr verbundenen Erfahrungen, die Geschichte der Zeugen und ihrer Werke wichtig. Die Erinnerung daran gilt aber über das historische Exil hinaus allen, die vor oder nachher ein ähnliches Schicksal als »Migranten« betrifft.

---

1 Aleida Assmann: Zur »Metaphorik der Erinnerung«. In: Aleida Assmann und Dietrich Harth (Hg.): *Kultur als Lebenswelt und Monument.* Frankfurt a. M. 1991, S. 11. — **2** Aleida Assmann: »Vier Formen des Gedächtnisses«. In: *Erwägen. Wissen. Ethik* 13 (2002), S. 184 f. — **3** Zur Unterscheidung von kommunikativem und kulturellem Gedächtnis vgl. Jan Assmann: *Das kulturelle Gedächtnis. Schrift, Erinnerung und politische Identität in frühen Hochkulturen.* München 2000, S. 48 ff. und Aleida Assmann: *Der lange Schatten der Vergangenheit. Erinnerungskultur und Geschichtspolitik.* München 2006, S. 21–61, insbes. S. 54 der Versuch eines analytischen Vergleichsschemas. Einen Überblick über die Forschungs- und Begriffsgeschichte der Erinnerungskultur und Formen der medialen, insbesondere auch der literarischen Vermittlung gibt Astrid Erll: *Kollektives Gedächtnis und Erinnerungskulturen. Eine Einführung.* Stuttgart/Weimar 2005. — **4** Jan Assmann: »Kollektives Gedächtnis und kulturelle Identität«. In: Jan Assmann und Tonio Hölscher (Hg.): *Kultur und Gedächtnis.* Frankfurt a. M. 1988, S. 12. — **5** Assmann: »Vier Formen des Gedächtnisses« (s. Anm. 2), S. 189. — **6** Assmann: »Kollektives Gedächtnis und kulturelle Identität« (s. Anm. 4), S. 15. — **7** Maurice Halbwachs: *Les cadres sociaux de la mémoire.* Paris 1952. Hier zitiert nach der deutschen Ausgabe: *Das Gedächtnis und seine sozialen Bedingungen.* Frankfurt a. M. 1985, S. 125 ff. — **8** Paul Ricœur: *La Mémoire, L'Histoire, L'Oubli.* Paris 2000, S. 181 ff. — **9** Ebd., S. 214 f. — **10** Krzysztof Pomian: *Der Ursprung des Museums.* Berlin 1993, S. 46 ff. spricht von Semioforen (S. 46 ff.) Er versteht darunter Gegenstände, deren Materialität ihrer Zeichenfunktion untergeordnet ist. Es handelt sich um »natürliche oder künstlerische Gegenstände, die zeitweise oder endgültig aus dem Kreislauf ökonomischer Aktivitäten herausgehalten werden, und (…) an einem abgeschlossenen Ort (…) ausgesellt (…) und angesehen werden können«

(S. 16). Zu diesen Orten zählen Museen, Bibliotheken und Archive. — **11** Günter Oesterle: »Souvenir und Andenken«. In: *Der Souvenir. Erinnerung in Dingen von der Reliquie zum Andenken.* Museum für Kommunikation Frankfurt a. M. 2006, S. 31. — **12** Ulla Langkau-Alex: »Geschichte der Exilforschung« und Heinz Boberach: »Quellen zur Exilforschung«. In: Claus-Dieter Krohn, Patrik von zur Mühlen, Gerhard Paul und Lutz Winckler (Hg.): *Handbuch der deutschsprachigen Emigration 1933–1945.* Darmstadt 1998, S. 1195 ff. und 1209 ff. — **13** Paul Ricœur: *Das Rätsel der Vergangenheit. Erinnern – Vergessen – Verzeihen.* Göttingen 2000, S. 100 ff. — **14** Ebd., S. 129. – Zur Herleitung und Funktion der Begriffe mémoire-répétition und mémoire critique vgl. auch ders.: *La Mémoire, L' Histoire, L' Oubli* (s. Anm. 8), S. 82 ff. — **15** Klaus Briegleb: *Mißachtung und Tabu. Eine Streitschrift zur Frage: › Wie antisemitisch war die Gruppe 47?‹.* Berlin / Wien 2003 spricht von »einer gescheiterten Gedächtnisgeschichte nach 1945« (S. 77). — **16** Stephan Braese: *Die andere Erinnerung. Jüdische Autoren in der westdeutschen Literatur.* Berlin / Wien 2001. — **17** Lutz Winckler: »Mythen der Exilforschung?« In: *Exilforschung. Ein internationales Jahrbuch.* Claus-Dieter Krohn, Erwin Rotermund, Lutz Winckler und Wulf Koepke (Hg.), Bd. 13 (1995), S. 68 ff. — **18** Hinweise für literarische Narrative finden sich bei Erll: *Kollektives Gedächtnis und Erinnerungskulturen* (s. Anm. 3), S. 149 ff.

Gerhard Paul

Leerstelle im kulturellen Gedächtnis
Emigration, Exil und Remigration in deutschsprachigen
Schulgeschichtsbüchern 1955–2007

Schulbuch und kulturelles Gedächtnis

Emigration, Exil und Remigration der nach 1933 aus Deutschland vertriebenen Menschen und die sich auf sie beziehende Emigrationsforschung, das ist das nüchterne Resultat der im Folgenden referierten Untersuchung, sind im kulturellen Gedächtnis der Bundesrepublik nicht angekommen. Sie eignen sich zwar gelegentlich zu Feiertagsreden, im ritualisierten kulturellen Alltag der Republik indes spielen sie keine nennenswerte Rolle.

Unter dem Begriff des kulturellen Gedächtnisses verstehe ich anknüpfend an Jan Assmann, »den jeder Gesellschaft und jeder Epoche eigentümlichen Bestand an Wiedergebrauchs-Texten, -Bildern und -Riten«, in deren »Pflege« diese ihr Selbstbild stabilisieren und vermitteln. Vorzugsweise, aber nicht ausschließlich handelt es sich dabei um ein kollektiv geteiltes Wissen über die Vergangenheit, auf das eine Gruppe ihr Bewusstsein von Einheit und Eigenart stützt.[1] In der Regel verdichtet sich dieses in signifikanten Schlüsselbildern und -texten, deren Wiedergebrauch etwa im Geschichtsunterricht, in der musealen oder medialen Praxis diese erst aus der Flut der Texte und Bilder herausragen lassen. Das kollektive wie das individuelle Erinnern benötigen solche Knotenpunkte und Aneignungsformen, um ihr Gedächtnis ausbilden zu können.

Als Träger eines so verstandenen kulturellen Gedächtnisses können amtliche wie halbamtliche »Wiedergebrauchs-Texte, -Bilder und -Riten« wie Schulgeschichtsbücher, Materialien der Politischen Bildung, Ausstellungen und Museen gelten. Für den Geschichtsunterrichts ist das Schulgeschichtsbuch nach wie vor das dominante »Leitmedium des Geschichtsunterrichts«.[2] Es entscheidet de facto darüber, wie staatliche Lehrpläne umgesetzt werden. Das Schulgeschichtsbuch ist so einerseits Lehrbuch und Unterrichtsmittel, andererseits Produkt gesellschaftlicher Prozesse, indem es wie kein anderes Medium in gleichsam amtlicher Form das festhält und präsentiert, was gesellschaftlich für überlieferungswürdig erachtet wird, und dieses selbst wiederum tradiert. Anders als die kommunikative erfolgt die kulturelle Erinnerung nicht assoziativ und chaotisch, sondern intentional, logisch und strukturiert. Die Produktionsweisen, Ordnungsprinzipien und Intentionen dieser Logik, wie sie etwa von Bildungspolitik und Geschichtsdidaktik formuliert werden, haben Einfluss auf das, was und wie erinnert wird. Sie sind daher für unser Thema vorab kurz zu bestimmen.

Schulbücher folgen einer eigenen, stark beharrenden, sich tagespolitischen Einflüssen weitgehend entziehenden intentionalen Logik, die kaum Neuansätze zulässt und sich gegenüber neueren und neuesten Forschungsansätzen und -ergebnissen als tendenziell resistent erweist.[3] Bereits Erich Kästner hat sich kritisch zur Schulbuchproduktion geäußert, als er mahnte: »Mißtraut gelegentlich euren Schulbüchern! Sie sind nicht auf dem Berge Sinai entstanden, meistens nicht einmal auf verständige Art und Weise, sondern aus alten Schulbüchern, die aus alten Schulbüchern entstanden sind. Man nennt das Tradition.«[4] Kästners Diagnose ist noch immer aktuell. An seinem Befund hat sich wenig geändert. Allerdings ist auch das kulturelle Gedächtnis intentional strukturiert und relativ beharrungsfähig, so dass sich das Schulbuch als dessen adäquater Ausdruck begreifen lässt. Geschichtsbücher als spezifische Träger des kulturellen Gedächtnisses sind daher eine optimale Quelle, um Aussagen darüber zu gewinnen, wie und ob sich ein bestimmtes Thema im kulturellen Gedächtnis einer Nation verankert hat.

Für die große Beharrungskraft der Schulbücher verantwortlich ist die Art der staatlich überregulierten Schulbuchproduktion. In z.T. nach Bundesländern sehr unterschiedlich geregelten Zulassungs- und Genehmigungsverfahren entscheiden Schulbuchkommissionen darüber, ob ein privatwirtschaftlich verlegtes, in der Regel selbst wiederum von Geschichtslehrern verfasstes Schulbuch lehrplan- und grundgesetzkonform gestaltet ist und für die Schulen zugelassen werden kann. Unter den Bedingungen des Föderalismus hat dies in der Bundesrepublik zwar zu einer Vielzahl von Geschichtsbüchern geführt, deren mehrheitlich konservative Grundstruktur indes verblüffend ähnlich geblieben ist.

Demgegenüber erfolgte die Genehmigung von Geschichtsbüchern in der DDR zentral durch das Ministerium für Volksbildung. Verfasst wurden die Lehrbücher von »Historikern, Geschichtsmethodikern und Lehrern«, wie es im Impressum der DDR-Geschichtsbücher heißt, unter gemeinsamer Leitung eines Wissenschaftlers des Instituts für Gesellschaftswissenschaften beim ZK der SED und eines Universitätspädagogen, die über die systemkonforme Ausrichtung wachten. Produziert wurden die im Vergleich zur Bundesrepublik wenigen Geschichtsbücher vom VEB Volk und Wissen in Berlin-Ost.[5] Vor allem Geschichtsbücher zur Neuesten Geschichte und zur Zeitgeschichte seien »nur im Zusammenhang mit dem ›Manifest der Kommunistischen Partei‹ und dem ›Programm der SED‹ benutzbar«, heißt es im Impressum eines Schulbuches.[6] Solche Vorgaben und Praxen hatten zur Folge, dass im Unterschied zu den Geschichtsbüchern der Bundesrepublik diejenigen der DDR nur selten verändert und Zeitströmungen angepasst wurden.

Für die inhaltliche Auseinandersetzung mit dem Themenkreis Nationalsozialismus im Schulbuch, in den die Themen Emigration und Exil in aller
Regel eingebettet sind, lassen sich für die »alte« Bundesrepublik vier Phasen
unterscheiden: (1) Während der ersten Phase bis zur Konstituierung der Bundesrepublik wurde auf Judenmord und Vernichtungskrieg durchaus Bezug
genommen. Die bildungspolitischen Deklarationen der unmittelbaren Nachkriegszeit intendierten eine entschiedene Abkehr von der klassischen Kriegs-
geschichte und die Hinwendung des Geschichtsunterrichts zur historisch-
politischen Bildung. Dieser sollte einen praktischen Beitrag zur Erziehung
der jungen Generation für Frieden, Demokratie und Völkerverständigung
und gegen Krieg leisten. (2) In der zweiten Phase von der Gründung der
Republik bis Anfang der 1960er Jahre wurden die zum großen Teil von den
Alliierten initiierten Neuansätze in der Lehrplan- und Schulbuchgestaltung
weitgehend wieder zurückgenommen. Der Geschichtsunterricht endete in
der schulischen Praxis oft mit dem Ersten Weltkrieg oder der Weimarer Republik. (3) Probleme mit neonazistischen und antisemitischen Umtrieben
führten in der dritten Phase von Mitte der 1960er bis Ende der 1970er Jahre zu Aktivitäten der bildungspolitisch Verantwortlichen für eine intensivere
Behandlung des Nationalsozialismus im Unterricht. Im Gefolge des Be-
schlusses der Kultusministerkonferenz von 1978 zur »Behandlung des Nationalsozialismus im Unterricht« kam es zu einer stärkeren Fokussierung auf
die Ursachen und den Charakter des Zweiten Weltkrieges in den Lehrplä-
nen verschiedener Bundesländer. (4) Allerdings wurde erst während der vierten Phase seit den 1980er Jahren und nach der Ausstrahlung der »Holocaust«-
Serie in den dritten Programmen des Fernsehens die Auseinandersetzung mit
dem Nationalsozialismus zum selbstverständlichen Bestandteil des Curricu-
lums. Erst jetzt fanden die Leiden der Verfolgten sowie die Bereitschaft der
»Durchschnittsdeutschen« zum »Mitmachen« deutlichen Ausdruck.[7]

Parallel kam es in den methodischen Ansätzen der Geschichtsbücher der
letzten zwei Jahrzehnte zu einigen Akzentverschiebungen. Bücher, die darstellende Teile mit Arbeitsmaterialien wie Quellentexten, Bildern und Karten verbinden, sowie Bücher, die Inhalte ausschließlich in der Form von Materialien präsentieren, erhielten größere Bedeutung. »In steigendem Maße«,
so Wolfgang Hug, werde der im Geschichtsbuch dominante Text nun »durch
Bilder, Karten, Tabellen, Schaubilder, Arbeitsvorschläge u. ä. ergänzt oder
ersetzt.«[8] Dabei nahm vor allem der Bildanteil in Gestalt von Gemälden,
Karikaturen, Plakaten und Fotografien in den Schulbüchern der Sekundarstufe I kontinuierlich zu. Über deren Einsatz entschieden allerdings oft
nicht die Verfasser selbst sondern die Bildbeschaffungsstellen der Schulbuchverlage.[9] Im Laufe der Zeit kristallisierte sich ein Set von ständig reproduzierten Bildern heraus. Verbunden mit der stärkeren Visualisierung der
Schulbücher wird insbesondere in neuesten Geschichtsbüchern das Ziel des

Erwerbs einer historischen Methodenkompetenz verknüpft, die u. a. der Karriere von historischen Themen und Bildern in der Geschichtskultur, so etwa in Romanen und Spielfilmen, nachgehen soll.

Die inhaltlichen Veränderungen in neuen Schulgeschichtsbüchern lassen sich mit drei Stichworten beschreiben: Verwissenschaftlichung, Regionalisierung und Europäisierung. Um die Lebensweltbezüge der Lernenden angemessener zu berücksichtigen, werden verstärkt »regionale Fenster« in die vorwiegend noch immer metropolenfixierten Geschichtsbücher eingefügt. Andererseits wird die nationalstaatliche Perspektive des Geschichtsunterrichts zunehmend relativiert und deutsche Geschichte nun auch im Kontext der europäischen Geschichte und der Weltgeschichte verortet, was potenziell thematische Anknüpfungspunkte für Themen wie Emigration, Exil und Remigration möglich macht. Vor allem in der Sekundarstufe I löst sich das bisherige Unterrichtsfach Geschichte gegenwärtig in »Weltkunde« – einem Integrationsfach aus Geschichtswissenschaft, Geografie sowie Wirtschaft / Politik – auf, wobei sich für historische »Randthemen« wie Emigration, Exil und Remigration kaum mehr Platz findet.[10] Die seit einigen Jahren verstärkt zu beobachtende Einbeziehung von universitären Geschichtsdidaktikern in die Erstellung von Schulbüchern hat insgesamt nicht dazu geführt, dass sich aktuelle Debatten und Kontroversen sowie der fachwissenschaftliche Forschungsstand heute stärker in Schulbüchern niederschlagen als in den ersten Jahrzehnten der Republik.

Sample und Fragestellung

Der Themenkomplex Emigration, Exil, Remigration war bislang weder Gegenstand einer quantitativen noch einer qualitativen Schulbuchanalyse. Die inhaltsanalytische Untersuchung deutscher Schulbücher zum Nationalsozialismus von Ernst Uhe aus dem Jahr 1975[11] blendet das Thema aufgrund seiner randständigen Bedeutung im Geschichtsbuch ebenso aus wie eine geplante Göttinger Untersuchung zur Visualisierung des Nationalsozialismus in deutschen Schulbüchern von Birte Schmunk.[12]

Um die Bedeutung der Themen Emigration, Exil und Remigration im Schulgeschichtsbuch und die Weisen ihrer Thematisierung zu untersuchen, habe ich insgesamt 53 Schulgeschichtsbücher aller Schulformen und -stufen sowie mehrerer Bundesländer aus dem Bestand des Georg-Eckert-Instituts für internationale Schulbuchforschung in Braunschweig aus dem Zeitraum 1955 bis 2007 einer Analyse unterzogen.[13] Die ausgewählten Bücher verteilten sich wie folgt: 41 stammten aus der Bundesrepublik, davon 24 aus dem Zeitraum von 1955 bis 1989 und 17 aus dem Zeitraum von 1990 bis 2007. Um den Sonderstatus des Saarlandes als »Remigrantenstaat«[14] in der bundesdeutschen Nachkriegsgeschichte angemessen zu würdigen, kamen sieben der insgesamt 41 bundesdeutschen Schulbücher von dort. Als Vergleichsgruppe wurden 11 Schulbücher – vier davon aus der DDR aus dem Zeitraum 1961 bis 1977 sowie sieben aus Österreich aus dem Zeitraum 1965 bis 2005 – herangezogen. Da anders als in der Bundesrepublik die Schulbuchproduktion in der DDR und in Österreich zentral geregelt war bzw. ist und demzufolge insgesamt weniger Schulbücher produziert wurden, erschien mir diese Begrenzung gerechtfertigt. Zusätzlich zu diesen 52 deutschsprachigen Schulbüchern wurde als Sonderfall das gemeinsam von deutschen und französischen Historikern verfasste neuere zweibändige *Deutsch-französische Geschichtsbuch* für die gymnasiale Oberstufe herangezogen, da unterstellt werden kann, dass Emigration / Immigration ein gemeinsamer Erinnerungsort deutsch-französischer Geschichte ist und entsprechend thematisiert wird.[15]

Dieses Sample von insgesamt 53 Geschichtsbüchern ist nicht repräsentativ; es lässt gleichwohl Trends der Thematisierung und Behandlung erkennen. Angesichts des kleinen Samples wurde auf eine quantitative Analyse verzichtet. Vielmehr habe ich versucht, in qualitativer Inhaltsanalyse herauszuarbeiten, wie, wann, in welchem Umfang und mit welchen Materialien und Quellen die Themen Emigration, Exil und Remigration in etwas mehr als 50 Jahren im Schulgeschichtsbuch Berücksichtigung fanden.

Emigration, Exil und Remigration im westdeutschen Schulbuch 1955–1990

Im Untersuchungszeitraum 1955 bis 1966 wird das Thema »Emigration aus Hitler-Deutschland«, wenn überhaupt, so nur in wenigen Zeilen im Schulbuch angesprochen. Exil und Remigration kommen gar nicht vor. Die weitestgehend ereignis- und politikgeschichtliche sowie deskriptive Ausrichtung der Geschichtsbücher der Zeit sowie die Fokussierung auf das militärische Geschehen legen eine solche Thematisierung zudem nicht nahe. Maximal sind es elf Textzeilen[16], in denen die Emigration Erwähnung findet, wobei in den 1950er Jahren das Thema umfassender abgehandelt wurde als in den 1960er Jahren.

In den Schulbüchern *Europa und die Welt*[17] sowie *Neueste Zeit 1851–1956*[18] – beide aus dem Jahr 1960 – kommt das Thema Emigration gar nicht vor. In dem 1956 erschienenen Unterrichtswerk *Die neueste Zeit. Vom Ursprung der USA bis heute*[19] des Schroedel-Verlages sind es immerhin elf Zeilen, in denen über die Verdrängung jüdischer Wissenschaftler von den deutschen Universitäten informiert wird, die anschließend im Ausland »Zuflucht« fanden. Thematisch wird der Bereich Emigration Kapiteln wie

»Die Diktatur des Nationalsozialismus«, »Die Zeit der nationalsozialistischen Diktatur bis 1939« bzw. »Die nationalsozialistische Kulturpolitik« zugeordnet. Als Verfasser treten mit Hans Herzfeld und Andreas Hillgruber auch zwei namhafte Historiker auf. Zwar erwähnt Herzfeld – Ordinarius für Neuere Geschichte am Friedrich-Meinecke-Institut der FU Berlin, dem wegen seines jüdischen Familienhintergrunds 1938 Lehrbefugnis und Professorentitel aberkannt worden waren[20] – die Tatsache der »Entwurzelung« von mehreren Millionen Menschen nach dem Zweiten Weltkrieg, mit keinem Wort aber die deutschen Hitlerflüchtlinge und -vertriebenen nach 1933.[21] Demgegenüber finden sich in dem von Andreas Hillgruber – damals noch Deutsch- und Geschichtslehrer in Marburg, später Ordinarius für Neuere Geschichte und Zeitgeschichte – verfassten und von Hans-Georg Fernis – dem späteren Vorsitzenden des Verbandes der Geschichtslehrer Deutschlands – bearbeiteten Geschichtsbuch *Grundzüge der Geschichte* aus dem Jahr 1966[22] immerhin drei Zeilen zur Emigration der von Thomas Mann angeführten Kulturelite sowie fünf Zeilen zur jüdischen Emigration. In den meisten Schulbüchern findet die kulturelle und wissenschaftliche Emigration, vor allem die literarische Emigration, kurz Erwähnung, wenn es etwa heißt: »Eine umfangreiche Emigrantenliteratur entstand, die zum Teil die innere Verbindung mit Deutschland verlor, zum anderen Teil aber gerade zur Ausbreitung deutscher Literatur im Ausland beitrug.«[23] Weitere Angaben zu den Motiven, den Phasen und den Umfängen der Emigration unterbleiben indes in aller Regel. Die jüdische Emigration wird allenfalls kurz erwähnt.[24] Mit Ausnahme von gerade einmal zwei Zeilen zur Emigration Walter Ulbrichts in die Sowjetunion und zur »Gruppe Ulbricht«[25] kommt die politische Emigration bis 1965 gar nicht vor.

In den untersuchten Schulbüchern bis Mitte der 1960er Jahre ist Emigration in erster Linie ein Phänomen kultureller Eliten, das aus der Perspektive der Mehrheitsgesellschaft kommentiert wird, wenn es etwa zur Verdrängung jüdischer Wissenschaftler heißt: »Durch diese Maßnahmen wurde das geistige und kulturelle Schaffen von dem der übrigen Welt abgeschnitten.«[26] Emigranten erscheinen allenfalls als Objekte von Herrschaftspolitik. Ihr Leben im Exil und der Widerstand aus dem Exil heraus werden ignoriert.

Eine Ausnahme von diesem allgemeinen Trend der 1950er und 1960er Jahre stellt die vollständig überarbeitete Neuauflage des gemeinsam von Schöningh & Schroedel herausgegebenen Schulbuchs *Europa und die Welt. Das 20. Jahrhundert* von 1966 dar[27] und dies sowohl in quantitativer wie in qualitativer Hinsicht. Auf insgesamt 63 Zeilen und in sechs Abbildungen (fünf Porträtfotos und ein Gemälde von Max Beckmann) wird das Thema Emigration behandelt. Das Thema ist damit erstmals sowohl vom Zeilenumfang her als auch durch Abbildungen optisch präsent. Inhaltlich zugeordnet wird es den Unterabschnitten »Terror und Propaganda – Die Gleichschaltung der

Kultur« und »Die Verfolgung der Juden – Die Auswanderung«. Die jüdische Emigration ist damit erstmals breiter dargestellt und als eigener Themenkomplex sichtbar. Unter dem Stichwort »Gleichschaltung der Kultur« wird auf die Wissenschafts- und Künstleremigration verwiesen und diese mit zwei vergleichsweise großen Bildern illustriert: mit einer Fotografie von Thomas Mann und dem ganzseitig abgebildeten Gemälde »Selbstporträt mit seiner Frau« von Max Beckmann aus dem Jahr 1940/41. Erstmals findet sich auch ein knapper Hinweis auf die politische Emigration. Eindeutiger Schwerpunkt der Darstellung jedoch ist die jüdische Emigration aus Deutschland. Geschildert werden sowohl die ambivalente Haltung der NS-Behörden zur jüdischen Auswanderung, die »Polen-Aktion« im Vorfeld des Pogroms von 1938 und die nachfolgende Massenflucht aus Deutschland, die Emigration nach Palästina und die Bedeutung jüdischer Hilfsorganisationen, die Schwierigkeiten der Einreise in die Emigrationsländer als auch die mentalen Hemmnisse bei den Betroffenen selbst, die einer Auswanderung aus Deutschland zumindest anfangs im Wege standen. Erstmals ist damit ein Zusammenhang zwischen NS-Politik und Entrechtung auf der einen Seite und Emigration und den Problemen der Immigration auf der anderen Seite hergestellt. Mit einer ganzseitigen Porträtgalerie von Fotografien emigrierter Persönlichkeiten wie Albert Einstein, Bruno Walter, Lise Meitner und Max Reinhardt wird das Thema zudem optisch unterstützt. In der Wertung der Emigration fügt sich das Geschichtsbuch in den bisherigen Deutungskontext ein, wenn es heißt: »Durch die Auswanderung erlitten die deutsche Wissenschaft und Kultur einen nicht wieder gutzumachenden Verlust …«[28] In dem begleitenden *Didaktischen Grundriß für den Geschichtsunterricht*[29] von Robert-Hermann Tenbrock von 1969 wird diese Perspektive konkretisiert. Danach habe Deutschland infolge der Emigration den »Anschluß an die internationale Wissenschaft und das internationale Kunstschaffen« verloren. Zugleich wird erstmals das neue Wertungsmuster des »anderen Deutschland« eingeführt. Danach hätten die »Auswanderer« auch dafür Zeugnis abgelegt, »dass es noch ein anderes als das nationalsozialistische Deutschland gab«.[30] Als allgemeines Lernziel der Behandlung der Emigration im Geschichtsunterricht wird formuliert: »Die Schüler sollen die negativen Folgen des Antisemitismus für Deutschlands kulturelle Entwicklung und für die in Deutschland verbliebenen Juden bis zum Beginn des 2. Weltkrieges kennenlernen.«[31] Autor des Buches *Europa und die Welt* ist Joachim Immisch, Jahrgang 1921, nach dem Zweiten Weltkrieg Geschichtslehrer u. a. des jungen Ralf Dahrendorf in Hamburg, von 1966 bis 1970 Schulleiter eines dortigen Gymnasiums und anschließend bis 1975 Leitender Oberschulrat in der Hansestadt. In einer späteren Bearbeitung unter dem neuen Titel *Zeiten und Menschen Bd. 4: Zeitgeschichte. Von der Oktoberrevolution bis zur Gegenwart* setzt Immisch diese Akzentsetzung fort und widmet auch hier der Emigration nach 1933 unter

dem Titel »Die Auswanderung« einen eigenen Abschnitt. Allerdings wird der
Bildanteil nun leicht reduziert und mit dem Bericht von Stefan Zweig über
das Los der jüdischen Emigranten eine neue Textquelle einfügt.

Die Schulbücher von Immisch markierten indes keine allgemeine Trend-
wende in den Geschichtsbüchern. Die Bücher der Zeit zwischen 1970 und
1989 weisen vielmehr ein uneinheitliches Bild auf. In den meisten Schulbüchern bleiben Emigration, Exil und Remigration Leerstellen oder werden
in zwei bis maximal 17 Zeilen knapp und entsprechend der vorangegangenen Schulbuchtradition abgehandelt. Gerade einmal fünf Zeilen widmet das
1970 bei Schöningh erschienende Buch *Grundlagen der Gegenwart. 1776 bis
heute*[32] der Wissenschafts- und Kunstemigration sowie der jüdischen Emigration. Ähnlich ist dies der Fall in der ebenfalls 1970 erschienenen 16. Auflage des Schulbuches *Von der Urzeit bis zur Gegenwart* bei Diesterweg, wo
der jüdischen Emigration gerade einmal vier Zeilen zugestanden werden.[33]
In der 17. Auflage des Arbeits- und Quellenbuches *Weltgeschichte im Aufriss.
Bd. 3: Von der Französischen Revolution bis zur Gegenwart* des Diesterweg-
Verlages, ebenfalls von 1970, befindet sich unter den Hunderten von Quellen keine einzige, die einen Bezug zu den Themen Emigration und Exil nach
1933 aufweist. Auch zehn Jahre später hat sich an diesem Befund nichts verändert. In dem bei der Darmstädter Studiengemeinschaft 1980 erscheinenden Buch *Geschichte. Nationalsozialismus bis 1938*[34] sind es fünf Zeilen, die
der jüdischen Emigration bzw. der »Polen-Aktion« gewidmet werden. In dem
im selben Jahr erscheinenden Ergänzungsband *Geschichte. Der Zweite Weltkrieg und die Nachkriegszeit bis 1948*[35] finden sich zwei Zeilen zur »Gruppe
Ulbricht« und ihrer Rolle in der Sowjetischen Besatzungszone 1945. Das
Buch *Abiturwissen. Das Dritte Reich* des Klett-Verlages von 1990 fasst das
von bundesdeutschen Abiturienten erwartete historische Wissen in dem Satz
zusammen: »Als Folge dieser Aktivitäten setzte noch im Jahre 1933 eine starke jüdische Emigration wohlhabender Familien, Künstler und Wissenschaftler ein.«[36] Auch der Deutungskontext, in den die knappen Sätze eingebunden werden, hat sich 1990 noch nicht grundlegend geändert. In dem
bei Westermann erscheinenden, von dem Autorenduo Ebeling und Birken-
feld verfassten Geschichtsbuch *Die Reise in die Vergangenheit, Bd 3: Vom
Beginn des 19. Jahrhunderts bis zum Zweiten Weltkrieg* heißt es knapp: »Die
Flucht und Ausbürgerung so vieler bedeutender Künstler und Wissenschaftler stellte für unser Land einen unermesslichen Verlust dar.«[37] Als Arbeits-
frage wird den Schülern aufgetragen, zu klären, warum besonders Künstler
unter einer Emigration leiden.

Trotz des unzweifelhaft gewachsenen historischen Interesses in der Gesamt-
bevölkerung infolge der Ausstrahlung der Sendereihe »Holocaust« 1979 und
des in der Öffentlichkeit 1986 geführten Historikerstreits um die Deutung
des Judenmords hatte all dies keinen Einfluss auf eine breitere, gehaltvolle-

re und sich dem Forschungsstand annähernde Behandlung der Themen Emigration, Exil und Remigration im bundesdeutschen Schulgeschichtsbuch. Vermutlich als Reaktion auf die Bildung der Großen Koalition unter Kurt Georg Kiesinger, dessen Kabinett mit Willy Brandt als Außenminister und Herbert Wehner als Gesamtdeutscher Minister erstmals zwei namhafte Remigranten angehörten, wird einzig in dem Schulbuch *Spiegel der Zeiten. Bd. 4: Von der russischen Revolution bis zur Gegenwart* des Diesterweg-Verlages von 1971 in drei Zeilen auf die politische Emigration von Sozialdemokraten nach 1933 verwiesen, ohne aber die Rückkehr von Brandt nach Deutschland eigens zu thematisieren. Exil und Remigration bleiben in dem Geschichtsbuch ebenso Leerstellen wie die kommunistische Emigration. Einzig Buchners' *Kolleg Weimarer Republik – Nationalsozialismus* erwähnt im Abschnitt »Widerstand« 1986 kurz, dass die Sowjetunion »Exilkommunisten aus Deutschland auf die Übernahme der Macht nach Beendigung des Krieges vor(bereitete)«.[38]

Emigration, Exil und Remigration im Schulbuch des vereinten Deutschland 1990–2007

Erst in den Schulgeschichtsbüchern des vereinten Deutschland nach 1990 deuten sich kleine Änderungen an. Quantitativ nimmt der Gesamtumfang, in dem die untersuchten Themenbereiche abgehandelt werden, mit zwei bis 21 Zeilen nun leicht zu. Qualitativ finden das Leben und der Widerstand im Exil sowie regionale Sonderentwicklungen nun erstmals stärkere Berücksichtigung. Mehr und neue Bilder sowie Textquellen ergänzen die Darstellungen. Erstmals wird zudem die Behandlung von Emigration, Exil und Remigration in der Geschichtskultur Nachkriegsdeutschlands selbst zum Thema gemacht.

In dem Schulbuch *Geschichtskurse für die Sekundarstufe I. Bd. 4: Weimarer Republik und nationalsozialistische Herrschaft* des Schöningh-Verlages von 1991 findet sich neben einem 15 Zeilen umfassenden Abschnitt über die Formen der jüdischen Emigration in dem Unterabschnitt »Emigration und Widerstand« ein etwa 50 Zeilen umfassender Auszug aus den unter dem Titel »Links und frei« erschienenen Erinnerungen Willy Brandts sowie eine kommentierende Einordnung mit Hinweisen auf die Gründe und Formen der Emigration, auf das Leben im und den Widerstand aus dem Exil heraus. In dem ebenfalls bei Schöningh 2004 erschienenen Buch *Zeiten und Menschen 1: Geschichte Oberstufe* wird in immerhin nun 22 Zeilen erstmals über die Gründung von Exilorganisationen und den politischen Widerstand aus dem Exil heraus informiert. Neue Akzente weist auch das 2005 erschienene Schulbuch *Zeit für Geschichte. Geschichtliches Unterrichtswerk für Gymnasien,*

Bd. 4 auf, das u. a. in 19 Zeilen auf die verschiedenen Phasen der jüdischen Auswanderung, auf die jüdische Auswanderungsvorbereitung, auf die Schwierigkeiten emigrierter deutscher Juden in den Aufnahmeländern, auf das Auswanderungsverbot von 1941 verweist und in zwei Zeilen auch das sozialdemokratische Exil und seine Aktivitäten kurz erwähnt.[39]

Andere Geschichtsbücher verharren auf dem Stand der 1960er Jahre, so etwa die beiden 1995 und 2000 bei C. C. Buchners erschienenen Schulbücher *Unser Weg in die Gegenwart, Bd. 4: Das Deutsche Reich bis 1945* (sechs Zeilen kulturelle u. wissenschaftliche Emigration, sechs Zeilen jüdische Emigration) und *Buchners Kolleg. Themen Geschichte. Weimarer Republik und NS-Staat* (drei Zeilen künstlerische Emigration, vier Zeilen jüdische Emigration). Dem von der renommierten Fachhistorikerin Ute Frevert mit herausgegebenen Schulbuch *Kursbuch Geschichte. Von der Antike bis zur Gegenwart* des Cornelsen Verlages aus dem Jahr 2000 ist einzig die jüdische Emigration aus Deutschland fünf Zeilen Erwähnung wert. Auch das 2005 bei Klett erschienene Buch *Geschichte-Geschehen. Themenheft für die Sekundarstufe II* thematisiert Emigration und Exil in zwölf Zeilen inhaltlich auf dem Niveau der 1960er Jahre. Es überrascht zudem, dass die beiden Bände des deutsch-französischen Schulbuches von 2006/08 die Themenkreise Emigration und Exil, Akkulturation und Remigration – anders als angenommen – völlig aussparen[40], obwohl gerade Emigration/Immigration und Flucht/Vertreibung gemeinsame europäische »lieux de mémoire« im Sinne von Pierre Nora darstellen.[41]

Neue didaktische Ansätze – eine intensiviertere Quellenorientierung, das Einfügen »regionaler Fenster« sowie die Thematisierung gegenwärtiger Geschichtskulturen – haben erst seit der Jahrtausendwende Einfluss auf die Behandlung der Themen Emigration, Exil und Remigration im Geschichtsbuch. Eine stärkere Quellenorientierung spiegelt sich in der Verwendung unterschiedlicher Gattungen von Textquellen wider wie etwa von Auszügen aus dem Protokoll der Wannsee-Konferenz vom 20. Januar 1942, die u. a. das Verbot der Auswanderung von Juden aus dem Deutschen Reich verfügte, sowie vor allem in Auszügen aus zeitgenössischen Texten oder retrospektiven Kommentierungen von Emigranten wie einer Textpassage von Fritz Stern zum Thema »Verlorene Heimat«.[42] Ein Musterbeispiel für eine verstärkte Verwendung von Quellen ist Schöninghs Geschichtsbuch *Zeiten und Menschen 1: Geschichte Oberstufe* von 2004, in dem längere Textpassagen aus einem Brief von Thomas Mann aus dem Exil an den Dekan der Universität Bonn sowie Zitate der emigrierten Historiker George L. Mosse und Golo Mann Verwendung finden. In »regionalen Fenstern« werden nun erstmals auch regionale Besonderheiten der Emigrationsgeschichte referiert. So erwähnt das 2002 bei Cornelsen erschienene Buch *Entdecken und Verstehen 3: Von 1917 bis zur Gegenwart* in dem Fenster »Geschichte vor Ort: Judenverfolgung an der Saar« auf vier Zeilen die jüdische Emigration aus dem Saarland nach 1935.[43]

Ähnlich wie Immischs Buch *Europa und die Welt. Das 20. Jahrhundert* von 1966 einen positiven Ausreißer aus einem allgemeinen eher negativen Trend markierte, kann auch das mehr als 30 Jahre später bei Klett erschienene, von führenden Geschichtsdidaktikern wie Klaus Bergmann und Joachim Rohlfes verfasste Buch *Geschichte und Geschehen C 4* für die Sekundarstufe 1 (Ausgabe für Rheinland-Pfalz und das Saarland)[44] sowohl in inhaltlicher als auch in didaktischer Hinsicht als positive Ausnahme gedeutet werden, da es alle didaktischen Neuerungen vereint. Der 2000 erschienene Lehrerband gibt als Lernziel an, es solle gezeigt werden, »dass es ein ›anderes Deutschland‹ in Deutschland (auch die vertriebenen Emigranten stehen im Übrigen für ein ›anderes Deutschland‹) gegeben« habe.[45] Diese neue Deutung wird durch ein Zitat von Willy Brandt aus dem Jahr 1984 unterstützt, in dem dieser darauf verweist, dass ohne die Leistungen von Widerstand und Emigration »die Bundesrepublik so nicht möglich geworden« wäre.[46] Die intensiviertere Quellenorientierung kommt in mehreren, z.T. längeren Textauszügen aus den »Deutschlandberichten« der SOPADE sowie aus den Erinnerungen von Emigranten wie Willy Brandt, Sebastian Haffner, Franz Werfel, Thomas Mann aber auch Anne Frank zum Ausdruck. Mit dem Nussbaum-Gemälde »Selbstbildnis mit Judenpass« und dem Porträt von Anne Frank verknüpft das Buch das Thema zugleich mit zwei Schlüsselbildern, die allerdings optisch dem Themenkreis Deportation / Holocaust zugeordnet bleiben. Neu an dem Geschichtsbuch ist vor allem die gegenwartsbezogene Behandlung des Themas und dies in doppelter Hinsicht: In einem »regionalen Fenster« wird auf die Volksabstimmung 1955 im Saarland über das Europastatut Bezug genommen und dabei auf die Mitglieder der autonomen Saarregierung nach 1947 hingewiesen, die vor 1945 mehrheitlich in der Emigration gewesen waren und im Abstimmungskampf 1955 erneut als »Hetzer« diffamiert wurden. In der bereits zitierten Passage von Willy Brandt aus dem Jahr 1984 heißt es an anderer Stelle: »Wer kennt sie nicht in seiner Stadt, die Straßen mit den Namen aus dem historischen Gruselkabinett! Der Antifaschismus, das Exil allemal, gibt da anscheinend weniger her an Würdigungen als die Geschichte des Rechtsradikalismus, des Ressentiments gegen die Menschlichkeit, hoch zu Ross oder in der Gosse.«[47] Der begleitende *Lehrerband* erläutert solche »merkwürdige(n) Erscheinungsformen in der Geschichtskultur der Bundesrepublik« und empfiehlt den Lehrenden, gelegentlich auch einmal Schüler und Schülerinnen in ihrer Stadt gezielt nach Straßennamen suchen zu lassen, die historische Bezüge haben, und die Ergebnisse dann kontrovers diskutieren zu lassen.[48] Das Klett-Schulbuch von 1998 ist damit das einzige der untersuchten Bücher, das überhaupt auf die Auseinandersetzungen der Nachkriegszeit über Emigration und Remigration eingeht.

Visuelle Repräsentationen von Emigration und Exil 1955–2007

Seit den 1960er Jahren nahm das Interesse an einem gezielten Einsatz von Bildmaterialien in Geschichtsunterricht und Schulbuch kontinuierlich zu. Entsprechend einer Empfehlung der Kultusministerkonferenz von 1962 zur Gestaltung der Schulbücher für den Unterricht in Neuester Geschichte und Zeitgeschichte sollten diese stärker die Lernpotenziale von Personalisierung und Emotionalisierung nutzen und auf einzelne Menschen fokussieren. Als Unterrichtsmaterialen, mit denen diese Zielsetzung umzusetzen seien, eigneten sich nach damaliger Auffassung vor allem »typische Bilder« – heute würde man sagen »Schlüsselbilder« –, die stellvertretend für verschiedene Ereignisse stehen und an denen zugleich die Fähigkeit des Schauens erlernt und trainiert werden sollte.[49] Diese in der Regel aus ihren konkreten Herkunftszusammenhängen herausgelösten Bilder wurden in der Schulbuchpraxis indes primär illustrierend verwandt und zunächst kaum einmal als historische Quellen. Seit den 1970er Jahren übernahmen Fotografien in Schulbüchern dann verstärkt narrative Funktionen. Zu einem regelrechten Visualisierungsschub kam es in den 1980er/90er Jahren infolge der Ausstrahlung des US-Vierteilers »Holocaust« auch und gerade im Schulgeschichtsbuch.

Bis Mitte der 1960er Jahre blieben Emigration und Exil bilderlos. Anschließend finden sich entweder einzelne Porträts oder entsprechend der zeitgenössischen Auffassung vom »typischen Bild« einzelne Gemälde, die schon aufgrund der Größe und Art ihrer Abbildung (ungenügende Farbauthentizität, mangelnde Kontextualisierung in der Bildlegende) allenfalls illustrierende und textergänzende Funktionen erfüllten. Erstmals finden sich Abbildungen zum Thema Emigration und Exil 1966 in dem gemeinsam von Schöningh und Schroedel herausgegebenen und von Joachim Immisch verfassten Buch *Europa und die Welt. Das 20. Jahrhundert,* das – wie erwähnt – sowohl quantitativ wie qualitativ eine neue Sicht auf Emigration und Exil eröffnete. Neben Porträtfotos namhafter deutscher Emigranten (s. o.) wird das 1940/41 in den USA geschaffene Gemälde »Selbstporträt mit seiner Frau« von Max Beckmann abgebildet, in dessen Bildlegende auf die Amsterdamer Exilzeit des Malers verwiesen wird. In der späteren Neubearbeitung des Buches von 1990 wird das Beckmann-Bild 1991 durch eine kleine, kaum dechiffrierbare Zeichnung des seit 1931 in der Sowjetunion lebenden ehemaligen Jugendstil-Malers Heinrich Vogeler aus dem Buch von Johannes R. Becher *Das Dritte Reich* (Moskau 1934) zur Vertreibung der Wissenschaft ersetzt. Ebenfalls 1991 findet sich erstmals in einem Schulbuch der Sekundarstufe I eine allerdings viel zu kleine und daher kaum zu deutende Abbildung des 1943 entstandenen Gemäldes »Die Verdammten« des erst in den 1980er Jahren einer breiteren Öffentlichkeit bekannt gewordenen jüdischen

Malers Felix Nussbaum mit einem kurzen Hinweis zu dessen Biografie.[50] Alle drei Bilder sucht man in späteren Schulbuchausgaben vergebens, was darauf schließen lässt, dass es sich eher um zufällige Abbildungen ohne weitere Lernfunktionen als um eine didaktisch begründete Auswahl gehandelt hat. Neben der bereits erwähnten Porträtfotografie der Physikerin Lise Meitner gibt es mit einem Porträt von Anna Seghers überhaupt nur eine weitere Frau, die in einer Fotografie mit dem Exil in Verbindung gebracht wird. Es überrascht, dass erst 2006 – also 37 Jahre nach seiner Wahl zum Bundeskanzler – in einer Marginalspalte des Schulbuchs *Entdecken und Verstehen* im Kapitel »Terror und Widerstand« erstmals ein Foto des jungen Willy Brandt mit dem knappen Hinweis abgebildet ist, dass Brandt »bereits als Neunzehnjähriger vor den Nationalsozialisten nach Skandinavien fliehen« musste.[51]

Bis Ende der 1990er Jahre lassen sich in den untersuchten Schulbüchern keine Ereignisfotos zum Thema nachweisen, obwohl eine Fülle solcher Fotos in den Bildarchiven der Agenturen, Bibliotheken und Museen existiert, die potenziell die inhaltlichen und ästhetischen Anforderungen an ein »typisches Bild« bzw. an ein Schlüsselbild erfüllen. Ein erstes Ereignisfoto findet sich 1999 in Band 3 der Regionalausgabe *Entdecken und Verstehen* des Cornelsen Verlages für Rheinland-Pfalz und das Saarland. Es zeigt aus der Täterperspektive das Foto einer verängstigten jüdischen Familie auf der Flucht aus dem Memelland, zu dem es in der Bildlegende knapp und ohne Zeitangabe heißt: »Eine jüdische Familie aus dem Memelland auf dem Weg zum Bahnhof mit der Absicht das Land aus Angst vor den Nationalsozialisten zu verlassen.«[52] Diese Abbildung indes steht in keinem inhaltlichen oder visuellen Bezug zu dem umgebenden Text. Auswahl und Art der Präsentation verweisen vielmehr darauf, dass das Foto zufällig ausgewählt wurde und ausschließlich zum Zweck der Illustration Verwendung fand. Dass zu diesem Zeitpunkt bereits mehrfach Fotografien von emigrierenden jüdischen Familien aus dem Saarland nach Frankreich erschienen sind, scheint den Autoren und dem Verlag entgangen zu sein. Wohin die Flucht ging, bleibt in der großen Mehrzahl der Schulbücher unerwähnt oder schemenhaft. Ein Foto von der Ankunft jüdischer Emigranten 1949 in Tel Aviv, allerdings ohne jede weitere Angabe, woher diese Menschen kommen, findet sich erstmals 2007 in dem Schulbuch *Terra* des Klett-Verlages in dem Kapitel »Jüdisches Leben in Deutschland«.[53]

Seit Ende der 1990er Jahre werden verstärkt drei Abbildungen genutzt, die – zumindest am Rande – das Thema Emigration/Exil visualisieren. Es sind dies die beiden Gemälde »Die geistige Emigration« von Arthur Kaufmann und »Selbstbildnis mit Judenpass« von Felix Nussbaum sowie das Porträtfoto des Mädchens Anne Frank. Während das Gemälde Kaufmanns das einzige Bild ist, das für das Überleben in der Emigration steht, handelt es sich bei den beiden anderen Abbildungen um »Ikonen der Vernichtung« im Sinne von Cornelia Brink.[54]

Das dreiteilige, einem Tryptichon ähnliche, 1938 begonnene, aber erst 1965 fertig gestellte Gemälde »Die geistige Emigration« von Arthur Kaufmann – einem Düsseldorfer Maler, der selbst aus rassischen Gründen über die Niederlande und die USA nach Brasilien emigrierte – zeigt etwa 40 bekannte jüdische und nichtjüdische Emigranten, insbesondere Wissenschaftler, Schriftsteller und Künstler, die vor dem NS-Regime ins Ausland geflohen sind.[55] Ihr Weg führt von Deutschland, dem Ort tödlicher Bedrohung (links im Bild), in die USA, einem Ort der Zuflucht (rechts im Bild). Die von Kaufmann im Bild gebannte emigrierte geistige Elite scheint sich auf einem der Arche Noah ähnlichen Schiff zu versammeln, um nach dem Untergang des NS-Regimes die gefährdeten geistig-kulturellen Werte und Traditionen wieder zur Geltung zu bringen. In diesem Sinne ist das Gemälde ein Symbolbild der Hoffnung und des Überlebens, wodurch es mit den bisherigen visuellen Strategien des Schulbuchs bricht, in dem Emigranten nur als Objekte und Opfer dargestellt sind. Seit 2002 findet das Kaufmann-Gemälde insgesamt viermal in Schulbüchern Verwendung, so 2005 auch in dem Buch *Das waren Zeiten. Bd. 4: Das 20. Jahrhundert.*[56]

Insgesamt dreimal wurde seit den 1990er Jahren das Gemälde »Selbstbildnis mit Judenpass« des jüdischen Malers Felix Nussbaum, der seit 1933 zunächst im italienischen und französischen, seit 1937 dann im belgischen Exil lebte, im Schulbuch des vereinten Deutschland abgedruckt, so 1998 in dem bereits mehrfach erwähnten Geschichtsbuch *Geschichte und Geschehen C 4* des Klett Verlages sowie 2005 als großformatige Farbabbildung in dem Schulbuch *Das waren Zeiten. Bd. 4: Das 20. Jahrhundert.*[57] Thematisch wird das Gemälde in dem Klett-Buch von 1998 indes nicht dem Thema Leben im Exil, sondern dem Themenbereich »Euthansie – Holocaust – Shoa« zugeordnet. Der dazu gehörige Lehrerband von 2000 gibt in 15 Zeilen Erläuterungen zu Nussbaum und dessen Werk. Ähnlich ist dies in dem Band des C. C. Buchners-Verlages, in dem das Bild ohne jede weitere Erläuterung zu seinem Maler und zum zeitlichen Kontext dem Abschnitt »Völkermord« zugeordnet wird.

Das 1943 in der Illegalität entstandene, aber erst in den 1980er Jahren einem breiteren Publikum bekannt gewordene Bild ist Nussbaums wohl bekanntestes Gemälde. Für die Kunsthistorikerin Rosa von der Schulenburg ist es mehr als ein Selbstporträt oder einfach nur ein Bild von Bedrohung. Es offenbare vielmehr eine »gefährdete Identität« und zeige zugleich deren »selbstbewusste Behauptung gegenüber einem Anderen. Jenes Andere ist außerhalb des Bildes, und lediglich ein durch Gestus und Blick des Dargestellten imaginiertes Gegenüber. Ob jene äußere Instanz den durch Pass und gelben Stern als Juden Felix Nussbaum Identifizierten kontrolliert und ihm gefährlich wird oder mit diesem konspiriert, ist genauso wenig eindeutig zu beantworten wie die Frage, ob die Sicht von Außen auf den im Bild Festgehaltenen mit der des Betrachters identisch ist.«[58] Es gehöre zur besonderen Qualität des Bildes, »dass es eine teilnahmslose Betrachtung nicht zulässt, aber die Art der Teilnahme nicht eindeutig festlegt«. Gerade dieses Spannungsverhältnis im Zusammenhang mit dem emotional berührenden Sujet mache dieses Bild so einprägsam.[59] Nussbaums Selbstporträt wurde zum vielfach zitierten Bildzeichen »individueller Selbstbehauptung mit den Mitteln der Kunst und zugleich zum Denkmal/Wahrzeichen für alle vom NS-Regime diffamierten und ermordeten Juden«. Es sei bezeichnend, dass das Gemälde indes fast ausschließlich im Kontext des Mahnens und Erinnerns an den Holocaust zitiert werde, obwohl Nussbaum in seinem Selbstporträt nicht mit den entsprechenden Pathosformeln der Wehrlosigkeit und Duldung arbeitet, sondern sein Bild viel eher als »visuelles Memorial des Widerstehens der Auslöschung« zu deuten ist.[60] Die Instrumentalisierung des Gemäldes im Schulbuch als Sinnbild des Holocaust wird dem Bild und der Intention seines Schöpfers daher nicht gerecht, denn Emigration und Leben im Exil bedeuteten immer auch Selbstbehauptung und Widerstehen – ein Aspekt, der in der Fokussierung auf die Opferrolle der Emigrierten und der in der Illegalität Lebenden nicht aufgeht.

Fast schon als »Schulbuch-Ikone« zu bezeichnen, ist das Porträtfoto des Mädchens Anne Frank. Seit den 1960er Jahren bis in die Gegenwart findet es in unterschiedlichen Kontexten im Schulbuch Verwendung. Allerdings visualisiert es damals wie heute weniger Emigration und Exil als vielmehr den Holocaust. So finden wir es 1998 in dem Klett-Buch *Geschichte und Geschehen* als Ergänzung zu einem längeren Textauszug aus dem Tagebuch der Anne Frank, in dem diese über ihr Leben in der Illegalität berichtet.[61] Grafisch ist es der Thematik Deportation zugeordnet. Dieselbe Zuordnung finden wir in dem 2004 erschienenen Schulbuch *mitmischen in Geschichte III*,[62] in dem auf einer »Das Leid eines Mädchens« betitelten Doppelseite das Unschuldsfoto zusammen mit einer Skizze von Versteck und Wohnung erstmals den Quellentext und den erläuternden Text, der kurz Auskunft über die Emigration der Familie und das Leben in Exil und Illegalität gibt, dominiert. In dem Schulbuch *Expeditionen Geschichte*[63] aus dem Jahr 2005 schließlich findet sich das Foto der 13-Jährigen zusammen mit Auszügen aus dem Tagebuch und einem kurzen Verweis auf das Schicksal der Familie Frank und zur Bedeutung des Tagebuches im Abschnitt »Vom Rassenwahn zum Völkermord«. Interessanterweise ist hier weder Flucht und Leben im Exil noch der Holocaust das eigentliche Thema, vielmehr dient das Foto der Verstärkung des Textes, an dem die methodische Kompetenz des Umgangs mit »Tagebücher(n) als Geschichtsquelle« geübt werden soll.

Für Habbo Knoch ist das Porträt des Mädchens mit dem lachenden Gesicht eine der Erinnerungsikonen der Bundesrepublik seit den späten 1950er Jahren überhaupt und ein »Wunschbild der Unschuld«.[64] Seine Abbildung entspreche dem Bedürfnis nach sentimentaler Annäherung an das Thema Holocaust. Das Gesicht der Anne Frank sei wie das von Sophie Scholl zur Ikone geworden, weil es »den Anschein eines unzerstörten, heiligen Körpers« aufrecht erhalten habe. Die Abwesenheit der Gewalt in dem Bild und die überformende Erlösungsperspektive hätten Anne Frank in eine christliche Ikonografie eingefügt, der gegenüber die Spezifik der Tat zurückgetreten sei.[65] Die neuerliche Fokussierung auf das Schicksal des Mädchens Anne Frank kann als Ausdruck einer auch im Schulbuch in den letzten Jahren zu beobachtenden zunehmenden Individualisierung und Emotionalisierung von Geschichte gedeutet werden.

Das Selbstbildnis von Felix Nussbaum wie das Porträtfoto von Anne Frank als den visuell bedeutendsten Personifikationen von jüdischer Emigration und Exil im Geschichtsbuch werden durch ihren Publikationskontext in den untersuchten Schulbüchern zu »Ikonen der Vernichtung« umgewandelt und den Lernenden einzig als Objekte des NS-Terrors präsentiert. Ein dem Thema adäquates und dem Forschungsstand entsprechendes Schlüsselbild findet sich somit in keinem der untersuchten Bücher.

Im Bilderkanon des kulturellen Gedächtnisses, wie er sich in den Illustrationen des Schulbuchs spiegelt, sind die Themen Emigration, Exil und Remigration ebenso wenig präsent wie in den entsprechenden Textpassagen. Diese verfügen damit auch im visuellen Gedächtnis über keine entsprechenden Verankerungspunkte. Diese Leerstelle teilt sich das Thema indes mit anderen Großthemen des 20. Jahrhunderts wie den sowjetischen GULAGs, die im kulturellen Bildgedächtnis ebenfalls nicht vorkommen und demzufolge im Geschichtsbewusstsein einer nachwachsenden Generation nicht existent sind.[66]

Schulbücher aus der DDR und Österreich als Vergleichsgruppe

In den Geschichtsbüchern der DDR besaßen die Themen Emigration, Exil und Remigration von Anfang an ein deutlich stärkeres Gewicht als in der Bundesrepublik, wenngleich ihre Behandlung ausschließlich unter legitimatorischen und hagiografischen Vorzeichen erfolgte. Bereits in dem Schulbuch für den Geschichtsunterricht der erweiterten Oberstufe (12. Klasse) von 1961 wird dem Themenbereich Emigration / Exil mit 42 Zeilen deutlich mehr Gewicht zugebilligt als in allen Schulbüchern der Bundesrepublik bis zur deutschen Vereinigung 1990.[67] Zugeordnet ist die Behandlung dem Kapitel »Die Errichtung der faschistischen Gewaltherrschaft in Deutschland«. Denkbar knapp und damit dem Standard der bundesdeutschen Geschichtsbücher der Zeit entsprechend findet die jüdische Emigration nur im Kontext des Pogroms von 1938 mit lediglich einem, dazu nur halbwahren Satz Erwähnung: »In den folgenden Tagen wiesen die faschistischen Behörden Tausende von Juden aus Deutschland aus.«[68] Die kulturelle und wissenschaftliche Emigration bildet sich in fünf Zeilen ab, wenn es weiter heißt: »Weit über die deutsche Grenze bekannte deutsche Dichter und Schriftsteller wurden wegen ihrer fortschrittlichen und humanistischen Gesinnung von den Faschisten verfemt und gezwungen, ihre Heimat zu verlassen.«[69] Wie in der Bundesrepublik finden jüdische wie kulturelle Emigranten damit einzig als Objekte »faschistischer Politik« Erwähnung; ihre Tätigkeiten im Exil bleiben auch hier ausgeblendet.

Das eigentliche Subjekt der Geschichte wie das des DDR-Schulbuches ist die KPD. In 15 Zeilen werden daher bedeutende Kommunisten wie Wilhelm Florin, Fritz Heckert und Wilhelm Pieck vorgestellt, wobei erwartungsgemäß der Hauptakzent auf dem Moskauer-Exil liegt. Unter der Überschrift »Der Kampf um die proletarische Einheitsfront und die antifaschistische Volksfront« wird in weiteren 20 Zeilen über die Initiative der KPD zur Bildung einer deutschen Volksfront in Paris berichtet, dem sich der SPD-Exilvorstand nicht habe entziehen können. An mehreren Stellen zitiert das Buch den Pariser Volksfront-Aufruf für Frieden, Freiheit und Brot vom Dezember 1936.[70] Emigration als aktiver Akt des individuellen Widerstands findet im DDR-Geschichtsbuch nicht statt. In den dem Buch angefügten »Daten aus dem Leben einiger deutscher Arbeiterführer« erfolgt der Schritt in die Emigration vielmehr auf Geheiß des Zentralkomitees der KPD, so wenn es zu Wilhelm Pieck heißt »Ende Mai 1933 fuhr Wilhelm Pieck auf Beschluß des Zentralkomitees nach Paris, um von dort aus den Kampf gegen den Faschismus zu leiten« oder zu Wilhelm Florin »Nach der Machtübernahme durch den Faschismus setzte er den Kampf illegal fort, bis ihn die Partei ins Ausland schickte.«[71] Der wiederholte Verweis auf den Pariser Volksfront-Ausschuss verfolgt das geschichtspolitische Ziel, das spätere Zusammengehen von KPD und SPD in der sowjetischen Besatzungszone als bereits in Emigration und Widerstand vorbereitet zu legitimieren. Anders als in der Bundesrepublik bleiben Emigration, Exil und Remigration – sieht man von verschiedenen Textfaksimiles von Volksfront-Aufrufen ab – bilderlos.

Dass die weitestgehende Ausblendung der Themenbereiche Emigration, Exil und Remigration indes kein ausschließliches Phänomen bundesdeutscher Schulbücher ist, zeigt ein Blick auf österreichische Geschichtsbücher. Emigration, Exil und Remigration kommen hier noch seltener vor als in den vergleichbaren Büchern der Bundesrepublik. Positive Ausreißer aus diesem Negativtrend existieren nicht. In dem *Lehrbuch der Geschichte für die Oberstufe der allgemeinbildenden höheren Schulen, Bd. 4: Allgemeine Geschichte der*

Neuzeit von der Mitte des 19. Jahrhunderts bis zur Gegenwart von 1965 findet sich lediglich der allgemein gehaltene Satz: »Den Verlust ihrer Heimat durch Aussiedlung, Zwangsverschickung, Vertreibung während des Krieges und darnach mussten etwa 35 bis 45 Millionen Menschen auf sich nehmen.«[72] Das Schulbuch *Geschichte für die Oberstufe der allgemeinbildenden höheren Schulen* von 1975 thematisiert die jüdische Emigration lediglich in dem Satz: »Von den insgesamt 203.000 österreichischen Juden konnte sich nur ein Drittel durch Auswanderung dem Zugriff der Schergen des Nationalsozialismus entziehen.«[73] Nur einen knappen Hinweis auf »das Wirken österreichischer Emigranten« im Widerstand etwa der jugoslawischen Volksarmee Titos sowie einen kurzen Hinweis auf die Rückkehr der Führung der KPÖ aus dem Moskauer Exil und ihr Ziel der Errichtung einer Volksdemokratie in Österreich findet sich in dem Buch *Zeitbilder. Geschichte u. Sozialkunde, Bd. 8: Vom Ende des Zweiten Weltkrieges bis heute* aus dem Jahr 1992.[74] In insgesamt 8 Zeilen wird erstmals 1995 die jüdische Emigration abgehandelt und die Auswanderungspolitik des NS-Regimes, die Tätigkeit von Hilfsorganisationen sowie die wichtigsten Zufluchtsländer jüdischer Emigranten aus Österreich thematisiert.[75] Wie im Geschichtsbuch der Bundesrepublik ist die jüdische Auswanderung dem Deutungskontext des Holocaust zugeordnet. In weiteren sechs Zeilen geht das Buch auf die Rückkehr der österreichischen Kommunisten aus dem sowjetischen Exil und deren Kontakte zu den sowjetischen Militärbehörden ein und erwähnt kurz die Emigration des jungen Bruno Kreisky.[76] Auch zehn Jahre später hat sich an diesem Befund sowohl quantitativ und qualitativ nur wenig geändert, sieht man einmal davon ab, dass mit der Abbildung des Gemäldes »Die geistige Emigration« von Kaufmann die Emigration nun erstmals einen visuellen Ausdruck erhält und zum ersten Mal auf den aktiven Widerstand österreichischer Emigranten im Exil hingewiesen wird.[77] Unter der Kapitelüberschrift »Vergangenheitsbewältigung« heißt es nun auch: »Nach 1945 unternahm die Regierung nichts, um die in der Emigration lebenden Österreicherinnen und Österreicher zur Rückkehr zu bewegen.«[78] Allerdings steht dieser Satz für sich allein und ist aus dem weiteren Kontext des Schulbuches nicht nachvollziehbar.

Erzählmuster und Leerstellen im kulturellen Gedächtnis

Die Ausblendung der Themen Emigration, Exil und Remigration aus dem kulturellen Gedächtnis ist somit keine Besonderheit der bundesdeutschen Geschichts- und Erinnerungskultur, sie lässt sich gleichermaßen, teilweise sogar verstärkt auch im Nachbarland Österreich sowie im Pilotprojekt des *Deutsch-französischen Geschichtsbuches* für die gymnasiale Oberstufe nachweisen.

Nun könnte eingewendet werden, diese mangelnde Thematisierung sei ein Spezifikum des Mediums Schulbuch. Auch dies ist nicht der Fall, denn der Befund bestätigt sich bei einem weiteren Blick auf Museen, Ausstellungen und andere Bereiche der Erinnerungskultur. In populärwissenschaftlichen Bilddokumentationen wie den in Massenauflagen erscheinenden Publikationen eines Guido Knopp[79] und in Museums- und Ausstellungskatalogen zur deutschen Geschichte des 20. Jahrhunderts[80] kommen die Themen Emigration, Exil und Remigration ebenfalls nicht oder allenfalls am Rande vor. In den großen Dauerausstellungen des Deutschen Historischen Museums (DHM) in Berlin und des Hauses der Geschichte der Bundesrepublik Deutschland (HDG) in Bonn sind sie nicht präsent[81], sieht man einmal von der Übernahme von Wanderausstellungen wie der Ausstellung »Heimat und Exil. Emigration der deutschen Juden nach 1933« des Jüdischen Museums Berlin – übrigens der ersten Gesamtschau der jüdischen Emigration aus Deutschland nach 1945 – 2007/08 durch das Bonner Haus der Geschichte und dessen Leipziger Dependance, das »Zeitgeschichtliche Forum«, ab. Allenfalls finden sich einzelne verstreute Hinweise auf Wikipedia-Niveau in den begleitenden Online-Publikationen wie der gemeinsamen Lemo-Seite im Internet.[82] Lediglich in einigen regionalen Museen und Ausstellungen wie in der Dauerausstellung des »Zeitgeschichtlichen Forums«,[83] und dem Historischen Museum Saar in Saarbrücken, das die wechselvolle Geschichte der Saarregion seit 1870 und damit sowohl die Emigration der 1935 unterlegenen Status quo-Anhänger vornehmlich nach Frankreich als auch der Remigration nach 1945 und den Aufbau einer von Remigranten geführten Regierung des autonomen Saarlandes zwischen 1947 und 1955 thematisiert[84], werden Emigration, Exil und Remigration ansatzweise behandelt. Diese sind so allenfalls Ausdruck regional segmentierter kultureller Gedächtnisse.

Die generelle Ausblendung aus den zentralen Museen und Ausstellungen dürfte nur zum Teil der spezifischen Schwierigkeit der Visualisierung des Themas im Zeigemedium Museum zuzuschreiben sein, denn auch in den in Massenauflagen vertriebenen Printmedien der Bundeszentrale für Politische Bildung wie dem Themenheft *Nationalsozialismus I. Von den Anfängen bis zur Festigung der Macht* kommen Emigration und Exil nicht vor.[85] Lediglich im Abschnitt »Judenverfolgung« findet sich eine nicht genauer datierte und lokalisierte Aufnahme aus dem dpa-Archiv von »Auswanderern« vor der Abfahrt eines Passagierschiffes in die USA. Schließlich haben Emigration, Exil und Remigration auch in den Briefmarken der Bundesrepublik als einem der wichtigsten Ausdrucksmedien des kulturellen Gedächtnisses einer Nation keinen Niederschlag gefunden. Während die Deutsche Bundespost bereits 1964 mit dem achtteiligen Briefmarkenblock »Dem deutschen Widerstand zum Jahrestag des 20. Juli 1944« der Leistungen des Widerstandes gedachte und regelmäßig auch in Briefmarken an die Flucht und Vertreibung aus den deutschen Ostgebieten erinnerte, findet sich hierfür kein Äquivalent für die Emigration nach 1933.

Das nüchterne Ergebnis dieser Untersuchung: Emigration, Exil und Remigration spielten und spielen im kulturellen Gedächtnis der Bundesrepublik Deutschland, wie es sich u. a. im Schulgeschichtsbuch manifestiert, anders als in der DDR, keine nennenswerte Rolle. Dies ist weder ein schulbuchspezifisches Phänomen noch ein Befund, der nur für die Bundesrepublik zutrifft, denn auch andere Institutionen wie zentrale Museen und Ausstellungen sowie die Geschichtsbücher des Nachbarlandes Österreich belegen diesen Befund. Der reiche Wissensfundus einer mehr als 50-jährigen Exilforschung, die nunmehr 28 Bände des internationalen Jahrbuchs *Exilforschung* oder der im *Handbuch der deutschsprachigen Emigration 1933–1945* 1998 referierte Forschungsstand sowie die vielfältigen Ausstellungsaktivitäten des »Deutschen Exilarchivs 1933–1945 der Deutschen Nationalbibliothek« in Frankfurt a.M. und der Berliner Akademie der Künste zur Geschichte der deutschen Exilliteratur, zur jüdischen Emigration aus Deutschland und zu einigen Zuflucht- und Aufnahmeländern spiegeln sich nicht einmal ansatzweise im deutschen Schulgeschichtsbuch wider. Daran haben auch die letzten Jahre nichts geändert. Allerdings ist dieser Befund nicht spezifisch für den Themenbereich Emigration / Exil, er gilt tendenziell auch für die Holocaust-Forschung.

Über Anlässe, Motive und Phasen der Emigration, über Leben und Widerstand im Exil, über Kulturtransfer und Akkulturation, über die politische und literarische Verarbeitung der Exilerfahrungen sowie über Remigrationen und deren Einfluss auf Nachkriegsdeutschland wird, wenn überhaupt, nur ansatzweise, lückenhaft und falsch informiert. Über Genderaspekte des Exils erfahren Schüler und Schülerinnen ebenso wenig etwas wie über die Tatsache, dass die Auswanderung aus Deutschland z.T. den Charakter einer Massenflucht besaß. Die Dialektik von NS-Herrschaft und Emigration / Exil wird nirgends wirklich entfaltet. Vielmehr bleiben Emigration und Exil weitgehend isolierte Phänomene. Dieser Mangel an Verknüpfung findet sich indes auch bei zahlreichen anderen Themenbereichen. Geschichte wird nicht in Zusammenhängen gedacht, sondern »verinselt«. Ebensowenig findet sich die Geschichte der deutschsprachigen Emigration nach 1933 eingefügt in die allgemeine Geschichte der Migrationsbewegungen des 20. Jahrhunderts.

Dort, wo Emigration und Exil kurz thematisiert und normativ bewertet werden, geschieht dies allenfalls aus einer Perspektive, die Emigration mit Kultur- und Wissenschaftsverlust für Deutschland gleichsetzt. Nur dieses Erzählmuster scheint in der politischen Kultur der Bundesrepublik allgemein Akzeptanz gefunden zu haben. Die Perspektive des »anderen Deutschland« wird lediglich zweimal, der kulturelle oder politische Beitrag der Emigranten und Emigrantinnen für die Zufluchtsländer oder der Remigranten für Nachkriegsdeutschland wird nirgends erwähnt. Jüdische Bürger werden in den meisten Geschichtsbüchern zudem zumeist nur als Kollektivkategorie betrachtet. Ihre Emigration wird in aller Regel im Kontext des Holocaust thematisiert.

Emigration und Exil können von den Lernenden auf der Basis der ausgewerteten Schulbücher damit ausschließlich unter Objektaspekten wahrgenommen werden. Der gesamte Bereich des Sich-Wehrens, des Widerstehens, des Neu-Schaffens, des Kulturtransfers etc. und somit die positiven Aspekte von Emigration und Exil bleiben in den untersuchten Texten und Visualisierungen ausgeblendet. Gerade weil die moderne Geschichtsdidaktik als eines ihrer wichtigsten Anliegen das Lernen aus der Vergangenheit für Orientierung und Verhalten die Gegenwart betont, hat diese Art der Fokussierung Folgen für die Wahrnehmung und Bewertung heutiger Migrationen. Dort, wo Emigration und Immigration nur negativ unter dem Verfolgungs- und Opferaspekt abgehandelt und ihre Positiva für die Immigrationsländer wie für Deutschland nach 1945 ausgeblendet werden, können auch gegenwärtige Immigrationen nur negativ beurteilt werden. Emigration und Exil, so der Subtext aller Schulbücher, enden im Tod; Akkulturation und Remigration finden nicht statt.

1 Jan Assmann: »Kollektives Gedächtnis und kulturelle Identität«. In: Ders., Tonio Hölscher (Hg.): *Kultur und Gedächtnis*. Frankfurt/M. 1988, S. 15; ausführlich ders.: *Das kulturelle Gedächtnis. Schrift, Erinnerung und politische Identität in frühen Hochkulturen*. München 1992. — 2 So Jörn Rüsen: »Das ideale Schulbuch. Überlegungen zum Leitmedium des Geschichtsunterrichts«. In: *Internationale Schulbuchforschung* 14/1992, S. 237–250. — 3 Wolfgang Hug: »Schulbuch«. In: Klaus Bergmann u. a. (Hg.): *Handbuch der Geschichtsdidaktik*. Seelze-Velber 1992, S. 471. — 4 Erich Kästner: »Ansprache zum Schulbeginn«. In: Ders.: *Gesammelte Schriften. Bd. 7: Vermischte Beiträge II*. München/Zürich 1969, S. 183 f. — 5 Siehe Ernst Uhe: *Der Nationalsozialismus in den deutschen Schulbüchern. Eine vergleichende Inhaltsanalyse von Schulgeschichtsbüchern aus der Bundesrepublik Deutschland und der Deutschen Demokratischen Republik*. Frankfurt/M. 1975. — 6 *Quellen und Materialien für den Geschichtsunterricht. 12. Klasse erweiterte Oberschule*. (VEB Volk und Wissen) Berlin 1966, S. 2 (Impressum). — 7 Falk Pingel: »Nationalsozialismus und Holocaust in westdeutschen Schulbüchern«. In: Rolf Steininger (Hg.): *Der Umgang mit dem Holocaust. Europa – USA – Israel*. Wien/Köln/Weimar 2. Aufl. 1994, S. 221–232. — 8 Hug: »Schulbuch« (s. Anm. 3), S. 469 f. — 9 So heißt es pointiert bei Hans-Jürgen Pandel: »Bild und Film. Ansätze zu einer Didaktik der ›Bildgeschichte‹«. In: Bernd Schönemann, Uwe Uffelmann, Hartmut Voit (Hg.): *Geschichtsbewusstsein und Methoden historischen Lernens*. Weinheim 1998, S. 164: »Das deutsche visuelle Gedächtnis wird (…) von den Bildbeschaffungsstellen der Schulbuchverlage hergestellt.« — 10 Siehe zu diesen Trends bereits Ulrich A. J. Becher: »Schulbuch«. In: Hans-Jürgen Pandel, Gerhard Schneider (Hg.): *Medien im Geschichtsunterricht*. Schwalbach/Ts. 1999, S. 55. — 11 Uhe: *Der Nationalsozialismus* (s. Anm. 5). — 12 Birte Schmunk arbeitet derzeit an der Universität Göttingen an einer Dissertation zum Thema *Visuelle Repräsentationen des Natio-

nalsozialismus im Schulbuch – Eine empirische Untersuchung. — **13** Für die gewissenhafte Erfassung und Auswertung der Geschichtsbücher in Braunschweig bedanke ich mich ganz herzlich bei meinen Töchtern Mirjam S. Paul (Göttingen) und Lena M. Paul (Asendorf). — **14** Ausführlich Gerhard Paul: »Emigrantenstaat« auf tönernen Füßen. Das Saarland nach 1945«. In: Claus-Dieter Krohn, Patrik von zur Mühlen (Hg.): *Rückkehr und Aufbau nach 1945. Deutsche Remigranten im öffentlichen Leben Nachkriegsdeutschlands.* Marburg 1997, S. 211–252. — **15** *Histoire/Geschichte. Europa und die Welt seit 1945,* hg. von Guillaume Le Quintrec/Peter Geiss (Deutsch-französisches Geschichtsbuch Gymnasiale Oberstufe). Leipzig 2006; *Histoire/Geschichte. Europa und die Welt vom Wiener Kongress bis 1945,* hg. von Daniel Henri, Guillaume Le Quintrec, Peter Geiss (Deutsch-französisches Geschichtsbuch Gymnasiale Oberstufe). Leipzig 2008. — **16** Spaltentexte wurden auf ganzseitige Texte umgerechnet. — **17** (Blutenburg Verlag) München 1960. — **18** (Verlag G. Braun) 6. Aufl. Karlsruhe 1960. — **19** (Schroedel-Verlag) Hannover 1956. — **20** Siehe Gerhard A. Ritter: »Hans Herzfeld – Persönlichkeit und Werk«. In: Otto Büsch (Hg.): *Hans Herzfeld. Persönlichkeit und Werk.* Berlin (West) 1983, S. 13–91. — **21** *Grundriß der Geschichte. IV: Weltstaatensystem und Massendemokratie.* (Klett Verlag) Stuttgart 1960. — **22** *Grundzüge der Geschichte. Textband II: Vom Zeitalter der Aufklärung bis zur Gegenwart.* (Verlag Moritz Diesterweg) Frankfurt/M. 1966. — **23** *Europa und die Welt.* (Verlag Ferdinand Schöningh) Paderborn 4. Aufl. 1955, S. 111. — **24** *Die neueste Zeit* (Anm. 19), S. 232. — **25** *Die neueste Zeit, Bd. 4: 1815–1962.* (Verlag G. Braun) Karlsruhe 1965. — **26** *Die neueste Zeit* (Anm. 19), S. 232. — **27** (Verlage Schöningh & Schroedel) Paderborn 1966. — **28** Ebd., S 138. — **29** (Verlage Schöningh & Schroedel) Paderborn 1969. — **30** Ebd., S. 125. — **31** Ebd., S. 124. — **32** (Verlag Ferndinand Schöningh) Paderborn 1970. — **33** (Moritz Diesterweg Verlag) Frankfurt/M. 1970. — **34** (Studiengemeinschaft Darmstadt), Darmstadt 1980. — **35** (Studiengemeinschaft Darmstadt), Darmstadt 1980. — **36** *Abiturwissen: Das Dritte Reich.* (Klett-Verlag) Stuttgart 4. Aufl. 1990, S. 111. — **37** Ausgabe für Schleswig-Holstein. (Westermann-Verlag) Braunschweig 1990, S. 239. — **38** (C.C. Buchners Verlag) Bamberg 1986, S. 202. — **39** (Bildungshaus Schulbuchverlage) Braunschweig 2005. — **40** Siehe Anm. 15. — **41** Ausführlich hierzu Gerhard Paul: »Images of Europe in the Twentieth Century. Pictorial Discourses – Canon of Images – Visual Sites of Memory«. In: Benjamin Drechsel, Claus Leggewie (Hg.): *Images of Europe* (Im Erscheinen). Zu Noras Konzept siehe Peter Carrier: »Pierre Noras Les Lieux de mémoire als Diagnose und Symptom des zeitgenössischen Erinnerungskultes«. In: Gerald Echterhoff, Martin Saar (Hg.): *Kontexte und Kulturen des Erinnerns. Maurice Halbwachs und das Paradigma des kollektiven Gedächtnisses.* Konstanz 2002, S. 141–162. — **42** *Zeiten und Menschen 2: Geschichte Oberstufe.* (Verlag Ferdinand Schöningh) Paderborn 2005. — **43** (Cornelsen Verlag) Berlin 2002, S. 113. — **44** (Klett Schulbuchverlag Verlag) Leipzig 1998. — **45** *Geschichte und Geschehen. Geschichtliches Unterrichtswerk für die Sekundarstufe 1. Lehrerband.* (Klett Schulbuchverlag Verlag) Leipzig 2000, S. 59. — **46** *Geschichte und Geschehen* (s. Anm. 44), S. 104. — **47** Ebd. — **48** *Geschichte und Geschehen.* (s. Anm. 45), S. 60. — **49** Horst Rumpf: »Das Schauen als Weg zur Wirklichkeit«. In: *Neue Sammlung* 1 (1961), S. 120–130. — **50** *Geschichtskurse für die Sek.stufe I. Bd. 4: WR und nationalsozialistische Herrschaft.* (Verlag Ferdinand Schöningh) Paderborn 1991. — **51** *Entdecken und Verstehen. Bd. 4: Vom NS zur Globalisierung* (Ausgabe für Mecklenburg-Vorpommern und Schleswig-Holstein). (Cornelsen Verlag) Berlin 2006, S. 23. — **52** *Entdecken und Verstehen. Bd. 3* (Ausgabe Rheinland-Pfalz/Saarland). (Cornelsen Verlag) Berlin 1999, S. 130. — **53** *Terra Bd. 9/10.* (Klett Verlag) Stuttgart 2007, S. 105. — **54** Cornelia Brink: *Ikonen der Vernichtung. Öffentlicher Gebrauch von Fotografien aus nationalsozialistischen Konzentrationslagern nach 1945.* Berlin 1998. — **55** *Die geistige Emigration. Arthur Kaufmann – Otto Pankok und ihre Künstlernetzwerke.* Hg. von Beate Ermacora, Bielefeld 2008. — **56** Dieser Befund deckt sich mit ersten Befunden der empirisch angelegten Dissertation von Birte Schmunck (s. Anm. 12); Mail von Birte Schmunk vom 10.10.2009 an den Verfasser. — **57** *Geschichte und Geschehen* (s. Anm. 44), S. 94; *Das waren Zeiten, Bd. 4: Das 20. Jahrhundert.* (C. C. Buchners-Verlag) Bamberg 2005, S. 98. — **58** Rosa von der Schulenburg: »Selbstbehauptung gegen Fremdbestimmung. Felix Nussbaums ›Selbstbildnis mit Judenpass‹«. In:

Gerhard Paul (Hg.): *Das Jahrhundert der Bilder. Bildatlas I: 1900–1949.* Göttingen 2009, S. 624. — **59** Ebd. — **60** Ebd., S. 629. — **61** *Geschichte und Geschehen* (s. Anm. 44), S. 97. — **62** (Ausgabe für Rheinland-Pfalz / Saarland). (Klett Schulbuchverlag) Leipzig 2004. — **63** *Expedition Geschichte 3: Von der Weimarer Republik bis zur Gegenwart* (Realschule Baden-Württemberg, Klasse 9/10). (Verlag Moritz Diesterweg) Frankfurt/M. 2002, S. 74. — **64** Habbo Knoch: *Die Tat als Bild. Fotografien des Holocaust in der deutschen Erinnerungskultur.* Hamburg 2001, S. 499. — **65** Ebd., S. 502. — **66** Gerhard Paul: »GULAG. Das schwarze Loch im kollektiven Bildgedächtnis«. In: Ders.: *Das Jahrhundert der Bilder* (s. Anm. 58), S. 746–753. — **67** *Neueste Zeit. Lehrbuch für den Geschichtsunterricht der erweiterten Oberschule 12. Klasse.* (VEB Volk und Wissen) Berlin 1961. Verfasser des Buches ist mit Herbert Mühlstädt ein Autor zahlreicher DDR-Geschichts- und Kinderbücher sowie historischer Romane seit Mitte der 1950er Jahre, so u. a. des dreibändigen Werkes *Der Geschichtslehrer erzählt.* — **68** Ebd., S. 164. — **69** Ebd., S. 162. — **70** Abgedruckt auch in den *Quellen und Materialien für den Geschichtsunterricht. 12. Klasse erweiterte Oberschule.* (VEB Volk und Wissen) Berlin 1966. Ausführlich zu diesem Aufruf sowie zur Geschichte des Ausschusses zur Vorbereitung einer deutschen Volksfront siehe Ursula Langkau-Alex: *Deutsche Volksfront 1932–1939.* 3 Bde. Berlin 2004/05. — **71** *Neueste Zeit* (s. Anm. 67), S. 341 f. — **72** *Lehrbuch der Geschichte für die Oberstufe der allgemeinbildenden höheren Schulen, Bd. 4: Allgemeine Geschichte der Neuzeit von der Mitte des 19. Jahrhunderts bis zur Gegenwart.* (Verlag Hölder-Pichler-Tempsky) Wien 1965, S. 167. — **73** *Geschichte für die Oberstufe der allgemeinbildenden höheren Schulen.* (Österreichischer Bundesverlag u. a.) Wien 1975, S. 155. — **74** *Zeitbilder. Geschichte u. Sozialkunde, Bd. 8: Vom Ende des 2. WK bis heute.* (ÖBV Pädagogischer Verlag) Wien 1992, S 10. — **75** *Österreich und das Weltgeschehen. Zeitgeschichte und Politische Bildung.* (Österreichischer Gewerbeverlag u. a.) Wien 1995, S. 72 f. — **76** Ebd., S. 92 f. — **77** *Gestern – heute – morgen. Aus Geschichte lernen: Das 20. Jahrhundert.* (öbvhpt VerlagsgmbH) Wien 2005, S. 68 f. — **78** *Einst und heute, Bd. 3, E.* (Dorner Verlag) Wien 2005, S. 78. — **79** Siehe etwa Guido Knopp: *Die großen Fotos des Jahrhunderts. Bilder, die Geschichte machten.* München 1994; Ders.: *100 Jahre. Die Bilder des Jahrhunderts.* München 1999. — **80** Dieter Vorsteher, Maike Steinkamp (Hg.): *Das XX. Jahrhundert. Fotografien zur Deutschen Geschichte aus der Sammlung des Deutschen Historischen Museums.* Heidelberg 2004. — **81** Stiftung Haus der Geschichte der Bundesrepublik Deutschland (Hg.): *Erlebnis Geschichte.* 4., neu bearb. u. ergänzte Aufl. Bergisch-Gladbach 2003. — **82** Siehe z. B. URL: http://www.dhm.de/lemo/html/nazi/kunst/paris/index.html (06.05.2010). — **83** Im Kapitel »Antifaschistischer Neuanfang« wird auf die Rückkehr deutscher Kommunisten aus dem sowjetischen Exil verwiesen, ohne deren Geschichte die Geschichte der DDR unverständlich bliebe. — **84** URL: http://www.historisches-museum.org/ (06.05.2010); Mail des Leiters des Historischen Museums Saar, Gerhard Ames, vom 7.11.2009 an den Verfassser. — **85** *Informationen zur politischen Bildung, H. 251: Nationalsozialismus I: Von den Anfängen bis zur Festigung der Macht,* überarb. Neuauflage. Bonn 2003, S. 53.

Christoph Kopke, Werner Treß

Vom Exil zur Gegenwart
Der 10. Mai 1933 als Gedenktag

Das Gedenken an den 10. Mai 1933

Zum 75. Jahrestag der Bücherverbrennungen in Berlin und weiteren Groß-
städten am 10. Mai 1933 fanden 2008 zahlreiche Gedenkveranstaltungen,
Lesungen, Präsentationen von Schülerprojekten statt; einige Anthologien,
Monografien und Sammelbände erschienen im Vor- und Umfeld des Jahrestages.[1] Bei einer zentralen Gedenkveranstaltung in der »Akademie der
Künste« in Berlin erinnerte Bundespräsident Horst Köhler in seiner Rede an
die beschämende Tatsache, dass die Bücherverbrennungen 1933 ausgerechnet von deutschen Universitäten ausgingen. Deutschland, aus dem nach 1933
zahlreiche Autorinnen und Autoren vertrieben wurden, habe aus der Geschichte gelernt und sei heute selbst zur Exilheimat für »verfolgte und bedrohte
Autoren aus aller Welt« geworden. Köhler wies darauf hin, dass die »Freiheit
des Wortes« ein zu schützendes Gut sei: »Die Freiheit des Wortes und die
freiheitliche Kunst sind Fundamente unserer Kultur. Kunst und Literatur
brauchen Freiheit - und wo sie die Freiheit nicht haben, wo sie sich nicht frei
artikulieren können, da geht es nicht nur der Kunst, da geht es am Ende dem
ganzen Gemeinwesen schlecht, da werden alle Menschen in Unfreiheit gehalten. Deshalb müssen wir Angriffe auf diese Freiheit zurückweisen. Gerade
am heutigen Tag müssen wir sagen: Wer Bücher, wer Filme, wer Theater-
aufführungen, wer Karikaturen verbieten will, der ist auf dem falschen Weg.«[2]
   Es scheint, als habe der 10. Mai einen festen Platz in der Reihe der Gedenk-
tage zu den Verbrechen des NS-Staates eingenommen.

Beginn im Exil

Im Rückblick erscheint es besonders bemerkenswert, dass der 10. Mai bereits
im Exil als Gedenktag fungierte. Jener Tag hatte für viele der exilierten Schriftsteller und Autoren eine besondere, sie oft auch lebensgeschichtlich unmittelbar selbst betreffende Bedeutung. Es war der Tag, an dem der Nationalsozialismus offen und öffentlich den Bruch mit jedweder humanistischen
Tradition feierlich zelebrierte, indem er literarische, wissenschaftliche und philosophische Werke lebender und toter Autoren auf die Scheiterhaufen warf.

Das Gedenken an die NS-Bücherverbrennungen und das Engagement dafür, die Werke der betroffenen Autoren nicht in Vergessenheit geraten zu lassen, begannen also schon mit dem Ereignis selbst. Als der Schriftsteller und Publizist Alfred Kantorowicz im Pariser Exil die Nachricht von den Bücherverbrennungen des 10. Mai 1933 erhielt, fasste er den Entschluss, »diesen Tag der Schande zu einem Ehrentage des Freien Buches und des freien Gedankens zu machen.«[3] Bereits am 10. Mai 1934 wurde in Paris die »Deutsche Freiheitsbibliothek« eröffnet, die auch den Namen »Bibliothek der verbrannten Bücher« erhielt.[4] Zur Eröffnung hielt Kantorowicz eine Rede, die mit den Worten begann: »Vor einem Jahr wurden im Deutschland Hitlers die Scheiterhaufen errichtet, auf denen der Extrakt der Literatur seit dem Zeitalter der Aufklärung in die Flammen geworfen wurde. Reichsminister Goebbels hielt die Festrede.«[5] Deutsche Exilschriftsteller wie Lion Feuchtwanger, Heinrich Mann, Joseph Roth, französische Intellektuelle wie Romain Rolland, Julien Benda, Louis Aragon und Jean-Richard Bloch unterstützten die »Deutsche Freiheitsbibliothek«. Ihre Bestände wuchsen in wenigen Jahren auf über 11.000 Bände an. Mit dem Einmarsch der deutschen Truppen in Paris 1940 wurde sie zerstört.[6]

Der Informiertheitsgrad der betroffenen Schriftsteller, die sich fortan in der Deutschen Freiheitsbibliothek in Paris trafen, war relativ gering. Weder konnte man im Exil genau wissen, welche Bücher verbrannt worden waren, noch hatte man sichere Kenntnisse über die Verantwortlichen. Wohl konnte man aber in der Person Goebbels einen der hochrangigsten Vertreter des »Deutschland Hitlers« ausmachen. Aus seiner »Festrede« auf dem Berliner Opernplatz konnte man Rückschlüsse ziehen, die der Bücherverbrennung überhaupt erst ihren historischen Rang verlieh und die für die betroffenen Schriftsteller und Wissenschaftler im Exil vielleicht sogar identitätsstiftend waren: Nicht »Hinz und Kunz«, sondern Goebbels höchstpersönlich hatte ihre Bücher verbrennen lassen. Allerdings war bereits bekannt, dass nicht nur in Berlin Bücherverbrennungen organisiert worden waren und bei den Verbrennungen die Studentenschaften eine zentrale Rolle spielten. So heißt es in dem im Sommer 1933 erschienenen *Braunbuch über Reichstagsbrand und Hitlerterror* von der Berliner Bücherverbrennung: »Vor seinem [Wilhelm von Humboldts/CK-WT] Denkmal führte jetzt die deutsche Studentenschaft in SA-Uniform den Pogrom gegen die fortschrittliche Literatur durch. ›Deutschland, Deutschland über alles …‹«. Neben Berlin verweist das Braunbuch auch auf die Verbrennungsaktionen in München, Dresden, Breslau und Düsseldorf.[7]

Die Freiheitsbibliothek und das damit verbundene »Internationale Antifaschistische Archiv« waren aber unmittelbar politisch wirkende Institutionen: Sie sammelten nicht nur Literatur der emigrierten Schriftsteller oder im NS-Staat verbotener Autoren. Vor allem dokumentierten sie die Politik der Nazis und stellten die Materialbasis zur Verfügung für Ausstellungen (so »Das Freie Deutsche Buch« 1936 parallel zu einer in Paris gezeigten offiziösen deutschen Bücherschau und anlässlich der Weltausstellung 1937 die umfangreiche Präsentation »Das deutsche Buch in Paris 1837–1937«) und Exilschriften, wobei hier vor allem dokumentarische Publikationen anzuführen sind (so u. a. 1934: *Braunbuch II Dimitroff contra Göring*, 1936: *Der gelbe Fleck. Die Ausrottung von 500 000 deutschen Juden*).[8]

Der mahnende Bezug auf den Kulturbruch von 1933 und die Erinnerung an die brennenden Scheiterhaufen war in den kommenden Jahren oftmals bei den Aktivitäten des literarischen und politischen Exils präsent. Neben der Eröffnung der Pariser Freiheitsbibliothek gab es zum ersten Jahrestag 1934 Kundgebungen in London, New York und Boston, 1935 zusätzlich in Prag.[9] Zu den folgenden Jahrestagen erschienen in verschiedenen Exilzeitschriften Gedenkartikel und kritische Bewertungen der in Deutschland erscheinenden Literatur. Zur Unterstützung junger Autoren wurde zum dritten Jahrestag ein Heinrich-Heine-Preis ausgelobt, im *Pariser Tageblatt* ausgeschrieben und auf der Kundgebung des Pariser Schriftsteller-Schutzverbandes vorgestellt. Spätestens mit dieser Kundgebung war der »›Tag des verbrannten Buches‹ (…) in der Öffentlichkeit der deutschen Emigration weitgehend etabliert.«[10] Gleichwohl erscheint das Gedenken an den 10. Mai 1933 bei den Aktivitäten der Emigranten im Rückblick auch ambivalent. Die Fraktionierungen innerhalb des Exils, die ideologische Anlehnung an die von Moskau vorgegebene offizielle KP-Linie, die Instrumentalisierung von bekannten Schriftstellern – all das wirkte sich auch auf die Aktivitäten zum 10. Mai aus: »Man vergaß die Tradition des 10. Mai nicht, aber sie hatte nun etwas Routinemäßiges.«[11]

Bemerkenswert ist die Gründung einiger Exilverlage, die entweder mit Namensgebung oder mittels ihres Verlagssignets bzw. Gründungsdatums direkt auf das Autodafé Bezug nahmen: Zunächst erschienen von 1935 bis 1937 in den Pariser »Éditions du phénix« Texte bekannter Autoren wie Emil Ludwig, aber auch von Rudolf Leonhard, Alfred Kantorowicz oder Mela Spira. Am 10. Mai 1938 wurde der Verlag »Éditions du 10 Mai« in Paris gegründet. Das Verlagssignet zeigte ein brennendes Buch. Wohl aufgrund von »Säuberungen« im sowjetischen Schriftstellerverband, dessen Auslandskommission den Verlag finanziert hatte, erschienen nur zwei Bücher, bevor der Verlag im April 1939 aus finanziellen Gründen seine Aktivitäten einstellen musste[12]: *Mut*, die letzte Publikation Heinrich Manns vor dessen Emigration in die USA, und Willi Bredels Bericht über den Spanischen Bürgerkrieg *Begegnung am Ebro*.

Auch der Exilverlag »El libro libre« in Mexiko wählte 1942 als Gründungsdatum den 10. Mai. Nachdem sich Ende 1941 in Mexiko die »Bewegung Freies Deutschland« gebildet hatte, wurde der 9. Jahrestag der Bücherverbrennung mit einer Kundgebung begangen, bei der neben Anna Seghers, Ludwig Renn und Bruno Frei auch der chilenische Dichter Pablo Neruda auftrat.[13] Auch in Großbritannien wurde der Jahrestag 1942 und vor allem 1943 mit Kundgebungen begangen.[14]

Der 10. Jahrestag 1943 folgte in Mexiko und in den USA mit einer Vielzahl von Gedenkveranstaltungen, in den USA wurden die Fahnen vor zahlreichen öffentlichen Bibliotheken auf Halbmast gesetzt. Auf der festlich geschmückten Freitreppe der New York Public Library fand am 10. Mai 1943 eine zentrale Gedenkveranstaltung statt, an der neben Schriftstellern zahlreicher Nationen auch Vertreter der amerikanischen Regierung teilnahmen. US-Präsident Franklin D. Roosevelt sandte ein Grußwort, worin es u. a. hieß: »Wir alle wissen, dass Bücher brennen – doch wir haben die bessere Kenntnis, dass Bücher nicht durch Feuer getötet werden können. Menschen sterben, aber Bücher sterben niemals. Kein Mensch und keine Gewalt kann die Erinnerung auslöschen. Kein Mensch und keine Gewalt kann den freien Gedanken für immer in ein Konzentrationslager sperren. Kein Mensch und keine Gewalt kann die Bücher aus der Welt schaffen, die den ewigen Kampf der Menschheit gegen die Tyrannei zum Ausdruck bringen. Bücher sind Waffen; sie sind es auch in diesem Kriege. Aber es ist ein Teil ihrer Berufung, sie immerdar zu Waffen für die Freiheit der Menschheit zu machen.«[15]

1947 wurde in Berlin der 10. Mai zum »Tag des freien Buches« ausgerufen – am historischen Ort der Berliner Bücherverbrennung, dem im Volksmund als »Opernplatz« bekannten Kaiser-Franz-Joseph-Platz, der im August des selben Jahres in »Bebelplatz« umbenannt wurde. Dieser 10. Mai 1947 sollte für lange Zeit das letzte Mal sein, dass Menschen aus Ost und West offiziell gemeinsam der Bücherverbrennung gedachten. Kantorowicz berichtete später: »Die Vertreter der amerikanischen Neuen Zeitung und der sowjetischen Täglichen Rundschau, die Korrespondenten der New York Times und der Prawda, die Abgesandten der Militärmissionen der Besatzungsmächte, aber auch der Polen, Tschechoslowaken, Jugoslawen, die ansonsten bereits so wütig verzankten Vertreter aller zugelassenen deutschen Parteien – einmütig spendeten sie den Gelöbnissen der Redner Beifall, und die Kinder der Schulklasse, die unter Führung ihrer Lehrerin den langen Weg von Zehlendorf zu Fuß gemacht hatten, mengten sich fröhlich mit den Jungen und Mädchen aus der Wilhelm-Pieck-Schule in Pankow.«[16]

In der DDR wurde der »Tag des freien Buches« am 10. Mai als offizieller Gedenktag begangen – eine, wenn auch durch die herrschende SED-Ideologie getragene, so doch konsequent durchgehaltene Tradition, die auch seit dem Umbruch des Jahres 1989 in kleinerem Rahmen eine Fortsetzung erfährt, indem die Partei PDS bzw. Die Linke als einzige der im Deutschen Bundestag vertretenen Parteien jährlich am 10. Mai auf dem Berliner Bebelplatz ein Blumengebinde niederlegt.

In der jungen Bundesrepublik Deutschland der 1950er und 1960er Jahre war das Gedenken an den 10. Mai 1933 kaum präsent. Ansprachen, wie die Erich Kästners auf der Hamburger PEN-Tagung am 10. Mai 1958, blieben die Ausnahme. Erst 1979 wurde durch eine gemeinsame Erklärung des PEN-Zentrums der Bundesrepublik Deutschland, des Verbandes Deutscher Schriftsteller und des Börsenvereins des Deutschen Buchhandels vereinbart, den 10. Mai künftig als »Tag des Buches« zu begehen und in »öffentlichen Veranstaltungen und Lesungen, im Deutschunterricht der Schulen und in Presse, Hörfunk und Fernsehen« an die nach 1933 verbrannte und verbotene Literatur zu erinnern.[17] Erst nach dieser verbändeübergreifenden Absichtserklärung entwickelte sich in der Bundesrepublik eine breitere Gedenkkultur an die NS-Bücherverbrennungen, die nach einem ersten Höhepunkt im Umfeld des 50. Jahrestages 1983 mit zahlreichen Tagungen, Lesungen und Ausstellungen ein bis heute wachsendes Angebot entfaltet hat. Hervorzuheben sind zudem die inzwischen an vielen, jedoch bei Weitem noch nicht allen Orten der Bücherverbrennungen angebrachten Gedenkzeichen und Denkmäler, von denen das 1995 auf dem Berliner Bebelplatz eingeweihte Mahnmal des israelischen Künstlers Micha Ullman eine deutschlandweit zentrale Funktion einnimmt.[18] Hinzu kommen weitere künstlerische Ausdrucksformen im öffentlichen Stadtraum – zu nennen sind hier u. a. die »Brandfleck«-Aktionen von Wolfram Kastner[19] und die Installation »Writer's Block« von Sheryl Oring[20] – sowie mehr dokumentarische Formen des Gedenkens im Film[21] oder im Internet.[22]

Heutiger Forschungsstand zu den Bücherverbrennungen

Einige historische Tatsachen und Eckdaten hier nur in aller Kürze: Nach heutigem Forschungsstand müssen wir korrekterweise von den Bücherverbrennungen des Jahres 1933 sprechen. Sie fanden nicht nur am 10. Mai 1933, an diesem Datum mindestens in 22 Städten, sondern im ganzen Jahr 1933 statt. Ziemlich sicher waren Werke von knapp 410 Autorinnen und Autoren betroffen.[23] Die Aktion am 10. Mai war zugleich Höhepunkt einer vierwöchigen antisemitischen Hetzkampagne, der »Aktion wider den undeutschen Geist«. Joseph Goebbels nutzte zwar die Gelegenheit des öffentlichkeitswirksamen Auftritts auf dem Berliner Bebelplatz – Initiatoren und vorbereitende Akteure indes waren die Studentenschaften. Dort, wo in Planung und Durchführung nicht Studenten federführend waren, trat vielerorts als Organisator die Hitlerjugend auf; neben dieser und örtlichen Parteigliederungen lassen sich auf lokaler Ebene zahlreiche weitere Akteure nachweisen. Insgesamt können die Bücherverbrennungen des Jahres 1933 zeitlich grob in vier Phasen unterteilt werden, wobei zum Teil erhebliche regionale Unterschiede festzustellen sind.[24] Bücherverbrennungen können heute in über 60 Städten und Gemeinden nachgewiesen werden, aber es ist davon auszugehen, dass noch an wesentlich mehr Orten Aktionen stattgefunden haben.[25]

Aufarbeitung als Gedenken

Nach seiner Rückkehr aus dem Exil engagierte sich Alfred Kantorowicz in beiden deutschen Staaten dafür, die »verbrannten Bücher« wieder ins Gedächtnis der deutschen Leserschaft zurückzuholen. Große Bekanntheit erlangte die von ihm und Richard Drews herausgegebene Anthologie mit Texten verfemter Dichter, die 1947 unter dem Titel *Verboten und verbrannt,* in allen vier Besatzungszonen erschien.

Insbesondere die Auffassung, dass Goebbels eine zentrale Rolle gespielt habe, ja sogar der eigentliche Initiator des Autodafés gewesen sei, hat über Jahrzehnte das Gedenken an den Tag der Bücherverbrennung beherrscht.

Kantorowicz veröffentlichte 1947 in der sowjetischen Besatzungszone einen Aufsatz über den 10. Mai 1933. Darin charakterisiert er die Bücherverbrennungen als »eine wohlüberlegte und sorgfältig organisierte Veranstaltung nationalsozialistischer Staatsraison.«[26] Zur Rolle von Goebbels heißt es bei Kantorowicz: »Dem Propagandaminister Dr. Joseph Goebbels und seinem Stabe war es vorbehalten, das Schauspiel zu arrangieren.«[27] Um den Aufsatz von Kantorowicz richtig einzuordnen, ist es zunächst wichtig zu beachten, dass es ihm nie allein um eine fachhistorische Aufarbeitung der Bücherverbrennung ging. Bevor er 1978 verarmt in Hamburg starb, hatte sich Alfred Kantorowicz vor allem durch seine Bücher immer wieder dafür eingesetzt, das Gedenken an den 10. Mai 1933 zu bewahren und die nach 1933 verfemten Autoren und ihre verbotenen und verbrannten Bücher den Lesern in beiden Teilen Deutschlands wieder in Erinnerung zu rufen. Schon die Autorenangabe auf dem Titelblatt seines Aufsatzes von 1947 verweist auf die Zeit, in der die Auseinandersetzung mit der Bücherverbrennung eigentlich begann: »Dr. Alfred Kantorowicz, Generalsekretär des Schutzverbandes deutscher Schriftsteller im Exil.«[28]

Der Gang der wissenschaftlichen Aufarbeitung

Die wissenschaftliche Aufarbeitung des Geschehens und das Erinnern an die NS-Bücherverbrennungen waren und sind eng miteinander verbunden. Bis heute erscheinen die meisten Publikationen zum Thema im Umfeld runder Jahrestage.

Im Jahr 1963–30 Jahre nach den Bücherverbrennungen – erschien das Buch *Die Kunstpolitik des Nationalsozialismus* von Hildegard Brenner. Darin geht Brenner auch auf die Bücherverbrennung ein und wertet sie als ein »Kalkül des Demagogen« Goebbels.[29]

1968 – 35 Jahre nach den Bücherverbrennungen – erschien in den *Vierteljahrsheften für Zeitgeschichte* der Aufsatz »Die studentische ›Aktion wider den undeutschen Geist‹ im Frühjahr 1933« von Hans-Wolfgang Strätz.[30] Erstmals wurde hierin das Material aus dem Archiv der ehemaligen Reichsstudentenführung[31] herangezogen und über die Ereignisse des 10. Mai 1933 hinaus auch der Gesamtverlauf der »Aktion wider den undeutschen Geist« geschildert. Dennoch konnte Strätz sich noch nicht dazu durchringen, über die Frage nach der Durchführung der »Aktion wider den undeutschen Geist« hinaus, auch hinsichtlich der Urheberschaft von einer Hauptverantwortung der »Deutschen Studentenschaft« auszugehen. Strätz schreibt: »Der Anstoß zur ›Aktion wider den undeutschen Geist‹ kam wohl aus dem Reichsministerium für Volksaufklärung und Propaganda.« 1971 – ganz unabhängig von den Konjunkturen des Gedenkens – erschien der Aufsatz »Die Indizierung ›schädlichen und unerwünschten Schrifttums‹ im Dritten Reich« von Dietrich Aigner, worin erstmals der These von der Urheberschaft Goebbels beziehungsweise des Propagandaministeriums widersprochen wurde. Aigner vertritt darin die Ansicht, dass die Bücherverbrennungen »ausschließlich von der nationalsozialistischen Studentenschaft«[32] ausgingen.

1983 – anlässlich des 50. Jahrestages der Bücherverbrennungen – erschienen in der DDR und in der Bundesrepublik Deutschland gleich mehrere neue Titel, die sich mit der »Aktion wider den undeutschen Geist« beschäftigten. Während die von Thomas Friedrich[33] und Friedemann Berger[34] herausgegebenen Bände mehr oder weniger unkommentierte Zusammenstellungen ausgewählter Dokumente sind, gaben die Arbeiten von Gerhard Sauder und Anselm Faust der historischen Forschung zur »Aktion wider den undeutschen Geist« eine ganz neue Qualität. Was Dietrich Aigner 1971 andeutete, wurde jetzt mit Quellen untermauert und die These, dass sowohl die Terminierung als auch die Durchführung der »Aktion wider den undeutschen Geist« in der Verantwortung der »Deutschen Studentenschaft« lagen, ausgearbeitet. Gerhard Sauder grenzt in seinem Aufsatz »Akademischer Frühlingssturm« das öffentliche Geschichtsbild von der eigentlichen Quellenlage ab, indem er schreibt: »Die Bücherverbrennung als Höhepunkt der ›Aktion wider den undeutschen Geist‹ gilt gemeinhin als Werk des Goebbelsschen Propagandaministeriums. Noch in der jüngsten Veröffentlichung zur Geschichte deutscher Universitäten ist von der Regie des Propagandaministeriums ›von Anfang an‹ die Rede. Eine Quelle dafür wurde bisher nicht nachgewiesen.«[35]

In dem ebenfalls 1983 von ihm herausgegebenen Band *Die Bücherverbrennung* versucht Sauder dann vertieft, die Rolle von Goebbels anhand der vorliegenden Korrespondenz zwischen der »Deutschen Studentenschaft« und dem Propagandaministerium zu entkräften.[36] Auch Anselm Faust widerspricht in seinem Aufsatz »Die Hochschulen und der undeutsche Geist« der Goebbels zugeschriebenen Rolle und weist darauf hin, dass die »Deutsche Studentenschaft« vom Propagandaministerium keine »organisatorische Hilfestellung« erhalten habe.[37] Ein wenig unkohärent wirken die Aufsätze, die ebenfalls 1983 in dem Band *Stichtag der Barbarei*[38] erschienen sind. Während Gerhard Sauder hierin seine erwähnte These noch einmal kurz vorstellt[39], schreibt Carola Schelle in ihrem Beitrag wenige Seiten zuvor wieder vom »Urheber« Goebbels.[40]

Gleichwohl ist in allen nach 1983 erschienenen Veröffentlichungen, die ausführlicher auf die »Aktion wider den undeutschen Geist« eingehen, die Position von Aigner, Sauder und Faust übernommen worden.[41]

In dem 2003 veröffentlichten Buch › *Wider den undeutschen Geist*‹ *Bücherverbrennung 1933* wurde die These, dass die Initiative zu den Verbrennungsaktionen von der Führung der »Deutschen Studentenschaft« ausging, weiter untermauert.[42]

»Verbrannte Bücher« als Editionsthema

Viele der von den Nationalsozialisten verfemten, verbotenen oder ins Exil gejagten Autoren fanden nach 1945 wieder Leser in Deutschland, obwohl diese von den Nationalsozialisten über zwölf Jahre systematisch aus dem kulturellen Bewusstsein der deutschen Bevölkerung ausgelöscht worden waren. Ihre Bücher wurden in Ost und West wieder gedruckt. Bei einer kaum zu beziffernden Zahl »vergessener Autoren« dauerte es freilich Jahre oder Jahrzehnte bis ihre Werke wieder entdeckt und neu verlegt worden. Und mancher Text und Autor dürfte auch heute noch auf seine Wiederentdeckung warten.

Wie schwer es allerdings ist, unter dem Label »verbrannter Bücher« Werke zu edieren und damit zugleich an die kulturelle Barbarei des Nationalsozialismus zu erinnern, musste in den 1980er und 1990er Jahren der S. Fischer Verlag erfahren. Ausgehend von der 1981 vom Konkret Verlag übernommenen Reihe »Bibliothek der verbrannten Bücher« gab der Fischer Verlag unter dem Namen »verboten und verbrannt« die Werke von einigen durch die Nationalsozialisten verfemten Autoren neu heraus. Darunter waren jedoch viele nicht im eigentlichen Sinne »verbrannte Bücher«, sondern auch »Exil-Literatur«, für die es vielleicht einer separaten Edition bedurft hätte. Dafür war das öffentliche Interesse jedoch zu gering. Anfang der 1990er

Jahre musste der Fischer Verlag seine Reihe nach der Realisierung von 31 Titeln einstellen.

Eine größere Aufmerksamkeit wurde hingegen dem 1978 von Jürgen Serke veröffentlichten Buch *Die verbrannten Dichter* zuteil. Die darin enthaltenen Autorenporträts hatte Serke 1977 im Magazin »stern« veröffentlicht. »Dass ein Massenmedium wie der stern in den 70er Jahren eine solche Minderheitengeschichte macht, war völlig ungewöhnlich«, berichtet Serke im Rückblick.[43] Der Stern-Herausgeber Henri Nannen gehörte zu den wenigen, die das Potenzial des Themas der »verbrannten Dichter« erkannten. Serkes Porträtserie und das daraus entstandene Buch wurden ein großer Erfolg. Ein großes Verdienst der bis heute anhaltenden Dokumentationsarbeiten von Serke besteht unter anderem darin, dass er einige der in den 1970er Jahren noch lebenden Autorinnen und Autoren wie Armin T. Wegner, Claire Goll und Irmgard Keun persönlich aufsuchte. Insbesondere Irmgard Keun, die Serke 1977 in Bonn verarmt »in einem kleinen Zimmer unter dem Dach« auffand, verhalf der Erfolg von Serkes Buch auch zu einer späten Renaissance ihrer Romane.

Anlässlich des 75. Jahrestages der Bücherverbrennungen wurden im Mai 2008 die ersten zehn Bände der »Bibliothek verbrannter Bücher« an Schülerinnen und Schüler von über 4000 deutschen Schulen überreicht. Die Kassette enthält Titel von Gina Kaus, Theodor Heuss, Jack London, Salomo Friedländer, Erich Kästner, Kurt Tucholsky, Franz Kafka, Walther Rathenau, André Gide und Anna Seghers. Das Editionsprojekt des »Moses Mendelssohn Zentrums« in Potsdam ist auf eine repräsentative Auswahl von 120 Bänden mit Werken aus politischer Publizistik, Wissenschaft und Belletristik angelegt. In Verbindung mit einem pädagogischen Begleitprogramm soll das Projekt vor allem junge Menschen dazu anregen, die heute nur noch wenig beachteten »verbrannten Bücher« zu lesen.[44] Hinzukommen drei wissenschaftliche Begleitbände. Das Gesamtprojekt stellt den Versuch einer literarischen Kanonbildung dar, der über den historischen Anlass der Bücherverbrennung 1933 die Bedeutung geistiger Freiheit und Kritik betont.

Heute scheint der 10. Mai ein zentrales Datum im Gedenken an die NS-Herrschaft und ihre Verbrechen darzustellen. Die Bilder der brennenden Scheiterhaufen haben sich tief in das kollektive Gedächtnis eingeprägt. Vielleicht auch, weil sie so sinnfällig die Anfänge eines Regimes illustrieren, dessen Untergang zunächst halb Europa und schließlich Deutschland in ein brennendes Inferno führen sollte. Der 10. Mai ist aber zugleich der einzige Gedenktag, der bereits im Exil begangen wurde. Auch das macht seine besondere Bedeutung aus.

1 Stefanie Endlich: »*Vernichtung*«, »*Giftschrank*«, »*Zweifelhafte Fälle*«. *Vorgeschichte und Folgen der Bücherverbrennung für jüdische Autoren, Verleger, Buchhändler und Bibliothekare.* Teetz/Berlin 2007; Edda Ziegler: *Die verbrannten Dichterinnen.* Düsseldorf 2007; Volker Weidermann: *Das Buch der verbrannten Bücher.* Köln 2008; Julius H. Schoeps, Werner Treß (Hg.): *Orte der Bücherverbrennungen in Deutschland 1933.* Hildesheim 2008; Werner Treß (Hg.): *Verbrannte Bücher.* Bonn 2009. — **2** »Die Freiheit des Wortes – ein Fundament unserer Kultur« – Rede von Bundespräsident Horst Köhler anlässlich der Gedenkveranstaltung zum 75. Jahrestag der Bücherverbrennungen, 9. Mai 2008 in Berlin. http://www.bundespraesident.de/dokumente/-,2.645231/Rede/dokument.htm (30.03.2010). — **3** Alfred Kantorowicz: *Exil in Frankreich.* Bremen 1971, S. 93. — **4** Zu Idee, Finanzierung und Gründung der »Deutschen Freiheitsbibliothek« siehe Wolfgang Gruner: »*Ein Schicksal, das ich mit sehr vielen anderen geteilt habe*«. *Alfred Kantorowicz – sein Leben und seine Zeit von 1899 bis 1935* (Diss.). Kassel 2006, S. 296 ff. — **5** Zitiert nach Thomas Friedrich (Hg.): *Das Vorspiel. Die Bücherverbrennung am 10. Mai 1933.* Berlin (West) 1983, S. 68. — **6** Zur Geschichte der Pariser Freiheitsbibliothek ausführlich Dieter Schiller: *Der Tag des verbrannten Buches und die Deutsche Freiheitsbibliothek in Paris. Zum 70. Gründungstag der Deutschen Freiheitsbibliothek im Mai 1934.* Berlin 2004. — **7** *Braunbuch über Reichstagsbrand und Hitlerterror.* Basel 1933, S. 156 f. (Reprint: Frankfurt/M. 1973). — **8** Schiller: *Der Tag* (s. Anm. 6), S. 34 ff.; Hélène Roussel: »Bücherschicksale, literarische Buch- und Bibliotheksphantasien im Exil«. In: *Exilforschung. Ein internationales Jahrbuch,* Bd. 22 (2004), S. 11–28, bes. 15 ff. — **9** Zu den Aktivitäten im Exil stützen wir uns – wenn nicht anders angegeben – auf die Übersicht bei Gerhard Sauder (Hg.): *Die Bücherverbrennung. 10. Mai 1933.* München/Wien 1983, S. 303 ff. Die dortigen Angaben stützen sich überwiegend auf den Nachlass von Kantorowicz. — **10** Schiller: *Der Tag* (s. Anm. 6), S. 13. — **11** Ebd., S. 19. — **12** Ebd. — **13** Ebd., S. 22. — **14** Ebd., S. 23; zur Entwicklung des Gedenkens an den 10. Mai 1933 im Londoner PEN-Zentrum deutschsprachiger Autoren im Ausland nach 1945 vgl. Helmut Peitsch: »Erinnerungen an den 10. Mai. Debatten im Londoner PEN-Zentrum deutschsprachiger Autoren im Ausland 1953, 1958 und 1963. In: Julius H. Schoeps, Werner Treß (Hg.): *Verfemt und Verboten. Vorgeschichte und Folgen der Bücherverbrennungen 1933.* Hildesheim/Zürich/New York 2010, S. 343–362. Zu den Bezugnahmen der Exilverlage auf den 10. Mai vgl. auch: Roussel: »Bücherschicksale« (s. Anm. 8), bes. S. 18 ff. — **15** Zitiert nach Alfred Kantorowicz: *Der Tag des freien Buches.* Berlin 1947, S. 19. — **16** Alfred Kantorowicz: »Der Tag des freien Buches. Als Ost und West sich in Berlin zum letzten Male einig waren«. In: *Die Zeit* vom 08.05.1958. — **17** Vgl. Sauder: *Die Bücherverbrennung* (s. Anm. 9), S. 315. — **18** Vgl. hierzu Stefanie Endlich: »›Brandspuren‹. Die Bücherverbrennung in der Erinnerungskultur«. In: Schoeps, Treß: *Verfemt und Verboten* (s. Anm. 14), S. 363 ff. — **19** Hierzu: www.wolframkastner.kulturserver-bayern.de (30.03.2010). — **20** Hierzu: www.writersblock.org (30.03.2010). — **21** So insbesondere die Dokumentarfilme »Der Tag, an dem die Bücher brannten« von Henning Burk (2003) und »Spur des Feuers« von Henry Köhler (2008). — **22** Neben einer Vielzahl von Webseiten zum Thema findet sich eine sehr eindrucksvolle Film-Kollage der Benutzerin »The Try« auf dem Videoportal »YouTube« unter: www.youtube.com/watch?v=o7vu__LY_M8 (30.03.2010). — **23** Vgl. das Verzeichnis der Autorinnen und Autoren in: Treß: *Verbrannte Bücher* (s. Anm. 1), S. 629 ff. — **24** Werner Treß: »Phasen und Akteure der Bücherverbrennungen in Deutschland 1933«. In: Schoeps, Treß: *Orte* (s. Anm. 1), S. 9–28. — **25** Vgl. etwa die Ausführungen zur Forschungslage bezüglich Württembergs: Christoph Kopke: »Ulm. 15. Juli 1933 auf dem Münsterplatz«. In: Schoeps, Treß: *Orte* (s. Anm. 1), S. 764–769, bes. 767 f. — **26** Kantorowicz: *Der Tag* (s. Anm. 15), S. 3. — **27** Ebd. — **28** Ebd., [I]. — **29** Vgl. Hildegard Brenner: *Die Kunstpolitik des Nationalsozialismus.* Reinbek b. Hamburg 1963, S. 45. — **30** Hans Wolfgang Strätz: »Die studentische ›Aktion wider den undeutschen Geist‹ im Frühjahr 1933«. In: *Vierteljahrshefte für Zeitgeschichte,* 16. Jg. (1968), S. 348. — **31** Vgl. Hans-Wolfgang Strätz: »Archiv der ehemaligen Reichsstudentenführung in Würzburg«. In: *Vierteljahrshefte für Zeitgeschichte,* 15. Jg. (1967), S. 106 f. In diesem kurzen Exposé über den Archivbestand der ehemaligen Reichsstudentenführung gibt Strätz noch keinen Hinweis auf den darin enthaltenen Kernbestand zur »Aktion wider den undeutschen Geist«. Jedoch weist Strätz darauf hin, dass das Archiv der ehemaligen Reichsstudentenführung aus den Beständen des 1939 gegründeten Instituts für Hochschulkunde in Würzburg hervorgegangen ist und nach 1945 zunächst über die Universität Würzburg im Staatsarchiv Würzburg aufgegangen ist, wo es dann 1966 zugänglich gemacht wurde. — **32** Dietrich Aigner: »Die Indizierung ›schädlichen und unerwünschten Schrifttums‹ im Dritten Reich«. In: *Archiv für die Geschichte des Buchwesens*, 11 (1971), Sp. 933 f. — **33** Friedemann Berger u. a. (Hg.): *In jenen Tagen ... Schriftsteller zwischen Reichstagsbrand und Bücherverbrennung.* Leipzig/Weimar 1983. — **34** Thomas Friedrich (Hg.): *Das Vorspiel. Die Bücherverbrennung am 10. Mai 1933.* Berlin (West) 1983. — **35** Gerhard Sauder: »Akademischer Frühlingssturm. Germanisten als Redner bei der Bücherverbrennung«. In: Ulrich Walberer (Hg.): *10. Mai 1933. Bücherverbrennung in Deutschland und die Folgen.* Frankfurt/M. 1983, S. 140. Sauder bezieht sich mit der »jüngsten Veröffentlichung« auf den in der DDR erschienenen Band: Günter Steiger, Werner Fläschendräger (Hg.): *Magister und Scholaren, Professoren und Studenten.* Leipzig/Jena/Berlin 1981. — **36** Vgl. Sauder: *Die Bücherverbrennung* (s. Anm. 9), S. 80. — **37** Vgl. Anselm Faust: »Die Hochschulen und der ›undeutsche Geist‹. Die Bücherverbrennungen am 10. Mai 1933 und ihre Vorgeschichte«. In: Hermann Haarmann, Walter Huder, Klaus Siebenhaar (Hg.): *»Das war ein Vorspiel nur ...«. Bücherverbrennung in Deutschland 1933: Voraussetzungen und Folgen* (Katalog zur gleichnamigen Ausstellung der Akademie der Künste vom 8. Mai bis 3. Juli 1983). Berlin (West)/Wien 1983, S. 38. — **38** Nils Schiffhauer, Carola Schelle (Hg.): *Stichtag der Barbarei. Anmerkungen zur Bücherverbrennung 1933.* Braunschweig 1983. — **39** Vgl. Gerhard Sauder: »Bücherverbrennung« am 10. Mai 1933 und die Folgen für die deutsche Literatur. In: Ebd., S. 45. — **40** Vgl. Carola Schelle: »Bücherverbrennung 1933 – ein kurzer Abriß«. In: Ebd., S. 29. — **41** Vgl. Jan-Pieter Barbian: *Literaturpolitik im »Dritten Reich«: Institutionen, Kompetenzen, Betätigungsfelder.* Frankfurt/M. 1993, S. 131 f.; Michael Grüttner: *Studenten im Dritten Reich.* Paderborn/München/Wien/Zürich 1995, S. 75 ff.; Theodor Verweyen: *Bücherverbrennungen. Eine Vorlesung aus Anlaß des 65. Jahrestages der »Aktion wider den undeutschen Geist«.* Heidelberg 2000, S. 155 ff.; Wolfgang Benz: »Mythos und Skandal. Traditionen und Wirkungen der Bücherverbrennungen des 10. Mai 1933«. In: Ders. (Hg.): *Bücherverbrennung Mai 1933 – Geschichte und Wirkung. Zeitschrift für Geschichtswissenschaft*, 51. Jg. (2003), S. 398. — **42** Vgl. Werner Treß: »*Wider den undeutschen Geist!« Bücherverbrennung 1933.* Berlin 2003, S. 57 ff.; zur Entwicklung einer noch weiter gehenden Forschungsthese zu den »Bündnispartnern« der Deutschen Studentenschaft: Werner Treß: [Ortkapitel] »Berlin«. In: Schoeps, Treß: *Orte*, (s. Anm. 1), S. 47–142, hier S. 48 ff. — **43** »Ein Anwalt der Vergessenen. Interview mit Jürgen Serke«. In: stern.de vom 3. April 2008. — **44** Nähere Informationen zu diesem Projekt erteilt die Internetseite: www.verbrannte-buecher.de (07.10.2010). Neben diesem Projekt werden in weiteren Verlagen Reihentitel der verbrannten Literatur ediert, so u. a. vom Rostocker BS-Verlag die Reihe »Das verbrannte Buch«: www.mv-taschenbuch.de/ (07.10.2010).

Sylvia Asmus, Brita Eckert

Vermittelte Erinnerung
Zur Geschichte des Deutschen Exilarchivs und seiner Ausstellungen

Das Deutsche Exilarchiv 1933–1945 ist eine Sondersammlung der Deutschen Nationalbibliothek am Standort Frankfurt am Main. Seine frühe Gründung im Jahr 1948 und eine seit Mitte der 1960er Jahre einsetzende Ausstellungstätigkeit legen es nahe, über die Funktion des Deutschen Exilarchivs im Zusammenhang mit Erinnerungskultur und über die dort praktizierten Formen des Erinnerns nachzudenken.

Die Anfänge des Deutschen Exilarchivs 1933–1945 fallen in ein politisches Umfeld, das Helmut Müssener in der Einleitung seines Buches *Exil in Schweden* mit Blick auf die Beschäftigung mit Emigration und Exil als Aufbruchstimmung beschrieben hat, an der die Exilierten selbst entscheidenden Anteil hatten.[1] Der Beginn der Nürnberger Prozesse und die kurzzeitige Zurückdrängung von Personen mit NS-Vergangenheit aus dem öffentlichen Leben durch die Alliierten kennzeichnen die politische Stimmung zur Zeit der Gründung des Deutschen Exilarchivs.

So verdankt die Exilsammlung ihre Entstehung exilierten Schriftstellern und Publizisten, Mitgliedern des Schutzverbandes Deutscher Schriftsteller in der Schweiz, die gemeinsam mit dem ersten Direktor der damaligen Deutschen Bibliothek Hanns Wilhelm Eppelsheimer die Einrichtung einer Bibliothek der Emigrationsliteratur an der Deutschen Bibliothek bewirkten. Für die Sammlung von Exilliteratur im Land der früheren nationalsozialistischen Verfolgung war die Beteiligung einer Organisation von Emigranten von bestimmender Bedeutung. Der Schutzverband Deutscher Schriftsteller in der Schweiz nahm sich der Einrichtung der geplanten Sondersammlung aktiv an. 1949 appellierte er in einem Aufruf an ehemalige Emigranten, Exilpublikationen oder bibliografische Informationen zu diesen Veröffentlichungen für den Aufbau einer Exilsammlung an der damaligen Deutschen Bibliothek zur Verfügung zu stellen. Die Rolle der Bibliothek bei der Gründung der Exilsammlung war zunächst eine primär passive, denn Ankäufe konnten zeitnah nicht in Aussicht gestellt werden, ein Erwerbungsetat stand zu Beginn nicht zur Verfügung. Eppelsheimer hatte in einem Brief an den Schutzverband Deutscher Schriftsteller in der Schweiz daher von der Möglichkeit eines »*Gentleman Agreement*«[2] gesprochen und beschrieb damit die Möglichkeit, die Sammlung in der Deutschen Bibliothek als Dauerleihgabe zu verwalten. Innerhalb des Schutzverbandes hatte das Vorhaben jedoch auch Anlass zur Diskussion gegeben. Besonders Kurt Kläber stand der geplanten Emigrationsbibliothek skeptisch gegenüber. Er zweifelte am Interesse der Deutschen an der Exilliteratur und war der Meinung, »wenn es wirklich Deutsche geben sollte, die Sehnsucht nach unserer Literatur haben, so soll die Sammlung von dort ausgehen. Es werden doch in allen deutschen Buchhandlungen schon 1000sende von Juengers, Dwingers, Grimmes, Heideggers usw. usw. gekauft, es waere also nur gut, wenn auch Emigrantenliteratur aus der Schweiz über diese Buchhandlungen, die uns sonst sabotieren, bezogen würde.«[3]

Der Schutzverband Deutscher Schriftsteller in der Schweiz blieb dennoch bei der Entscheidung von 1949, den Aufbau der Sammlung an der damaligen Deutschen Bibliothek zu unterstützen. Sein Präsident Walter Fabian sah in der Emigrantenbibliothek auch ein Instrument der politischen Aufklärung. Sie sei »mit in erster Linie eine Kundgebung für die in Deutschland 1933–45 verbannte, verbrannte und unterdrückte Literatur (…), ein Kampfmittel gegen das sich von neuem erfrechende Nazitum, vor allem auch für die nach Deutschland zurückgekehrten und dort wirkenden, kämpfenden Kollegen und deren Kreise«.[4]

Im Oktober 1950 konnte mit den ersten eingegangenen Publikationen der Grundstock für die Sammlung Exilliteratur gelegt werden. Nicht nur belletristische Werke, auch politische Veröffentlichungen und Werke prominenter Wissenschaftler wurden von Beginn an in die Sammlung einbezogen. Zu den ersten Einsendungen gehörten z. B. Ernst Bloch: *Erbschaft dieser Zeit* (Zürich: Oprecht, 1935), Konrad Heiden: *Adolf Hitler. Eine Biographie* (Zürich: Europa-Verlag, 1936 u. 1937) und *Freie Wissenschaft. Ein Sammelbuch aus der deutschen Emigration*. Hrsg. von Emil Julius Gumbel (Strasbourg: Sebastian-Brant-Verlag, 1938).

Konnte die Sammlung in den ersten Jahren auch nur langsam aufgebaut werden – eine Bestandsaufnahme vom August 1952 verzeichnet 377 Monografien und 56 Zeitschriftenhefte –, so ist doch das kontinuierliche Festhalten am Thema Exil zu konstatieren, auch während des Ende der 1940er Jahre einsetzenden Kalten Krieges und der langen Periode, in der Exil und Emigration sowohl in der Forschung als auch im öffentlichen Bewusstsein der Bundesrepublik so gut wie keine Rolle spielten. Bis zu Beginn der 1960er Jahre beschäftigten sich die westdeutschen Historiker fast ausschließlich mit dem bürgerlichen, kirchlichen und militärischen Widerstand gegen das NS-Regime. Linker Widerstand, politisches und literarisches Exil waren, abgesehen vielleicht vom sozialdemokratischen Exil, im damaligen konservativ-restaurativen Klima noch kein Gegenstand der Forschung. Die Arbeiten, die in dieser Zeit erschienen – genannt seien die Anthologie der Exillyrik von Manfred Schlösser (1960)[5] und die von Egon Schwarz und Matthias Wegner herausgegebenen *Aufzeichnungen deutscher Schriftsteller im Exil* (1964)[6] sowie die Arbeiten über die sozialdemokratische Emigration von Erich

Matthias (1952)[7] und Lewis J. Edinger (1960/56)[8] – wurden kaum beachtet. Nach Müssener ist es »in der Bundesrepublik das Verdienst der Deutschen Bibliothek, dennoch, von der Öffentlichkeit fast unbemerkt, eine Kontinuität erhalten und die Zeugnisse der Massenflucht gesammelt zu haben«[9].

Erst nachdem Anfang der 1960er Jahre in Deutschland eine neue Phase der Auseinandersetzung mit der NS-Vergangenheit, auch mit Exil und der Emigration, begonnen hatte – zu nennen ist in diesem Zusammenhang auch der Auschwitz-Prozess 1963 – wird auch im Deutschen Exilarchiv 1933–1945 die aktive Erinnerungsarbeit aufgenommen. Anfang der 1960er Jahre setzten Überlegungen zu einer ersten Exilausstellung ein, die am 28. Mai 1965 eröffnet werden konnte.

Den damaligen Sammelrichtlinien entsprechend, standen als Exponate die bis dahin in die Sammlung aufgenommenen Exilpublikationen[10] zur Verfügung. Anhand von etwa 300 Objekten wurde ein repräsentativer Querschnitt der Sammlung gezeigt. Nachlässe und Autografen bildeten damals noch kein Sammelgebiet, Zeitzeugen konnten noch selbst Zeugnis ablegen, das Sprechen durch die ungedruckten Quellen, durch Dokumente und Briefe hatte noch nicht den späteren Stellenwert erreicht.

Der Kurator der Ausstellung, der damalige Leiter der Exilsammlung Werner Berthold, hatte die Exponate in acht Stationen eingeteilt: »an den Anfang stellen wir den allen gemeinsamen Gegner, dargestellt durch einige wichtigere Werke des Nationalsozialismus. Ihnen steht die politische (wie schon gesagt, durchaus nicht einheitliche) Abwehrfront der deutschen Emigranten gegenüber, die die Aufgaben der im Reich zerschlagenen Opposition übernimmt (›Gegenangriff der Emigranten‹). In einem besonderen Kapitel wird das Schicksal und die Entwicklung der politischen Parteien und Splittergruppen gezeigt; das in der Sammlung vorhandene Material erlaubt es, die wichtigsten Stationen ihres Wirkens im Exil zu dokumentieren. Kleinere Kapitel sind der Teilnahme der Schriftsteller am politischen Kampf und der Diskussion um den Sinn der Emigration gewidmet. Ihnen folgen die Werke der sog. ›Schönen Literatur‹, am Anfang diejenigen, die sich die Aufgabe der Auseinandersetzung mit dem NS-Regime gestellt haben; an diese ›engagierte‹ Literatur schließen sich Beispiele für die Fortsetzung der Arbeit an den großen Werken, Bemühungen um ›Maß und Wert‹, an, die nicht in unmittelbarem Bezug zum Tageskampf stehen. Leider können wir nur einen ungenügenden Eindruck vom Schaffen der bildenden Künstler und Musiker im Exil vermitteln, da von ihnen nur wenige Bücher veröffentlicht worden sind. Ganz besonders sei auf die Gruppe der literarischen und kulturpolitischen Zeitschriften hingewiesen, die als Quellenschriften für das geistige und politische Wirken deutscher Emigranten noch zu wenig ausgeschöpft worden sind. Von den im Exil entstandenen wissenschaftlichen Werken werden nur einige wenige Beispiele gezeigt.«[11] Hinter dieser Konzeption

stand das Verständnis der deutschsprachigen Emigration als Vertreterin des
»Anderen Deutschlands«. Dabei wurde der politischen Emigration der gleiche Stellenwert zuerkannt wie dem Widerstand.[12]

Das erklärte Ziel der Ausstellung war es, eine Übersicht über die Literatur
des Exils zu geben und im Katalog[13] zudem Informationen in Form von Zitaten und Kurzbiografien zugänglich zu machen.

Wenn auch bereits einige wissenschaftliche Arbeiten zum Themenspektrum Exil und Emigration vorlagen bzw. gerade herauskamen – etwa die von
der Deutschen Akademie für Sprache und Dichtung, Darmstadt, herausgegebene Bio-Bibliografie von Wilhelm Sternfeld und Eva Tiedemann[14] oder
die im gleichen Jahr erschienene Übersicht über die *Deutsche Exilliteratur
1933–1947* von Hildegard Brenner (1965)[15] – war das Thema Exil und
Emigration damals noch nicht Teil des kulturellen Gedächtnisses. Mit einer
Übersicht über die Literatur des Exils wollte man Aufklärungsarbeit leisten,
die Exilliteratur »den ›zuständigen‹ Wissenschaftlern unübersehbar in den
Weg legen (…) – (und) auch gleichzeitig einen politischen Beitrag leisten
und einer breiteren Öffentlichkeit ein vergessenes oder verdrängtes Kapitel
jüngster deutscher Geschichte möglichst differenziert vorstellen«.[16] Neben
Walter A. Berendsohn und Wilhelm Sternfeld, die an den Ausstellungsvor-
bereitungen beteiligt waren und auch zur Eröffnung anreisten, wurden weitere Zeitzeugen im Vorfeld der Ausstellung befragt. Mit dem Beitrag des Präsidenten des Schutzverbands Deutscher Schriftsteller im Ausland, Edwin
Maria Landau, war auch bei der Eröffnungsveranstaltung die Zeitzeugen-
sicht präsent. Die Aufnahme der Ausstellung durch ehemalige Emigranten
war sehr positiv. Eine Vielzahl von Glückwunschtelegrammen, unter anderem von Ernst Bloch, Willy Brandt, Erika, Golo und Katia Mann sowie
Arnold Zweig zeugen davon. Auch die Presseresonanz war gut: »Die Ausstellung ist geeignet, uns aufmerksam zu machen auf das, was unserem literarischen Bewußtsein unwiderruflich verloren gegangen ist«, schrieb zum Beispiel die FAZ.[17] Die finanzielle Förderung des Katalogs durch das Hessische
Kultusministerium sowie die Ansprachen des Hessischen Kultusministers
Ernst Schütte und des Ministerialdirektors K. U. Hagelberg vom Bundesin-
nenministerium zur Eröffnung der Ausstellung können als Zeichen des Interesses der bundesdeutschen Politik gewertet werden – mit der Einschrän-
kung, dass eine direkte Beziehung zwischen geförderter Institution und
Förderer bestand, denn das Land Hessen und die Bundesrepublik Deutschland waren 1965 Unterhaltsträger der Deutschen Bibliothek. Die Besucher-
zahlen blieben jedoch hinter dem zurück, was die Ausstellungsmacher an
Resonanz erwartet hatten. Von 1966 bis 1970 kam es dennoch zu mehr als
20 weiteren Ausstellungsstationen in Deutschland und im Ausland[18], Letz-
tere gefördert durch die deutsche UNESCO-Kommission. Eine Neuauflage
des Katalogs wurde 1967 vom Auswärtigen Amt der Bundesrepublik Deutsch-

Eröffnung der Ausstellung *Exil-Literatur 1933–1945* am 18. Januar 1968 im Nationalmuseum Luxemburg in Anwesenheit von Bundesaußenminister Willy Brandt (1. Reihe, dritter von links). Fotografie: René Weydert © Archives Luxemburger Wort

land für die Präsentation der Schau in Luxemburg finanziert, die mit einer Tagung ehemaliger Emigranten verbunden wurde. Dort sprach auch Außenminister Willy Brandt, der zwei Jahre später Bundeskanzler werden sollte – ein Zeichen für den politischen Klimawandel in der Bundesrepublik Deutschland, der mit der 68er-Bewegung deutlichen Ausdruck fand.

Zeitgleich etablierte sich die Exilforschung weiter. Die Friedrich Ebert-Stiftung richtete Tagungen, u. a. zum politischen Exil, aus, die Deutsche Forschungsgemeinschaft begann 1968 mit der Förderung der Exilforschung, zunächst mit der Erschließung von Quellen zur deutschsprachigen Emigration und seit 1974 mit dem Schwerpunktprogramm Exilforschung. Auch auf internationalen Kongressen war die bundesdeutsche Exilforschung vertreten. An diesen Aktivitäten war auch die Exilsammlung der damaligen Deutschen Bibliothek beteiligt.

Die nächste große Exilausstellung des Deutschen Exilarchivs 1933–1945 im Jahr 1979 hatte den österreichischen Schriftsteller Joseph Roth zum Thema. Da sowohl Werkausgaben als auch eine Biografie und Romanverfilmungen Roths bereits vorlagen, kann die Motivation zur Erarbeitung dieser Ausstellung nicht mehr wie noch 1965 darin gesehen werden, erstmals biografische und bibliografische Informationen zusammenzutragen und den

Schriftsteller und Journalisten dem Vergessen zu entreißen. Vielmehr musste es nun darum gehen, das bereits Vorliegende in anderer Form zu vermitteln, zu ergänzen, weiter zu verbreiten und zu visualisieren. Seit der ersten Ausstellung des Deutschen Exilarchivs hatte sich ein stärkeres Bewusstsein um den Quellenwert von ungedruckten Unterlagen zur deutschsprachigen Emigration herausgebildet. Zu Beginn der 1970er Jahre hatte das Deutsche Exilarchiv 1933–1945 mit der Sammlung von Akten von Exilorganisationen begonnen, erst in den 1980er Jahren sollten persönliche Nachlässe hinzukommen. Auch die Gewichtung der Exilsammlung innerhalb der damaligen Deutschen Bibliothek hatte sich verändert. Die Sammlung, die bis 1968 von Mitarbeitern der Benutzungsabteilung betrieben worden war, hatte eine Planstelle, einen Etatansatz und kurze Zeit später eigene Räumlichkeiten erhalten.[19]

In dieser biografischen Ausstellung über Joseph Roth wurden entsprechend den neuen Sammelkriterien neben Monografien und Beiträgen in Periodika auch Dokumente, Briefe und Fotografien (überwiegend aus dem Nachlass von Joseph Roth im Leo-Baeck-Institut New York und dem Archiv der Deutschen Akademie im Exil / American Guild for German Cultural Freedom aus den Beständen des Deutschen Exilarchivs) gezeigt. Die Ausstellung hatte den Anspruch, die gesamte Biografie Roths, besonders auch sein gesamtes journalistisches Wirken, zu dokumentieren, wenn auch ein Schwerpunkt auf seiner Exilzeit lag. Der Katalog zur Ausstellung[20] griff eine damals aktuelle Vorgehensweise zur Vermittlung auf: die dokumentarische Methode, die Ausstellung und Begleitpublikation eng verknüpft. Wie bereits die Ausstellung von 1965 konnte auch diese Schau an anderen Orten gezeigt werden. Die Resonanz auf die Ausstellung war gut, der Katalog wurde noch im gleichen Jahr in einer zweiten Auflage herausgebracht, in der Rowohlt-Monografie von Helmuth Nürnberger wurde die Ausstellung als eine der ›gegenwärtig wichtigsten biographischen Quellen‹ gewertet.[21]

Anders als die Joseph Roth-Ausstellung wurden die späteren biografischen Ausstellungen des Deutschen Exilarchivs aus den Nachlassbeständen der eigenen Sammlung erarbeitet. Stärker trat dabei das Motiv, Aufklärungsarbeit zu leisten, in den Vordergrund. Die Biografien, zum Beispiel Leo Perutz' und Richard A. Bermanns, wurden aus den Nachlässen erarbeitet, bisher nicht Bekanntes wurde zugänglich gemacht, durch die Kontextualisierung von Leben und Werk sollte bei Leo Perutz die bis dahin bestehende Sicht auf das Werk als »phantastische Literatur« korrigiert bzw. um neue Aspekte ergänzt werden, bei Richard A. Bermann Werk und Biografie überhaupt erst ins Bewusstsein der Betrachter zurückgebracht werden. Die Vermittlungsarbeit basierte dabei vor allem auf der »Unmittelbarkeit« der Exponate: Briefe, Originalmanuskripte, Fotografien und Lebensdokumente sprechen direkt zum Betrachter – auch wenn bereits in der Auswahl und Zusammenstellung ein starkes subjektives Moment enthalten ist. Zusammen mit den Begleitpublikationen[22] sollten die Ausstellungen nicht nur Erinnern ermöglichen, sondern auch Anregungen zu weiteren Forschungen und Editionen geben.

Neben biografischen Ausstellungen lassen sich die Expositionen des Deutschen Exilarchivs in die Bereiche Exilorganisationen (Exil-PEN, Deutsche Akademie im Exil/American Guild for German Cultural Freedom), Asylländer (Niederlande, Brasilien, Schweiz) und thematische Schauen (jüdische Emigration, Goethe-Rezeption im Exil, Buchgestaltung im Exil, Porträtzeichnungen und -fotografien im Exil) einteilen. Die Bindung an die Bestände des Deutschen Exilarchivs und der Zeitkontext sind die Hauptfaktoren für das Aufgreifen von Themen in Ausstellungen.

Seit Anfang der 1980er Jahre fangen die Bemühungen der Exilforschung an, eine größere Breitenwirkung zu erzielen. Zu dieser Zeit vollzog sich die bereits angedeutete Änderung in der Bestandspolitik des Deutschen Exilarchivs. Persönliche Nachlässe deutschsprachiger Emigranten gehörten seit dieser Zeit zum Sammelspektrum.

1980 widmete das PEN-Zentrum der Bundesrepublik Deutschland seine Jahrestagung in Bremen zum ersten Mal der Literatur des Exils. Für diesen Kongress erarbeitete das Deutsche Exilarchiv 1933–1945 auf Bitte des PEN-Präsidiums eine Ausstellung aus den Akten des deutschen PEN-Clubs im Exil und dem Nachlass von Wilhelm Sternfeld, die seit 1977 bzw. 1975 Bestand der Sammlung waren. An der Eröffnung in Bremen nahmen auch Hermann Kesten, Fritz Landshoff und Hubertus Prinz zu Löwenstein teil. Weitere Stationen folgten, im Januar 1983 wurde diese Ausstellung im Wissenschaftszentrum Bonn-Bad Godesberg als Beitrag zur Erinnerung an den 50. Jahrestag des nationalsozialistischen Machtantritts am 30. Januar 1933 gezeigt. Zeitgleich fanden zahlreiche Veranstaltungen anderer Institutionen zum 50. Jahrestag der Bücherverbrennung statt und trugen dazu bei, Exil und Emigration ins öffentliche Bewusstsein zu bringen.

In der Exilforschung bahnt sich Mitte der 1980er Jahre ein »Paradigmenwechsel«[23] an. Die jüdische Emigration – und auch die Wissenschaftsemigration[24] – rücken ins Blickfeld der Forschung. Die Basis dafür bildete ein öffentlicher Bewusstseinswandel im Hinblick auf den Umgang mit der NS-Vergangenheit allgemein und mit der Vernichtung der europäischen Juden im Besonderen: Im Januar 1979 wird die amerikanische Fernsehserie *Holocaust* im westdeutschen Fernsehen ausgestrahlt, 1985 der Dokumentarfilm *Shoah*; am 8. Mai 1985 hielt der damalige Bundespräsident Richard von Weizsäcker seine Rede *Zum 40. Jahrestag der Beendigung des Krieges in Europa und der nationalsozialistischen Gewaltherrschaft*, in der er Auschwitz zum Thema machte; in die Mitte der 1980er Jahre fällt auch der Historikerstreit um den Umgang mit der NS-Vergangenheit.

In diesem Kontext ist die Ausstellung *Die jüdische Emigration aus Deutschland 1933–1941. Die Geschichte einer Austreibung*[25] des Deutschen Exilarchivs zu sehen. Die Ausstellung, die unter Mitwirkung des Leo Baeck Instituts, New York, erarbeitet wurde und unter der Schirmherrschaft des Bundespräsidenten Richard von Weizsäcker stand, wurde am 6. November 1985 durch die Vorträge zweier Zeitzeugen, von Rabbiner Max Gruenewald, New York, und dem Finanzwissenschaftler Fritz Neumark, eröffnet. Anhand weitgehend unbekannter Dokumente belegte die Ausstellung die Emigration der rund 280 000 aus dem Lande getriebenen deutschen Juden vom Beginn der NS-Herrschaft bis zum Emigrationsverbot im Oktober 1941. Neben der Darstellung der Verfolgungsmaßnahmen und den darauf erfolgten Reaktionen der jüdischen Gemeinschaft wurden Einzelschicksale vorgestellt, die das Vermittelte konkreter und nachvollziehbarer machten und die Identifikation der Betrachter mit den Dargestellten ermöglichten. In Aufrufen in der Presse hatte das Deutsche Exilarchiv um persönliche Dokumente zur jüdischen Emigration und zur Flucht gebeten; diese Unterlagen und deren Geschichte wurden in der Ausstellung und im Begleitbuch in biografischen Einschüben präsentiert. Die Ausstellung, die bereits durch die Schirmherrschaft Richard von Weizsäckers die Unterstützung der Bundesrepublik Deutschland erfahren hatte, wurde anschließend im Haus der Geschichte der Bundesrepublik Deutschland in Bonn gezeigt. Seit Juni 1987 wurde an weiteren Orten im In- und Ausland, u. a. in Jerusalem und in Tel Aviv, eine komprimierte Tafelausstellung präsentiert.

In dem angedeuteten zeithistorischen Kontext stieß die Ausstellung auf eine enorme Resonanz in Presse, Rundfunk und Fernsehen. In einem Bericht in der Tagesschau wurde Ernst Loewy, der in der Ausstellung im Kapitel Jugendalijah vorgestellt wurde, als Zeitzeuge befragt.

Die jüdische Emigration aus Deutschland war die erste Ausstellung des Deutschen Exilarchivs, die auch von der damaligen Deutschen Bücherei in Leipzig gezeigt wurde, noch vor der Zusammenführung der beiden Bibliotheken zur heutigen Deutschen Nationalbibliothek.

Als weitere Beispiele für thematische Ausstellungen können die 2003 beziehungsweise 2005 gezeigten Ausstellungen *Buchgestaltung im Exil 1933–1950*[26] und »*... meinem besten Porträtisten*«. *Porträtfotografien und Zeichnungen aus den Beständen des Deutschen Exilarchivs 1933–1945*[27] genannt werden. Beide Ausstellungen erinnerten an bis dahin nicht oder zu wenig beachtete Gebiete des Exils. Anlass zur Erarbeitung der Ausstellung über Buchgestaltung war die Jahrestagung der Gesellschaft für Exilforschung e.V. über Buchverlage und Periodika im Exil im März 2003 in Mainz. Die Ausstellung wurde in Zusammenarbeit mit dem Institut für Buchwissenschaft der Johannes Gutenberg-Universität Mainz erarbeitet, von dort ging auch der Impuls aus, das Thema in einer Ausstellung erstmals vorzustellen. Die Bestände des Deutschen Exilarchivs 1933–1945 – für die Buchgestaltung auch die Sammlung Exilliteratur der Deutschen Nationalbibliothek in Leipzig – bildeten für beide Ausstellungen die Basis. Wie bei der Deutschen Nationalbibliothek insgesamt gilt auch für die Exilsammlungen das Prinzip der nicht wertenden Sammlung. Nicht nach festgelegten Qualitätsmaßstäben wird ausgewählt, was in die Sammlung aufgenommen wird, sondern nach Kriterien der Zugehörigkeit zur deutschsprachigen Emigration. Bei der Sammlung von Publikationen wird dabei Vollständigkeit angestrebt, bei den Nachlässen ist nur exemplarische Sammlung möglich.

Dieses Prinzip ermöglicht die Erinnerung an die Leistungen einer Gruppe insgesamt, der Blick bleibt nicht auf herausragende Leistungen beschränkt. So wurde in beiden Ausstellungen ein breites Spektrum präsentiert, das bei der Buchgestaltung von der einfachen Anmutung mancher Exilpublikationen bis zu Pressedrucken, bei den Fotografien und Zeichnungen von der Industrie- und Werbefotografie über Alltagsdarstellungen bis zur Porträtfotografie reicht. Beide Ausstellungen und die dazugehörigen Begleitbücher riefen nicht nur die Leistung der jeweiligen Gruppe in Erinnerung, sondern auch die Personen hinter dem Werk, die in Kurzbiografien vorgestellt wurden.

Die aktuelle Ausstellung des Deutschen Exilarchivs 1933–1945 ist eine biografische Ausstellung, die dem Journalisten, Juristen und Sekretär des deutschen Exil-PEN Rudolf Olden gewidmet ist.[28] Im Unterschied zu der Exil-PEN-Ausstellung im Jahr 1980 wurde für die aktuelle Ausstellung eine neue Perspektive gewählt. Erinnert wird nicht nur an den Sekretär des Exil-PEN, sondern die gesamte Persönlichkeit Oldens steht nun im Zentrum der Ausstellung. Vermittelt wird der familiäre Hintergrund, die Entwicklung Oldens zu dem politischen Streiter, der er spätestens seit den 1920er Jahren war. Dabei fällt der Blick aus unterschiedlichen Perspektiven auf den Protagonisten. Einmal ist es Oldens Perspektive, die sich dem Betrachter vermittelt: aus persönlichen Briefen, aus seinem journalistischen und publizistischen Werk, aus seiner juristischen und politischen Tätigkeit. Hinzu kommt die Sicht anderer auf Olden: der Blick von Familie, Freunden und Weggefährten steht dem der Gegner und Verfolger gegenüber, der sich indirekt, in amtlichen Akten und Schreiben manifestiert. Bisher ist bereits einiges über Rudolf Olden publiziert worden, über sein juristisches Wirken, über seine politischen Biografien und sein Engagement im englischen Exil. Jedoch blieben diese Themen weitgehend unverknüpft. Das Ziel der Ausstellung ist es, die einzelnen Facetten, zu denen die frühe Zeit bis einschließlich der journalistischen Leistung Oldens als neue Aspekte hinzu kommen, zu einem Gesamtbild zusammenzufügen. Die Ausstellungsarchitektur ermöglicht einen Gang durch »biografische Räume«. Oldens Biografie und seine Leistungen werden in der Ausstellung durch einen Zeitstrahl, der ausgewählte historische Ereignisse von der Proklamation des Deutschen Kaiserreichs 1871 bis zur Unterzeichnung der deutschen Kapitulation in Reims und Berlin-Karlshorst 1945 darstellt, in den historischen Kontext gestellt. So wird auch nach-

Blick in die Ausstellung *Rudolf Olden. Journalist gegen Hitler – Anwalt der Republik*, 26. März bis 28. Juli 2010 in der Deutschen Nationalbibliothek in Frankfurt am Main. Fotografie: Sebastian Herkner_productDesign

vollziehbar, wie hellsichtig Olden in vielen seiner Beiträge war, z. B. in seinem Artikel über Adolf Hitler, den er im November 1923 in der österreichischen Zeitung *Der Tag* publizierte. Die Ausstellungsarchitektur markiert Oldens Flucht und seinen Weg in die Emigration, in dem sich der Besucherweg an dieser Stelle verengt. Der erzwungene Ortswechsel wird durch große Holzkisten angedeutet. Museale Objekte machen besonders markante Ereignisse nachvollziehbar, so weisen Holzskier auf Oldens Flucht in die Tschechoslowakei im Februar 1933; große Reisekoffer erinnern an das Schicksal der Tochter Mary Elizabeth (Kutzi). In dem großen Reisekoffer, der sie auf ihrer Fahrt nach Halifax begleitete, befanden sich Rudolf Oldens Werke.

Auch für die Ausstellung über Rudolf Olden gilt, dass eine enge Verzahnung besteht zwischen dem Deutschen Exilarchiv als sammelnder und bestandshaltender Institution und dem Deutschen Exilarchiv als Gedächtnisinstitution, die konservierte Erinnerung öffentlich zugänglich macht. Der Teilnachlass von Rudolf Olden, die Akten des deutschen PEN-Clubs im Exil, die Akten der American Guild for German Cultural Freedom, ein Teilnachlass Balder Oldens und andere Bestände bildeten den Ausgangspunkt für die Ausstellung, die durch Exponate aus anderen Quellen ergänzt wurde.

Die Ausstellung und das Begleitbuch wurden von mehreren Stiftungen finanziell unterstützt. Unter den fördernden Institutionen war auch die Hessische Kulturstiftung, die es sich unter anderem zur Aufgabe gemacht hat, bedeutsame Vorhaben der Dokumentation und Präsentation von Geschichte zu fördern. Durch Leihgaben und Auskünfte beteiligte sich auch die Olden-Familie an den Vorbereitungen zur Ausstellung. Ika und Rudolf Oldens

Tochter, Mary Elizabeth (Kutzi) Sufott, Balder Oldens Sohn, Christophe
Olden-Stegmann, und Rudolf Oldens Halbneffe Michael Seidel waren mit
ihren Familien aus Israel, Frankreich und USA angereist und beteiligten sich
mit Interviews und Beiträgen zur Eröffnung an der Erinnerungsarbeit. Wurde hierin an die Person Rudolf Olden und dessen Leistung erinnert, schlu-
gen Johano Strasser, Präsident des deutschen P.E.N.-Zentrums, und der
Publizist Michel Friedman in ihren Ansprachen zur Eröffnung der Ausstellung den Bogen von der Zeit des deutschsprachigen Exils 1933–1945 in die
Gegenwart. Strasser betonte, das Gezeigte reiche in seinen Auswirkungen in
die Gegenwart: »Wenn das P.E.N.-Zentrum Deutschland sich heute in seiner Writers-in-prison- und Writers-in-exile-Arbeit für verfolgte Schriftsteller in China, im Iran, in Kuba, in Russland, in der Türkei und vielen anderen Ländern einsetzt, dann tun wir das auch in dankbarer Erinnerung an die
Lebensleistung von Menschen wie Rudolf Olden. Rudolf Olden hat als Sekretär des deutschen Exil-PEN wesentlichen Anteil daran, dass aus dem internationalen PEN – einem zuvor recht unpolitischen Honoratioren-Club –
eine Organisation wurde, die in der politischen Fundamental-Auseinander-
setzung ihrer Zeit eindeutig Partei ergriff.« In der Ausstellung über Rudolf
Olden sah Friedman auch ein Mittel, zum Nachdenken über Exil heute an-
zuregen und aufzurütteln: »Wie viele flüchten, sind geflüchtet und landeten
im Niemandsland des Todes – übrigens bis heute das größte Land der Emigranten: das Niemandsland des Todes. Wenn Sie jetzt nur an die denken
wollen, die als Boat-Flüchtlinge aus den afrikanischen Ländern das Mittelmeer überqueren wollen, von denen wir wissen, dass nicht einmal 10 % lebend in ihren Barkassen ankommen – wen geht es was an? Wer beschäftigt
sich damit? Wen störts? Wie aktuell das Thema in ganz anderen historischen
Gegebenheiten auch heute noch ist, ist – finde ich – eine der ganz wichtigen Fragen und Provokationen, die diese Ausstellung leisten kann.«
Das Deutsche Exilarchiv 1933–1945 wird auch in Zukunft die Aufgabe
wahrnehmen, Publikationen und ungedruckte Quellen zur deutschsprachigen Emigration 1933 bis 1945 ohne ausschließende Wertung zu sammeln, zu
archivieren und für die Benutzung bereitzustellen. Auch die Vermittlung von
Dokumenten – vielleicht auch zu aktuellen Exilen – in Ausstellungen und die
damit intendierte Anregung zu weiterer Forschung bleibt ein Auftrag des Deutschen Exilarchivs. Die Sammlung von Archiven zur Exilforschung soll in
Zukunft ausgeweitet werden. Zum Beispiel mit den Akten zur Gründung des
Deutschen Exilarchivs 1933–1945, den Akten der Gesellschaft für Exilforschung und dem Nachlass von Ernst Loewy sowie dem Archiv von John M.
Spalek ist bereits ein Grundstock gelegt.[29] Mit der Ausweitung des Sammel-
spektrums auf die Exilforschung wird die Sammlung der Quellen sichergestellt, die notwendig sind, um die Geschichte der Exilforschung zu schreiben und das Erinnern an die Erinnerungsarbeit selbst zu ermöglichen.

1 Helmut Müssener: *Die deutschsprachige Emigration in Schweden nach 1933. Ihre Geschichte und kulturelle Leistung.* Stockholm 1971, S. 23–26 und S. 53–55. — 2 Der Brief ist Teil einer Mitteilung des Schutzverbandes Deutscher Schriftsteller in der Schweiz an Mitglieder und Freunde, November 1949. — 3 Kurt Kläber an Jo Mihaly, Schutzverband deutscher Schriftsteller in der Schweiz, Carona, 20.4.1950. — 4 Protokoll der Hauptvorstandssitzung des Schutzverbands vom 21.2.1950. — 5 *An den Wind geschrieben. Lyrik der Freiheit. Gedichte der Jahre 1933–1945.* Gesammelt, ausgewählt und eingeleitet von Manfred Schlösser unter Mitarbeit von Hans-Rolf Ropertz. Darmstadt 1960. — 6 *Verbannung. Aufzeichnungen deutscher Schriftsteller im Exil.* Hg. von Egon Schwarz und Matthias Wegner. Hamburg 1964. — 7 Erich Matthias: *Sozialdemokratie und Nation. Ein Beitrag zur Ideengeschichte der sozialdemokratischen Emigration in der Prager Zeit des Parteivorstandes 1933–1938.* Stuttgart 1952. — 8 Lewis J. Edinger: *Sozialdemokratie und Nationalsozialismus. Der Parteivorstand der SPD im Exil von 1933–1945.* Hannover / Frankfurt/M. 1960. Originalausgabe u. d. T. *German Exile Politics.* Berkeley / Los Angeles 1956. — 9 Müssener: *Die deutschsprachige Emigration* (s. Anm. 1), S. 54 f. — 10 1964: 3.856 Bücher und Broschüren sowie 4.170 Zeitschriftenhefte und -bände. —. 11 Werner Berthold: »Zur Anlage der Ausstellung und des Katalogs«. In: *Exil-Literatur 1933–1945. Ausstellung d. Dt. Bibliothek, Frankfurt a.M., Mai bis August 1965.* Frankfurt/M. 1965, S. 13. — 12 Vgl. z. B.: Kurt Köster an Carl H. Lüders. Frankfurt am Main, 9.1.1967. — 13 *Exil-Literatur 1933–1945* (s. Anm. 11). — 14 Wilhelm Sternfeld, Eva Tiedemann: *Deutsche Exil-Literatur 1933–1945. Eine Bio-Bibliographie.* Heidelberg / Darmstadt 1962. 2., verbesserte u. stark erweiterte Aufl. 1970. — 15 Hildegard Brenner: »Deutsche Exilliteratur 1933–1947«. In: *Handbuch der deutschen Gegenwartsliteratur.* Unter Mitw. von Hans Hennecke hg. von Hermann Kunisch. München 1965, S. 677–694. — 16 Werner Berthold: »Exil-Literatur der Jahre 1933–1945 in der Deutschen Bibliothek, Frankfurt/Main. Hanns W. Eppelsheimers ›Emigrantenbibliothek‹ in ihrem 25. Jahr«. In: *Jahrbuch für Internationale Germanistik,* 6. Jg. (1975) Heft 2, S. 108–124, hier S. 116. — 17 Peter W. Jansen: »Denk ich an Deutschland. ›Exil-Literatur 1933–1945‹, eine Ausstellung in Frankfurt«. In: *Frankfurter Allgemeine Zeitung für Deutschland.* (1965), Nr. 132 (10.6.), S. 20. — 18 Zu den einzelnen Stationen s. *35 Jahre Exilliteratur 1933–1945 in der Deutschen Bibliothek Frankfurt am Main.* Frankfurt/M. 1984, S. 123–150. — 19 Vgl. dazu: Klaus Ulrich Werner: *Exil im Archiv. Das »Deutsche Exilarchiv 1933–1945« der Deutschen Bibliothek.* Herzberg 1991, S. 48 sowie Berthold: ›Exil-Literatur der Jahre 1933–1945« (s. Anm. 16), hier S. 117 f. — 20 *Joseph Roth 1894–1939. Eine Ausstellung der Deutschen Bibliothek, Frankfurt am Main.* Frankfurt/M. 1979. 2., verb. Aufl. 1979. — 21 Helmuth Nürnberger: *Joseph Roth in Selbstzeugnissen und Bilddokumenten.* Reinbek b. Hamburg 1981, S. 10. — 22 *Leo Perutz 1882–1957. Eine Ausstellung der Deutschen Bibliothek, Frankfurt am Main.* Wien / Darmstadt 1989. *Richard A. Bermann alias Arnod Höllriegel. Österreicher – Demokrat – Weltbürger. Eine Ausstellung des Deutschen Exilarchivs 1933–1945.* München / New Providence / London / Paris 1995. — 23 S. dazu: Ernst Loewy: »Zum Paradigmenwechsel in der Exilliteraturforschung«. In: *Exilforschung. Ein internationales Jahrbuch,* Bd. 9 (1991), S. 208–217. — 24 1987 richtete die DFG einen Forschungsschwerpunkt Wissenschaftsemigration ein, der auf fünf Jahre angelegt war. —. 25 *Die jüdische Emigration aus Deutschland 1933–1941. Die Geschichte einer Austreibung. Eine Ausstellung der Deutschen Bibliothek, Frankfurt am Main, unter Mitwirkung des Leo Baeck Instituts, New York.* Frankfurt/M. 1985. — 26 *Buchgestaltung im Exil 1933–1950. Eine Ausstellung des Deutschen Exilarchivs 1933–1945 der Deutschen Bibliothek.* Wiesbaden 2003. —. 27 *»Nein:m besten Porträtisten …«. Porträtfotografien und -zeichnungen aus den Beständen des Deutschen Exilarchivs 1933–1945.* Leipzig / Frankfurt/M. / Berlin 2005. — 28 *Rudolf Olden Journalist gegen Hitler – Anwalt der Republik.* Leipzig / Frankfurt/M. / Berlin 2010. — 29 Zu den Beständen des Deutschen Exilarchivs 1933–1945 siehe die Website der Deutschen Nationalbibliothek unter www.d-nb.de (07.05.2010).

Heike Gfrereis, Verena Staack

Zeitstempel und Körperspur
»Exil« als Thema im Marbacher Literaturmuseum der Moderne

Das 2006 eröffnete Literaturmuseum der Moderne zeigt in seiner Dauerausstellung die Bestände des Deutschen Literaturarchivs Marbach zum
20. und 21. Jahrhundert. Was sich jetzt so schlicht sagen lässt, wurde in der
Phase der Konzeption heiß diskutiert: Soll ein Museum tatsächlich Bestände, das heißt: »Archiv« zeigen? Soll es dies so lakonisch, ohne Inszenierung
von Epochenschwellen und -zäsuren, von literarischen Strömungen, historischen Ereignissen und Einzelschicksalen, von Avantgarden, Lebensorten
und Traumata der Moderne tun? Was vermittelt ein solches Museum seinen
Besuchern von der kulturellen Vergangenheit einer Nation?

I Wie und warum ein »Archiv« zeigen?

Die Erwartungen an dieses Literaturmuseum waren und sind hoch: Es
müsse den Kanon der deutschen Literatur zeigen, die 100 besten Werke, die
20 wichtigsten Autoren, die 50 auratischsten Stücke des Archivs. Es solle die
prägenden Erfahrungen der deutschen Kultur – den Ersten und den Zweiten Weltkrieg, die Jahre der Emigration und der deutschen Teilung – verdeutlichen und die grundlegenden Erfahrungen der Moderne: die Entdeckung des Unbewussten, die Ausbildung der Großstadt, die Auswirkungen
der Masse. Es könne zusammen mit dem benachbarten Schiller-Nationalmuseum eine einzigartige Geschichte der deutschen Literatur und ihrer seit
Schiller wichtigsten Funktion, der ästhetischen Erziehung des Individuums,
erzählen – dort bestimmt von den Revolutionen und Kämpfen um die Freiheit des Einzelnen und der Entstehung einer demokratischen Nation, hier
von deren Bedrohungen durch Krieg, Diktatur, Technisierung. Nun tut das
Literaturmuseum der Moderne das alles auf den ersten Blick nicht. Im größten Ausstellungsraum liegen über 1.300 Exponate in ein dreidimensionales,
so simples wie abstraktes Koordinatennetz eingespannt: in der Länge sortiert nach dem Jahr der Entstehung oder Benutzung, in der Quere nach ihrer
Art, Literatur oder Leben: Zeugnis der Entstehung (Manuskript) und Rezeption (Buch) von Literatur oder Zeugnis der Konstruktionen (Briefe) und
Spuren (Dokumente, Zeugnisse, Fotos, Gegenstände) des Lebens von
Schriftstellern.

Abb. 1: Blick in *nexus*, den großen Wechselausstellungsraum im LiMo.

Abb. 2: Von 1900 bis 2000: der Zeitstrahl in *nexus*.

Abb. 3: Weg der Bücher in *nexus*.

Abb. 4: Weg der Reste in *nexus*.

Auf den ersten Blick sind in diesem Raum alle Exponate gleichwertig. Franz Kafkas *Proceß* liegt unmittelbar über *Die Heilige und ihr Narr* von Agnes Günther, Max Frischs *Als der Krieg zu Ende war* neben Ernst Jüngers *Heliopolis* und unter Heinrich Manns zum Teil in Englisch geschriebenen Notizen zu *Ein Zeitalter wird besichtigt* und dem Gedicht eines kaum bekannten Autors, Ivan Heilbutt. Gegenüber findet ein Besucher das Exemplar des *Dr. Faustus*, das Thomas Mann Hermann Hesse aus Amerika schickte, und

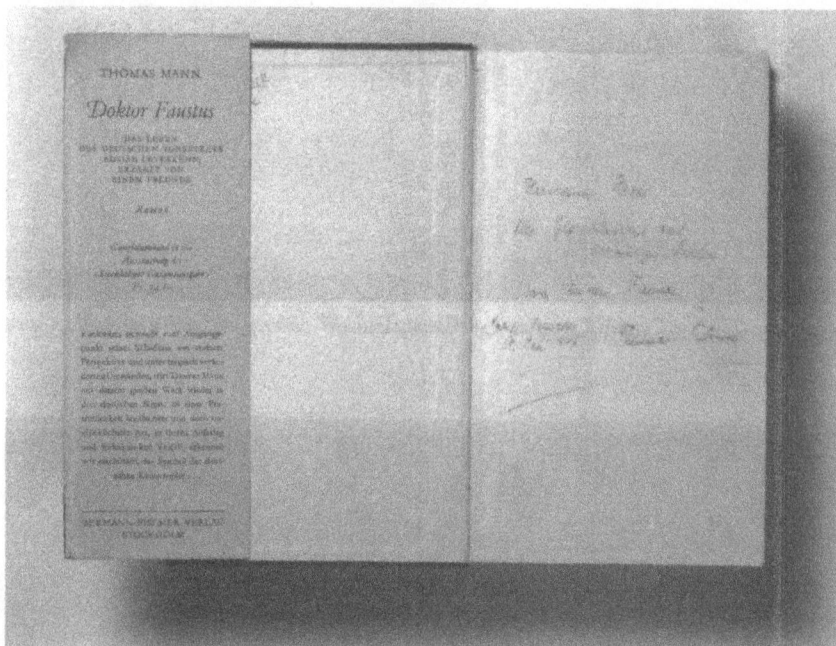

Abb. 5: »Hermann Hesse dies Glasperlenspiel mit schwarzen Perlen von seinem Freunde. Pacif. Palisades 15. Jan. 1948«: Thomas Manns Widmungsexemplar des *Dr. Faustus* für Hermann Hesse.

auf der anderen Seite einen Kalender von Gottfried Benn, in dem er am 10. Juli 1944 notiert: »Attentat«, darüber Alfred Döblins Ausweis der Metro Goldwyn Meyer Studios, schräg darunter Hesses Nobelpreisurkunde und einige Vitrinen weiter Hans-Georg Gadamers Schere, die Torwarthandschuhe von Albert Ostermaier und der Rucksack von W. G. Sebald. Die Exponate sind codeartig beschriftet, mit Jahreszahl und Nachnamen des Autors oder Besitzers. Wer mehr wissen möchte, dem hilft der M3, ein buchgroßer und buchschwerer Computer, den jeder Besucher an der Kasse kostenlos erhält. Neben einem kurzen Kommentar zum Exponat, einem Exponatfoto und einer Transkription findet er hier auch verschiedene Angebote, die Exponate untereinander zu verknüpfen: nach Autor oder Jahr oder nach ver-

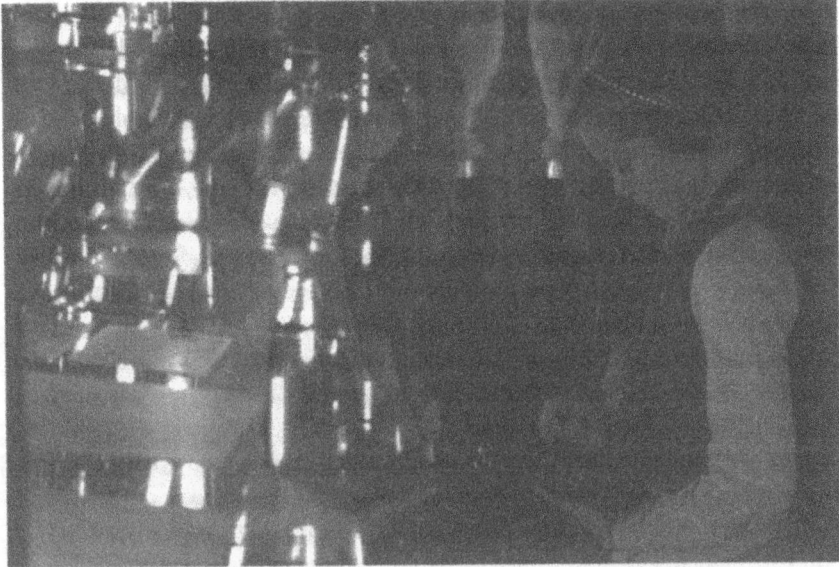

Abb. 6: Multimediale Lese- und Schauhilfe: der M3.

schiedenen Schlagwörtern (von »Arbeit am Text« über »Collage« und »Körperspur« hin zu »Zeitstempel«, um vier der zurzeit 20 Stichwörter zu nennen) oder als Teil unterschiedlicher Audioführungen (»Für Eilige« etwa oder
»Für Leser«). Darüber hinaus stehen in öffentlichen Führungen Hosts für
individuelle Gespräche bereit, einzelne Themen können in Lektürekursen,
Workshops und Seminaren vertieft werden.

Die Ebene des Zeigens ist in dieser Ausstellung von der Ebene der Vermittlung aus mehreren Gründen explizit getrennt. Das Marbacher Museum
ist entschieden ein Archivmuseum. Das Deutsche Literaturarchiv ist der einzige Grund dafür, dass es in einer schwäbischen Kleinstadt und nicht in Berlin steht. Daher wäre es falsch gewesen, in diesem Museum an diesem Ort
nicht nahezu ausschließlich mit den Beständen des Archivs zu arbeiten und
nicht auch in aller Radikalität die Konsequenzen daraus zu ziehen. Literarische Archivalien gehören zu den schwierigsten Ausstellungsexponaten. Sie
sind zumeist nur Medien, Stellvertreter von etwas anderem, von Lektüre-
Erfahrungen und -Interpretationen, und oft nicht einmal das: Ein großer Teil
der inzwischen über 1200 Dichter-, Gelehrtennachlässe- und Verlagsarchive
besteht aus Briefen, aus Zeugnissen, die manchmal, aber bei Weitem nicht
immer mit literarischen Texten zu tun haben und deren Reiz gerade darin
besteht, dass sie nicht von Schriftstellern stammen, sondern von Schauspielern, Künstlern, Politikern, Lektoren, Kritikern, Lesern, Kindern, Eltern und
Gatten. Das Marbacher Archiv besitzt viele kostbare Nachlässe deutscher
Schriftsteller, aber manches, was wichtig für die deutsche Literaturgeschichte

war (Thomas Manns *Zauberberg* etwa oder Elias Canetti, Christa Wolf und Heiner Müller) fehlt, weil es in anderen Archiven liegt oder nicht erhalten ist. Wie der »Literaturwert« tendiert auch der Objektcharakter der literarischen Archivalien gegen Null. Sie sind in der Regel flach und farblos und oft kaum lesbar. Dennoch: Sie werden als Teil eines nationalen Gedächtnisses gesammelt und bewahrt. Dieses Gedächtnis selbst ist passiv, es ist stumm wie die »langue« Ferdinand de Saussures, ein lexikalisch-grammatischer Fundus«, der erst durch jeden Einzelnen lebendig wird. Es ist ein großes Versprechen: Potenziell besitzt jeder Zettel in diesem Archiv eine Bedeutung, wenn man diese auch noch nicht oder nicht mehr benennen kann. Die Dauerausstellung inszeniert ein Archiv im Dämmerzustand. Sie konfrontiert mit stummen Dingen. Sie fordert einen Besucher dazu heraus, diese Stummheit zunächst auszuhalten und sich selbst einen Weg zu suchen, wie er sie ertragen oder aber für sich in eine Geschichte, in eine Sprache umwandeln kann. Jeder wird hier nur finden, was er finden kann und mag. Die Ausstellung selbst verzichtet auf Mittel des »betreuten Sehens«, sie ist voraussetzungslos verständlich und ermöglicht es jedem, zum Detektiv zu werden und seine eigenen Zusammenhänge zwischen den Exponaten zu stiften. Es gibt in dieser Ausstellung keine richtige oder falsche Lesart, sondern allerhöchstens eine verweigerte Rezeption. Wer nicht gern Papier und Schrift anschaut, sich bückt und auf die Zehenspitzen stellt oder eindeutige, sinnstiftende Schubladen braucht, um von vornherein zu wissen, was, wenn er sich darauf einlässt, am Ende dabei herauskommen wird, der wird hier nicht sonderlich glücklich werden.

II Wie »Exil« im ausgestellten Archiv zeigen und vermitteln?

Indem das Literaturmuseum der Moderne die Bestände des Deutschen Literaturarchivs zeigt und präsentiert, bildet es nicht zuletzt auch die Sammlungsschwerpunkte dieser Institution ab. Seit dem Gründungsjahr 1955 wird im Marbacher Archiv gezielt deutsche Exilliteratur, werden Lebens- und Arbeitszeugnisse vertriebener Autoren gesammelt. Schon in den ersten Jahren nach Archivgründung gelang es, Nachlässe und Sammlungen vieler dieser Autoren zu erwerben, und ein Blick auf die Namen in den Vitrinen des Museums lässt vermuten, dass auch hier die Geschichten von Vertreibung und Auswanderung nicht fehlen können: Von Else Lasker-Schüler über Alfred Döblin, Walter Benjamin oder Siegfried Kracauer bis zu Kurt Tucholsky und Mascha Kaléko, um nur einige zu nennen, spannt sich der Bogen der Dichter und Dichterinnen, die nach 1933 ihre Heimat verlassen mussten und deren Schriften im nationalsozialistischen Deutschland aus dem Gedächtnis der Nation getilgt werden sollten. Folgt man dem Koordinatennetz des Museums in seiner chronologischen Ausrichtung in diese Jahre, wird man aber zunächst feststellen, dass auch hier ganz disparate Dinge in den Schaukästen nebeneinander liegen: Werbematerial zu Hans Grimms *Volk ohne Raum* neben Anna Seghers *Das siebte Kreuz*, ein an Ernst Jünger gerichtetes Schreiben Hitlers, in dem sich dieser für die Zusendung des Buches *Feuer und Blut* bedankt, ebenso wie verzweifelte Briefe Kurt Tucholskys aus dem schwedischen Exil. Die Exponate erzählen nicht nur von Erfahrungen der Vertreibung oder des Schreibverbots, sondern ebenso von Unterstützung oder Anpassung an das Hitler-Regime und dessen Ideologie in Literatur und Leben. Auch derjenige, der eine vollständige Geschichte deutscher Exilliteratur aufbereitet im Museum präsentiert bekommen möchte, sucht hier vergebens. Wer im Literaturmuseum der Moderne nach Spuren von Vertreibung und Exil sucht, der findet zunächst immer Einzelstücke, deren Verbindungen sich verstreut über den ganzen Ausstellungsraum zeigen: Namen tauchen in anderen Zusammenhängen wieder auf und Freundschaften werden deutlich, Gemeinsamkeiten, aber auch fundamentale Unterschiede in der literarischen Verarbeitung der Exilsituation scheinen hervor.

Die Exponate werfen Schlaglichter auf unterschiedliche Aspekte von Vertreibung und Exil, wenn es dem Betrachter gelingt, sie zu verbinden und ihnen ihre Geschichten zu entlocken. Dazu ist eine Portion Neugierde, das genaue Hinschauen sowie immer wieder auch die Bereitschaft nötig, die Exponate von oben, unten und von der Seite zu betrachten.

III Ein Musterbesuch: Zerschlagene Bücher und versteckte Autoren

Für Schülerinnen und Schüler verschiedener Schularten und Klassenstufen werden daher im Literaturmuseum der Moderne unter verschiedenen thematischen Schwerpunkten Seminare angeboten, die diesen Blick schulen. Das Seminar zu »Heimatverlust und Exil« führt (wie auch das Schlagwort »Exil« auf dem M3) zu Büchern, die in unterschiedlicher Hinsicht »zerschlagen« sind. Zwischen den Manuskripten und Typoskripten im größten Dauerausstellungsraum lassen sich einige finden, die im Exil entstanden oder dorthin zum Fortschreiben mitgenommen worden sind. Der Vergleich zeigt, wie unterschiedlich die einzelnen Dichter und Dichterinnen die Exilerfahrung literarisch verarbeitet haben. So sprechen etwa Else Lasker-Schülers Verse in dem berühmten Gedicht *Mein blaues Klavier* aus der Frühzeit ihres Exils ganz offen vom Verlust, dem Zustand der Verlassenheit und dem Schmerz der Emigration. Das Typoskript dieses Gedichtes weiß aber auch davon zu erzählen, dass es der Autorin gelang, ihre Verse trotz eingeschränkter Publikationsmöglichkeiten im Exil erscheinen zu lassen. Nachdem sie schon 1937 in der *Neuen Zürcher Zeitung* erstmals veröffentlicht worden waren, stellte Else Lasker-Schüler 1943, mittlerweile in Jerusalem lebend, den Lyrikband *Mein blaues Klavier* zusammen, tippte zu diesem Zweck den Text noch einmal ab und fügt einige handschriftliche Korrekturen ein.

Andere Manuskripte haben verschlungenere Wege zurückgelegt und zeugen von den Schwierigkeiten und Irrwegen, denen die aus Deutschland vertriebenen Schriftsteller ausgesetzt waren. Wenn Schüler vor dem Manuskript von Walter Benjamins *Berliner Kindheit um neunzehnhundert* stehen, können sie nicht nur eine Seite dieser kleinen Prosaminiaturen aus Benjamins Handschrift entziffern oder sich vom tragbaren Computer transkribieren

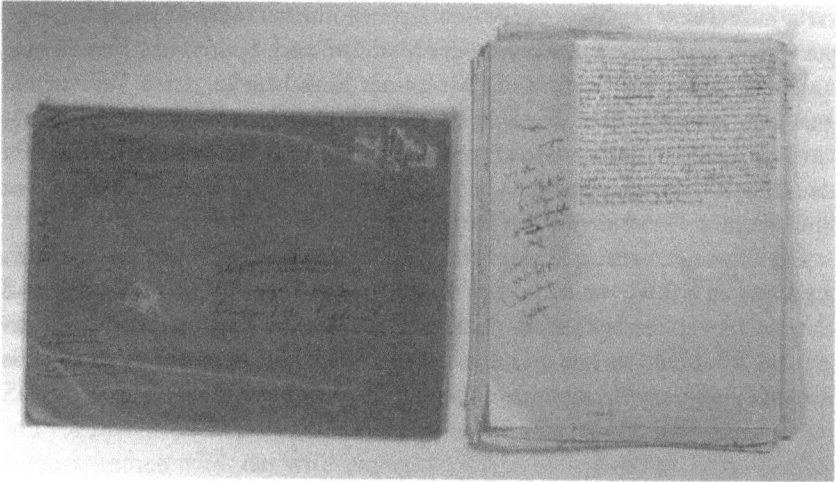

Abb. 7: Mit von Gretel Adorno beschriftetem Umschlag: Manuskript von Walter Benjamins *Berliner Kindheit* um 1900.

lassen, um lesend festzustellen, wie Benjamin »die Bilder, die im Exil das Heimweh am stärksten zu wecken pflegen – die der Kindheit – mit Absicht« hervorruft. Aus den neben dem Manuskript liegenden weiteren Blättern lässt sich darüber hinaus auch ein Stück der Publikationsgeschichte dieses Werkes entschlüsseln. Zu sehen ist ein Briefumschlag, in dem Theodor W. Adorno die Manuskriptblätter im November 1950 an Benjamins Sohn Stefan, dem das Manuskript auch gewidmet ist, zurückschickt. Adorno hatte sie zuvor als Vorlage genutzt, um die *Berliner Kindheit*, zehn Jahre nach Walter Benjamins Freitod am 26. September 1940 auf der Flucht vor den Nazis, das erste Mal als Buch herauszubringen. Begonnen hatte Benjamin sein autobiografisches Erinnerungswerk noch 1932 in Berlin, wo höchstwahrscheinlich auch die im Museum ausgestellte Ur-Fassung entstand. Seit 1933 im Pariser Exil, verlor er das Projekt aber keineswegs aus den Augen, sondern überarbeitete und ergänzte seine »Denkbilder« immer wieder. Einzelne Texte waren seit 1932 in verschiedenen Zeitungen erschienen, Benjamins Wunsch, sie vollständig zu veröffentlichen, war allerdings aufgrund der politischen Umstände zum Scheitern verurteilt: Als er sie 1938 mehreren deutschen Verlagen zum Druck anbot, war keiner bereit, dieses Wagnis einzugehen. So blieben diese Texte für viele Jahre das, was er in einem Brief an Gershom Scholem 1935 über mehrere im Exil geschriebene und überarbeitete Werke sagte: eines seiner »zerschlagenen Bücher«.

Das Schicksal eines erst Jahre nach seiner Entstehung veröffentlichten Buches teilt die *Berliner Kindheit* mit weiteren im Exil geschriebenen Büchern deutscher Autoren. Auch ein Typoskript Siegfried Kracauers trägt Spuren einer ähnlichen Publikationsgeschichte: Kracauer hat den in einem Karton Schreibmaschinenpapier aufbewahrten Roman *Georg* mit Titel und

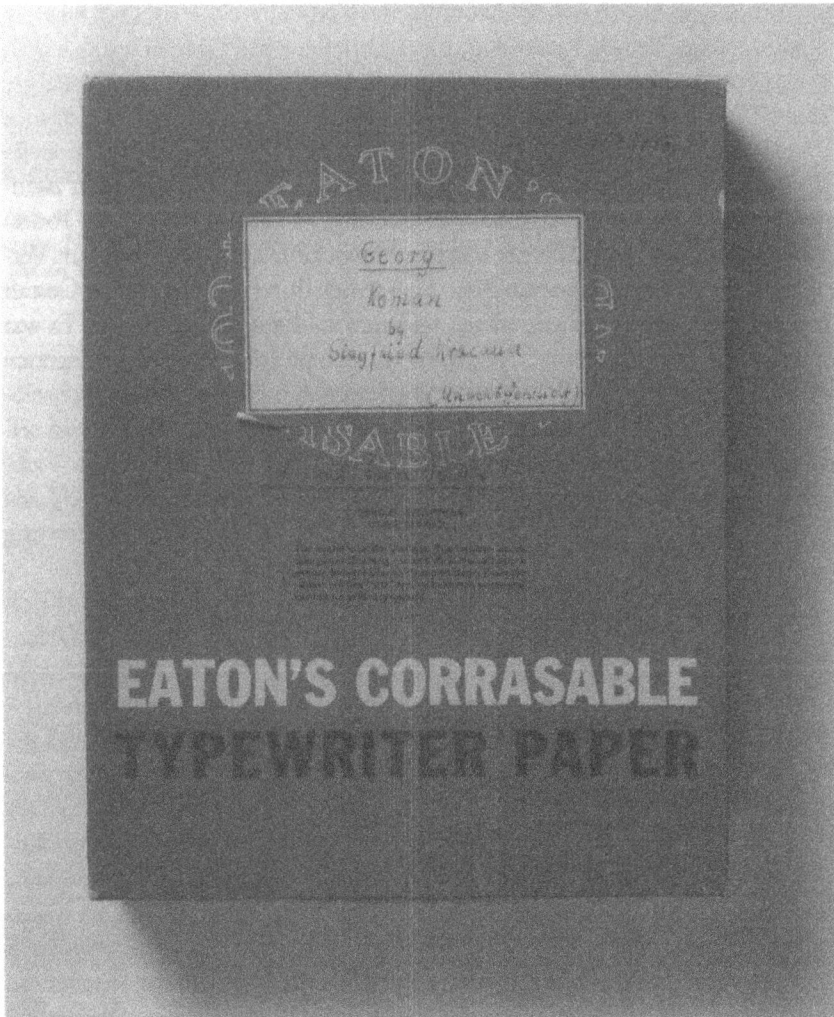

Abb. 8: Im Karton: Manuskript von Siegfried Kracauers Roman *Georg*.

Verfasserangabe beschriftet und »unveröffentlicht« dazugesetzt. Die letzte Seite des Typoskripts ergänzte er um die Entstehungsgeschichte: »Geschrieben in den Jahren 1930 bis 1934 in Frankfurt a. Main, Berlin, Paris, Combloux, Paris«. Kracauer erlebte wie Benjamin die Veröffentlichung seines Werkes nicht mehr. Es erschien erst 1973, sieben Jahre nach seinem Tod.

Das Bedürfnis, die Verknüpfung von Werk und privater Lebensgeschichte zu dokumentieren, wird auch in einem Typoskript von Hermann Broch deutlich. Ähnlich wie Benjamin und Kracauer hatte sich Broch schon Mitte der 1930er-Jahre mit einem Thema beschäftigt, das er dann im Exil ausarbeitete und monumental erweiterte. In seinem Roman *Der Tod des Vergil* werden die letzten achtzehn Stunden im Leben des römischen Dichters Vergil erzählt, gestaltet als innerer Monolog des sterbenden Poeten. Den Anstoß, seine zunächst für eine Radiosendung geschriebene Kurzgeschichte zu erweitern, gaben nach eigenem Bekunden die politischen Umstände, die sich im März 1938 nach dem »Anschluss« Österreichs an das nationalsozialistische Deutschland für Broch persönlich zuspitzten, als er für mehr als zwei Wochen in Gestapohaft kam: »Doch jedenfalls war es ein Zustand, der mich zwingender und zwingender zu Todesvorbereitung, zu sozusagen privater Todesvorbereitung nötigte. Zu einer solchen entwickelte sich die Arbeit am Vergil, und eben hierdurch hat das Buch (…) seinen durch die historische Gestalt und das Werk des Vergil gesteckten Rahmen vollkommen gesprengt. Es war nicht mehr das Sterben des Vergil, es wurde die Imagination des eigenen Sterbens.« Broch ließ sich von einem befreundeten Bauernehepaar Schreibpapier in die Gefängniszelle schmuggeln, um auch während der Haft an seinem Werk weiterarbeiten zu können. Zur Tarnung war das Papier in Viehpässe eingerollt. Als Broch 1944 in den USA nach jahrelanger Arbeit den Roman beendete, klebte er den Umschlag dieser Viehpässe zur Erinnerung und Dokumentation an den Anfang des Typoskripts.

Welche Möglichkeiten hatten verbotene und vertriebene Autoren zur Zeit des Nationalsozialismus überhaupt, ihre Werke zu verbreiten, welchen Gefahren setzten sich die Leser solcher Literatur aus? Einige Exponate in der Buchreihe wissen zu berichten von mutigen Verlegern, ausgetüftelten Täuschungsmanövern, aber auch von erst Jahrzehnte nach der Niederschrift gedruckten Büchern. Auffallend sind zunächst die vielen ausländischen Verlagsorte, welche die Bücher der Exilliteraten auf ihren Einbänden tragen: Amsterdam (Querido), Luzern (Vita Nova), Brüssel (Les Associés) oder Mexiko (El libro libre) ist dort zu lesen. Einige Ausstellungsstücke enthüllen aber erst auf den zweiten Blick die Tarnung, die ihnen zum Schutz verliehen wurde. In einem aufgeschlagenen Buch hat Walter Benjamin von Hand geschrieben: »für S Kracauer/diese Arche/die ich gebaut habe/als die faschistische Sintflut/zu steigen begann«. Mit dem Motiv der Arche spielt Benjamin zunächst einmal auf die Erfahrung des Exodus an, eine Erfahrung, die sowohl er als auch Kra-

Abb. 9: Mit dem eingeklebten Umschlag, in dem getarnt als »Viehpässe« das Papier für die ersten Notizen ins Gefängnis geschmuggelt worden ist: Manuskript von Hermann Brochs *Tod des Vergil.*

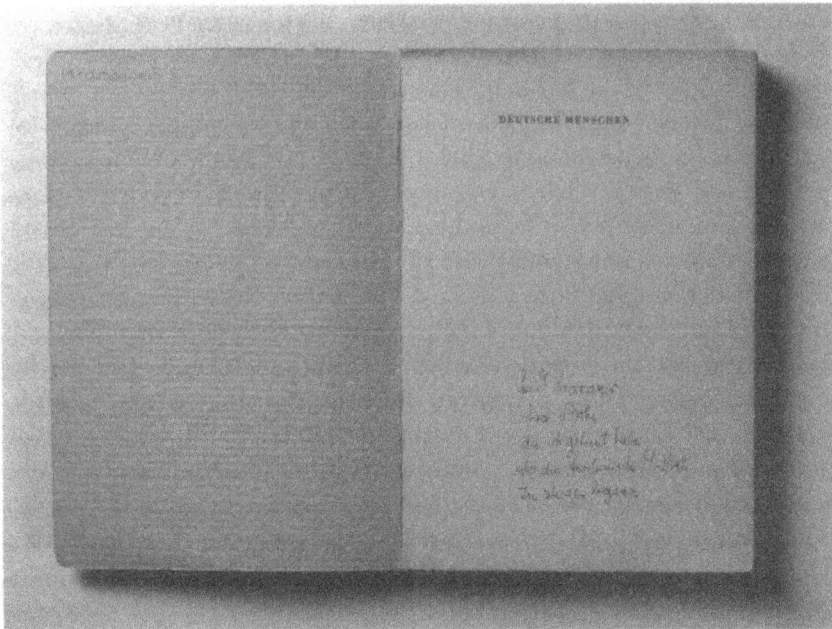

Abb. 10: »für S Kracauer/diese Arche/die ich gebaut habe/als die faschistische Sintflut/zu steigen begann«: Walter Benjamins Widmungsexemplar der *Deutschen Menschen* für Siegfried Kracauer

cauer mit ihrer Flucht vor der »faschistischen Sintflut« nach Paris 1933 hatten machen müssen. Angedeutet wird aber auch, dass es sich bei Benjamins
Werk um ein Rettungsprojekt handelt. Um zu erfahren, welches Buch hier
überhaupt mit einer freundschaftlichen Widmung versehen wurde, muss der
Besucher das Exponat durch den gläsernen Vitrinenboden von unten betrachten. *Deutsche Menschen*, ein Titel, der in Kombination mit der gebrochenen
Titeltypografie, zunächst durchaus als eine den Nationalsozialisten gemäße
Schrift eingeordnet werden kann. Das markig klingende Motto auf dem Einband verstärkt diesen ersten Eindruck. Man muss schon genau lesen, um die
Einschränkungen und die »Gebrochenheit« des Mottos wahrzunehmen: »Von
Ehre ohne Ruhm / Von Größe ohne Glanz / Von Würde ohne Sold«. Walter
Benjamins kommentierte Briefsammlung *Deutsche Menschen. Eine Folge von
Briefen*, die 1936 in Luzern unter dem Pseudonym Detlef Holz erscheint, ist
nach allen Regeln der Kunst von Autor und Verleger als Tarnschrift konzipiert
worden, um sie an der nationalsozialistischen Zensur vorbeizuschmuggeln und
dem Autor Benjamin damit das Schicksal eines weiteren »zerschlagenen Buches«
zu ersparen. Versammelt und mit lakonischen Kommentaren versehen hat Benjamin in den *Deutschen Menschen* Briefe deutscher Geistesgrößen, die seiner
Meinung nach der faschistischen Sintflut widerstehen können und einen Kontrast zur Geisteshaltung der Nationalsozialisten vor Augen führen.

   Eine weitere, ganz einmalige Tarnschrift kann man in derselben Vitrine
entdecken: Zu sehen sind zwei auf den ersten Blick identische Ausgaben von
Robert Walsers Kurzgeschichtensammlung *Poetenleben*. Lässt man die Besucher die beiden Exemplare vergleichen, sind die Unterschiede aber schnell
benannt: Das eine Buch ist ganz offensichtlich dünner und hat weniger Seiten, außerdem ist auf der aufgeschlagenen Seite ein Gedicht und kein Prosatext abgedruckt. Das Gedicht entpuppt sich als *Legende vom toten Soldaten*
aus der antifaschistischen Sammlung *Lieder, Gedichte, Chöre*, die Bertolt
Brecht zusammen mit Hanns Eisler 1934 in dem Pariser Exilverlag »Edition
du Carrefour« veröffentlichen konnte. Von Walsers Kurzgeschichtensammlung sind nur der Einband und die ersten Seiten übrig geblieben. Der restliche Text wurde fein säuberlich aus dem Einband getrennt und durch Brechts
Gedichte ersetzt. Diese präparierte Buchausgabe zeugt davon, welchen
Gefahren sich Leser verbotener Literatur im »Dritten Reich« aussetzten, wie
schwierig es oft schon war, die verbotenen Schriften überhaupt aus dem Ausland wieder einer deutschen Leserschaft zugänglich zu machen und wie viel
Einfallsreichtum, Geschick, aber auch Mut dazu gehörten, diese Texte an der
deutschen Zensur vorbeizuschmuggeln. Natürlich war bei solchen Aktionen
Vorsicht und Geheimhaltung geboten und so verwundert es auch nicht, dass
zu dieser getarnten Brecht-Ausgabe kaum Näheres zu erfahren ist. Wer sie
präparierte und zu welchem Zweck, ob zum eigenen Lesen oder um sie zu
verschicken, bleibt im Dunkeln. Über Brechts Sammlung *Lieder, Gedichte,*

Abb. 11: Falsche Hülle für Brechts *Legende vom toten Soldaten:* Umschlag von Robert Walsers *Poetenleben.*

Chöre heißt es, dass ein Teil der 3000 Exemplare umfassenden Auflage »auf geheimen Wegen über das Saargebiet nach Deutschland gebracht und im antifaschistischen Widerstand verbreitet werden« sollte. Aber auch dazu fehlen nähere Quellen und Zeugnisse. Der Besucher im Museum steht wohl eher vor einem Unikat, vor der Schöpfung eines einzelnen, überzeugten und klugen Lesers, der in einem unscheinbaren, unverdächtigen Einband Texte von großer politischer Brisanz zu verpacken wusste.

»Die Küste Portugals war die letzte Zuflucht geworden für die Flüchtlinge, denen Gerechtigkeit, Freiheit und Toleranz mehr bedeuteten als Heimat und Existenz. Wer von hier das gelobte Land Amerikas nicht erreichen konnte, war verloren. Er mußte verbluten im Gestrüpp der verweigerten Ein- und Ausreisevisa, der unerreichbaren Arbeits- und Aufenthaltsbewilligungen, der Internierungslager, der Bürokratie, der Einsamkeit, der Fremde und der entsetzlichen allgemeinen Gleichgültigkeit gegen das Schicksal des einzelnen, die stets die Folge von Krieg, Angst und Not ist. Der Mensch war um diese Zeit nichts mehr; ein gültiger Paß alles.« Was Erich Maria Remarque in seinem Roman *Die Nacht von Lissabon* über die Exilsituation deutscher Flüchtlinge 1942 schreibt, lässt sich im Literaturmuseum der Moderne in den Vitrinen mit Alltagsdokumenten nachvollziehen. Sucht man dort nach Gegenständen, die mit dem Exil deutschsprachiger Schriftsteller und ihrer Familien verknüpft sind, so findet man in erster Linie Dokumente, Pässe, Urkunden. Sie sprechen von den alltäglichen und häufig nie endenden Schwierigkeiten der Emigration: dem andauernden Schwebezustand und der ständigen Gefährdung des Asyls, dem Nerven aufreibenden Organisieren des Alltags, der so oft die Energie für jegliches schriftstellerische Schaffen raubte. Die Bandbreite an Papieren reicht im Museum beispielsweise von einem befristeten und ausdrücklich die Erwerbstätigkeit der Frau verbieten-

Abb. 12: Einbürgerungsurkunde der USA für Mascha Kaléko 1944.

Abb. 13: Schweizer Identitätsausweis des Ehepaars Katia und Thomas Mann 1933.

den Identitätsausweis der Schweizer Behörden für Katia und Thomas Mann bis zur Einbürgerungsurkunde der USA für Mascha Kaléko. Hinter manchem Papier stecken dramatische Geschichten, wie bei einem vorläufigen Personalausweis für Siegfried Kracauer. Kracauer und seine Frau warteten über ein Jahr lang in Marseille auf ein Einreisevisum für die USA. Als sie es im Sommer 1940 endlich erhielten, war Lissabon mittlerweile der einzige freie Ausgangshafen für eine Überfahrt auf den amerikanischen Kontinent geworden. Das faschistische Spanien verweigerte allerdings Staatenlosen, zu denen die Kracauers zählten, die Durchreise. Erst ein kleines Kärtchen brachte die Rettung in letzter Sekunde: ein vorläufiger portugiesischer Personalausweis.

Abb. 14: Vorläufiger Personalausweis von Siegfried Kracauer 1940.

Manchmal ist es sogar möglich, die Stationen eines Exillebens anhand von Pässen und Ausweisen nachzuzeichnen, so etwa bei Alfred Döblin. Von ihm findet man im Museum einen französischen Presseausweis, der ihm für seine Arbeit im französischen Informationsministerium ausgestellt wurde. Ein französischer Pass zeigt außerdem, dass Döblin, der seit 1933 in Paris lebte, schon 1936 die französische Staatsbürgerschaft verliehen bekommt. Das Informationsministerium stellt ihm und seiner Familie dann 1940 einen Geleitbrief aus, mit dem ihm kurz vor der Besetzung Frankreichs durch die Deutschen die Flucht in die USA gelingt. Und auch aus der Zeit im amerikanischen Exil ist es wieder ein Kärtchen, das Zeugnis über seinen weiteren Lebensweg gibt: sein Ausweis als Beschäftigter in den Studios von Metro Goldwyn Mayer. Der Jahresvertrag als Drehbuchautor in Hollywood war die Voraussetzung für ein Einreisevisum in die USA gewesen.

IV »Exil« als Thema der ganzen Ausstellung

Die Reihe der oben vorgestellten Beispiele ließe sich fortführen, die Exilthematik endet nicht im Jahr 1945. Ein Brief von Nelly Sachs, den sie 1964 an Johannes Bobrowski schreibt und mit einer frühen Fassung des Gedichtes *Bin in der Fremde* beginnt, zeigt, dass sich bei vielen der vertriebenen Schriftsteller die Beschäftigung mit dem Thema »Heimatverlust« durch ihr weiteres Lebenswerk zieht und zum festen Fundus der deutschen Nachkriegs-

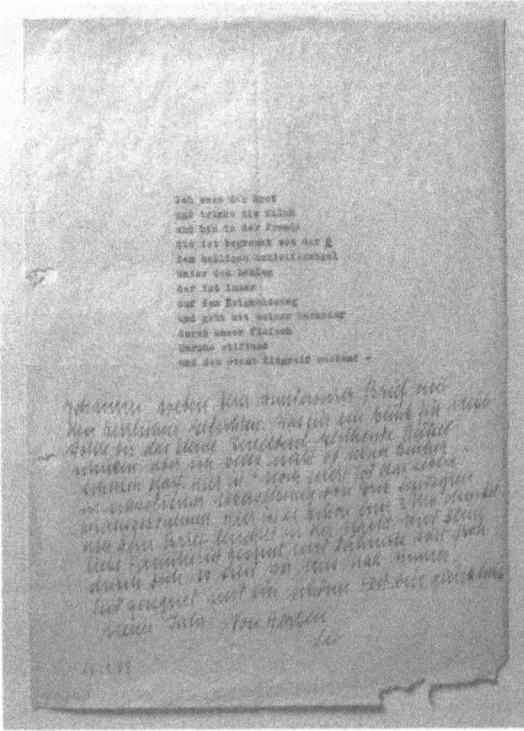

Abb. 15: »Ich esse das Brot / und trinke die Milch / und bin
in der Fremde«: Nelly Sachs an Johannes Bobrowski,
17.12.1964.

und auch der Gegenwartsliteratur wird. Eines der letzten Exponate in der
Reihe der Literatur ist das 2001 veröffentlichte Manuskript von W. G. Sebalds Roman über einen jüdischen Emigranten: *Austerlitz*. Gerade die Gleich-
förmigkeit der Ausstellung treibt die Konstanten der Geschichte wie ihre
unerhörten Ereignisse hervor. Jede Zeitschicht steckt den Erwartungshori-
zont für die nächste ab, die historischen Dimensionen eines jeden Exponats
werden in zwei Richtungen – retrospektiv und prospektiv – deutlich, wie ein
Ianus, der römische Gott der Schwellen, steht es zwischen Vergangenheit
und Zukunft. Vor dem Hintergrund etwa von Siegfried Kracauers in einem
Pappkarton zusammengehaltenen Roman *Georg* und von Joseph Roths auf
unterschiedlichen Hotelbriefpapieren geschriebenen und dann in einer Brief-
tasche aufbewahrten *Hiob* zitiert Sebald mit den in einer grauen Papp-
schachtel gesammelten losen Blättern von *Austerlitz* auch schreib- und auf-
bewahrungstechnisch das Thema »Exil«.

Aus der Perspektive der Zeit vor 1933 betrachtet, lassen der Mangel an
Papier und die vielen Ortswechsel, die Joseph Roth zu den unterschiedlich-
sten Hotelbriefpapieren greifen lassen, noch eine weitere Dimension erken-

Abb. 16: Loseblattsammlung mit Bildern im grauen Aufbewahrungskarton: Manuskript von W. G. Sebalds *Austerlitz*.

Abb. 17: Im Reiseformat: Manuskript von Joseph Roths *Hiob*.

nen: Auffällig häufig wurde um 1925 die Verwendung unterschiedlicher Papiersorten von Autoren wie Hermann Hesse und Heinrich Mann als künstlerisches, modernes Verfahren genutzt, wie es dann in Alfred Döblins *Berlin Alexanderplatz* durch die Collagetechnik auf die Spitze getrieben worden ist. Während Roth die materiale, aus der Not geborene Seite seines Schreibens inhaltlich nicht thematisiert, nutzt Hermann Hesse die Verwendung verschiedener Schreibmaterialien seit dem *Steppenwolf* gezielt, um seine Texte buchstäblich mit einer historischen Gegenwelt zu grundieren. Viele Seiten der Entwürfe zum *Glasperlenspiel* sind auf Kalenderblätter aus Hitlers Deutschland geschrieben und kapitelweise in die Umschläge nationalsozialis-

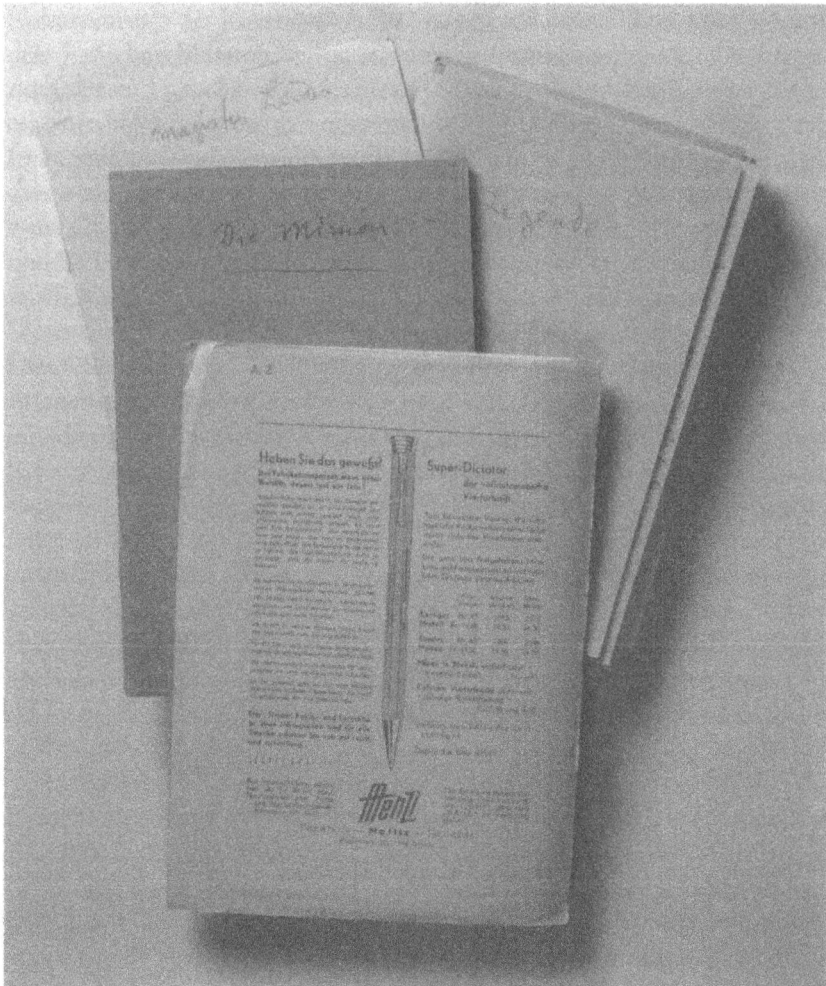

Abb. 18: Im Manuskript passend eingeschlagen: Kapitel von Hermann Hesses *Glasperlenspiel*.

tischer Kulturzeitschriften gewickelt, als wolle Hesse die Macht seines Kunstwerks unter erschwerten Bedingungen auf die Probe stellen. Das zentrale zehnte Kapitel des Romans ist doppeldeutig zwischen zwei Reklameanzeigen gepackt: die eine bewirbt Handarbeitsglasperlen für »Untersetzli«, die andere einen neuartigen Vierfarbdrehkugelschreiber, den »Super-Dictator«. Es ist die Vielfalt solcher Bezüge zwischen den materiellen Befunden des Archivs, ihren historischen Umständen und ihren textindividuellen Motivationen, die diese Ausstellung immer wieder aufs Neue zum literaturwissenschaftlichen Abenteuer werden lassen. Sie sind aber auch die sichtbaren und einprägsamen Einstiegsmöglichkeiten bei der Vermittlung komplexer Themen an die unterschiedlichen Besucher eines Literaturmuseums. Sie vermitteln vielleicht keine Literaturgeschichte, aber sie führen die Wirkungen von Literatur und Geschichte konkret vor Augen.

Lena Kreppel

Das Museum der deutschsprachigen Juden im Kontext des israelischen Erinnerungsdiskurses

I Einleitung

Im November 2008 wurde das Museum der deutschsprachigen Juden – Kulturzentrum der Jeckes, neben dem Leo Baeck Institute in New York und dem Jüdischen Museum Berlin, mit dem Europäischen Preis für die Bewahrung des europäischen Kulturerbes der Kulturstiftung Pro Europa ausgezeichnet.[1] Das Museum der deutschsprachigen Juden ist dem »Erbe« jener Immigranten Israels gewidmet, die in den Jahren 1933 bis 1939 aus dem deutschen Sprachraum in das britische Mandatsgebiet Palästina emigriert waren. Es ist Teil des privaten Museumskomplexes Das Offene Museum[2] und befindet sich auf dem Areal des Industrieparks Tefen, zehn Kilometer westlich von Nahariya im Norden Israels gelegen. Die Dauerausstellung des Museums schließt an den Trend der letzten 20 Jahre an, in denen sowohl in Deutschland als auch in Israel eine Zunahme der Publikationen über die Erinnerungen der *Jeckes*[3] zu verzeichnen war. Dieser Fokus könnte in der interdisziplinären Auseinandersetzung mit dem Thema Gedächtnis und Erinnerung begründet sein, die unter anderem mit Jan Assmanns Werk *Das kulturelle Gedächtnis* aus dem Jahre 1992 vorangetrieben wurde. Assmann selbst vermutet hinter der generellen Konjunktur des Gedächtnisparadigmas unter anderem die technischen Veränderungen der Speichermedien und die schwindenden Lebenszeiten der letzten Überlebenden der großen Verbrechen des 20. Jahrhunderts.[4] Mit Letzterem lässt sich vermutlich auch das große Interesse an den Jeckes, zumindest auf deutscher Seite, erklären.

Historisch fällt die Eröffnung des Museums der deutschsprachigen Juden in den 1990er Jahren mit dem Beginn eines grundlegenden gesellschaftlichen Wandels in Israel zusammen. Vor der Staatsgründung Israels hatte die jüdische Nationalbewegung ein historisches Narrativ[5] konzipiert, das auf der Rückkehr der Juden nach *Eretz Israel*[6] fußte und auf die »Verschmelzung« der Immigranten unterschiedlicher Herkunft zu einer neuen Kollektividentität abzielte. Auch nach der Staatsgründung Israels im Jahre 1948 wurde seitens der politischen Eliten eine »Schmelztiegel-Politik« propagiert, in der die Einwanderer sämtliche Aspekte ihrer »Diasporaidentität«[7] überwinden sollten, um in der jüdisch-israelischen Kollektividentität aufzugehen. Die Akkulturation stellte vor allem jene Immigranten der *Fünften Alijah*[8] vor Schwierigkeiten, deren Migration weniger ideologisch-zionistisch, sondern primär durch die Flucht vor dem nationalsozialistischen Regime begründet war. Als Subkultur innerhalb der ethnisch-kulturell heterogenen israelischen Gesellschaft versuchten die deutschen Immigranten, an ihrer kulturellen Sozialisation festzuhalten und die Erinnerung an ihre Herkunftskultur im privaten Rahmen zu bewahren. Erst in den 1980er Jahren veränderte sich das politische Klima in Israel insofern, als die unterschiedlichen Subkulturen und ihre Belange im öffentlichen Diskurs thematisiert wurden. Es wurden Fragen nach kollektiver und individueller Identität gestellt, die israelische »Schmelztiegel-Politik« kritisiert und erstmals parallel zu dem offiziellen historischen Narrativ existierende Geschichtsdeutungen diskutiert.

An diese Entwicklungen innerhalb der politischen Kultur Israels schließt dieser Beitrag an. Er befasst sich mit der Erinnerung an die deutschen Juden in Israel und untersucht die erinnerungspolitische[9] Konzeption des Museums der deutschsprachigen Juden im Kontext des israelischen Erinnerungsdiskurses. Ausgangspunkt ist die Funktion von Museen als »Vermittlungsinstanz kollektiver Erinnerung«[10], historische Narrative zu transportieren. So fokussiert der Beitrag auf das im Museum der deutschsprachigen Juden dargestellte historische Narrativ und geht der Frage nach, inwiefern es den Inhalten des offiziellen historischen Narrativs in Israel entspricht beziehungsweise von diesem abweicht.

Zum Vorgehen: Zu Beginn werden die grundlegenden Aufgaben von Museen als einer Form der Institutionalisierung von Erinnerung benannt und dabei auch der Konstruktionscharakter der darin vermittelten historischen Narrative hervorgehoben. Um das im Museum der deutschsprachigen Juden transportierte historische Narrativ in den israelischen Erinnerungsdiskurs einordnen zu können, wird in einem nächsten Schritt die Entwicklung der Erinnerungspolitik mit ihren zentralen Erinnerungsfolien in Israel skizziert. Im Kontext der israelischen »Schmelztiegel-Politik« werden die Schwierigkeiten der Akkulturation der deutschsprachigen Immigranten veranschaulicht, die aufgrund ihrer reservierten Haltung gegenüber der jüdisch-israelischen Kollektividentität vonseiten der zionistischen Elite kritisiert wurden. Basierend auf den zuvor definierten Funktionen von Museen wird anschließend das Museum der deutschsprachigen Juden vorgestellt. Hier wird die erinnerungspolitische Konzeption des Museums anhand seiner Selbstdarstellung und seines museumspädagogischen Programms untersucht. Der dort vermittelte Geschichtsentwurf wird mit den Inhalten des israelischen historischen Narrativs verglichen. Der Beitrag schließt mit einem Ausblick auf die mögliche zukünftige Relevanz der Erinnerung an das »Erbe« der deutschen Juden innerhalb des israelischen Erinnerungsdiskurses.

II Funktionen von Museen

Soziale Gruppierungen wie (Sub)kulturen bedienen sich historischer Narrative, eigener Geschichtsdeutungen, um ihre Kollektividentität zu konstruieren und vor anderen zu legitimieren. Dabei beziehen sie sich auf Ereignisse, die in einer fernen Vergangenheit verortet sind und die als Schlüsselerlebnisse das Selbstverständnis der Gruppe konstituieren. Diese historischen Narrative sind Gegenstand der kulturellen Gedächtnisse von Kollektiven, dessen Bestände zu sichern und zu transportieren den Museen zukommt. Somit versprechen Museen eine langfristige Existenz der Inhalte von kulturellen Gedächtnissen.[11] Aleida Assmann bezeichnet Museen als »kulturelle Orte«, an denen Relikte einer nicht mehr greifbaren Vergangenheit aufbewahrt und vor dem Vergessen bewahrt werden und somit »die Chance einer außergewöhnlichen Existenzverlängerung«[12] erhalten.[13] Zu der Grundlagenarbeit von Museen zählt daher die Sammlung und Bewahrung, was die Sichtung und Erhaltung von Objekten, die adäquate Dokumentation, Aufbewahrung, Konservierung und Restaurierung einschließt. Hinzu tritt als weitere Aufgabe die wissenschaftliche Bearbeitung von Objekten und Objektkontexten in Form von Inventarisierung und der Erstellung von Herkunftsnachweisen.[14] Die Konservierung und Inventarisierung der Museumsbestände stellen die Voraussetzung für ein kulturelles Gedächtnis dar. Zu einem tatsächlichen kulturellen Gedächtnis führen allerdings erst, wie Aleida Assmann betont, die Auswahl und Wertschätzung der Objekte und schließlich die individuelle Aneignung.[15] Somit stellt die essenzielle Aufgabe von Museen die Ausstellungs- und Vermittlungsarbeit dar. Zudem streben heutige Ausstellungskonzeptionen im Sinne des Bildungsauftrags von Museen die Einbeziehung eines immer breiteren Publikums aus den unterschiedlichen gesellschaftlichen Bereichen an, mit der Folge, dass auch die Bildungsinhalte und Vermittlungsformen auf die Interessen der Besucher zugeschnitten werden.[16] Das Museum als »Lernort« ist umso erfolgreicher, je mehr es ihm gelingt, die Besucher mithilfe seiner Exponate zu einem kommunikativen Austausch untereinander zu animieren. Lernen wird hier nicht als Aneignung von Wissen, sondern als das emotionale Erfahren authentischer Objekte und die anschließende Reflexion über die im Museum vermittelten Inhalte verstanden.[17]

In historischen Museen werden, nach Aleida Assmann, Ausschnitte einer Vergangenheit präsentiert, die »aus den Blicken und oft auch aus dem Bewusstsein geschwunden«[18] sind: »Die Vergangenheit als das schlechthin Entzogene scheint in den Exponaten noch einmal auf, die aus ihren Kontexten herausgelöst sind und zu keinem Gebrauch mehr tauglich sind.«[19] Da die Erinnerung an eine gemeinsame Vergangenheit identitätsstiftend wirkt, kommt historischen Museen zudem eine »Brückenfunktion«[20] zu, denn sie vermitteln Geschichtsentwürfe und damit historische Identität. Sie geben ihren Besuchern Impulse und Anregungen, sich mit Fragen der eigenen Identität auseinanderzusetzen, sich selber in der dargestellten Geschichte zu verorten und verdeutlichen dem Besucher somit »den langen Schatten, den er durch die Geschichte wirft«.[21] Diese Geschichts- und Identitätsentwürfe unterliegen erinnerungspolitischen Maximen und sind an der politischen Kultur der Gegenwart orientiert, an den Wertideen der jeweils vermittelnden Institution beziehungsweise ihrer Entscheidungsträger. So stellt bereits die Auswahl der Exponate und Informationen eine Interpretation von Vergangenheit dar. Zugleich festigen Museen die hier vermittelten historischen Narrative zu Gedächtnisinhalten. Solange sie über stabile Strukturen verfügen, leisten Museen einen wesentlichen Beitrag für die Zukunft der Inhalte von Gedächtniskonstruktionen, für die Zukunft der darin vermittelten historischen Narrative.[22]

III Grundelemente der israelischen Erinnerungspolitik

Innerhalb des zionistischen Narrativs, das sich auf Palästina als, wie Theodor Herzl es formulierte, »unvergessliche historische Heimat«[23] besann und daraus das Ziel der Errichtung eines jüdischen Staates ableitete, wurde die Vergangenheit in zwei Epochen eingeteilt: Einerseits in eine 2000-jährige Exilgeschichte der Unterdrückung und Erniedrigung der Juden in der Diaspora, in der sie getrennt von ihrer Heimat leben mussten, und andererseits in die antike Vergangenheit, in der das jüdische Volk als Nation in Palästina lebte und sich heroisch gegen die römische Besatzung auflehnte.[24] Mit der Schaffung einer jüdischen Nation sollte auch eine monolithische jüdische Kollektividentität durch die Nationalsprache Ivrit und eine Nationalkultur geformt werden. Diese sollte den heterogenen kulturellen Hintergrund der unterschiedlichen Immigrantengruppen vereinheitlichen. So wurde der *Sabre*-Mythos[25] als Konstrukt der neuen Kultur erschaffen, ein wehrtüchtiger, die unwirtlichen Böden Palästinas bearbeitender »neuer Jude« – ein Gegenentwurf zum antisemitischen Stereotyp des degenerierten, verweichlichten »Diasporajuden«. Mit dieser Assoziation zu biblischen Helden stellten die Vertreter der zionistischen Bewegung eine Verbindung her zwischen den Juden Palästinas vor 2000 Jahren und der zionistischen Besiedlung des Territoriums im 20. Jahrhundert. Zugleich leiteten sie die Wiedergeburt eines physisch widerstandsfähigen Juden und seiner Nation ein. Ein weiterer Akt der »Verschmelzung«, als Voraussetzung für eine gelungene Integration in den *Jischuv*[26], war die Hebräisierung der Immigranten.[27]

Die zionistische Ideologie wurde nur teilweise zum zentralen Narrativ der deutschsprachigen Einwanderer, denn einige unter ihnen lehnten die Adaption der neuen »hebräischen Identität« ab. Die Distanz zum Jishuv hing vor allem mit der Ablehnung des Ivrit und der damit einhergehenden Integration in das jüdische Kollektiv zusammen. Die deutsche Sprache hingegen war Ausdruck des Kulturraums, aus dem sie stammten. Einige der Jeckes litten unter dem kulturellen Verlust, den sie infolge der Emigration und der Konfrontation mit der vom Jischuv propagierten »hebräischen Kultur« erlebten. So bewahrten sie sich Erinnerungsräume, die an die deutsche Sprache und Kultur gebunden waren. Die Versuche, eine deutschsprachige Subkultur zu pflegen, mussten im privaten Rahmen stattfinden, denn jede Form von Aufrechterhaltung der Herkunftskultur wurde vonseiten des Jishuv als Separatismus gewertet und den Immigranten verübelt.[28]

Auch nach der Staatsgründung Israels im Jahre 1948 bezweckte die offizielle »Schmelztiegel-Politik« die Entledigung der Immigranten von ihrer »Diasporavergangenheit« und die Adaption der neuen, jüdisch-israelischen Identität. Die Existenz eines erfolgreichen assimilierten Judentums in der Diaspora wurde seitens der politischen Eliten weiterhin negiert. Anfangs ging damit eine gewisse Ignoranz gegenüber den Überlebenden der Shoah einher, da man sich der Schwäche des europäischen Judentums schämte, sich nicht gegen seine Vernichtung gewehrt zu haben. Zudem konterkarierten die traumatischen Erinnerungen der Überlebenden das konstruierte Bild des heroischen Sabre und die damit verbundene nationale Identitätsfindung. Zwar wurde bereits in den 1950er Jahren die Gedenkstätte Yad Vashem[29] in Jerusalem eröffnet und ein Shoah-Gedenktag eingeführt. Doch die Botschaft stand im Einklang mit dem zionistischen Narrativ und hatte den jüdischen Widerstand während der Shoah zum Inhalt. Erst der Prozess gegen Adolf Eichmann im Jahre 1961, der die israelische Öffentlichkeit täglich mit den Gräueltaten gegen die europäischen Juden konfrontierte, durchbrach die jahrelange Politik des Schweigens. Zugleich evozierten die Zeugenaussagen eine Verunsicherung hinsichtlich der zuvor vereinfachten Darstellungsweise des Gegensatzpaares vom verfolgten Juden und dem heroischen Ghettokämpfer beziehungsweise Israeli.[30]

Infolge des Prozesses wurde das zionistische Narrativ mit seinem Sabre-Mythos durch den Mythos des Opfers (im Sinne des *victim*) als Grundelement der israelischen Erinnerungspolitik verdrängt und die Shoah zu einem zentralen Element der jüdisch-israelischen Identität.[31] Wie der Historiker Tom Segev feststellt, wurde die Shoah nach dem Wahlsieg des Likud[32] im Jahre 1977 mit Menachem Begin als Premierminister verstärkt zur Legitimation der israelischen Politik instrumentalisiert.[33] Begin hatte zu einer kollektiven Shoaherinnerung beigetragen, deren Politisierung die Shoah, wie der Historiker Moshe Zimmermann erläutert, zu einem »festen Bestandteil der Alltagskultur und -rhetorik«[34] machte: »Gemeint ist damit der inflationäre Umgang mit der Shoah, der das Unsägliche trivialisiert und banalisiert.«[35]

Seit den 1980er Jahren haben die Herausbildung zivilgesellschaftlicher Strukturen, der demografische Wandel, die Liberalisierung der Wirtschaft und weitere regionale und internationale Einflussfaktoren einen grundlegenden gesellschaftlichen Wandel in Israel initiiert, der das bis dahin dominierende Selbstbild der jüdisch-israelischen Bevölkerung erschütterte. Erst mit den *Neuen Historikern* wie Yehuda Elkana, Tom Segev, Moshe Zimmermann, Moshe Zuckermann und anderen wurde gegen Ende der 1980er Jahre eine sukzessive Entmythologisierung des historischen Narrativs innerhalb des israelischen Erinnerungsdiskurses vorangetrieben. Sie wiesen auf die Gefahr hinter den mythologisierenden Erinnerungsfolien hin, die innerhalb der jüdisch-israelischen Öffentlichkeit vorherrschten. Zudem forderten sie ein Ende der Instrumentalisierung und ideologischen Ausbeutung der Shoah durch die politischen Eliten.[36]

De facto war die israelische Gesellschaft aufgrund ihrer heterogenen arabischen und jüdischen Bevölkerungsgruppen stets multikulturell zusammengesetzt. Vor der Staatsgründung wurden die gesellschaftlichen Strukturen des Jischuv von askenasischen[37] Juden geprägt, doch durch die Einwanderungsströme von Juden aus den arabischen Ländern, Äthiopien und der ehemaligen Sowjetunion änderte sich nach der Staatsgründung die ethnisch-kulturelle Zusammensetzung der jüdischen Bevölkerung. Erst mit den von den *Neuen Historikern* angestoßenen Debatten fanden die in Israel existierenden Subkulturen Eingang in den öffentlichen Diskurs. Infolge der Thematisierung der Multikulturalität der israelischen Gesellschaft wurde auch Minderheitengruppen, die zuvor an der Peripherie der Gesellschaft gestanden hatten, ein Platz in der Öffentlichkeit gewährt. Mit diesen Entwicklungen wurde der seitens der politischen Eliten propagierte Mythos des israelischen »Schmelztiegels« und der erfolgreichen Integration seiner Immigranten in Zweifel gezogen.[38]

In der jüdisch-israelischen Bevölkerungsgruppe hatte das verbindliche historische Narrativ die existierenden Subgedächtnisse der im »Schmelztiegel« untergeordneten Einwanderergruppen unterschiedlicher Herkunft verdrängt. In den öffentlichen Debatten manifestierte sich, dass auch innerhalb der israelischen Gesellschaft weitere, divergierende Geschichtserfahrungen existierten. Daraus resultierte die Möglichkeit für Angehörige von Minderheitengruppen, eine eigene, auf ihrer kulturellen Herkunft basierende Kollektividentität zu konstruieren, ohne für eine Negation der »Schmelztiegel-Politik« diskriminiert zu werden. Den *Neuen Historikern* zufolge existiert zwar noch immer ein hegemonialer Geschichtsdiskurs in Israel, der den zionistischen Grundannahmen verpflichtet ist und andere Geschichtsentwürfe ignoriert. Dass nun unterschiedliche Kollektive, ob den Eliten oder den benachteiligten Gruppierungen zugehörig, in die Öffentlichkeit traten und über ihre eigenen Narrative und Traditionen, ihre eigenen Anschauungen zum Leben in Israel sprachen, bezeichnet der israelische Soziologe Uri Ram als Teil eines Demokratisierungsprozesses in Israel, an dessen Ende möglicherweise der Eingang dieser unterschiedlichen Narrative in das historische Narrativ Israels steht.[39]

Die beschriebene Öffnung der als monolithisch konzipierten jüdisch-israelischen hin zu einer pluralistischen Gesellschaft schuf eine neue Konkurrenzsituation der unterschiedlichen Subkulturen. Denn nun galt es, sich als Kollektiv ein spezifisches Profil anzueignen und den eigenen Einfluss auf die Gesellschaft zu erhöhen. Auch hier diente Erinnerung dazu, die Kollektividentitäten durch eigene Geschichtsdeutungen zu legitimieren. Die Historiker Moshe Zimmermann und Yotam Hotam sprachen im Jahre 2005 gar von einem »Wettbewerb der kollektiven Erinnerungen der Landsmannschaften«[40] in Israel: »Wir leben in einer Zeit, in der verschiedene Kollektive sich leidenschaftlich – mit Hilfe von Filmen, Büchern, Aufsätzen, politischen Vereinigungen – für vergangenes Unrecht zu entschädigen versuchen.«[41] Wie andere Landsmannschaften waren die Jeckes enttäuscht und unglücklich darüber, dass ihr Beitrag am Aufbau Israels von der jüdisch-israelischen Öffentlichkeit nicht angemessen gewürdigt wurde. In der Auseinandersetzung »mit ihrer partikularen Kultur und Ethnizität«[42] betonen die Jeckes vor allem den Zusammenhang zwischen dem »Erbe« des deutschen Judentums in Mitteleuropa vor dem Zweiten Weltkrieg und den deutschsprachigen Juden innerhalb der jüdisch-israelischen Gesellschaft. Der Fokus liegt dabei auf dem produktiven Beitrag der deutschen Juden am zionistischen Projekt in Palästina, beispielsweise in den Bereichen der Kultur, der Bildung, der Wirtschaft, des Gesundheits- und Justizwesens.[43]

IV Das Museum der deutschsprachigen Juden – *Kulturzentrum der Jeckes* im Industriepark Tefen

Als Begründer des Museums der deutschsprachigen Juden gilt Israel Shiloni, der 1901 als Hans Herbert Hammerstein in Berlin geboren wurde und 1942 in Palästina eingewandert war. In einem Interview aus dem Jahre 1995, ein Jahr vor seinem Tode, schilderte er den Kontext seiner Idee für ein Museum über die deutschen Juden. Demzufolge hatte Shiloni im Juni 1970 an einer Konferenz über das deutsche Judentum am Leo Baeck Institut in Jerusalem teilgenommen. Die Einladung hatte offen gelassen, ob die Vorträge in deutscher Sprache gehalten würden. Vor Ort stellte sich heraus: Es wurde auf Englisch und Ivrit referiert, mit jeweils hebräischer beziehungsweise englischer Übersetzung. Aus ganz Israel waren Jeckes angereist, um an einer Veranstaltung in ihrer Muttersprache teilzunehmen. »Ein leises Rauschen der Enttäuschung wehte durch den Saal. Wären wir junge Leute gewesen, wir wären aufgesprungen und weggelaufen«, so Shiloni. »Es waren aber lauter alte gebildete und wohlerzogene Jeckes, die blieben sitzen. Ich sah sie mir an. Eine Galerie von kultivierten Menschen, wie es sie heute in dieser Menge nicht mehr gibt. Das war vielleicht das letzte Mal, dass diese alle hier zusammensaßen. (...) Und da beschloss ich, es muss ein Museum über das deutsche Judentum gegründet werden, das zeigt, welche kulturellen, wissenschaftlichen und wirtschaftlichen Leistungen die deutschen Juden zustande gebracht haben.«[44]

Shiloni fand weitere Unterstützer für sein Projekt und richtete in der siebten Etage des Rathauses von Nahariya sein Museum ein, das er *Museum Deutsches Judentum* nannte. Er erstellte etwa 20 Ausstellungstafeln, auf denen er historisch bedeutsame Ereignisse und deutsch-jüdische Persönlichkeiten anhand von Fotokopien und Zeitungsausschnitten dokumentierte, und fügte handschriftliche Erläuterungen auf Englisch und Ivrit hinzu. Hier stellte er die Geschichte des deutschen Judentums von der Antike über das Mittelalter, die Emanzipation bis hin zur Emigration und zum Aufbau des israelischen Staates dar. Thematisch sortiert nach Leistungen in den Bereichen (deutsch-jüdischer) Organisationen, Handel und Industrie, Jugend, Sport, Kultur, Literatur und Naturwissenschaften.[45] Als Zielgruppe definierte Shiloni jene Generation von Deutschen, die das deutsche Judentum selber nicht gekannt haben und denen das Museum vermitteln sollte, »welchen kulturellen Verlust die Deutschen durch ihren Judenhass verursacht haben.«[46] Als politische Aufgabe des Museums formulierte er, den jungen Deutschen aufzuzeigen, dass es *Mitbürger* waren, die in Deutschland verfolgt und ermordet worden waren. Zugleich beabsichtigte Shiloni, eine Beziehung herzustellen zwischen den deutschen Besuchern und den Menschen, die hinter der Zahl der sechs Millionen ermordeten Juden stehen, und deren Leistungen innerhalb der deutschen Gesellschaft in diesem Museum dargestellt wurden. Shiloni erhoffte sich durch seine Ausstellungskonzeption auch ein Verständnis seitens der deutschen Besucher für die Israelis und die Belange Israels.[47]

Im Jahre 1991 übergab Shiloni die Sammlung an Stef Wertheimer und kommentierte dies wie folgt: »Stef gab uns einen großen, schönen Saal in der Nähe anderer Museen (...) alles war in jeckischer Ordnung sehr gut organisiert. In meinen kühnsten Träumen konnte ich mir keinen besseren Platz für mein Museum wünschen.«[48] Stef Wertheimer wurde 1926 in Süddeutschland geboren und war 1937 nach Palästina emigriert. Er hatte im Jahre 1952 die Firma ISCAR (Israel Carbide) gegründet und sie über die Jahre zu einer der erfolgreichsten israelischen Unternehmen aufgebaut.[49] Er errichtete Industrieparks in wirtschaftlich vernachlässigten Regionen Israels, um dort zukunftsfähige Arbeitsplätze zu schaffen, und investierte damit in die Infrastrukturen in peripheren Gebieten des Landes. Zu Wertheimers Firmenkonzept gehört es, neben der industriellen auch die künstlerische Arbeit zu fördern. So umfasst der 1985 gegründete *I*ndustriepark Tefen neben den Produktionshallen den Museumskomplex Das Offene Museum, der aus einem Skulpturengarten, einer Galerie mit alternierenden Sonderausstellungen, einem Museum über die Entwicklung der industriellen Produktion, einer Autosammlung und schließlich dem Museum der deutschsprachigen Juden besteht.[50] Für Wertheimer liegt der Schlüssel zu einer friedlichen Koexistenz von Juden und Arabern im Nahen Osten in der Schaffung von Wohlstand innerhalb beider Bevölkerungsgruppen, daher arbeiten in seinen vier israelischen Industrieparks jüdische und arabische Israelis gemeinsam. Im März 2008 wurde ihm in Anerkennung seines Engagements für die Verständigung zwischen Juden und Arabern in Israel die Buber-Rosenzweig-Medaille[51] verliehen.[52]

Oben wurde auf die Korrelation zwischen der Auswahl von Exponaten und subjektiven Geschichtsinterpretationen hingewiesen, denen die Entscheidungen über Ausstellungsobjekte unterliegen. Als Direktorin und Kuratorin des Offenen Museums entscheidet Ruthi Ofek, die eng mit Stef Wertheimer zusammenarbeitet, über die erinnerungspolitische Konzeption des Museums der deutschsprachigen Juden und damit über das darin vermittelte historische Narrativ. Als Grundlagenarbeit von Museen wurde oben das Sammeln und Bewahren, die wissenschaftliche Inventarisierung sowie die Ausstellungs- und Vermittlungsarbeit definiert. Im Museum der deutschsprachigen Juden gehört es zu der Aufgabe der Direktorin des Archivs, Nili Davidson, die neu hinzugekommenen Objekte zu sichten und zu katalogisieren. Zudem verfügt das Museum über eine historische Abteilung unter Katriel Zimet, die ebenfalls für die Grundlagenarbeit des Museums zuständig ist. Dem Museum angegliedert entstand aus Israel Shilonis Sammlung ein Archiv, das weitere Dokumente, Fotografien, Briefe und vieles mehr umfasst. Die Bestände des Archivs werden konstant aufgefüllt, da das Museum weiterhin Angebote über Nachlässe der deutschsprachigen Immigranten Israels erhält.

Seit die Räumlichkeiten des Museums im Jahre 2005 umgestaltet wurden, befindet sich die Dauerausstellung über zwei Etagen in einem innenarchitektonisch hell und offen konzipierten Gebäude. In Anlehnung an die Konzeption des Museums Deutsches Judentum ist die Ausstellung im Museum der deutschsprachigen Juden thematisch nach den Gebieten der Literatur und Kultur, Kunst, Bildung, Architektur, Justiz, Medizin, Industrie und Handel, der zionistischen Besiedlung Palästinas und weiteren Bereichen strukturiert. Dies geschieht vor allem mithilfe der Darstellung prominenter deutsch-jüdischer Persönlichkeiten und ihrer Leistungen auf den unterschiedlichen kulturellen, wissenschaftlichen und wirtschaftlichen, vor allem literarischen und philosophischen Gebieten. Chronologisch wird zwischen dem Beitrag der Juden innerhalb der europäischen Gesellschaften bis zur Emigration in den 1930er Jahren und dem Beitrag der deutschsprachigen

Juden im Rahmen des zionistischen Projekts und des Aufbaus des israelischen Staates unterschieden. Bei den Exponaten der Dauerausstellung handelt es sich um schriftliche Dokumente, Fotografien, persönliche Gegenstände und Utensilien der deutschsprachigen Immigranten aus dem privaten Alltag und auch dem religiösen Umfeld. Sie befinden sich größtenteils in Vitrinen. Ferner existiert eine Bibliothek mit ungefähr 5000 Bänden, die den Beitrag deutschsprachiger Juden zur Weltliteratur und zur wissenschaftlichen Forschung unterschiedlicher Fachdisziplinen aufzeigt. Bereits Israel Shiloni hatte für das Museum Deutsches Judentum eine Sammlung deutsch-jüdischer Literatur zusammengetragen.[53]

Es wurde oben betont, dass erst die Ausstellungs- und Vermittlungsarbeit zu einer Aneignung von Gedächtnisinhalten führt. Die Vermittlung der Geschichte der deutschen Juden geschieht im Museum der deutschsprachigen Juden mithilfe variierender, multimedialer Methoden, so dass Besucher unterschiedlicher Generationen eine für sie interessante Vermittlungsform vorfinden. Die Form der Wissensaneignung durch das Lesen von bebilderten Informationstafeln stellt allerdings die dominant vertretene Methode dar. Ferner können Besucher die theoretische Aneignung von Wissen mit sinnlichen Erfahrungen verbinden. Der Museumsbesuch wird akustisch von synagogalen Gesängen begleitet, was dem Besuch einen feierlichen und der dargestellten Geschichte der Jeckes einen geradezu sakralen Charakter verleiht. Zur audiovisuellen Aneignung werden zwei Filme über die Geschichte der deutschen Juden in Israel angeboten, darunter der Dokumentarfilm *Nahariyade* des israelischen Journalisten David Witzthum über die deutschjüdische Gründergeneration der Stadt Nahariya. Zudem stehen Computer bereit, über die weitere Informationen zu den einzelnen Themen zugänglich sind.

Doch neben der sachlich betonten Erfolgsgeschichte der deutschen Juden findet auch der humorvolle Umgang mit jeckischen Stereotypen Eingang in die Ausstellung. Anhand von Illustrationen, die Jeckeswitze erzählen, wird auf bekannte Klischees über die deutschsprachigen Immigranten hingewiesen, wie ihre außergewöhnliche Korrektheit, ihre »preußischen Tugenden«, aber auch ihre angebliche Begriffsstutzigkeit. Auch in einem der Filme werden in einem Sketch aus der israelischen Kultsendung *Lul*[54] die stereotypischen Merkmale der Jeckes karikiert.

Oben wurde des Weiteren die Brückenfunktion von Museen durch die Vermittlung von historischer Identität hervorgehoben. Das Offene Museum im Industriepark Tefen bietet unterschiedliche Besucherführungen durch die Ausstellungen des Museumskomplexes an. Es verfügt über eine eigene Fachabteilung für Museumspädagogik, die für die Konzeption der pädagogischen Programme zuständig ist. Das Museum der deutschsprachigen Juden ist dabei in zwei Programmen vertreten, deren Zielgruppe israelische Schüler

der Klassen sechs bis acht beziehungsweise neun bis zwölf sind – eine Zielgruppe, der die ausgestellten Exponate als Relikte aus einer »anderweitig
nicht mehr zu fassende(n) Vergangenheit«[55] erscheinen mögen. Im Folgenden werden die beiden museumspädagogischen Programme für israelische
Schüler vorgestellt, wie sie auf der Website des Museums zu finden sind.[56]
Der Titel des Programms für die Klassen sechs bis acht lautet: *Jedes Objekt
hat seine Zeit und seinen Platz – Geschichten von Objekten im Museum der
deutschsprachigen Juden.* Hier sollen die Teilnehmer die unterschiedlichen
historischen Epochen und das »Erbe« des deutschen Judentums anhand von
Ausstellungsobjekten erkunden. Der Fokus liegt dabei auf Fragen nach den
ehemaligen Besitzern der ausgestellten Exponate, nach ihrem Wert für die
einstigen Besitzer und dem Wert heute. Als Ziel wird seitens der Pro-
grammleitung genannt, die Geschichten der Menschen hinter den Objekten zu entdecken und dadurch mit der Geschichte der mitteleuropäischen
Juden, und auch dem Museum selbst, vertraut zu werden.[57] Die jüngeren
Schüler sollen folglich an das Leben der Juden in Mitteleuropa herangeführt
werden und die Hintergründe der jüdischen Emigration aus Deutschland
verstehen. Das Programm für die Klassen neun bis zwölf lautet: *Es war einmal ... Eine Kostprobe von der Vergangenheit – Eine Einführung in die deutsch-
jüdische Immigration im Museum der deutschsprachigen Juden.* Dieses Programm
beginnt mit einem Film über die Fünfte Alijah, der die Charakteristika dieser Immigrantengruppe akzentuiert. Anhand eines Fragebogens erkunden
die Schüler in kleinen Gruppen die Ausstellung. Der Fokus liegt hier auf ein-
flussreichen deutsch-jüdischen Persönlichkeiten in den oben genannten
Bereichen innerhalb des Jishuv vor der Staatsgründung Israels. Die Schüler
lernen diese Personen und ihren Beitrag am Aufbau Israels kennen und stellen ihre Gruppenergebnisse im Klassenplenum vor. Aufbauend auf das Basis-
wissen aus früheren Schuljahren über das deutsche Judentum in Europa liegt
hier also der Fokus auf dem Leben der Jeckes in Palästina und dem späteren
Israel, wobei der entscheidende Beitrag der deutschen Juden zum zionistischen Projekt hervorgehoben wird.[58]

Wie erläutert wurde, dominierte innerhalb der politischen Kultur Israels
bis in die 1960er Jahre ein Narrativ der Rückkehr der Juden in die Heimat
und die Überwindung der »Diasporakulturen« der unterschiedlichen Immigrantengruppen zugunsten einer monolithischen jüdisch-israelischen Identität. Dem Mythos des »Schmelztiegels« widerspricht das Museum der
deutschsprachigen Juden bereits mit seiner Existenz, mit der es die Singularität der deutsch-jüdischen Subkultur in Israel und zugleich die Leistungen
deutscher Juden in der Diaspora würdigt. Zudem hebt sich die erinnerungspolitische Konzeption des Museums von der viktimologischen Erinnerungspolitik ab, die seit den 1960er Jahren in Israel betrieben wurde. Die
Judenverfolgung und die Shoah werden in der Ausstellung innerhalb des

gesamthistorischen Kontextes thematisiert. Explizit darauf bezogen wird sich durch wenige Exponate, etwa symbolisiert durch einen eingerahmten David-stern aus gelbem Stoff. Mit seiner erinnerungspolitischen Konzeption beab-sichtigt das Museum der deutschsprachigen Juden über den gemeinsamen Nenner des Engagements für das zionistische Projekt und den Aufbau des Staates Israel die Existenz der Subkultur der deutschen Juden zu legitimie-ren. Darüber hinaus stellt es die Errungenschaften der Juden in der Diaspo-ra als Voraussetzung für die Erfolgsgeschichte der Jeckes dar. So intendiert das Museum, eine Brücke zu schlagen zwischen dem »Erbe« des deutschen Judentums als Basis der Entwicklung des Staates Israel und den jungen Israe-lis. Auffällig ist dabei die Sprachenwahl der Informationstafeln und Erläu-terungen innerhalb der Ausstellung sowie auf der Website des Industrieparks. Diese sind auf Ivrit und Englisch verfasst, nicht aber auf Arabisch, der zwei-ten Amtssprache Israels, was vermuten lässt, dass hier als Zielgruppe in erster Linie jüdische Israelis und internationale Touristen angesprochen werden.

V Fazit

Ich habe versucht, die erinnerungspolitische Konzeption des Museums der deutschsprachigen Juden im Kontext des israelischen Erinnerungsdiskurses herauszuarbeiten. Der Beitrag beruht auf der Annahme, dass Museen als Form der Institutionalisierung von Erinnerung fungieren und historische Narrative vermitteln. Als grundlegende Aufgaben von Museen wurde das Sammeln und Bewahren, die Forschung und Ausstellungs- und Vermitt-lungsarbeit genannt. Ferner wurde erläutert, dass die Ausstellungskonzep-tionen von Museen mit bestimmten Geschichtsdeutungen verknüpft sind und Exponate nach subjektiven Kriterien der Entscheidungsträger ausge-wählt werden. Museen zeigen folglich eine Auswahl von Informationen, die von den Verantwortlichen als »erinnerungswürdig« und für ein Kollektiv identitätsstiftend klassifiziert werden, und bündeln diese Informationen mit eigenen Wertungen. Sie stellen dem Besucher damit das für die hier vermit-telte Geschichtsdeutung essenzielle Wissen bereit. Zugleich stabilisieren sie die Inhalte von vermittelten historischen Narrativen als Gegenstand von kul-turellen Gedächtnissen.[59] Im Kontext des gesellschaftlichen Wandels in Israel vom »Schmelztiegel« hin zu einer Mosaikgesellschaft und der damit einhergehenden Veränderung der historischen Narrative kann auch das Museum der deutschsprachigen Juden verortet werden. Dem Museum wurde der hebräische Untertitel *Mer-kas Moreshet Hajekkim*, Zentrum für das Erbe der Jeckes, angefügt, dennoch wurde mit der Umwandlung Israel Shilonis Museum Deutsches Judentum zum Museum der deutschsprachigen Juden die erinnerungspolitische Konzeption modifiziert. Wie dargestellt wurde, standen in Shilonis Museum die Leistungen jüdischer Bürger in Deutschland bis in die 1930er Jahre im Zentrum, angegliedert an das Offene Museum liegt der Fokus der Ausstellung nun auf dem Beitrag der deutschen Juden in Palästina beziehungsweise Israel. Dies liegt sicherlich auch in der Interpretation der Intention Shilonis durch Stef Wertheimer begründet. In einem Interview aus dem Jahre 1999 bemerkte Wertheimer, Shiloni habe in seinem Museum die Aufbauleistungen der deutschen Juden darstellen wollen, daran anschließend solle das Museum der deutschsprachigen Juden an den Beitrag der Jeckes am Aufbau Israels erinnern.[60]

Es wurde Israel Shilonis Absicht erläutert, mit seinem Museum jene Generation anzusprechen, die das deutsche Judentum selber nicht mehr gekannt hat, und eine Beziehung zwischen den Besuchern und dem im Museum vermittelten »Erbe« des deutschen Judentums herzustellen. Erinnert werden soll an das abgeschlossene Phänomen der deutsch-jüdischen Kultur, deren Spuren und Überreste in dem Museum ausgestellt werden. Erinnerungsgeschichtlich handelt es sich dabei um Relikte, die ihre Legitimation für die Gegenwart verloren zu haben scheinen und daher, wie Aleida Assmann es formuliert, »ersatzweise einen Platz in der Vitrine«[61] angeboten bekommen. Shiloni dachte allerdings vor allem an deutsche Besucher als Zielgruppe seines Museums, denen über die Verbindung zur gemeinsamen Herkunft Deutschland verdeutlicht werden sollte, welchen kulturellen Verlust die deutsche Gesellschaft durch die Judenverfolgung erlitten hat. Der Fokus auf deutsch-jüdische Persönlichkeiten sollte demonstrieren, dass unter dem nationalsozialistischen Regime Mitglieder der deutschen Gesellschaft verfolgt wurden, die einen erheblichen Beitrag innerhalb der kulturellen, wissenschaftlichen und wirtschaftlichen Bereiche geleistet hatten. Zugleich strebte Shiloni an, Verständnis für die Belange Israels bei den deutschen Besuchern hervorzurufen. Im Museum der deutschsprachigen Juden ist man vor allem auf israelische und internationale Besucher eingestellt, das museumspädagogische Programm ist auf jüdisch-israelische Schüler ausgerichtet. Die Verbindung zu den Inhalten des Museums basiert somit nicht mehr auf der gemeinsamen Herkunft aus Deutschland, sondern auf den gemeinsamen Erfahrungen in Israel.

Beim Vergleich des im Museum der deutschsprachigen Juden vermittelten Geschichtsentwurfs mit dem offiziellen historischen Narrativ in Israel lässt sich festhalten, dass im Museum die in der Diaspora vollbrachten Leistungen des (assimilierten) Judentums Würdigung erfahren. Damit wird zionistischen Tendenzen widersprochen, die Beiträge der Juden innerhalb der Gesellschaften in den »Diasporaländern« zu ignorieren. Der im Museum vorgenommene Rückgriff auf das Leben der Juden in der Diaspora dient als Grundlage für die kulturellen und wirtschaftlichen Leistungen der deutschen

Immigranten in Israel. So wird die Kontinuität eines kreativen, intellektuellen und wissenschaftlichen deutschen Judentums vor dem Zweiten Weltkrieg in Deutschland hin zum Wirken der Jeckes innerhalb des Jishuv und in Israel hergestellt. Das im Museum der deutschsprachigen Juden vermittelte historische Narrativ hebt zudem die Singularität des deutschen Judentums innerhalb der jüdisch-israelischen Gesellschaft hervor und negiert damit den Mythos des israelischen »Schmelztiegels«. Den deutschen Juden wird eine eigene Erzählform innerhalb des israelischen Narrativs zugestanden, was dem vormals in Israel dominierenden, auf eine monolithische Identitätskonstruktion abzielenden Geschichtsdiskurs widerspricht. Zudem festigt das Museum die Selbstdefinition der Jeckes als eigene, in sich heterogene Gruppe innerhalb der gleichwohl heterogenen israelischen Gesellschaft. Obwohl auch negativ konnotierte Klischees über die Jeckes ihren Platz in der Ausstellung finden, vermittelt das Museum der deutschsprachigen Juden einen Geschichtsentwurf, der sich insofern an dem israelischen Narrativ von der positiven Integration der unterschiedlichen Immigrantengruppen orientiert, als die Erfolge der Jeckes innerhalb des zionistischen Projekts als gelungene Integration interpretiert werden. Dass die Shoah nur marginal in der Ausstellung in Erscheinung tritt, könnte mit der Orientierung der erinnerungspolitischen Konzeption des Museums an dem Standpunkt Shilonis zusammenhängen, sich bewusst von anderen israelischen Museen wie der Gedenkstätte Yad Vashem abzugrenzen. Shiloni weigerte sich, das in Israel dominierende Helden- beziehungsweise Opfernarrativ anzunehmen. Vielmehr zielte sein Museum darauf ab, die Errungenschaften eines einst vitalen, kreativen deutschen Judentums darzustellen, das mit der Shoah vernichtet worden ist.[62]

Die Eingliederung des Museums der deutschsprachigen Juden in den Gesamtkomplex des Industrieparks Tefen demonstriert das Bestreben Stef Wertheimers, die Erinnerung an das »Erbe« der deutschen Juden in die Zukunft des multikulturellen israelischen Staates »mitzunehmen«. Hier kann das Museum ein breites Publikum erreichen, da das Offene Museum sowohl technik- als auch kunst- und kulturinteressierte Besucher anzieht. Das innovative Konzept des Industrieparks, jüdische und arabische Israelis aus Gründen der Völkerverständigung und der innenpolitischen Integration als Mitarbeiter einzustellen, hat allerdings nicht dazu geführt, der arabischen Sprache einen Platz auf der Website des Industrieparks und innerhalb des Museums zuzugestehen. Im Wettkampf der konkurrierenden Subkulturen in Israel trägt die erinnerungspolitische Konzeption des Museums der deutschsprachigen Juden dazu bei, die Erinnerung an die eines Tages nicht mehr existierende »partikulare Kultur und Ethnizität«[63] der Jeckes zu bewahren. Es ist sicherlich der Öffnung Israels hin zu einer Mosaikgesellschaft zu verdanken, dass die Subkultur der deutschsprachigen Juden mit einem eigenen, wenn auch privaten, Museum eine Institutionalisierung ihrer Erinnerung erfährt, dass israelische Lehrer mit ihren Schulklassen an den Programmen teilnehmen und dem kulturellen Gedächtnis und der Geschichte der Jeckes einen Platz innerhalb der pluralistischen Gesellschaft Israels zugestehen. Das Museum der deutschsprachigen Juden leistet somit einen wesentlichen Beitrag für eine Zukunft, in der das kulturelle Gedächtnis der Jeckes mit seinem historischen Narrativ, zusammen mit anderen existierenden Narrativen, in den israelischen Erinnerungsdiskurs integriert wird.

1 Vgl. Ruthi Ofek: »Das Jeckes-Museum erhält einen europäischen Preis und stellt aus in Berlin«. In: *MB Yakinton. Mitteilungsblatt der Vereinigung der Israelis mitteleuropäischer Herkunft,* 76. Jg. (2008) Nr. 227, S. 28–29, hier S. 28. Siehe auch die Website der Europäischen Kulturstiftung *Pro Europa*: http://www.europaeische-kulturstiftung.eu/article_gallery.php?s_category=0&categoryid=0, (26.10. 2009). Vom 13.10. bis 30.12.2008 war die Ausstellung *Jeckes. Die deutschsprachigen Juden in Israel* in deutscher Sprache im *Centrum Judaicum* in Berlin zu sehen. Auf 29 Tafeln wurden hier die Bereiche innerhalb der israelischen Gesellschaft dargestellt, die von den mitteleuropäischen Juden geprägt wurden. Siehe hierzu die Website der Ausstellung: http://www.cjudaicum.de/de/content/jeckes-die-deutsch-sprachigen-juden-israel, (26.10.2009). — **2** Besucherinformationen erhält man auf der Website des Museums auf Ivrit und Englisch: http://www.iparks.co.il/museum/sitePage.aspx?pageID=535&Place=1, (26.10.2009). — **3** *Jeckes,* (auch *Jekkes*), jiddische Bezeichnung für die deutschsprachigen Juden in Israel. Der Name ist möglicherweise von ihrer mitteleuropäischen Kleidung (Jacke, Jackett) hergeleitet. Das Akronym aus den drei Konsonanten »Jkh« enthält die Anfangsbuchstaben der Redewendung »Jehudi ksche havanah«, was »Jude schwer von Verstand« beziehungsweise »begriffsstutziger Jude« bedeutet. — **4** Vgl. Jan Assmann: *Das kulturelle Gedächtnis: Schrift, Erinnerung und politische Identität in frühen Hochkulturen.* München 2007, S. 11. — **5** Der nun fortan verwendete Terminus des »historischen Narrativs« verweist auf den subjektiven, erzählenden Charakter von Geschichtskonstruktionen. Karin Joggerst definiert ihn als den »zu erzählenden Stoff() und (die) Bedeutung von Tatsachen der Vergangenheit, wie sie sich im kollektiven Gedächtnis manifestiert haben«. Karin Joggerst: *Getrennte Welten – getrennte Geschichte(n)? Zur politischen Bedeutung von Erinnerungskultur im israelisch-palästinensischen Konflikt. Im Anhang: Interviews mit Benny Morris, Ilan Pappé, Tom Segev, Moshe Zimmermann und Moshe Zuckermann.* Münster 2002, hier S. 14. Diesen Literaturhinweis verdanke ich Henriette Rytz von der *Stiftung Wissenschaft und Politik* in Berlin. — **6** *Eretz Israel,* hebräisch für »Land Israel«. Zionistische Bezeichnung des Territoriums Palästinas. Siehe Anm. 23. — **7** *Diaspora,* griechisch für »Zerstreuung«, auch *Galut,* hebräisch für »Exil«. Bezeichnung des Lebens von Juden außerhalb des Landes Israel. — **8** *Alijah,* hebräisch für »Aufstieg«. Der Begriff bezeichnet die Einwanderungswellen nach Palästina / Israel. Die *Fünfte Alijah* von 1932 bis 1938 beziehungsweise 1933 bis 1939 brachte vor allem deutschsprachige Flüchtlinge ins britische Mandatsgebiet Palästina. — **9** Die Begriffe »Erinnerungspolitik« und »Erinnerungskultur« werden in dem vorliegenden Aufsatz gleichgesetzt, da beide Begriffe auf die (politischen) Funktionen und Ziele von Geschichtsdeutungen hinweisen, wie sie sich in der öffentlichen Thematisierung von Geschichte vollziehen. Vgl. Michael Kohlstruck: »Erinnerungspolitik: Kollektive Identität, Neue Ordnung, Diskurshegemonie«. In: Birgit Schwelling (Hg.): *Politikwissenschaft als Kulturwissenschaft: Theorien, Methoden, Problemstellungen.* Wiesbaden 2004, S. 173–193, hier S. 176 f.; Hans Günter Hockerts: »Zugänge zur Zeitgeschichte: Primärerfahrung, Erinnerungskultur, Geschichtswissenschaft«. In: *Aus Politik und Zeitgeschichte* (2001), Nr. 28, S. 15–30, hier S. 16. Der Begriff »Erinnerungskultur« wurde in den vergangenen Jahren besonders in der kulturwissenschaftlichen Forschung thematisiert, wie die Nachweise zeigen in: Ansgar Nünning: »Gedächtnis, kulturelles«. In: Ansgar Nünning (Hg.): *Metzler Lexikon Literatur- und Kulturtheorie. Ansätze – Personen – Grundbegriffe.* Stuttgart 2004, S. 218–219. — **10** Vittoria Borsò, Christoph Kann: »Einleitung«. In: Vittoria Borsò, Christoph Kann (Hg.): *Geschichtsdarstellung: Medien – Methoden – Strategien.* Köln 2004, S. 1–16, hier S. 14. — **11** Vgl. Aleida Assmann: *Der lange Schatten der Vergangenheit: Erinnerungskultur und Geschichtspolitik.* München 2006, S. 238 ff.; Horst Möller: »Erinnerung(en), Geschichte, Identität«. In: *Aus Politik und Zeitgeschichte* (2001), Nr. 28, S. 8–14, hier S. 8; Kohlstruck: »Erinnerungspolitik« (s. Anm. 9), S. 177; Hockerts: »Zugänge zur Zeitgeschichte« (s. Anm. 9), S. 17–18. Zu Fragen des *nationbuilding* siehe Eric J. Hobsbawm: *Nations and Nationalism since 1780: Programme, Myth, Reality.* Cambridge 2007. — **12** Assmann: *Der lange Schatten der Vergangenheit* (s. Anm. 11), S. 55. — **13** Vgl. ebd., S. 52 ff.; Aleida Assmann: »Speichern oder Erinnern? Das kulturelle Gedächtnis zwischen Archiv und Kanon«. In: Moritz Csáky, Peter Stachel (Hg.): *Speicher des Gedächtnisses: Bibliothek, Museen, Archive. Teil 2: Die Erfindung des Ursprungs. Die Systematisierung der Zeit.* Wien 2001, S. 15–29, hier S. 24. — **14** Vgl. Julia Rombach: *Kultureinrichtungen als informelle Lernorte: Aufgezeigt am Beispiel des Museums.* Dissertation: Universität Hamburg. Hamburg 2007, S. 69 ff. — **15** Vgl. Assmann: *Der lange Schatten der Vergangenheit* (s. Anm. 11), S. 57. — **16** Vgl. Rombach: *Kultureinrichtungen als informelle Lernorte* (s. Anm. 14), S. 69 ff. — **17** Vgl. Hermann Schäfer: »Zwischen Wissenschaft und Disneyland: Das Museum«. In: Vittoria Borsò, Christoph Kann (Hg.): *Geschichtsdarstellung: Medien – Methoden – Strategien.* Köln 2004, S. 227–244, hier S. 239 ff.; Rombach: *Kultureinrichtungen als informelle Lernorte* (s. Anm. 14), S. 69 ff. Zur kritischen Auseinandersetzung mit der Frage nach der Authentizität von Exponaten siehe Assmann: *Der lange Schatten der Vergangenheit* (s. Anm. 11), S. 224; Möller: »Erinnerung(en), Geschichte, Identität« (s. Anm. 11), S. 10. — **18** Assmann: »Speichern oder Erinnern?« (s. Anm. 13), S. 24. — **19** Ebd. **20** Schäfer: »Zwischen Wissenschaft und Disneyland« (s. Anm. 17), S. 239. — **21** Assmann: »Speichern oder Erinnern?« (s. Anm. 13), S. 25. Vgl. dazu Borsò und Kann: »Einleitung« (s. Anm. 10), S. 14; Schäfer: »Zwischen Wissenschaft und Disneyland« (s. Anm. 17), S. 239. — **22** Vgl. Schäfer: »Zwischen Wissenschaft und Disneyland« (s. Anm. 17), S. 239; Kohlstruck: »Erinnerungspolitik« (s. Anm. 9), S. 178; Möller: »Erinnerung(en), Geschichte, Identität« (s. Anm. 11), S. 10 ff.; Assmann: *Der lange Schatten der Vergangenheit* (s. Anm. 11), S. 239 f. — **23** Theodor Herzl: *Der Judenstaat. Versuch einer modernen Lösung der Judenfrage.* Neudruck der Erstausgabe von 1896. Augsburg 1986, S. 69. Der Zionismus entstand als Reaktion auf die Pogrome gegen Juden in Osteuropa und auf Antisemitismus und Assimilierungstendenzen in Mitteleuropa. Theodor Herzl (1860 bis 1904) hatte als Mitbegründer des politischen Zionismus 1897 die national-jüdische Zionistische Weltorganisation initiiert. Wie der Historiker Moshe Zimmermann formuliert, eine »zeitgemäße, europäische Antwort auf die sogenannte ›Judenfrage‹ des 19. Jahrhunderts, also eine europäisch-jüdische Version des europäischen Nationalismus beziehungsweise der nationalen Befreiungsbewegungen in Europa.« Moshe Zimmermann: *Wende in Israel zwischen Nation und Religion.* Berlin 1997, S. 19. Auf dem *Ersten Zionistischen Kongress* in Basel im gleichen Jahr wurde ein Programm verabschiedet, in dem als Ziel der Zionistischen Bewegung die Schaffung einer rechtlich gesicherten jüdischen Heimstätte in Palästina genannt wurde. Die im Baseler Programm genannte Intention, das »jüdische Volksbewusstsein« zu stärken, sprach die restlichen europäischen Juden an, für die zionistische Agitation die Unterstützung des Aufbaus eines jüdischen Zentrums in Palästina bedeutete. Vgl. ebd., S. 19 f. Zur Entwicklung des jüdischen Staates siehe auch: Angelika Timm: »Von der zionistischen Version zum jüdischen Staat«. In: *Informationen zur politischen Bildung: Israel* (2008), Nr. 278, S. 4–12. — **24** Vgl. Joggerst: *Getrennte Welten – getrennte Geschichte(n)?* (s. Anm. 5), S. 46; Timm: »Von der zionistischen Version zum jüdischen Staat« (s. Anm. 23), S. 4. Zu einer ausführlichen Analyse der Konstruktion und späteren Dekonstruktion der hegemonialen israelischen Nationalidentität siehe Baruch Kimmerling: *The Invention and Decline of Israeliness. State, Society and the Military.* Berkeley 2001. — **25** Der Kollektivname des neuen Israeli, *zabar*, bedeutet »Kaktusfeige«, deren Äußeres stachelig, das Innere allerdings einzigartig und süß ist. Vgl. Zeev Tzahor: »Der neue Israeli«. In: Gisela Dachs (Hg.): *Israel*. Frankfurt/M. 2008, S. 23–33, hier S. 31. — **26** *Jischuv*, hebräisch für »bewohntes Land«. Bezeichnung der jüdischen Bevölkerung in Palästina vor der Staatsgründung Israels. — **27** Vgl. Haim Kaufmann: »Der neue Jude und die Körperkultur in Israel«. In: Moshe Zimmermann und Yotam Hotam (Hg.): *Zweimal Heimat. Die Jeckes zwischen Mitteleuropa und Nahost*. Frankfurt/M. 2005, S. 280–286, hier S. 281 f.; »Interview mit Tom Segev«. In: Joggerst (Hg.): *Getrennte Welten – getrennte Geschichte(n)?* (s. Anm. 5), S. 124–130, hier S. 126. Der Begriff implizierte auch den Versuch der Überwindung der in Rassentheorien behaupteten Unterlegenheit der Juden. Siehe dazu Raz Yosef: »Die Wiederherstellung des Körpers: Zionismus, Männlichkeit und Film«. In: Thomas Edlinger (Hg.): *Remapping the Region: Kultur und Politik in Israel/Palästina*. Wien 2004, S. 15–28, hier S. 17 ff. Vgl. auch Joggerst: *Getrennte Welten – getrennte Geschichte(n)* (s. Anm. 5), S. 47. — **28** Vgl. Moshe Zuckermann: »Erinnerungsräume in Palästina«. In: Moshe Zimmermann, Yotam Hotam (Hg.): *Zweimal Heimat. Die Jeckes zwischen Mitteleuropa und Nahost*. Frankfurt/M. 2005, S. 104–107, hier S. 105 f.; Gideon Greif: »Die Jeckes«. In: Hermann Zabel (Hg.): *Stimmen aus Jerusalem: Zur deutschen Sprache und Literatur in Palästina/Israel*. Berlin 2006, S. 59–83, hier S. 65 f.; Armin A. Wallas: »Vorwort«. In: Shlomo Erel (Hg.): *Kaleidoskop Israel. Deutschsprachige Einwanderer in Israel erzählen*. Klagenfurt 1994, S. 9–12, hier S. 9; Gideon Greif: »Was ist ein Jecke?«. In: Gideon Greif, Colin McPherson, Laurence Weinbaum (Hg.): *Die Jeckes. Deutsche Juden aus Israel erzählen*. Köln 2000, S. 1–7, hier S. 3. Siehe dazu ferner Guy Miron: »Ein Blick zurück. Judentum und traditionell-jüdische Erinnerungsmuster deutschstämmiger Juden in Palästina/Israel«. In: Yotam Hotam, Joachim Jacob (Hg.): *Populäre Konstruktionen von Erinnerung im deutschen Judentum und nach der Emigration*. Göttingen 2004, S. 196–224; Yoav Gelber: »The Historical Role of the Central European Immigration to Israel«. In: *Leo Baeck Institute Yearbook* 38. Jg. (1993), S. 323–339; Yotam Hotam: »Emigrierte Erinnerung. Zu Sprache, Identität und Kontroversen deutsch-jüdischer Emigranten«. In: Yotam Hotam, Joachim Jacob (Hg.): *Populäre Konstruktionen von Erinnerung im deutschen Judentum und nach der Emigration*. Göttingen 2004, S. 173–195. — **29** Der Untertitel der 1953 gegründeten Shoah-Gedenkstätte Yad Vashem lautet: *The Holocaust Martyrs' and Heroes' Remembrance Authority*. — **30** Vgl. Tzahor: »Der neue Israeli« (s. Anm. 25), S. 31; »Interview mit Tom Segev« (s. Anm. 27), S. 125; Assmann: *Der lange Schatten der Vergangenheit* (s. Anm. 11), S. 98 f.; Joggerst: *Getrennte Welten – getrennte Geschichte(n)?* (s. Anm. 5), S. 46. Die militärischen Erfolge der israelischen Armee während des Sechstagekrieges 1967 bestätigten noch einmal das Bild der heroischen israelischen Nation. — **31** Vgl. Orna Kenan: *Between Memory and History. The Evolution of Israeli Historiography of the Holocaust, 1945–1961*. New York 2003, S. 77; Joggerst: *Getrennte Welten – getrennte Geschichte(n)?* (s. Anm. 5), S. 73. Wie Moshe Zuckermann konstatiert, wurde die Shoah nun »in die Teleologie des Zionismus eingebunden und nicht als ganzmenschheitliche Katastrophe betrachtet. So entstand die Einheit von Antike – Diaspora – Holocaust – Staat Israel.« »Interview mit Moshe Zuckermann«. In: Joggerst (Hg.): *Getrennte Welten – getrennte Geschichte(n)?* (s. Anm. 5), S. 111–116, hier S. 113. Zur viktimologischen Identitätspolitik Israels siehe Assmann: *Der lange Schatten der Vergangenheit* (s. Anm. 11), S. 72–81. Dass die Shoah immer wichtiger für die israelische Identität wurde, sieht der Historiker Tom Segev darin begründet, dass immer weniger Menschen religiös waren und ihnen auf der Suche nach jüdischer Tradition die Shoah nahelag. Vgl. »Interview mit Tom Segev« (s. Anm. 27), S. 124 ff. — **32** Der Likud, hebräisch für »Zusammenschluss«. Name des konservativen Parteienbündnisses in Israel. — **33** Vgl. »Interview mit Tom Segev« (s. Anm. 27), S. 124. — **34** »Interview mit Moshe Zimmermann«. In: Joggerst (Hg.): *Getrennte Welten – getrennte Geschichte(n)?* (s. Anm. 5), S. 105–110, hier S. 108. Vgl. auch Joggerst: *Getrennte Welten – getrennte Geschichte(n)* (s. Anm. 5), S. 74. — **35** »Interview mit Moshe Zimmermann« (s. Anm. 34), S. 108. — **36** Vgl. Joggerst: *Getrennte Welten – getrennte Geschichte(n)?* (s. Anm. 5), S. 65 f. — **37** *Ashkenazim*, hebräischer Begriff für Israelis mitteleuropäischer Herkunft. — **38** Vgl. Anat Feinberg: »Abbild oder Zerrbild? Die Darstellung der Jeckes in der hebräischen Literatur«. In: Gisela Dachs (Hg.): *Die Jeckes*. Frankfurt/M. 2005,

S. 170–178, hier S. 172. Zu der Entwicklung der politischen Kultur in Israel nach 1967 siehe Uri Raim: »Zionismus und Postzionismus. Der soziologische Kontext der Historikerdebatte«. In: Barbara Schäfer (Hg.): *Historikerstreit in Israel: Die »neuen« Historiker zwischen Wissenschaft und Öffentlichkeit.* Frankfurt/M. 2000, S. 129–150. — **39** Vgl. ebd., S. 145 f.; — **40** Moshe Zimmermann, Yotam Hotam: »Vorwort«. In: Moshe Zimmermann, Yotam Hotam (Hg.): *Zweimal Heimat. Die Jeckes zwischen Mitteleuropa und Nahost.* Frankfurt/M. 2005, S. 10–13, hier S. 11. — **41** Ebd., S. 11. — **42** Ebd. — **43** Vgl. ebd., S. 12 f. — **44** »Interview mit Israel Shiloni«. In: Klaus Kreppel (Hg.): *Wege nach Israel. Gespräche mit deutschsprachigen Einwanderern in Nahariya.* Bielefeld 1999, S. 12–36, hier S. 32. — **45** Vgl. Yisrael Shiloni: *Das Mögliche und das Unmögliche. Erinnerungen.* Tefen 1998, S. 188. — **46** Ebd., S. 183. — **47** Vgl. ebd., S. 187 und S. 189 f. Da das Buch im ersten Teil auf Ivrit, im zweiten Teil auf Deutsch erschienen ist und auch im deutschen Teil die hebräische Seitennummerierung (nach unserem Verständnis »rückwärts«) beibehalten wurde, bedeutet die Seitenangabe 189 f. für deutsche Leser, mit der Seite 190 zu beginnen. – Im Jahre 1992 wurde Shilomi für sein *Museum Deutsches Judentum* das Bundesverdienstkreuz Erster Klasse verliehen. Vgl. ebd. S. 183. — **48** Vgl. ebd., S. 183; »Interview mit Israel Shiloni« (s. Anm. 44), S. 32 f. — **49** Für eine detaillierte Darstellung des Werdegangs Stef Wertheimers siehe »Interview mit Stef Wertheimer. Ein ›schwäbischer Tüftler‹ erobert den Weltmarkt. Aus der Geschichte des Unternehmens ISCAR«. In: Klaus Kreppel (Hg.): *Israels fleißige Jeckes: Zwölf Unternehmerportrais deutschsprachiger Juden aus Nahariya.* Bielefeld 2002, S. 171–182. — **50** Wertheimner betont den Nexus von Kunst und Technik als Ausdruck von kreativem Schaffen. Vgl. ebd.l., S. 18J; »Buber-Rosenzweig-Medaille für Wertheimer. Ein ›Marshall-Plan‹ für den Nahen Osten« http://www.wdr.de/themen/kultur/religion/judentum/glaube/woche_der_bruederlichkeit index.jhtml (26.10.2009). — **51** Die Buber-Rosenzweig-Medaille wird seit 1968 vom Deuschen Koordinierungsrat der Gesellschaft für christlich-jüdische Zusammenarbeit während der Eröffnungsfeier zur Woche der Brüderlichkeit an Personen oder Institutionen verliehen, die sich für die Verständigung von religiösen oder ethnischen Gruppen einsetzen. — **52** Vgl. »Buber-Rosenzweig-Medaille für Wertheimer« (s. Anm. 50); Henryk M. Broder: »l»Kapitaistischer Kibbuz: Badisches Utopia in Galiläa«. http://www.spiegel.de/wirtschaft/0,15:8,63800,00. html (26.10.2009). Das Projekt eines grenzüberschreitenden Industrieparks am Gaza-Streifen wurde durch die zweite Intifada im Jahre 2000 auf Eis gelegt. — **53** Vgl »Interview mit Ruthi Ofek«, zitiert nach Sophie Buchholz: *Hans Herbert Hammerstein / Yisrael Shiloni. Eine pädagogische Biographie.* Magisterarbeit: Universität Potsdam. Potsdam 2008. http://opus.kobv.de/ubp/volltexte/2009/2789/pdf/buchholz_magister.pdf (26.100.2009) S. 75 f. — **54** *Lul,* hebräisch für »Hühnerstall«. Dabei handelt es sich um eine israelelische ernsehendung aus den 1970er Jahren im Stile der britischen Komikergruppe *Monty Python.* — **55** Assmann: »Speichern oder Erinnern?« (s. Anm. 13), S. 24. — **56** Siehe Open Museum Education Program 6.–8.: http://www.iparks.co.il/museum/sitePage.aspx? page D=702&Place=1 (26.10.2009); Open Museum Education Program 9.–12.: http:// www parks.co.il/museum/sitePage.aspx?pageID=703&Place=1 (26.10.2009). — **57** Vgl. Open Museum Education Program 6.–8. (s. Anm. 56). — **58** Vgl. Open Museum Education Program 9.–12. (s. Anm. 56). — **59** Vgl. Assmann: *Der lange Schatten der Vergangenheit* (s. Anm. 11), S. 239. — **60** Vgl. »Interview mit Stef Wertheimer« (s. Anm. 49), S. 181. — **61** Assmann: »Speichern oder Erinnern?« (s. Anm. 13), S. 25. — **62** Vgl. Shiloni: *Das Möglichend as Unmögliche* (s. Anm. 45), S. 188 und S. 202 f. — **63** Zimmermann, Hotam: »Vorwort « s. Anm. 40), S. 11.

Barbara Staudacher, Heinz Högerle

Räume schaffen für gemeinsames Erinnern

Ort der Zuflucht und Verheissung – Shavei Zion 1938 bis 2008
Ein deutsch-israelisches Ausstellungsprojekt

Vorbemerkung

Rexingen, ein kleines Dorf am Rande des Schwarzwalds, an den Hängen des Neckartals gelegen, bis 1971 selbstständige Gemeinde und heute Teilort der Großen Kreisstadt Horb am Neckar, war über Jahrhunderte die Heimat für jüdische Familien. Im 19. Jahrhundert entwickelte sich im Ort eine der größten jüdischen Landgemeinden in Deutschland. Sie wurde in der Nazizeit vollständig zerstört.[1] 1933 lebten 262 Juden in Siggesmauchem, wie Rexingen heute noch von älteren Menschen in der Region genannt wird, abgeleitet von Sukkot (Laubhütte) und Makom (Ort) – Rexingen, der Laubhüttenort. Über 120 Juden wurden in drei Deportationen nach Riga, Izbica und Theresienstadt verschleppt. Nur drei Menschen kehrten 1945 aus den Lagern zurück.

Im kollektiven Gedächtnis ist Rexingen vor allem der Ausgangsort der einzigen Gruppenauswanderung einer jüdischen Gemeinde aus Nazideutschland, die zur Gründung einer neuen Gemeinde im britischen Mandatsgebiet Palästina führte. Shavei Zion, heute im Norden von Israel, liegt zwischen Akko und Nahariya direkt am Mittelmeer, ca. 15 Kilometer von der Grenze zum Libanon entfernt.

»The story began in the Schwarzwald soon after the war ended in 1945 and went something like this: I remember those Jews of Benheim (gemeint ist Rexingen). They all went to the Holy Land together and built a new village there by the sea, a real Swabian village.

I first heard it in 1996 from a German reporter whose beat included Benheim. She called it ›a legend with a happy ending‹ because the Jews got away. ›No guilt needed. There is even local pride (...) that their Jews were smarter and tougher than most.‹[2] So schildert Mimi Schwartz, 1944 in den USA geborene Tochter des ehemaligen Rexinger Lederhändlers Arthur Löwengart, in ihrem Buch *Good Neighbors – Bad Times* die tröstliche Legende über die Rettung einer ganzen jüdischen Gemeinde.

Der ursprüngliche Gedanke, dass die gesamte jüdische Gemeinde Deutschland verlassen und in Palästina ein neues Rexingen gründen sollte, ließ sich nicht verwirklichen. Am Ende gelang es zehn Familien und einigen unverheirateten jungen Männern, zusammen mit rund einem Dutzend Familien aus anderen, meist süddeutschen Gemeinden, am 13. April 1938 die Siedlung Shavei Zion zu gründen. Die Geschichte dieser Gruppenauswanderung ist das Thema der Ausstellung *Ort der Zuflucht und Verheißung – Shavei Zion 1938 bis 2008,* die Carsten Kohlmann, Historiker und Archivar, und die Autoren dieses Aufsatzes zusammen mit Bürgerinnen und Bürgern von Shavei Zion zum 70. Jahrestag der Gründung der Siedlung erarbeitet haben.

Abb. 1: Die Ausstellung *Ort der Zuflucht und Verheißung - Shavei Zion 1938 bis 2008* in der Ehemaligen Synagoge in Rexingen. Foto: Hopp

In seinen Reden zu den Eröffnungen der Ausstellung in Jerusalem und Berlin lenkte Joachim Schlör die Aufmerksamkeit besonders auf den *dritten Raum*[3], der sich entwickeln kann, wenn man sich die Mühe macht, sich zu erinnern und zu forschen: am Ort, der verlassen wurde, und am neuen Ort, der als Zuflucht gefunden wurde. Es kann ein Projekt entstehen, das für die Menschen am alten und am neuen Ort zu einem gemeinsamen Raum wird, von beiden Teilen gestaltet und getragen. Diesem *dritten Raum* wollen wir mit dem vorliegenden Beitrag nachspüren.

Dabei begreifen wir diesen *dritten Raum* als Erinnerungsraum und verweisen auf uns wichtig erscheinende Merkmale. Dazu gehören der Hinweis auf das Archiv in Shavei Zion und das Friedhofsbuch in Rexingen sowie alle im übertragenen Sinn zum Archiv gehörenden Dokumente: biografische und offizielle Texte, historische Fotografien und Gegenstände. Ferner die Beschreibung der kommunikativen Formen der Erinnerung: Gespräche und Interviews, Diskussionen, Fotografien und Presseberichte anlässlich der Ausstellung; Besuche und Begegnungen in Rexingen / Deutschland, Shavei Zion / Israel und New York / USA. Abschließend fragen wir nach den Zukunftsperspektiven des Erinnerungsraums, nach weiterführenden Projekten und Plänen für Begegnung und Austausch und nach Möglichkeiten, in einem gemeinsamen Projekt die Ausstellung in ein Ortsmuseum von Shavei Zion zu integrieren.

Israel

Der 1997 gegründete Träger- und Förderverein Ehemalige Synagoge Rexingen hat sich zur Aufgabe gestellt, die Geschichte der jüdischen Gemeinde von Rexingen zu erforschen und zu bewahren. Ebenfalls 1997 hatte das Stadtarchiv Horb zusammen mit dem Rexinger Ortsarchiv eine umfangreiche Dokumentation des großen jüdischen Friedhofs herausgegeben. An einzelnen Lebensbeschreibungen wurde die Geschichte der jüdischen Gemeinde bis zu ihrer Auslöschung exemplarisch dargestellt. Die Gruppenauswanderung und die Gründung von Shavei Zion wurden dabei nur gestreift.[4]

Wie war das Projekt einer Gruppenauswanderung entstanden, welche Schwierigkeiten gab es zu überwinden und wer waren die Menschen, die das schier Unmögliche geschafft hatten? Erstaunlicherweise war das Wissen darüber in Rexingen sehr gering und Archivmaterial kaum vorhanden.

Zwischen Shavei Zion und Rexingen waren nach 1945 erst langsam wieder Kontakte entstanden. Offizielle Besuche in beide Richtungen waren selten. Sie begannen erst 1969 mit einer Reisegruppe aus Shavei Zion aus Anlass einer Israel-Woche in Stuttgart. Gegenbesuche aus Rexingen fanden in den 1970er Jahren statt. Es waren jedoch immer nur Einzelpersonen, die sich auf den Weg nach Israel machten.[5] War das gute Zusammenleben von Katholiken und Juden bis 1933 am Ort der Grund für besonders tiefe Schuldgefühle in Rexingen und besonders tiefe Enttäuschungen in Shavei Zion über die Zeit danach? Warum hörten Besucher aus Shavei Zion kein Wort des Bedauerns? Waren es Hartherzigkeit, Verdrängung, Unfähigkeit zum Mitfühlen? Amos Fröhlich (geb. 1930) erzählte: »Als ich mit meinem Vater in den 1960er Jahren nach Rexingen gekommen bin, musste ich immer wiederholt hören, nicht Beileid, nicht Bedauern, Erzählen von dem, was war, sondern: ›Der Alois hat das Haus gekriegt vom Lemberger, das war weniger wert als das Haus vom Löwengart.‹ Oder ›Im Haus vom Wälder war der Wurm drin.‹ Oder irgend so etwas. Als Betroffener konnte man das nicht anhören, das war unerträglich. Man ist nach Rexingen gekommen zum Friedhof, hat den Schlüssel mitgenommen und ist wieder weggefahren. Nie übernachtet hier, nie geblieben. Man hat sich fremd gefühlt, ausgestoßen.«[6]

Auch Hermann Gideon, der sich als junger Mann der Auswanderergruppe anschloss, konnte sich 1979 und 1982 nur mit großer Befangenheit in Rexingen bewegen: »Als wir in Rexingen waren, sowohl das erste als auch das zweite Mal, als wir zum Friedhof fuhren, sind wir an unserem Elternhaus vorbei gefahren. Ich konnte nicht ins Haus reingehen, ich habe nicht das Herz gehabt, in dieses Haus reinzugehen, weil das hätte mir zu viele Wunden aufgerissen.«[7]

1995 wurde Michael Theurer mit 28 Jahren Oberbürgermeister von Horb. Er übernahm den Vorsitz im Rexinger Synagogenverein. Schon 1996 führte er eine Gruppe von Rexinger und Horber Bürgern an, die Shavei Zion und Israel besuchten.

Große Bedeutung hatte der Besuch von Amos und Gila Fröhlich und Uri Gefen, dem Ortsarchivar von Shavei Zion, und seiner Ehefrau Shulamit im Sommer 2001 in Rexingen. Der Synagogenverein organisierte einen Empfang in der ehemaligen Synagoge und Amos Fröhlich sprach für die Gäste aus Israel im vollbesetzten Kirchenraum.[8] Als Gastgeschenke brachten die Ehepaare einen Chanukkaleuchter und Kopien von Dokumenten und Fotos aus der Gründerzeit mit. Darunter waren auch Fotos vom ersten Tag von Shavei Zion. Für uns – die Autoren dieses Beitrags[9] – waren diese Bilder trotz ihrer schlechten Qualität sensationell.

Noch nie hatten wir in Rexingen solche Bilder gesehen. Niemand in Rexingen kannte die Menschen auf den Fotos. Aber die Gäste aus Israel konnten im Einzelnen entziffern, wer dort beim Bau des Schutzzauns und des Was-

Abb. 2: Eines von mehreren Fotos vom ersten Tag von Shavei Zion, das Uri Gefen 2001 als Gastgeschenk nach Rexingen mitbrachte. Fotorechte: Archiv Shavei Zion.

ser- und Wachturms zu sehen war. Amos Fröhlich und Shulamit Gefen (geb. 1931) waren noch in Deutschland geboren und hatten als Kinder die Aufbaujahre von Shavei Zion mitgetragen. Sie hatten alle Gründer der Siedlung gekannt und wussten über jeden eine Geschichte zu erzählen.

Noch nie hatte jemand aus Rexingen in Shavei Zion nach Dokumenten und Bildern gefragt. Warum eigentlich nicht? Die nichtjüdischen Nachbarn, die den schwierigen Auszug der Familien nach Palästina noch erlebt hatten, konnten sich nur dunkel erinnern. Da waren Kundschafter gewesen, die das Land in Erez Israel ausgesucht hatten, die vorausgereist waren. Aber wie die hießen, wer das war? Man war sich nicht sicher.

Adolf Sayer (geb. 1919), in Rexingen aufgewachsen, kehrte nach seiner Berufstätigkeit im Ruhrgebiet 1983 in sein Heimatdorf zurück. Er ordnete dort das Ortsarchiv und legte die Grundlagen für die Herausgabe des Friedhofsbuches. Aus seiner Erinnerung an die jüdischen Familien und aus den noch vorhandenen Unterlagen im Archiv (»Judenkartei« der Nazis, Meldekarten, Deportationslisten) legte er ein Verzeichnis aller jüdischen Bürger an. Er recherchierte ihren Lebensweg zwischen 1933 und 1945. In seiner Liste konnte man lesen, wer noch in Rexingen gestorben, wer in welches Land geflohen war und wer ab 1941 deportiert wurde. Diese Aufstellung war im Friedhofsbuch abgedruckt und viele jüdische Familien in aller Welt benutzten sie, um Schicksale ihrer Familienangehörigen und der ehemaligen Nachbarn nachzuvollziehen. Dort war auch verzeichnet, wer nach Palästina geflohen war und wer zu den Gründern von Shavei Zion gehörte.

Es wurde Zeit, in Shavei Zion selbst zu recherchieren. Die freundschaftliche Begegnung mit den Ehepaaren Fröhlich und Gefen in Rexingen und ihre Einladung waren eine große Ermutigung. So unternahmen wir im Januar 2002 unsere erste Reise zu den neuen Freunden in Shavei Zion. Dort machten sie uns mit ihren Verwandten und Nachbarn bekannt, die noch in Deutschland geboren waren oder ihre Wurzeln in Deutschland bzw. in Rexingen hatten.

Der Aufenthalt war geprägt von Gesprächen über die Gründungszeit. Man redete Deutsch mit uns, denn die meisten Gesprächspartner waren aus der ersten Schülergeneration von Shavei Zion. In der Schule hatten sie nur Hebräisch gesprochen, aber zu Hause war Deutsch die Umgangssprache gewesen. Man war erstaunt und ein bisschen gerührt, dass wir so viel wissen wollten und öffnete uns bereitwillig die Familienarchive, die eine Fülle von Fotografien und Dokumenten enthielten.

Besonders eindrucksvoll war die Begegnung mit den beiden letzten Menschen in Shavei Zion, die als Erwachsene aus Rexingen nach Palästina gekommen waren: Mit Hermann Gideon (1911–2004), in Rexingen Mitglied im »Reichsbanner Schwarz-Rot-Gold«, der in Shavei Zion für den religiösen Zusammenhalt der Siedlung eine wichtige Rolle spielte. Und mit Thea

Lemberger (1912–2004), der Tochter der Wirtsleute Leopold (1878–1954) und Marie Wälder (1881–1965), die bis 1938 die Gaststätte Rose in Rexingen betrieben und zu den ältesten Mitgliedern der Auswanderergruppe gehört hatten. Thea Lemberger hatte nach dem Zweiten Weltkrieg mit ihrer Schwester Hilde Löwengart immer wieder den Schwarzwald besucht und in Freudenstadt, nicht weit entfernt von Rexingen, ihren Sommerurlaub verbracht. Der Besuch des jüdischen Friedhofs in Rexingen war für sie in diesen Urlauben ein Bedürfnis, ein längerer Aufenthalt in Rexingen nicht. Thea Lemberger sprach im breiten Schwäbisch mit uns. Sie ließ Grüße an den jungen Horber Oberbürgermeister Michael Theurer ausrichten, an dessen Besuch im Jahre 1996 sie sich noch bestens erinnerte. In Hebräisch konnte sie sich mit der jüngeren Generation in Shavei Zion nur notdürftig verständigen.

Mit anschaulichen, aber noch bruchstückhaften und undokumentierten Eindrücken einer Siedlung im Umbruch und ihrer Menschen kehrten wir nach Deutschland zurück.

Im Beirat des Rexinger Synagogenvereins arbeitete seit 2003 Carsten Kohlmann (geb. 1972) mit. Er hatte sich seit seiner Schülerzeit mit der Geschichte der Rexinger Juden beschäftigt und in Tübingen bei Utz Jeggle Geschichte, Volkskunde und empirische Kulturwissenschaft studiert.[10] In Gesprächen mit ihm entstand die Idee einer Ausstellung zum 70. Jahrestag der Gründung von Shavei Zion. Als Wanderausstellung sollte sie von Rexingen nach Shavei Zion reisen, wie es 70 Jahre zuvor die Emigranten getan hatten. Wir brachten diesen Plan in den Vorstand des Vereins ein, wo er positiv aufgenommen wurde.

Für seine Abschlussarbeit an der Archivschule in Marburg wählte Carsten Kohlmann als Thema die Darstellung der Geschichte des Archivs von Shavei Zion und seiner Bestände – eine ideale Voraussetzung für die Erforschung der Archivalien, die für eine Ausstellung genutzt werden konnten.[11]

Die nächste Reise nach Shavei Zion im Frühjahr 2004 nutzten wir zur ersten Sichtung der Bestände im Archiv und zum intensiven Kontakt mit den Nachkommen der Gründerfamilien. Jetzt waren wir besser ausgerüstet. Mit Scanner, Digitalkamera und Laptop sammelten wir Bilder und Dokumente. Und jetzt konnten wir in allen Gesprächen die Ausstellung als Ziel unserer Recherche angeben.

Amerika

Für die meisten Juden aus Rexingen, denen in der Nazizeit die Flucht gelang, wurden die USA das rettende Land.[12] Wer Angehörige oder Freunde hatte, die bürgten, konnte diesen Weg leichter gehen als ins britische Mandatsgebiet Palästina. Der erste Anlaufort war fast immer New York und viele blieben auch dort.

Am 8. Februar 1959 versammelten sich in New York City über 150 Juden mit Rexinger Wurzeln und gründeten die Rexingen Benevolent Association. In den Vorstand wählte man auch Fredy Weil (1905–1979) und Viktor Neckarsulmer (1902–1970), die mit ihren Familien 1948 Shavei Zion verlassen hatten. Eines der Hauptanliegen der Association war, an die ehemalige jüdische Gemeinde Rexingen und die ermordeten Verwandten und Freunde zu erinnern. In den Statuten wurde festgelegt, dass in Shavei Zion ein Ort des Gedenkens eingerichtet werden sollte.

Zur gleichen Zeit beschloss Arthur Löwengart (1899–1973), in Shavei Zion ein Kulturzentrum zu stiften. Er war in Rexingen geboren und hatte schon als junger Mann die zionistische Bewegung unterstützt. 1925 reiste er zum ersten Mal nach Palästina und wurde Zeuge der Grundsteinlegung der Hebräischen Universität in Jerusalem. Auf seinen Reisen machte er Filmaufnahmen vom Aufbau des Landes, die er auch in Rexingen vorführte. 1937 wanderte er mit seiner Frau nach New York aus. Mit den Verwandten und Freunden in Shavei Zion blieb er eng verbunden.

1963 wurde in Shavei Zion die Löwengart-Halle feierlich eingeweiht. Dort befindet sich auch das Rexinger Zimmer, das aus Spenden der Rexingen Benevolent Association eingerichtet wurde. In eine künstlerisch gestaltete Wand sind die Namen der ermordeten Rexinger Juden eingraviert. Auch die gerettete Tora-Rolle, die Viktor Neckarsulmer 1939 nach Shavei Zion gebracht hatte, ist dort ausgestellt.

Im Sommer 2004 besuchten wir Hannelore Marx (geb. 1922), die Kassiererin der Rexingen Benevolent Association, in den USA. In Stuttgart geboren, wurde sie 1941 mit ihren Eltern nach Riga deportiert. Im November 1945 heiratete sie Victor Marx, der wie sie den Aufenthalt im KZ Jungfernhof überlebt hatte und dessen Mutter aus Rexingen stammte. Hannelore Marx hatte ihre Lebenserinnerungen aufgeschrieben, die vom Rexinger Synagogenverein herausgegeben werden sollten.[13] Wir wollten sie persönlich kennenlernen und die letzten Korrekturen am Buch mit ihr besprechen. Ihre guten Kontakte und ihre große Hilfsbereitschaft ermöglichten uns, einige alte Damen zu treffen, die noch in Rexingen geboren waren. In ihren Familienalben sahen wir auch Bilder, die wir schon aus Israel kannten. Kindergarten- und Schulfotos, auf denen sie als Kinder zu sehen waren. Oder Fotos der vielen damals jungen Erwachsenen der jüdischen Gemeinde, die einen großen Zusammenhalt ausstrahlten, zum Beispiel Bilder von Ausflügen des jüdischen Jugendbundes.

Diese Fotos zeigten deutlich, dass es eine gemeinsame Erinnerung in Israel und den USA gab, die um Rexingen kreiste. Interessant war, dass besonders die ältesten Menschen meist sehr positiv von ihrem ehemaligen Heimatdorf

Abb. 3: Bei Hannelore Marx in New York: Helen Gribetz, Mimi Schwartz und Johanna Zürndorfer (von links) versuchen sich an die Namen der Kinder auf einem Schulfoto zu erinnern.
Foto: Högerle

Abb. 4: Die jüdische Schule in Rexingen mit Lehrer Wolf Berlinger, 1933. Das Foto gab uns
Helen Gribetz 2004 in New York. Sie ist auf dem Bild das sitzende Mädchen, ganz rechts.
Das gleiche Foto fanden wir bei Tamara Blum (sitzend ganz links) in Netanja, Israel, und im
Archiv von Shavei Zion. Fast alle Kinder auf diesem Foto konnten benannt werden. Foto-
rechte: Helen Gribetz

und den nichtjüdischen Nachbarn sprachen. Die starken Eindrücke ihrer Kindheit in Rexingen schienen sogar den furchtbaren Erlebnissen aus der Nazizeit Stand zu halten.

Unser Plan, eine Ausstellung zum 70. Jahrestag der Gründung von Shavei Zion zu organisieren, wurde mit großem Interesse aufgenommen. Fast jede amerikanische Familie hatte verwandtschaftliche Beziehungen zu Shavei Zion.

Das Projekt erhält Unterstützung

Eine Reise im Februar 2005 nach Shavei Zion gemeinsam mit Carsten Kohlmann sollte uns einen großen Schritt weiterbringen. Wir hatten uns zwölf Tage Zeit genommen, um das Archiv in Shavei Zion zu erkunden und systematisch nach Material für die Ausstellung zu suchen. Unsere Freunde Uri Gefen, Jakob und Amos Fröhlich hatten wir gebeten, ein Treffen mit allen Interessierten zu organisieren, denen wir das Ausstellungsprojekt vorstellen wollten. Dieses Treffen erweiterte unseren Unterstützerkreis erheblich. 24 Menschen, die nicht mehr alle in Shavei Zion wohnten, hörten von der Arbeit des Rexinger Vereins und vom Ausstellungsprojekt und sahen einen Teil der Fotos, die wir in den USA gesammelt hatten. Von allen wurde uns Hilfe angeboten.

Im Archiv trafen wir uns jeden Morgen und sichteten systematisch die Bestände, die uns Uri Gefen erläuterte. Oft entwickelten sich lange Gespräche. Der 79-jährige Jakob Fröhlich gab Hinweise, übersetzte, wo es nötig war und erzählte von den Konflikten und Diskussionen in der Genossenschaft. Alle möglichen Leute besuchten uns im Archiv, gaben uns Tipps und begannen sich selber in die Archivalien zu vertiefen. Oft waren sie erstaunt, was in ihrem kleinen Ortsarchiv alles zu finden war, und der Archivar Uri Gefen stieg sichtbar in ihrer Wertschätzung.

In unseren Mittagspausen wurden wir in die Familien eingeladen. Fotos und Geschichten fügten sich zu einem plastischen Bild der Gründerzeit. Allmählich hatten wir das Gefühl, die Pioniere noch persönlich erlebt zu haben.

Der Aufenthalt in Shavei Zion übertraf alle unsere Erwartungen. Zum ersten Mal sahen wir das Tagebuch, das Dr. Manfred Scheuer, der erste Vorsitzende der Genossenschaft und langjährige Bürgermeister vom 1. Mai bis 31. Dezember 1938 geführt hatte und das seine Schwiegertochter Alica Goren in Shavei Zion aufbewahrte.

Der wichtigste Fund im Archiv war zweifellos die Sammlung von Briefen von und an Alfred Pressburger, einem der führenden Männer in Rexingen, die sich für die Gruppenauswanderung eingesetzt hatten. Damit war es möglich, die Geschichte der Gruppenauswanderung im Detail nachzuzeichnen.

In seiner Korrespondenz befand sich auch der erste Entwurf für die Satzung der Genossenschaft, die schon in Rexingen entwickelt wurde. Weitere, äußerst wertvolle Dokumente und Fotos erhielten wir von Alica Klapfer und Jonathan Schwarz, beide Kinder von Resi Schwarz, die in erster Ehre mit Alfred Pressburger verheiratet war. Darunter waren die Liftlisten der Familie Pressburger, in denen alle Gegenstände aufgeführt waren, die sie mit nach Palästina genommen hatten. Im Archiv fanden wir die ersten Protokollbücher der Genossenschaft, die von 1939 bis 1952 in deutscher Sprache geführt wurden und eine große Fotosammlung aus dieser Zeit.

Abb. 5: Im Archiv von Shavei Zion. Von links: Chava Berkovitz, das erste Kind der Siedlung, Jakob Fröhlich, ehemals Betriebsleiter der Genossenschaft, und Carsten Kohlmann. Foto: Högerle

Die Ausstellung nimmt Gestalt an

Nun mussten wir die Finanzierung der Ausstellung absichern. Dazu gehörte die Entwicklung des Ausstellungsdesigns, damit eine Kalkulation aufgestellt werden konnte. Für die Gestaltung konnten wir in Stuttgart Professor Uwe J. Reinhardt, ebenfalls ein Schüler des Tübinger Kulturwissenschaftlers Utz Jeggle, und das Architektenpaar Martin und Stefanie Naumann gewinnen.

Das Ausstellungskonzept nahm die Lifts, die großen Holztransportkisten auf, mit denen die Familien ihr Hab und Gut nach Palästina verschifft hatten. 19 Boxen sollten jeweils ein Unterthema behandeln, für das ein exemplarisches Objekt gesucht werden musste. Auf der oberen Fläche der Boxen wurden Texte und Abbildungen untergebracht. Alles wurde konsequent zweisprachig Deutsch / Hebräisch entworfen und sollte prägnant und übersichtlich die Geschichte von Shavei Zion darstellen. Ein umfangreicher zweisprachiger Katalog würde Hintergrundinformationen liefern.

Ein Förderantrag an den Hauptsponsor, die Landesstiftung Baden-Württemberg, wurde formuliert und gleichzeitig wurden andere potenzielle Geldgeber angeschrieben. Die verschiedenen Ausstellungsorte und die Termine mussten festgelegt und die Transporte organisiert werden.

Eine weitere Reise in die USA mit Schwerpunkt New York im Dezember 2005 brachte Ergänzungen unserer Fotosammlung und ein Treffen mit Simon Weil, der 1938 in Rexingen geboren wurde. Sein Vater Fredy Weil war damals schon in Shavei Zion. In einem Körbchen brachten ihn seine Mutter und seine Großmutter nach Palästina. Er erlebte als Kind die ersten schweren Jahre der Siedlung. Gestresst von den harten Lebensbedingungen verließ die Familie 1948 Shavei Zion und ging nach New York. Von Simon Weil erhielten wir unter anderem Fotos vom ersten Tag der Siedlung. Er versprach uns, zur Ausstellungseröffnung nach Shavei Zion zu kommen.

Im Frühjahr 2006 waren wir wieder in Shavei Zion, stellten die Gestaltung der Ausstellung vor und diskutierten mit unseren Freunden die vorgesehene Gliederung. Wir gingen auf die Suche nach dreidimensionalen Objekten für die Ausstellung, was viel schwieriger war, als Dokumente und Fotos zu finden. Und schließlich machten wir Filminterviews mit Amos und Jakob Fröhlich und mit Fanny Berlinger aus Würzburg, die als 19-Jährige den ersten Tag von Shavei Zion miterlebt hatte.

Die letzten Informationslücken konnten wir noch im März 2007 in Shavei Zion schließen.

Von Andreas Meyer (geb. 1921) aus Kfar Vradim erhielten wir als Ausstellungsobjekt die Leica seines Vaters, mit der dieser den ersten Tag der Siedlung fotografisch dokumentiert hatte, während sein Sohn beim Aufbau der Baracken und Zäune mithalf. Außerdem ergänzte er unsere Fotosammlung vom ersten Tag.

Dann begann in Deutschland der Hürdenlauf der Ausstellungsproduktion, mit dem schwer zu bewältigenden Problem der Übersetzungen ins Hebräische.

Im November 2007 erhielten wir von Mimi Schwartz einen Film zugeschickt, den ihre Tochter über die besondere Beziehung der amerikanischen Familien zu Shavei Zion produziert hatte. Dies war eine interessante Ergänzung und ein Zeichen, dass das Entstehen der Ausstellung in den USA mit großer Anteilnahme verfolgt wurde.

Rexingen

Nachdem man in Shavei Zion das Entstehen der Ausstellung über Jahre hinweg begleitet hatte, entschlossen sich einige Familien, zur Eröffnung nach Rexingen zu kommen. Mit gemischten Gefühlen, wie sie uns später berichteten, aber mit dem Willen, uns zu diesem Anlass als Delegation aus Israel die Ehre zu geben. Es waren meist Kinder und Enkel der Gründer mit ihren Partnern, und einige davon waren noch nie vorher in Rexingen gewesen. Darunter Chava Berkowitz, das erste in Shavei Zion geborene Kind, mit ihrem Sohn Shimon. Ihre Großeltern mütterlicherseits und die Großmutter väterlicherseits waren aus Rexingen deportiert und ermordet worden. Ihr Cousin Menachem Gideon kam mit seinen vier Kindern im Alter zwischen 14 und 22 Jahren. Die Gruppe von insgesamt 22 Israelis kam nach einer Zwischenstation in Wien in Rexingen an. Sie hatten auf ihrer Reise viel miteinander geredet, hatten Erinnerungen ausgetauscht und über ihr Leben gesprochen. Einige hatten sich jahrzehntelang nicht gesehen, nachdem sie ihre Kindheit und Schulzeit miteinander in Shavei Zion verbracht hatten.

Wie würde die Begegnung in Rexingen verlaufen? Wir kannten nicht alle Gäste persönlich und ahnten, wie stark die emotionale Belastung für sie war. Und was würden sie zur Ausstellung sagen? Sie waren schließlich die Experten. Die meisten hatten einen Großteil der beschriebenen Zeit selbst erlebt. Schon am Abend vor der offiziellen Eröffnung führten wir sie durch die Ausstellung. Sie waren von der Präsentation der Texte, Bilder und Objekte beeindruckt. Manches war neu für sie. Ihre Eltern hatten im Allgemeinen wenig über Rexingen gesprochen und sie selber hatten zu wenig gefragt. Auch viele Details über die Vorbereitung der Gruppenauswanderung und die ersten Jahre von Shavei Zion waren ihnen nicht bekannt. Sofort kam es zu lebhaften Diskussionen und es gab viel Lob für die Ausstellung.

Am nächsten Vormittag verwandelte sich die Rexinger Hauptstraße wieder in die »Brühlet« zurück, früher die Adresse vieler jüdischer Familien, deren Häuser sich in unmittelbarer Nähe der Synagoge befunden hatten. Wir hatten einen Dorfspaziergang vorbereitet, ausgehend von der Synagoge, vorbei am Schulhaus, in dem die Eltern und Großeltern mit ihrem jüdischen Lehrer gelernt hatten. Wir wanderten von Haus zu Haus, zeigten alte Fotos und berichteten, was wir über die einzelnen Familien wussten. Immer wieder wurden unsere Erzählungen von den Gästen aus Israel ergänzt. Der große Rundgang führte fast durchs ganze Dorf und schließlich auf den Friedhof, begleitet von Rexinger Einwohnern und Vereinsmitgliedern. Die Israelis hatten für das Mahnmal an die Ermordeten und die Gräber ihrer Vorfahren Gedenkkerzen mitgebracht und Steine und Muscheln vom Mittelmeer.

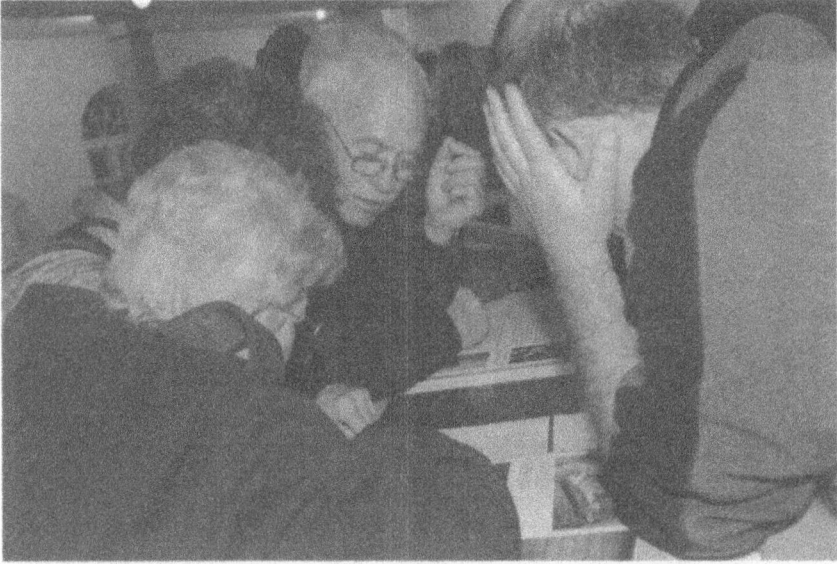

Abb. 6: Die israelischen Freunde vertiefen sich in die Ausstellungsbox über die ersten Jahre der Schule in Shavei Zion. Foto: Hopp

Abb. 7: Angeregte Diskussion beim gemeinsamen Dorfspaziergang durch Rexingen über das nachbarschaftliche Zusammenleben der christlichen Familie Essig und der jüdischen Familie Schwarz. Foto: Pagel

Abb. 8: Sally Lemberger ritzte 1938 kurz vor seiner Abreise nach Erez Israel in eine Buche beim jüdischen Friedhof die Initialen *SL,* das Datum *XIV. III. 38* und das Wort *Alliah.* Seine Tochter Chava wusste davon aus den Erzählungen ihrer Eltern. Chava und ihr Sohn Shimon sahen bei ihrem Besuch die Einritzung zum ersten Mal. Foto: Pagel

Die offizielle Eröffnung am Nachmittag war für Rexingen ein Großereignis. Die Sporthalle wurde wegen Überfüllung geschlossen. Für die abgewiesenen Besucher öffneten wir im Voraus die Ausstellung in der Synagoge. Viel Prominenz aus Politik, Kultur und Religion war gekommen, viele alte und junge Rexinger Bürger und Freunde von Shavei Zion aus ganz Deutschland. Amos Fröhlich aus Shavei Zion und Mimi Schwartz aus Princeton, USA, sprachen ein Grußwort. Wir begrüßten unsere jüdischen Gäste namentlich und gedachten ihrer Rexinger Familien und deren Verfolgung und Vertreibung. Das Festprogramm fand seinen Abschluss bei einem Abendessen mit den Gästen aus Shavei Zion im Dorfgasthof. Auch dort wurden Reden gehalten, kürzere und persönlichere. Am Tag darauf reiste die Delegation wieder zurück nach Shavei Zion, wo man umgehend mit den Vorbereitungen für die eigene Eröffnung begann.

In der ehemaligen Synagoge war die Ausstellung von Anfang Februar bis Anfang März zu sehen. Es kamen mehr als 5000 Besucher. Am Wochenende standen lange Warteschlangen am Eingang. Jeden Vormittag waren mehrere Schulklassen angemeldet, für die wir ein extra Programm ausgearbeitet hatten. Eine starke Anziehungskraft übte das Filmzimmer aus, wo die Interviews und der amerikanische Film gezeigt wurden.

Einige Besucher brachten uns Fotos ihrer Eltern mit, die in ihrer Jugend mit jüdischen Familien aus Rexingen in Verbindung gestanden hatten. Älte-

re Leute aus den Schwarzwalddörfern erinnerten sich an jüdische Viehhändler, die früher bei ihnen aus und ein gegangen waren.

In Rexingen war man beeindruckt von den vielen auswärtigen Gästen, die
sich so stark für diesen Teil der Ortsgeschichte interessierten. Alteingesesse-
ne Familien besuchten die Ausstellung mehrmals, und es schien uns, als sei-
en Gespräche über die Vergangenheit, auch zwischen den Generationen, im
»dritten Raum« der Ausstellung leichter möglich, als sei zumindest zeitweilig Raum für Erinnerung geschaffen worden.

Shavei Zion

Die Ausstellung kam im April, wie die Auswanderer 70 Jahre zuvor, aus dem
winterlichen Rexinger Tal an den sonnigen Strand des Mittelmeers. Der
Unterschied zwischen der zurückhaltenden und geschlossenen Atmosphäre
der Rexinger Synagoge und dem Strandhaus in Shavei Zion konnte nicht
größer sein. Der kleine moderne Gemeindesaal steht unmittelbar am Meer,
die Räume haben statt Fenstern aufschiebbare Glaswände, der Blick auf
Himmel und Wasser, auf die Haifa-Bucht und den Carmel ist prachtvoll.
Ein guter Platz für Begegnungen, und damit auch ein idealer Platz für die
Ausstellung.

Die 89-jährige Fanny Berlinger ist noch auf vielen Fotos vom 13. April
1938 als junge Frau zu sehen, im geblümten Sommerkleid, mit Kopftuch
gegen die Hitze, wie sie Vesper und Getränke an die müden Männer verteilt.
Sie hatte in Shavei Zion Asher Berlinger (1909–1976) aus Buttenhausen
geheiratet und drei Kinder mit ihm großgezogen. Einer ihrer Söhne ist Amerikaner geworden und lebt in New York. Eine Enkelin lebt in Deutschland
und besucht mit ihren Kindern regelmäßig die Urgroßmutter in Israel. Alle
haben sie die Ausstellung gesehen.

Fanny Berlinger war schon bei der Ausstellungseröffnung am 10. April in
der Löwengart Halle anwesend, zusammen mit anderen hochbetagten Emi-
granten wie der fast 100-jährigen Edna Wolf und dem 81-jährigen Jakob
Fröhlich. Zum Festakt mit Ortsvorsteher Emanuel Sokolowsky und dem
Horber Oberbürgermeister Michael Theurer und anderen Ehrengästen aus
Israel und Deutschland kam auch eine Besucherdelegation aus Rexingen und
Horb. Eine Reisegruppe der Landeszentrale für politische Bildung Baden-
Württemberg machte für die Ausstellungseröffnung Station in Shavei Zion.
Aus New York war Simon Weil angereist. Auch eine kleine Abordnung aus
dem arabischen Nachbardorf Masraa war unter den Gästen.

Die Reden wurden in Hebräisch oder in Deutsch gehalten und von einem
Dolmetscher in die jeweils andere Sprache übersetzt. Vielen jungen Menschen aus Shavei Zion, die an diesem Abend dabei waren, vermittelte die

Abb. 9: Fanny Berlinger mit ihrer Tochter Hanna in der Ausstellung in Shavei Zion. Foto: Naumann

Ausstellung einen historischen Blick auf ihr Dorf. Selbst diejenigen, die in Shavei Zion geboren waren, erinnerten nur wenige Einzelheiten seiner Entstehung.

Drei Wochen lang war das Strandhaus der Ort für ein großes, täglich neues Familientreffen. Zuerst einmal für die Einwohner von Shavei Zion. Aber auch alte Klassenkameraden und ehemalige Nachbarn verabredeten sich oder trafen sich zufällig in der Ausstellung. Es war für sie ein Vergnügen, sich oder die Eltern als junge Leute auf den Fotos zu entdecken oder die inzwischen verheirateten Töchter und Söhne als Kindergartenkinder. Fotos und Texte gaben Anlass zu Erzählungen und lebhaften Diskussionen. Lustige und traurige Begebenheiten, Kränkungen, Liebesgeschichten, Anekdoten und Klatsch aller Art kamen zur Sprache. Die Biografien der Gründer wurden von der nächsten Generation neu aufgerollt oder zu Ende erzählt. Die meisten Besucher waren als Kinder mit den Eltern ins Land gekommen oder in den 1940er Jahren in Shavei Zion geboren worden. Viele wohnten nicht mehr dort. Es war ihnen zu eng geworden oder sie hatten sich an andere Orte verheiratet. Die Ausstellung wurde zum Treffpunkt und Diskussionsort, zum Erinnerungs- und Gedächtnisraum für Menschen, die sich durch die gemeinsame Geschichte ihrer Eltern und Großeltern verbunden fühlten. Es gab auch ein paar freundliche Reklamationen, die sich meist auf den Katalog bezogen:

Warum hatte man diese oder jene Familien nicht noch erwähnt, die doch auch für die Gemeinschaft wichtig gewesen war, warum hatte man einigen Persönlichkeiten mehr Raum als anderen gegeben?

Für die zweite Generation, die heute 70- bis 80-Jährigen, war es eine Genugtuung, die Leistung ihrer Eltern und die eigene Leistung beim Aufbau der Siedlung gewürdigt zu sehen. Was manche von ihnen überraschte, war das Interesse der nachfolgenden Generationen und auch das Interesse der Bürger von Shavei Zion, die nicht Mitglied der Genossenschaft sind. Das ist inzwischen mehr als die Hälfte aller Einwohner. Für sie, deren Vorfahren aus allen Weltgegenden eingewandert oder die selbst aus anderen Ländern nach Israel gekommen sind, war Shavei Zion in erster Linie ein attraktiver Wohnort mit günstigen Verkehrsanbindungen nach Haifa und den Großraum Tel Aviv. Durch die Ausstellung wurde Shavei Zion nun auch für sie zum Erinnerungsort.

Weitere Stationen

Im Sommer 2008 war die Ausstellung sechs Wochen lang im Konrad-Adenauer-Congress-Center in Jerusalem zu sehen. Unser Jerusalemer Freund Abraham Frank, 1923 im nassauischen Flacht geboren und in Stuttgart in die Schule gegangen, moderierte die Veranstaltung auf Deutsch und Hebräisch. Der deutsche Botschafter Dr. Harald Kindermann sprach ein Grußwort, und Joachim Schlör skizzierte in seinem Vortrag *Das Land hier, das Land dort* für das israelische Publikum das Phänomen des virtuellen *dritten Raums*, der als Erinnerungsraum die Orte und Zeiten verbindet.[14] Die Vereinigung der Juden aus Mitteleuropa hatte für die Ausstellung geworben, und viele Jeckes waren gekommen. Wieder begegneten sich Leute, die sich lange nicht gesehen hatten, aber ein Stück Lebensgeschichte miteinander teilten. Und wir trafen plötzlich auf Menschen, deren Namen wir nur aus Archivmaterialien oder Erzählungen kannten, eine sehr eindrückliche und bewegende Erfahrung, genau wie in Shavei Zion.

Weitere Stationen der Ausstellung waren die Baden-Württembergische Landesvertretung in Berlin, das Rathaus in Stuttgart und schließlich im Sommer 2009 die ehemalige Synagoge in Freudental bei Ludwigsburg, eine Gemeinde, aus der auch Gründerfamilien von Shavei Zion stammten.

Der Katalog der Ausstellung gelangte über die uns bekannten Kontakte zu den jüdischen Familien in den USA und so auch zu Ernest Pressburger in New Jersey. Er war im März 1941 im Alter von sechs Jahren zusammen mit seiner neunjährigen Schwester Anneliese von ihrem Onkel Sally Hopfer von Rexingen aus nach Horb auf den Bahnhof gebracht worden. Die Kinder fuhren allein über Frankreich und Spanien nach Lissabon und von dort mit dem

Schiff nach New York. Sally Hopfer wurde wenig später in den Osten deportiert. 1973 besuchte Ernest Pressburger Rexingen. Niemand dort hatte noch
Kontakt mit ihm und niemand wusste von seiner Geschichte.

2008 hatte er das Buch von Mimi Schwartz über Rexingen gelesen. Er
schrieb ihr über den Katalog zur Ausstellung: »Am Donnerstag trank ich bei
Johanna Zürndorfer Kaffee. Ihr Ehemann war der Vetter meiner Mutter.
Auch Helen Gribetz war anwesend. Ihr Vater war der Onkel meines Vaters.
Hanna war so freundlich und hat mir ihr Exemplar des Katalogs Shavei Zion
1938 bis 2008 ausgeliehen. Ein beeindruckendes Werk.

Im hebräischen Teil auf Seite 19 fand ich ein Foto, auf dem meine Tante
in der zweiten Reihe rechts zu sehen ist. Auf Seite 23 ist ein Foto, auf dem
ich in der letzten Reihe ganz rechts zu sehen bin. Von den zwölf Kindern auf
dem Foto kann ich neun beim Namen nennen. Auf Seite 35 ist die Schwester meines Vaters zu finden. Auf Seite 66 ist ein Foto von Hedwig Neckarsulmer zu sehen, die Kusine meiner Mutter, und auf Seite 178 fand ich Kla-
ra Baum, die Schwester meines Vaters.

Im deutschen Teil ist auf Seite 14 ein Foto von meinem Großvater. Auf
Seite 18 ist ein Foto, auf dem meine Mutter in der ersten Reihe neben dem
schlanken Mann, Richard Löwengart, steht. Dieses Bild aus dem Jahr 1927

Abb. 10: Jüdischer Kindergarten in Rexingen, Winter 1937/38. Die Kindergärtnerin Käthe
Gideon/Lemberger war die Mutter des ersten Kindes von Shavei Zion, Chava Berkovitz.
Auf dem Foto in der letzten Reihe ganz rechts Ernest (Ernst Werner) Pressburger, heute New
Jersey. In der ersten Reihe von rechts Alica (Frieda), Soshana (Suse) und Justin Pressburger,
die mit ihren Eltern nach Shavei Zion gingen. Fotorechte: Archiv Shavei Zion

ist auch im Fotoalbum meiner Mutter zu finden. Auf Seite 38 ist Alfred Pressburger zu sehen. Er war der Vetter meines Vaters. Auf Seite 90 ist Hannas Ehemann der Zweite von rechts. (…)

Ich hoffe, ich habe Dich nicht gelangweilt. Ich würde mich gerne mit Dir in nächster Zeit treffen. Vielleicht gibt es die Möglichkeit, dass meine Frau und ich Dich und Deinen Mann für eine Tasse Kaffee am Sonntag in Princeton oder jedem anderen Platz, den Du vorschlagen kannst, treffen.«[15]

Anfang November 2008 kam Ernest Pressburger mit seiner Ehefrau Joan nach Deutschland. Er hatte seine Reise so geplant, dass er die Eröffnung der Ausstellung im Rathaus in Stuttgart erleben konnte. Dort traf er andere Juden

Abb. 11: Freunde und Verwandte aus Israel und Amerika treffen sich bei der Eröffnung in Stuttgart mit den Ausstellungsmachern. Foto: Shapiro

aus Amerika und Israel, die Rexinger Wurzeln hatten, darunter auch Alica Klapfer, die 1933 in Rexingen geboren wurde, und die mit ihrem Bruder Justin und ihrer Schwester Shoshana auf dem Kindergartenbild zu sehen ist, das Ernest im Katalog gesehen und auf dem er sich selber entdeckt hatte.

Perspektiven

Es ist der gemeinsame Wunsch der Freunde in Israel und der Mitglieder des Rexinger Synagogenvereins, die Ausstellung nach Shavei Zion zurückkehren zu lassen und ihr dort auf Dauer einen Raum zu geben. Geplant ist, die Ausstellung und das Ortsarchiv in einem Gebäude zu integrieren und dort auch Platz für kleinere Wechselausstellungen zu schaffen.

Dank ihrer Zweisprachigkeit wäre die Ausstellung sowohl für Israelis als auch für Touristen und Freunde aus Deutschland, die Shavei Zion besuchen, zugänglich.

Um das Vorhaben verwirklichen zu können, soll nach Rexinger Vorbild ein Förderverein gegründet werden, der mit Beiträgen, Spenden und öffentlicher Unterstützung die Mittel zum Ausbau eines bestehenden Gebäudes sammelt und sich um den Unterhalt des zukünftigen Museums kümmert. Wir haben vorgeschlagen, auch in Deutschland Mitglieder für den Förderverein zu werben, denn wie sich an allen vier deutschen Ausstellungsorten gezeigt hat, gibt es viele Freunde Shavei Zions. Auch in Amerika leben etliche Familien, die eine starke emotionale Beziehung zu Shavei Zion als »überlebende« Gemeinde haben. Gemeinsames Ziel ist die Gründung eines *Internationalen Vereins für ein Ortsmuseum Shavei Zion*, in den auch Institutionen in Israel, Deutschland und Amerika eingebunden werden können.[16]

1 Die erste bekannte Erwähnung von Juden in Rexingen stammt aus dem Jahre 1516. Zur Geschichte der jüdischen Gemeinde Rexingen siehe ausführlich im Ausstellungskatalog: Heinz Högerle, Carsten Kohlmann, Barbara Staudacher (Hg.): *Ort der Zuflucht und Verheißung – Shavei Zion 1938 bis 2008.* Stuttgart 2008, S. 8–43. — 2 Schwartz, Mimi: *Good Neighbors – Bad Times. Echoes of My Father's German Village.* Lincoln/London 2008. — 3 Joachim Schlör: »Das Land ›hier‹, das Land ›dort‹: Gedanken über die Rückkehr. Vortrag zur Eröffnung der Ausstellung ›Ort der Zuflucht und Verheißung‹ in Mishkenot Shaananim, Jerusalem, 21. Juli 2008 und in der Baden-Württembergischen Landesvertretung in Berlin, 23. September 2008«. In: *MB Yakinton. Mitteilungsblatt der Vereinigung der Israelis mitteleuropäischer Herkunft.*, 6. Jg., Nr. 227, September 2008, S. 21–26. — 4 *In Stein gehauen. Lebensspuren auf dem jüdischen Friedhof in Rexingen.* Herausgegeben vom Stadtarchiv Horb. Stuttgart 1997. — 5 Ausführlich zu den Beziehungen zwischen Rexingen und Shavei Zion nach dem Zweiten Weltkrieg: Carsten Kohlmann: »Rexingen und Shavei Zion. Eine schwierige

Wiederbegegnung.« In: *Ort der Zuflucht und Verheißung* (s. Anm. 1),S.162–169. — **6** Interview von Andrejs Gramatins mit Amos Fröhlich. In: *Frei, selbstbewusst und gläubig. Viehhändler aus Judendörfern zwischen Schwarzwald und Bodensee.* Radiosendung des SWR II, 2005. — **7** *Es erinnert sich: Hermann Gideon. Helga Klinger im Gespräch mit dem ehemaligen Rexinger Juden, der heute in Shavei Zion lebt.* Radiosendung des SDR, Stuttgart 1985. — **8** Die ehemalige Synagoge in Rexingen wird seit 1952 von der nach 1945 neu entstandenen evangelischen Gemeinde als Kirche und Gemeindehaus genutzt – für manche jüdischen Besucher eine schmerzliche Erfahrung. — **9** Die Autoren dieses Beitrags sind nicht in Rexingen geboren und aufgewachsen. Als zugezogene Bürger beschäftigen wir uns seit 1997 intensiv mit der Geschichte der jüdischen Gemeinde. — **10** Utz Jeggle: »Kibbuz auf schwäbisch«. In: *Illustrierte Wochenzeitung* vom 20.5.1978 (mit Fotografien von Manfred Grohe). — **11.**Carsten Kohlmann: *Das Archiv der Gemeinde Shavei Zion in Israel – Archivgeschichte, Beständestruktur, Ausstellungsplanung.* Marburg an der Lahn, 2005. Als pdf im Internet zu finden bei: www.landesarchiv-bw.de (10.05.2010). — **12** Nach den Aufzeichnungen des Ortsarchivs Rexingen konnten über 120 Juden aus Rexingen während der Nazizeit in die USA, teilweise über Zwischenstationen (England, Palästina), fliehen. — **13** Hannelore Marx: *Stuttgart, Riga, New York. Mein jüdischer Lebensweg.* Horb-Rexingen 2005. — **14** Vgl. Anm. 3. — **15** Brief von Ernest Pressburger an Mimi Schwarz vom 22.3.2008. (Übersetzung aus dem Englischen durch die Verfasser). — **16** Weitere Informationen zur Gründung eines internationalen Fördervereins für ein Ortsmuseum Shavei Zion sind anzufragen bei den Verfassern unter: verlagsbuero@t-online.de.

Angelika Meyer, Marion Neumann, Sabine Hillebrecht

Zeichen setzen, der Erinnerung Raum geben, Zugänge eröffnen

Zur Ausstellungskonzeption von *Ohne zu zögern. Varian Fry: Berlin – Marseille – New York* des Aktiven Museums Berlin

Im Herbst 2007 wäre Varian Fry 100 Jahre alt geworden. Am Potsdamer Platz ist ihm inmitten des »neuen Berlins« seit 1998 eine Straße gewidmet. Tausende von Menschen passieren täglich den Platz und die Bushaltestelle, die an ihn erinnert. Dennoch ist er kaum jemandem bekannt. Deshalb wollten wir Varian Fry in Berlin als der Stadt, aus der so viele der von ihm Geretteten kamen, eine umfangreiche Würdigung zuteil werden lassen. Der Verein Aktives Museum konnte öffentliche und private Fördermittel einwerben[1] und anlässlich von Frys 100. Geburtstag dessen Arbeit für das Emergency Rescue Committee dokumentieren: von Berlin über Paris, Marseille, die Pyrenäen und Lissabon bis nach New York. Mitte November 2007 stellten wir nach mehrjähriger intensiver Arbeit die Ausstellung in Anwesenheit von rund 500 Personen in der Akademie der Künste am Pariser Platz vor. Insgesamt nutzten fast 10 000 BesucherInnen die Gelegenheit, sich bis zum Jahresende 2007 erstmals über die Arbeit von Varian Fry, der anderen FluchthelferInnen und die Stationen der Flüchtlinge zu informieren. Gezeigt wurden historische Dokumente, Hörstationen, Fotos und Lebenszeugnisse von RetterInnen und Geretteten – und die BesucherInnen lasen mit Intensität und Begeisterung, wie eine Mitteilung in unserem Besucherbuch belegt: »Zufällig vorbeigekommen – und lange verharrt. Exzellent gemacht: einfach, verständlich und mit Position, aber ohne erhobenen Zeigefinger. Kompliment!« Auch unsere Begleitveranstaltungen stießen auf reges Interesse, seien es die Dokumentarfilme zu Varian Fry und Ilse Bing oder die Lesung aus Werken unserer ProtagonistInnen, die Diskussion zu Flüchtlingspolitik und Zivilcourage heute oder das pädagogische Programm für Schulgruppen.

Das Aktive Museum hat zu Varian Fry nicht nur eine Ausstellung geschaffen, die gut 400 Quadratmeter umfasste, sondern parallel dazu auch einen Katalog mit einer eigenen Struktur erarbeitet.[2] Neben erläuternden Texten präsentiert er wie ein Handbuch eine Vielzahl an recherchierten Quellen – oft alltagsgeschichtliche Dokumente, die zuvor noch nicht veröffentlicht worden waren und sonst nur in Archiven schlummerten.[3] Dieser Ansatz hatte auch Konsequenzen bei Papierauswahl und Farbgebung für den Katalog, um die Dokumente sowie die Fotos zumindest in Ansätzen haptisch erfahrbar zu machen. Die Nachfrage war so groß, dass die erste Auflage bereits während der Ausstellung ausverkauft war. Dank der öffentlichen Fördergelder können wir ihn auch kostengünstig zu einem Preis anbieten, der noch unter den Produktionskosten liegt. Beides – Besucherzahl und Katalognachfrage – waren ein überraschender und überwältigender Erfolg für unseren Verein, der in den vergangenen Jahrzehnten an vielen Orten der Stadt Erinnerungszeichen gesetzt hatte. Dieser Erfolg ist umso schöner, da er auf das gemeinsame, oftmals ehrenamtliche Engagement einer Arbeitsgruppe zurückzuführen ist, der nicht nur WissenschaftlerInnen, sondern auch viele historisch interessierte LaiInnen angehörten[4] – ganz im Sinne des Aktiven Museums.

»Museum« steht hierbei für gesellschaftliche Kommunikation bei der Umgangsweise mit der NS-Geschichte. »Aktiv« bedeutet eine ständige Bewegung und flexible Anpassung an veränderte gesellschaftliche Bedürfnisse der Generationen und Forschenden zu unterschiedlichen Zeiten. Das Aktive Museum bietet Anregung, Hilfestellung und organisatorische Unterstützung für die Aufarbeitung der NS-Geschichte von unten. Sie hilft BürgerInnen, Geschichte in ihrem Stadtteil, ihrem Wohnhaus, ihrer Straße und Familie zu erforschen. 1983 aus einer Bürgerinitiative hervorgegangen, konzentrierte sich die Arbeit in den ersten Jahren auf das ehemalige Gestapo-Gelände in Kreuzberg, wo die Zentralen des NS-Unterdrückungsapparates bis 1945 ihren Sitz hatten. Ab den 1990er-Jahren verlagerte der Verein seinen thematischen Schwerpunkt von den Ursachen von Gewalt- und Terrorherrschaft auf die unmittelbaren Auswirkungen: Fluchterfahrung und Exil.[5]

Im Folgenden stellen wir die Konzepte der Varian-Fry-Ausstellung und des pädagogischen Begleitprogramms vor. Besonderes Gewicht liegt auf den Überlegungen zur Ausstellungsarchitektur, weil diese maßgeblich dazu beitrug, der Erinnerung eine Form zu geben.

Varian Fry: Fluchthilfe in Frankreich[6]

»Ich schreibe Ihnen schon von Bord aus; (…) Abfahrt heute Nacht; nun ist alles überstanden. Man meint (…), Amerika ist schon ganz nah. In der Kabine schläft schon die Familie, realisiert noch gar nicht das Glück.«[7] Aus diesen Worten des Regisseurs Max Ophüls vom 16. Juli 1941 klingt die große Erleichterung eines Menschen, der wie Tausende anderer jahrelang im Exil lebte und sich viele Monate als Flüchtling in Südfrankreich aufhielt – in der verzweifelten Hoffnung, dem Macht- und Einflussbereich der Nationalsozialisten zu entkommen. Wie er verdanken rund 4000 Menschen[8] ihre Rettung Varian Fry und seinen MitarbeiterInnen, darunter einige der renommiertesten deutschsprachigen Intellektuellen. Doch Hilfe erfuhren auch jene, die aufgrund ihres politischen Engagements gesucht oder als JüdInnen

verfolgt wurden. Mit der Besetzung Frankreichs im Mai 1940, der Unterzeichnung des Waffenstillstandabkommens im Juni 1940 und der darin festgelegten »Auslieferung auf Verlangen« an die deutsche Reichsregierung saßen
diese Menschen in der Falle: Es bedeutete faktisch das Ende des politischen
Asyls in Frankreich. Ihre Versuche, in die unbesetzte Zone zu fliehen und
von dort aus weiter in sichere Staaten, scheiterten oft daran, dass sie keine
gültigen Papiere mehr besaßen, staatenlos waren und über keinerlei finanzielle Mittel mehr verfügten.

Varian Fry traf Mitte August 1940 in Marseille ein: 33 Jahre alt, ein amerikanischer Publizist und Journalist – geschickt von dem neu gegründeten
New Yorker Emergency Rescue Committee (ERC). Ausgestattet mit einer
Liste von etwa 200 zu rettenden Personen, einem Geldbetrag in Höhe von
rund 3000 Dollar und nur wenigen Kenntnissen über die Lage vor Ort sollte er in knapp drei Wochen ein Netzwerk von FluchthelferInnen zu Konsulaten und Behörden aufbauen. Um gefährdete Personen so schnell wie möglich aus der Stadt herauszuholen, gründete er das Centre Américain de
Secours (CAS) als nicht-konfessionelle Wohlfahrtsorganisation, eine Art
Tarnorganisation, die den Rahmen für illegales Handeln darstellte. Die FluchthelferInnen versuchten permanent unter großem Aufwand und hohem persönlichen Einsatz, die vielen Probleme zu lösen. Die französische Polizei
nahm das CAS immer stärker ins Visier, führte Bürodurchsuchungen, Bespit-
zelungen und Verhaftungen durch. Ende August 1941 wurde Varian Fry mit
Billigung der USA verhaftet und wenige Tage später unter Polizeibegleitung
nach Spanien ausgewiesen. Bis dahin befanden sich durch die Arbeit von
CAS und ERC circa 600 Personen an einem sicheren Ort; weitere etwa
800 Flüchtlinge hatten gute Aussichten, ein Visum in ein sicheres Land zu
erhalten. Sein engster Mitarbeiter und Freund, der Franzose Daniel Bénédi-
te, führte das Büro noch bis zur polizeilichen Schließung im Zuge massiver
Razzien gegen politische Hilfsorganisationen Anfang Juni 1942 weiter.

Varian Fry hat seine Erinnerungen 1945 unter dem Titel *Surrender on
Demand* veröffentlicht. Eine Würdigung seines Engagements fand erst spät
statt. Bis zu seinem Tod im Herbst 1967 erfolgte die einzige öffentliche
Ehrung in Frankreich; posthum auch in den USA und Israel. In Deutschland wurde er erst zum Begriff, als Mitte der 1980er Jahre sein Buch unter
dem Titel *Auslieferung auf Verlangen* erschien.

Wege durch die Ausstellung

Um die Prozesshaftigkeit der Fluchtwege und die darin enthaltenen menschlichen Dramen aufzuzeigen, siedelten wir das historische Geschehen in verschiedenen Handlungsräumen an – dem Gedanken folgend, dass sich das

Gedächtnis an Orte klammert, wie die Geschichte an Ereignisse.[9] Wir entschieden uns für die Länder: Deutschland, Frankreich und USA.

Prolog Berlin
Betraten im November 2007 BesucherInnen das Foyer der Akademie der Künste Berlin, stießen sie auf ein über drei Meter hohes Bild eines auf sie dynamisch zulaufenden unbekannten Mannes: Varian Fry.[10] Der Ausstellungstitel verweist auf drei durchaus geläufige Städtenamen: Berlin – Marseille – New York. Der erste Eindruck hätte auch aus dem Moderepertoire der Berliner Fashion Week »Bread & Butter« sein können. Dass es sich um die Geschichte eines Fluchthelfers der 1940er Jahre handelte, ließ sich mit diesem ersten Eindruck nicht dechiffrieren. »Geschichte spielt nicht nur in der Zeit, sondern auch im Raum. (…) Ereignisse haben einen Ort, an dem sie stattfinden. Geschichte hat ihre Schauplätze. Wir sprechen von Tatorten. (…) Wir sprechen von (…) ›Leidenswegen‹ wie von ›Erwartungshorizonten‹«.[11]

Die Erzählstruktur für die erste Sequenz Berlin bezog sich auf Berlin als geografisches Bezugssystem. Das Foyer der Akademie der Künste erhielt eine eigene Plattform, in Form eines in sich fast geschlossenen Kubus.[12] Es galt, das Publikum in den Raum hineinzuziehen. Die Ausstellungsarchitektur schuf durch diesen Kubus eine Raum im Raum-Konstruktion, sprich Berlin in Berlin, einen pseudo-geografischen Kosmos. Die geschaffene äußere Ordnung diente als Hilfsmittel, um die innere Ordnung des Raumes, das

Ausstellung zu Varian Fry im Foyer der Akademie der Künste Berlin; © Angelika Meyer

heißt die Handlungs- und Kommunikationsstrukturen der AkteurInnen zu verdichten: Nennen wir sie die innere Erinnerungslandschaft. Die maßgebliche Kontur erhielt sie durch das Narrativ um Varian Fry selbst. Er wurde 1935 in Berlin Zeuge antisemitischer Ausschreitungen auf dem Kurfürstendamm und brachte daraufhin seine Sorge um die jüdische Bevölkerung und sein Entsetzen über die deutsche Politik in einer New Yorker Zeitschrift unmittelbar zum Ausdruck. Seine Einschätzungen über die Form der entgrenzten Gewalt ließen ihn für die Zukunft Schlimmstes befürchten.

Fry diente zunächst als wesentlicher Träger der inneren Erinnerungslandschaft Berlin. Auch wenn die Ausstellung Varian Fry gewidmet war und seine Geschichte der Öffentlichkeit erstmalig präsentiert wurde, galt es jedoch dringend zu vermeiden, ihn als einen Helden zu beschreiben.[13] Sein Wirken und Handeln war in Bezug der Leidenswege der Fliehenden, der Geretteten und der Gescheiterten zu setzen. Das soll nicht heißen, dass nur, weil Opfergeschichte keine Heldenrahmung erfährt (da von ihr keine Tat ausgeht), Fry nicht als Held beschrieben werden dürfe. Von den Geretteten wurde er so gesehen (»you are a hero, a hero of the underground«[14]). Dies ist legitim – er war ihr Lebensretter. Dem Aktiven Museum ging es viel mehr darum, die Wechselwirkung zwischen Retter und Geretteten aufzuzeigen. So bildete die Person Fry auch eine Art Speicher, für einen Teil der vergessenen und ausgeblendeten Geschichte der Opfer, wie beispielsweise bei Heinrich Mann und Siegfried Kracauer. Deren Werke sind gespeichert im kulturellen

Prolog Berlin; © Angelika Meyer

Gedächtnis, jedoch sind die Gründe für ihre Flucht verloren gegangen. Hier handelt es sich um ein Sediment, das zwar noch da ist, aber (vorübergehend) bedeutungslos und unsichtbar geworden ist.[15] Fry als Speicher enthält darüber hinaus auch Daten von Nelly Mann und Elisabeth Kracauer. Sie hinterließen kein Werk. Sie geben der Öffentlichkeit keine Information, sind aufgelöst im Dasein als Ehefrau. Varian Fry rettete sie als Menschen, deren Spuren Zeugnis einer Politik der Menschenverachtung sind.[16]

So galt es, im Prolog Berlin die Vielfalt an Spuren von Personen sichtbar zu machen, die in den 1920er/1930er Jahren in Berlin gesellschaftliche Akzente setzten oder eben einfach existierten, ab 1933 verfolgt und schließlich 1940/41 von Varian Fry und seinen FluchthelferInnen unterstützt wurden. Über 70 Biografien erarbeitete die Arbeitsgruppe des Aktiven Museums, nicht alle konnten im Berlin-Raum akzentuiert werden – teils auch aus Mangel an Quellen.

Die innere Landschaft Berlins führte die BesucherInnen mit dem Stilmittel der Kollage[17] in folgende Themenbereiche:

– Berlin als Schmelztiegel des Feuilletons, der Literatur, der Bildenden Kunst und der Politik. Berlin als Ort des pulsierenden Lebens.

– Berlin und die Zäsur 1933: das Ende einer weltoffenen Metropole, der Beginn der Verfolgung jüdischer BürgerInnen, das Ende jeglicher kultureller und politischer Vielfalt. Berlin als Machtzentrum nationalsozialistischer Verfolgungspolitik mittels einer Hörstation und eines Karteikastensystems, das die Ausbürgerungsbegründungen der Verfolger dokumentierte und die Fluchtwege aus Berlin thematisierte.

– Berlin in den Augen Varian Frys: Obwohl er das Hauptnarrativ darstellt, wurde seine Sequenz bewusst dezent präsentiert, eingebunden in den Kontext. Die Lesbarkeit der Ausstellungsdramaturgie – Fluchthilfe durch Varian Fry – ließ sich für die RezipientInnen im diesem Raum noch nicht eindeutig erkennen. Ziel war es, zunächst einen unzweifelhaft individuellen Fingerabdruck der Personen, die zu Flüchtlingen gemacht wurden, zu schaffen – Spuren kultureller, politischer und existenzieller Art, die in Berlin, am »Tat-Ort«, hinterlassen wurden.

Flucht durch Frankreich

Die Ausstellungsarchitektur führte die BesucherInnen von Berlin nach Paris als »Hauptstadt der Flüchtlinge«. Entlang einer langen blauen Wand – Blau für die Ferne und die Hoffnung auf ein besseres Leben – leiteten wir weiter zu Dokumenten und Abbildungen, die Arbeit und Leben im Exil zeigten und zugleich den Flüchtlingsstatus enthüllten. Dokumente und räumliche Darstellung täuschten noch Normalität vor: Die Menschen publizierten (zum Teil unter Pseudonymen), gründeten kulturelle und politische Organisationen, ließen sich porträtieren etc.; doch die Dramatik des nackten

Überlebens nahm immer mehr Raum ein, wie wir mit anderen Dokumenten aufzeigten. Carl Misch beispielsweise, der ehemalige Chefredakteur der *Vossischen Zeitung*, schnitt sich aus der *Pariser Tageszeitung* das Antragsformular für den Flüchtlingspass als Vorlage für seine Antragstellung aus; Siegfried und Elisabeth Kracauer starteten ihren ersten Fluchtversuch bereits im November 1938[18], mit dem Wissen, Paris würde keine Bleibe sein. Die Störungen im »normalen« Dasein machten wir für das Publikum sichtbar. Barrieren in Form von anthrazitfarbenen, hüfthohen Blöcken verdeutlichten mit Dokumenten versehen die bürokratischen Hemmnisse und die vielen, oft auch erfolglosen Fluchtwege durch Europa.

Die Räumlichkeiten der Akademie der Künste Berlin am Pariser Platz gaben unverrückbar beim Übergang vom Foyer in den ersten Raum drei Durchgänge vor. Indem wir zwei davon versperrten und nur einen möglichen Weg zuließen, konnten wir, weiterhin anthrazitfarben unterlegt, die Dramatik in Frankreich verdeutlichen: Das Schicksal, mit Kriegsbeginn als »feindlicher Ausländer« betrachtet und in Sammellagern interniert zu werden, traf viele Flüchtlinge völlig unvorbereitet: eng, erniedrigend, oft aussichtslos – ohne zu wissen, wie es den Partnern oder der Familie geht. In der Ausstellung stellten wir dies durch niedrige, die Form der Baracken nachbildende Quader dar. Da sich die Dokumente darauf etwa in Kniehöhe befanden, mussten die BesucherInnen hier in die Hocke gehen. Daneben konnte sich das Publikum in einer kleinen blauen Nische mit Sitzbank ein Porträt der Filmemacherin Antonia Lerch zu Ilse Bing anschauen, in dem diese von ihren Fluchterfahrungen berichtete.[19]

Im Chaos des Frühsommers 1940 konnten viele Flüchtlinge aus den Lagern nach Marseille entkommen, in die letzte freie Hafenstadt und zugleich unüberschaubaren Moloch, wo sich viele wie in einer »*Mausefalle*«[20] fühlten. Hier verwendeten wir wieder etwas Blau – Zeichen der Freude, geliebte Menschen wieder zu sehen und Zeichen der Hoffnung, Europa vielleicht bald verlassen zu können. Doch mehrfache Verwinkelungen, enger werdende Schluchten und abrupt aufragende Wände, ließen hier die Ausstellungsbesucherinnen die vielen Einschränkungen im Alltagsleben sichtbar erfahren, bevor sie in der Sequenz des Fluchthilfebüros des Centre Américain de Secours (CAS) eintrafen. Dieses in Szene gesetzte Büro hatten wir als Zentrum der Ausstellung aufgebaut. Es ging uns nicht darum, »Fry als Einzelhelden zu mythisieren (...) vielmehr (als) personalisierte(n) Knotenpunkt all der Emigrationsschicksale und (...) Zentrum eines Netzwerks (...)«.[21] Hier fanden sich die gesammelten Informationen zu Flüchtlingen und FluchthelferInnen – verdichtet in Form von 210 übergroßen Karteikarten in vier Archivkästen, die fast permanent frequentiert waren: Man saß sich gegenüber und viele Personen traten so direkt in Kommunikation miteinander. Hier trafen viele der Sichtachsen, die bisher ab und an wahrgenommen

Flucht durch Frankreich; © Angelika Meyer

Ankunft in Marseille, © Marion Neumann

Im CAS-Büro; © Angelika Meyer

werden konnten, zusammen: beispielsweise zurück nach Berlin oder weiter nach vorn Richtung Pyrenäen oder Lissabon. Für die BesucherInnen sollte die damalige Situation sinnlich erfahrbar werden. Sie konnten bzw. mussten sich wie die Flüchtlinge länger im Büro des CAS aufhalten, sitzend oder stehend, konnten sich umsehen, miteinander diskutieren oder forschen, wie es weiterging – umgeben von großformatigen, gepixelten Schwarzweißfotos des Büros und anthrazitfarbenen Wänden. Diese Farbe stand für die zermürbende und gefahrvolle Situation der Menschen – trotz der vielfältigen Unterstützung, die die Flüchtlinge durch Varian Fry und die anderen FluchthelferInnen erfuhren. Die Wände ließen den Büroalltag nachvollziehbar werden: mittels Fotos aus den Fry-Papers der Columbia University, handschriftlichen Dokumenten von Fry selbst oder Textauszügen zum Beispiel von Hans Sahl: »Ein Tag in der Rue Grignan (…) 8.30 Uhr: der Warteraum ist überfüllt. 9 Uhr: (…), die Mitarbeiter versammeln sich; das Büro wird geöffnet. 9.02 Uhr: der Boss! – Er bahnt sich einen Weg durch die Menge der Wartenden, die ihn mit Fragen, Bitten, Drohungen empfangen, und er verschwindet in seinem Arbeitszimmer, wo ihn zwei übermüdete Sekretärinnen, 14 Kabel und 50 SOS-Rufe aus allen Teilen der Welt erwarten. 9.13 Uhr: Die Interviewer nehmen ihre Arbeit auf. Etwa 60 Besucher warten (…)«.[22] Aber dem Ziel Varian Frys, möglichst alle zu retten, standen große Hindernisse im Weg.

Die Pyrenäen als Barriere

Für die meisten Flüchtlinge war es notwendig, mangels Flügen oder Schiffspassagen, die Grenze nach Spanien über die Pyrenäen zu Fuß zu überschreiten, bestückt mit gefälschten Pässen und Transitvisen, die unmittelbare Auslieferung im Nacken. Die vorangegangenen Handlungsräume sind Städte, aus denen sich unterschiedliche Quellen finden und ablesen lassen.[23] Sie sind qua ihrer Beschaffenheit Archive, sie sind Depots der Erinnerung, sie haben ein Gedächtnis, weil Menschen dort Spuren hinterlassen und sie bewahren. Die Pyrenäen (rein als Bergmassiv verstanden) bestehen dagegen aus Gestein, Geröll und Fauna. In ihrer Beschaffenheit ein stummer Zeuge geophysikalischer Natur, doch in ihrer Betrachtung zur Fluchtgeschichte mit einer unglaublich emotionalen Präsenz belegt – für die Flüchtenden waren sie eine fast unüberwindbare Wand, die es galt, bis an die Grenzen völliger physischer Erschöpfung zu überwinden.

An dieser Stelle entschlossen wir uns, die BesucherInnen aus der vorangegangenen Fülle an Informationen zu entlassen und die Beziehung zwischen dem Ort und seiner emotionalen Bedeutung mit einer minimalen Zeichensetzung zu inszenieren. Die AusstellungsgestalterInnen *maaskant/weiss-Heiten Design* offerierten, wie schon für den Berlin-Teil, einen Raum im Raum. Dieses Mal jedoch mehr in Form einer abstrakten Hülle: eine Art Kasten – den Berg transformiert in die Formenwelt der Geometrie. Das Publikum sollte seine gewohnte Umwelt verlassen. Der Einstieg, ein Nadelöhr, einzig gekennzeichnet durch ein kleines Schwarzweißfoto der Pyrenäen. Der Weg

Die Pyrenäen als Barriere; © Angelika Meyer

ansteigend, nur in eine Richtung verlaufend, versehen mit einem Zitat von Hermann Budzislawski.[24] Am »Peak« angekommen, eine Nische zum Hinsetzen, versehen mit zwei Hörstationen[25] und der Erinnerung an die Fluchthelferin Madeleine Landy. Der Weg wurde gebrochen durch Aussparungen in den Wänden – wiederum Sichtachsen, die immer wieder einen Blick in die Außenwelt ermöglichten. So fiel der Blick beim Anstieg auf ein Poster, auf dem Varian Fry zu sehen war, wie er in einer Hügellandschaft Ausschau hielt.[26] Die Sichtachsen im Zuge der Abwärtsbewegung, boten einen Blick in das unendlich strahlende Blau des letzten Raumes, der die Freiheit symbolisierte. Die Präsentation des Endes der »Pyrenäen« fast wortlos: die Sterbeurkunde von Walter Benjamin aus Portbou und das Transitvisum von Lili Kracauer mit dem Anschein einer niemals endenden Fülle an Stempeln. Die Geschichte des Todes und des Über-lebens beschlossen die Barriere »Pyrenäen«.

Der gesamte Raum endete mit den letzten Sequenzen, der Ausweisung Frys aus Frankreich, den Schiffspassagen aus Lissabon und leitete über in die »Neue Welt«, dem letzten Ausstellungsraum: »Grau wie eine Wand aus Fels, ohne Entkommen, unüberwindbar! Blau wie das Meer und der Himmel, die Flucht, die Hoffnung! Die Hoffnung gewinnt.«[27]

Am Horizont: New York

Im Epilog wurde ein temporäres Memorial für Varian Fry und die Flüchtlinge geschaffen: Es wurde von uns bewusst ikonisiert im Selbstverständnis, dass mit Ikonen Zeichen zu einer Materie werden und das somit Bedeutete nicht mehr nur auf den »Geist« oder die Reflexion zurückgehe, sondern auf Erleben und Gefühl.[28] Das hieß auch, hier der Heroisierung Varian Frys entgegenwirken und den Raum – nicht die Person – als Ikone begreifen.

Drei Gegenstände sollten die Geschichte symbolisch verdichten: Eine Wand[29] mit der gepixelten Silhouette New Yorks – darauf die Namen der in die USA Geretteten; eine Wand mit einem Porträt von Varian Fry (ebenso gepixelt) versehen mit einer Hommage an ihn von Paul Westheim.[30] Und als drittes Modul zwei Tische mit herausnehmbaren Steckkarten, die das Leben der über 70 ProtagonistInnen nach 1945 kurz beschrieben. Wir setzten hier stark auf die ästhetische Kraft der Gegenstände und verließen die reine Informationsebene. Die Geschichte fand an dieser Stelle durch das Berühren, Sehen und Bewegen durch die RezipientInnen zu einem fast poetischen Ausklang und zielte auf das Gefühl der Betrachtenden. Die gepixelten Bilder spielten mit dem Effekt von Schärfe und Unschärfe, Erkennbarkeit und Unkenntlichkeit. Damit wollten wir darstellen, dass – obwohl wir viele Quellen zur Aufarbeitung der Geschichte zusammentrugen, Neues präsentierten und Altes neu kontextualisierten – die Geschichte um Fry, die Fluchthel-

Am Horizont: New York; © Angelika Meyer

ferInnen und die Geretteten wieder verschwindet, aber mit jeder Standortveränderung wieder auftauchen kann – sicherlich verändert. Ziel war es, die Dialektik von Verschwinden und Erinnern zu zeigen.

Frygepäck – das pädagogische Material für Schulgruppen

»Da stand er: groß, hart, knallrot. Doch was steckt eigentlich drin in diesem Koffer? Wir bildeten kleine Gruppen in der Klasse und jeder Gruppe wurde etwas von dem Inhalt des nun geöffneten Koffers zugeteilt. Einzelne Personen wurden uns anvertraut, deren Leben auf Papieren dokumentiert worden war. Bilder der Betreffenden, Dokumente der Gestapo und ein bestimmter Ausschnitt aus einem selbst geschriebenen Buch sollten uns einen Einblick in ihr aufregendes Leben geben. Vorne neben dem Lehrertisch fanden wir weitere Materialien, die wir uns nach und nach anschauten: gefälschte Pässe, die Karte von einer geplanten Flucht über die Pyrenäen, eine kleine Geldbörse, einen Abdruck von einem Adressbuch und ein kleines Tagebuch eines Flüchtigen.«[31] So beschrieb eine Schülerin des Friedrich-Engels-Gymnasiums in Berlin-Reinickendorf die erste Annäherung an das Thema der Varian-Fry-Ausstellung. Tatsächlich war der aus hartem Karton

Frygepäck im Geschichtsunterricht; © Sabine Hillebrecht

gearbeitete und damit altmodisch wirkende Koffer in der Größe eines Hand-
gepäcks ein »eyecatcher« und machte neugierig. Wurde er dann geöffnet,
warf sein Inhalt in der Regel aber noch mehr Fragen auf. Und das war auch
die Absicht.

Der Koffer enthielt Lebensgeschichten. Exemplarisch waren dafür sechs
Bücher ausgewählt worden: die autobiografischen Erinnerungen von Varian
Fry, Hans Sahl, Bil Spira, Marta Feuchtwanger, Lisa Fittko und Elsbeth
Weichmann. Jedes Buch enthielt markierte Passagen, die die persönliche
Flucht aus Frankreich oder die entsprechende Fluchthilfe beschrieb. So erläuterte zum Beispiel Lisa Fittko in einem Eintrag vom 15. Oktober 1940[32],
wie sie ihrem Mann Hans den Weg von Banyuls nach Portbou zeigte, die sogenannte F-Route, die sie mit Walter Benjamin gegangen war und die fortan
für Flüchtlinge nach Spanien dienen sollte. Für weitere Informationen gab
es zu jeder Person eine Mappe, die eine überschaubare Anzahl von historischen Dokumenten in Farbkopie und einen tabellarischen Lebenslauf enthielt. In der Mappe von Lisa Fittko zum Beispiel befand sich unter anderem
ein Foto von 1941, das sie und ihren Mann Hans in Marseille zeigte, ein
Schreiben des Bürgermeisters von Banyuls, der handschriftlich bestätigte, dass
Lisa Fittko und ihr Mann rechtmäßige Einwohner des französischen Ortes
seien, und der Einreiseantrag für die USA. Jeweils eine Arbeitsgruppe bear-
beitete eine Autobiografie und die dazugehörige Dokumentenmappe. Die

Mitglieder der Arbeitsgruppe wurden auf diesem Wege die ExpertInnen für die entsprechende Flucht- oder Rettungsgeschichte. Eine Schülerin schrieb zum Arbeitsverfahren: »Auch wenn wir es nur versuchten nachzuempfinden, begannen wir zu begreifen, was es mit dem Exil auf sich hatte. Warum die Betroffenen geflohen waren, was sie durchmachen mussten und was es bedeutete, eine helfende Hand zu ergreifen und selbst andere zu unterstützen.«[33]

In einer zweiten Phase sollten die eigenen Erkenntnisse den anderen Arbeitsgruppen vermittelt werden. Weitere Gegenstände aus dem Koffer dienten hierbei als Gesprächsanlässe: eine abgenutzte Geldbörse mit Francs und einem Passfoto, ein vierseitiges, über und über gestempeltes Affidavit, eine Fluchtskizze, ein Telegramm vom 17. August 1940 und eine Postkarte, das handgeschriebene Tagebuch eines Flüchtlings sowie der Passierschein von Ruth Fabian. Hier wurde in der Regel deutlich, wie und wo die einzelnen Biografien von Rettern und Geretteten zusammenhingen, und gleichzeitig tauchten neue Fragen auf, nach den verschiedenen Fluchtrouten, den Aufenthaltsbestimmungen in Frankreich und Spanien, den Befugnissen der örtlichen Polizei und den Zugriffsmöglichkeiten des NS-Terrorsystems im Ausland. Es zeigte sich, wie wichtig es war, alle verfügbaren Informationen auszutauschen, um das Exil und die Flucht aus Südfrankreich verstehen zu können: die Probleme der konspirativen Tätigkeit, den unersetzbaren Wert eines Passes oder einer Ausreisegenehmigung, die Ängste der Flüchtlinge sowie die Gefahren und Strapazen, die sie durchlitten.

Nach der Erarbeitung der schriftlichen Quellen zu den verschiedenen Lebensgeschichten boten die gegenständlichen Quellen, die erläutert und interpretiert werden mussten, auch die Gelegenheit, begründete Thesen zu entwickeln, dadurch persönliche Einschätzungen einzubringen und folglich Empathie zu entwickeln. Hier wurde besonders deutlich, dass Ergebnisse vorläufig sind und mit jedem Objekt neue Fragen auftauchen: Die Geldbörse konnte vordergründig problemlos eingeordnet werden, da sie originale Franc-Scheine und Geldstücke aus den Jahren 1940 und 1941 enthielt und es sich somit um Geld handelte, das die Flüchtlinge in Südfrankreich benutzten. Aber woher konnten die Flüchtlinge überhaupt Geld beziehen, brachten sie es aus Deutschland mit, durften sie arbeiten oder konnten Angehörige sie per Bankanweisung oder ähnlichem unterstützen? Und was kostete die Beschaffung von Pässen oder sonstigen Papieren? Welchen »Wert« besaß das Geld in der damaligen lebensbedrohlichen Situation überhaupt? Fragen dieser Art zeigten die Kompetenz der SchülerInnen, sie verdeutlichten, inwieweit die besondere historische Situation »verstanden« wurde.

Der dritte Schritt in der Auseinandersetzung mit dem Thema bildete der Ausstellungsbesuch. Neben den Koffern war die kostenlose Führung ein weiterer Bestandteil des pädagogischen Begleitprogramms. Doch eine Fachkraft, die durch die Ausstellung führt, während die ZuhörerInnen möglichst viel

Wissen aufnehmen sollen, ist in der Regel nur sehr begrenzt sinnvoll. Daher bot die Vorbereitung mit Hilfe der Koffer eine überzeugende Alternative: Die SchülerInnen hatten eine konkrete Erwartungshaltung. Sie konnten die vielfältigen Informationen der Ausstellung aufnehmen, einordnen und selbst inhaltliche Bereiche referieren. Darüber hinaus waren sie in der Lage, die Ausstellung ansatzweise kritisch zu bewerten, z. B. danach, ob es Antworten auf ihre Fragen gab und ob sie ihnen schlüssig erschienen.

Ein solches Verfahren entspricht auch den Anforderungen, die der Berliner Rahmenplan für Geschichte vorgibt. Hier sind Exkursionen in Ausstellungen und Museen ausdrücklich vorgesehen. In der Verwaltungssprache des Landesschulamtes heißt es in der Rubrik »Kompetenzbezug« für die Oberstufe, dass die SchülerInnen »eine Exkursion selbständig planen, (expertengestützt) durchführen und auswerten, Ergebnisse selbständig präsentieren und die Präsentation wie auch das Vorgehen kriteriengeleitet bewerten« sollen.[34] Das bedeutet folglich, dass das pädagogische Angebot einer Ausstellung sich nicht in einer herkömmlichen Ausstellungsführung erschöpfen kann, denn den Lernenden muss zunächst einmal ein Zugang zum Thema eröffnet und der Prozess der Wissensaneignung vorstrukturiert werden. Im Falle der Ausstellung zu Varian Fry lag die Schwierigkeit darin, dass neben den unterschiedlichen historischen Bezügen (NS-Verfolgungspolitik, Kriegsverlauf, französische Politik unter Pétain, Einwanderungspolitik der USA, spanische »Neutralitätspolitik«) auch Inhalte anderer Unterrichtsfächer zu berücksichtigen waren. So erschienen bereits im Titel die Städte Berlin, Marseille, New York und zusätzlich gab es mit den Pyrenäen inklusive Banyuls, Cerbère und Portbou sowie Barcelona und Lissabon weitere geografische Fixpunkte. Neben Varian Fry als »Retter« waren schließlich die Schicksale zahlreicher FluchthelferInnen und vor allem vieler Geretteter wichtig. »Die wimmelnde Vielfalt der Lebensschicksale, an Wänden, auf Karten und in Hörstationen, wirft den Besucher selbst in ein Chaos menschlicher Nöte«, schrieb Tilmann Lahme dazu in der FAZ.[35] Wie sollte da ein Schüler den Ausstellungsbesuch selbstständig planen und durchführen?

Diese Aufgabe übernahmen die Koffer.[36] Sie machten die SchülerInnen zu kompetenten BesucherInnen der Ausstellung. Die angeleitete Führung durch die Ausstellung wurde damit nicht obsolet, denn sie gab den Rahmen vor, erläuterte den Aufbau der Ausstellung und gab die Grundinformationen zu den einzelnen Räumen. In Verbindung mit dem letzten Raum der Ausstellung und dem dortigen Memorial für Varian Fry gab es im Koffer Materialien für eine Abschlussdiskussion: Fotos von Denkmälern, die verschiedenen ProtagonistInnen der Rettungsaktion galten und sich in Marseille, Banyuls, Jerusalem, Berlin und Portbou befanden, warfen die Frage auf, wann, wo und für wen ein Gedenken stattfinden sollte, sowohl im konkreten Fall als auch im Allgemeinen.

Der beschriebene Koffer wurde für den Geschichtsunterricht konzipiert. Er konnte jedoch beispielsweise auch im Rahmen der Abiturlektüre »Transit« von Anna Seghers im Deutschunterricht eingesetzt werden. Im Hinblick auf die verschiedenen Bezüge des Themas bot die Ausstellung eine Gelegenheit, einen fachübergreifenden Unterricht zu praktizieren – und diese Intention verfolgte auch das pädagogische Begleitprogramm. Es richtete sich daher nicht nur an die Lernenden der Unterrichtsfächer Geschichte und Deutsch, sondern auch Englisch und Französisch. Hier gab es weitere Koffer, die in Abstimmung mit dem jeweiligen Rahmenplan das Thema der Ausstellung zum Anlass einer Unterrichtseinheit machten. Der Koffer für den Englischunterricht enthielt ausschließlich englischsprachige Materialien, etwa einen Ausschnitt aus dem Film *Villa Air Bel – Varian Fry* im Originalton. Die Materialien dieses Koffers gruppierten sich um die Frage, ob Varian Fry ein Held sei oder was Heldentum ausmache. Ein weiterer Koffer schließlich war mit besonderem Material auf den französischen Landeskunde-Unterricht ausgerichtet. Für diese Lerngruppen gab es das Angebot, eine Führung in der entsprechenden Fremdsprache zu buchen.

Der Kommentar der Schülerin des Berliner Gymnasiums dazu: »Der knallrote, harte, große Koffer brachte uns mal einen etwas anderen Deutschunterricht.«[37]

Resümee

Im Rückblick ist zu sagen, dass das Angebot der Spurensuche an Hand der biografischen oder historischen Dokumente von vielen AusstellungsbesucherInnen sehr intensiv (zeitlich und sachbezogen) sowie mit großem Interesse angenommen wurde. Um Varian Frys Geschichte als »roten Faden« sichtbar zu machen und eine allzu große Textlastigkeit zu verhindern, mussten wir das gefundene Material zu allen ProtagonistInnen teilweise rigoros begrenzen. Dies führte bei manchen BesucherInnen zu Erkennungsschwierigkeiten bzw. sie waren enttäuscht, dass die konzentrierten Informationen zu einzelnen Personen und vor allem zu Varian Fry selbst erst relativ spät – nämlich im Fluchthilfebüro des CAS – zu finden waren. Auf der Suche nach diesen Spuren konnten sie sich auch nur wenig auf die Symbolik und damit die Führung durch die Farbgebung einlassen. Wer partout mit einem rein biografischen Blick durch die Ausstellung ging, konnte auch mit der Geometrisierung der Raumgestaltung und der Tatsache, dass wir die Spuren auf vereinzelte Details begrenzt hatten, wenig anfangen. Wer sich dagegen auf unsere Struktur, bestimmte Handlungsräume des Fluchtweges darzustellen, einließ, konnte die Dramaturgie ohne Schwierigkeiten aufnehmen und die Ausstellung ohne Eile durchschreiten und vor allem sich der eigenen Emotionalisierung öffnen. Unabhängig davon konnten wir beobachten, dass die BesucherInnen angeregt durch das Thema auch gerne in Kontakt miteinander traten. Die persönliche Aneignung von Wissen durch Information blieb damit nicht im Privaten stecken, sondern die Struktur der Ausstellung eröffnete eine kommunikative Atmosphäre. Gedanken zum Vergangenen und gegenwärtiges Befinden erhielten damit ein unmittelbares Plateau in der Öffentlichkeit. Auch heute erreichen uns noch Kommentare, die sich mit der emotionalen Seite der Ausstellungsgestaltung auseinandersetzen – eine Nachhaltigkeit, die uns freut. Die Herausforderung an diese Ausstellung liegt für uns nach wie vor darin, den RezipientInnen keine geschlossene Deutung zu liefern, sondern sie mit einem geradezu polymetamorphen System zu konfrontieren: Ein Gegenstand, der sich immer wieder verändert, birgt sehr wohl eine Überforderung der Betrachtenden in sich – hierin liegen eindeutig Grenzen des Ansatzes. Jedoch liegen seine Chancen unserer Meinung nach darin, eine Neugier und ein Erstaunen hervorgerufen zu haben, welches die Reflexion des Vergangen und Vergessenen bis heute kritisch befördert.

Beim Thema »Flucht« lag das Motiv des Koffers besonders nahe: Dieser Gegenstand symbolisiert das Wegfahren. Bei der schulischen Arbeit bot er daher vielfältige Möglichkeiten, in die Thematik einzuführen. Die Erstellung des Kofferinhalts orientierte sich zunächst an bereits bestehenden Konzepten, ging aber über das hinaus, was Museumskoffer gemeinhin leisten, denn die Koffer zur Varian-Fry-Ausstellung enthielten nicht nur verschiedene Angebote, um sich über die konkrete Flucht und Rettungsaktion in Südfrankreich zu informieren, wie es beim »Materialienkoffer« der Fall ist.[38] Diese inhaltliche Vermittlung war hier nur ein Schwerpunkt. Zusätzlich gab es das didaktische Ziel, die Kompetenz der SchülerInnen in der Aneignung und Auseinandersetzung von Ausstellungen zu fördern und sie auf diesem Wege zu kompetenten AusstellungsbesucherInnen zu machen. Und schließlich war es auch intendiert, dieses komplexe Thema von deutschen Emigranten auf der Flucht von Frankreich in die USA zum Gegenstand des überfachlichen Unterrichts zu machen, weshalb es jeweils Koffer für den Geschichts- und Deutschunterricht, den Englisch- und den Französischunterricht gab. Die Einsatzmöglichkeiten eines Koffers im Unterricht sind aber damit sicherlich noch nicht erschöpft, wie erst kürzlich der »Dokumentenkoffer für eine interkulturelle Pädagogik zum Nationalsozialismus« zeigte.[39]

1 Es handelt sich um Mittel der Stiftung Deutsche Klassenlotterie Berlin und des Hauptstadtkulturfonds, der Stiftung Preußische Seehandlung und der Herbert und Elsbeth Weichmann-Stiftung. — **2** *Ohne zu zögern. Varian Fry: Berlin – Marseille – New York.* Berlin 2008, 496 S., ca. 250 Abb., Preis: 20 €, erhältlich über die Geschäftsstelle des *Aktiven Museums e.V.* — **3** Unsere Ergebnisse basieren auf einer Vielfalt von Veröffentlichungen, die wir detailliert in unserem Katalog (s. Anm.2) in den Anmerkungen der einzelnen Kapitel und in einer allgemeinen Literaturliste am Ende aufführen. Dazu gehört insbesondere der Bericht Varian Frys, den er zum Schutz der Betroffenen erst nach Kriegsende 1945 veröffentlicht hat: *Surrender on Demand.* Außerdem beziehen wir uns vor allem auf die Auswertung der unzähligen Dokumente, die wir in rund 40 Archiven gefunden haben, wie zum Beispiel die Varian Fry Papers in der Columbia University, Rare Books and Manuscript Library, New York oder den Bestand des ERC im Deutschen Exilarchiv, Frankfurt am Main. Weiter beruhen unsere Erkenntnisse auf dem privaten Material, das uns neben Annette Fry von rund 70 ZeitzeugInnen bzw. Familienangehörigen, anderen ForscherInnen und am Thema Interessierten zur Auswertung überlassen worden war. Als Beraterin unterstützte uns Anne Klein mit Erkenntnissen aus ihrer Dissertation, die im November 2007 zeitgleich zur Ausstellung veröffentlicht wurde. — **4** Die Arbeitsgruppe zum Projekt Varian Fry bestand aus mehr als 20 Personen. — **5** Siehe auch unter www.aktives-museum.de (14.05.2010). — **6** Erfreulicherweise konnten wir inzwischen eine Wanderausstellung zu Varian Fry erstellen, die beim Aktiven Museum ausgeliehen werden kann. — **7** Brief von Max Ophüls an Heinrich Schnitzler vom 16. Juli 1941, in: *Helmut G. Asper: Max Ophüls. Eine Biographie.* Berlin 1998, S. 448. — **8** Anne Klein: *Flüchtlingspolitik und Flüchtlingshilfe 1940–1942. Varian Fry und die Komitees zur Rettung politisch Verfolgter in New York und Marseille.* Berlin 2007, S. 10: »Heute geht man von 1800 Fällen aus, die insgesamt 4000 Personen betrafen. Ende 1941 wurde die Zahl der geretteten Flüchtlinge auf 2200 Personen geschätzt.« — **9** Pierre Nora: *Zwischen Geschichte und Gedächtnis.* Frankfurt/M.1998, S. 38. — **10** 1940 in Marseille. — **11** Karl Schlögel: *Im Raum lesen wir die Zeit. Über Zivilisationsgeschichte und Geopolitik.* München/Wien 2003, S. 9. — **12** Erstmalig wurde ein Podest in das Foyer der Akademie der Künste Berlin installiert, so dass die BesucherInnen mit dem Betreten des Gebäudes fast direkt in der Ausstellung standen. — **13** Jan Philip Reemtsma bemerkt zum Begriff des Helden Folgendes: »Wenn wir uns darüber verständigen, was ein Held ist (…), ob jemand, der etwas ›für uns‹ tut oder nur für sich – müssen wir die Ansicht teilen, dass es etwas Großartiges ist, was er tut. Und damit verständigen wir uns über unsere Kultur oder darüber, in was für einer Kultur wir leben wollen. (…) Held wird man – kulturübergreifend – nur durch eine Tat, nicht durch ein Erleiden.« In: »Der Held, das Ich und das Wir«. In: *Mittelweg 36,* 18. Jg., Heft 4, S. 46. Was ein Held ist, wird vom gesellschaftlichen Standpunkt bestimmt: Für die Geretteten mag er ein Held sein, für die staatlichen Behörden ein Gesetzesbrecher, den es gilt, mit allen Mitteln zu verfolgen. Den Fluchthelfer Fry zu heroisieren birgt die Gefahr, die Geflüchteten und ihre Leidenserfahrung in den Schatten der Tat eines Einzelnen zu stellen. Dies galt es zu vermeiden. Festzuhalten bleibt auch, dass die Kategorie Held/Heldentum bis heute rein männlich konnotiert ist. Fry fungierte in der Ausstellung als »Roter Faden« und erfuhr im Spiegel der Geschichte der Flüchtlinge nur im letzten Raum der Ausstellung eine Hommage. — **14** Brief von Paul Westheim an Varian Fry vom 17. August 1945. Columbia University, Rare Book and Manuscript Library, New York: MF 2020. — **15** Aleida Assmann: *Erinnerungsräume. Formen und Wandlung des kulturellen Gedächtnisses.* München 1999, S. 409. — **16** Katalog *Ohne zu zögern. Varian Fry: Berlin – Marseille – New York.* Berlin 2007, S. 300 ff. (Abbildung des behelfsmäßigen Passes von Elisabeth Kracauer). — **17** Die Kollage bestand aus Zitaten, Bildern und Dokumenten der von Varian Fry geretteten ProtagonistInnen. — **18** *Affidavit of Support* vom 1.11.1938 für die USA. Deutsches Literaturarchiv und Bibliothek Marbach, Bestand: A: Kracauer Konv. Affidavits 72.3712/61 (Bl. 1). — **19** *Ilse Bing, Fotografin. Paris, Gurs, Marseille, New York.* Berlin 2007. Antonia Lerch hatte die Dokumentation speziell für diese Ausstellung aus älterem Interviewmaterial zusammengestellt, unterlegt mit Bings Fotos jener Zeit und Musik ihres Mannes, dem Pianisten Konrad Wolff; Dauer: 22 Min. — **20** Hertha Pauli: *Der Riß der Zeit geht durch mein Herz. Ein*

Erlebnisbuch. Wien / Hamburg 1970, S. 202. — **21** Alex Rühle in: *Süddeutsche Zeitung* vom 24./25.11.2007. — **22** Hans Sahl: *Ein Tag in der Rue Grignan.* Deutsches Literaturarchiv und Bibliothek Marbach, Bestand: A: Sahl 74.989/Copyr. NL Verwaltung Nils Kern, Berlin. — **23** Dort materialisiert sich das Leben in Hotelrechnungen, Briefen, Schriften, Zeugnissen künstlerischer Art, aber auch in Überwachungsprotokollen der Behörden, in Dekreten und öffentlichen Erlassen. — **24** »Wir sind alle über die Pyrenäen gestiegen, die meisten quer über die Berge, ohne Weg und Steg, und natürlich ohne jedes Gepäck. Wenn wir aufs Schiff gehen, hat keiner von uns einen Mantel, und kaum einer ein Hemd zum Wechseln. Trotzdem sind wir zufrieden – ich habe meinen sechsundsiebzigjährigen Vater buchstäblich ›über den Berg gebracht‹, ehrlich gesagt: meine Frau hat ihn einen steilen Hang hinaufgezogen, als mir meine Kräfte versagten. Meiner Tochter hat die Exkursion sogar noch Spaß gemacht, und als wir endlich auf dem sicheren spanischen Boden waren, ist sie mir um den Hals gefallen und hat gesagt: Jetzt kriegen sie den Papa nicht mehr.« Brief von Hermann Budzislawski an Berthold Viertel aus Lissabon am 22. September 1940. Deutsches Literaturarchiv und Bibliothek Marbach, Bestand: Salka Viertel, A: 80.1.613/1/Copyr. NL Verwaltung Berthold Viertel, Marbach. — **25** Die Hörstationen enthielten die Geschichte der Fluchthilfe von Varian Fry für Heinrich, Nelly und Golo Mann sowie Franz Werfel und Alma Mahler-Werfel; außerdem Erinnerungssequenzen zu den FluchthelferInnen Lisa und Hans Fittko, die Hunderte über die Berge führten. — **26** In seiner Präsenz nicht als Überfigur zu verstehen, sondern als Begleiter. — **27** Auszug aus dem Besucherbuch. — **28** Jeffrey C. Alexander: »Ikonisches Bewusstsein. Die materiellen Grundlagen von ›Gefühlsbewusstsein‹«. In: Kay Junge, Daniel Suber, Gerold Gerber (Hg.): *Erleben, Erleiden, Erfahren. Die Konstitution sozialen Sinns jenseits instrumenteller Vernunft.* Bielefeld 2008, S. 277. — **29** Fünf Meter tief und drei Meter hoch. — **30** Auf der Rückseite Zitate aus Briefen einiger Protagonisten an Varian Fry, die sich für die Rettung bedankten und ihn zur Publikation *Surrender on Demand* beglückwünschten. — **31** Sophia Harrand, Friedrich-Engels-Gymnasium in Berlin-Reinickendorf. — **32** Lisa Fittko: *Mein Weg über die Pyrenäen. Erinnerungen 1940/41.* München / Wien 1985. — **33** Vgl. Anm. 31. — **34** Berliner curriculare Vorgaben für die gymnasiale Oberstufe im Fach Geschichte, in Kraft gesetzt 2006, s. www.berlin.de/imperia/md/content/sen-bildung/schulorganisation/lehrplaene/sek2_geschichte.pdf (14.05.2010). — **35** *Frankfurter Allgemeine Zeitung* vom 30.11.2007. — **36** Vgl. Hans Joachim Gach: *Geschichte auf Reisen. Historisches Lernen mit Museumskoffern.* Schwalbach/Ts 2005. — **37** Vgl. Anm. 31. — **38** Zur Abgrenzung von »Materialienkoffer« und »Museumskoffer« vgl. Gach: *Geschichte auf Reisen* (s. Anm. 36), S. 44 ff. — **39** Franziska Ehricht, Elke Grylewski: *GeschichteN teilen. Dokumentenkoffer für eine interkulturelle Pädagogik im Nationalsozialismus.* Miphgasch / Begegnung e. V., Gedenk- und Bildungsstätte Haus der Wannsee-Konferenz (Hg.). Berlin 2009.

Regine Dehnel

Provenienzforschung in Bibliotheken

Ein Projekt zur Suche nach geraubten Büchern an der
Gottfried Wilhelm Leibniz Bibliothek

Seit November 2008 arbeitet die Verfasserin in der Gottfried Wilhelm Leibniz Bibliothek – Niedersächsische Landesbibliothek (GWLB) an einem Projekt zur Suche, Dokumentation und Rückgabe von Büchern, die in der Zeit
des Nationalsozialismus ihren Eigentümern geraubt wurden. Möglich wurde das Projekt dank der Förderung durch die Arbeitsstelle für Provenienz-
recherche/-forschung am Institut für Museumsforschung der Staatlichen
Museen zu Berlin – Stiftung Preußischer Kulturbesitz. Es baut auf umfäng-
lichen Vorarbeiten auf und reiht sich in zahlreiche vergleichbare Aktivitäten
inner- und außerhalb Deutschlands ein, die in Museen, Bibliotheken und
Archiven stattfinden. Die folgenden Ausführungen werden sich jedoch auf
Bibliotheken und die Gottfried Wilhelm Leibniz Bibliothek im Besonderen
beschränken.

Kurzer Rückblick

Ende der 1980er Jahre gab es eine erste Phase intensiver Auseinandersetzung
mit dem Thema *Bibliotheken im Nationalsozialismus*. Verwiesen sei auf die
fünfte Jahrestagung des Wolfenbütteler Arbeitskreises für Bibliotheksge-
schichte vom 11. bis 14. April 1988 und ein bibliothekshistorisches Seminar desselben Arbeitskreises vom 25. bis 27. September 1989 unter eben diesem Titel.[1] Studien zu einzelnen wissenschaftlichen[2] Bibliotheken und
Universitätsbibliotheken[3] im Dritten Reich mündeten parallel zu diesen beiden Veranstaltungen in wichtige Veröffentlichungen. Der Schwerpunkt der
Untersuchungen lag dabei beim Agieren einzelner Bibliothekare und Bibliotheken im Nationalsozialismus. Die konkrete Suche nach kritischen Provenienzen, das heißt nach Büchern, die ihren Eigentümern aufgrund rassistischer, politischer, ideologischer, weltanschaulicher Verfolgung während des
Nationalsozialismus geraubt, abgepresst, »entzogen« worden waren, spielte
kaum eine Rolle.

Knapp zehn Jahre später, nach den politischen Impulsen, die von der
Washingtoner Erklärung[4] vom Dezember 1998 und der *Gemeinsamen Erklärung*[5] vom Dezember 1999 ausgingen, begann eine neue Phase der Ausein-

andersetzung mit dem Thema. Zunächst eher mühsam und nur punktuell, von einzelnen engagierten Journalisten beharrlich angemahnt, vom Enthusiasmus einiger weniger Bibliothekarinnen und Bibliothekare getragen[6], kam die Frage nach der Rolle von Bibliotheken und Bibliothekaren im Nationalsozialismus erneut auf die Tagesordnung. Dank inzwischen zahlreicher Workshops[7], Tagungen[8], Symposien[9], Ausstellungen[10] und Veröffentlichungen[11] ist aktuell ein Wissensstand erreicht, der nicht nur beachtlich ist, sondern einerseits wachsende Vernetzung erfordert und andererseits zunehmender Spezialisierung bedarf. Die Unterstützung durch die Tätigkeit der o.g. Arbeitsstelle trägt ein Übriges dazu bei. Ein Spezifikum der jüngeren Forschungsphase besteht dabei in ihrer auch ganz praktischen Ausrichtung. Anders als in den 1980er Jahren geht es jetzt vor allem um Provenienzforschung, also um die Herkunft und Geschichte, die Eigentümer und Zwischenbesitzer einzelner Bücher, Büchersammlungen oder Bibliotheken. Auch die Forschungen zur Rolle ausgewählter Bibliothekare haben allerdings erst jüngst eine Fortsetzung gefunden.[12]

Schwerpunkte

Das Augenmerk der Forschungen des letzten Jahrzehnts liegt einerseits bei einzelnen Personen und insbesondere Organisationen, die beim Raub der Bücher eine besondere Rolle spielten. Als Stichpunkte seien Geheime Staatspolizei, Sicherheitsdienst, Reichssicherheitshauptamt mit dem Amt VII weltanschauliche Forschung und Auswertung sowie die von Heinrich Himmler mitbegründete »Lehr- und Forschungsgemeinschaft« Studiengesellschaft für Geistesgeschichte Deutsches Ahnenerbe genannt. Anzuführen sind weiterhin der nach dem »Beauftragten des Führers für die Überwachung der gesamten geistigen und weltanschaulichen Schulung und Erziehung der NSDAP« eingesetzte und ab 17. November 1941 nach dem Reichsminister für die besetzten Ostgebiete benannte Einsatzstab Reichsleiter Rosenberg und das Sonderkommando Künsberg des Auswärtigen Amtes. Außer auf Akteure und Strukturen des Raubs richtet sich das Forschungsinteresse auf die Verteilung und »Verwertung« der geraubten Bücher. Bei Letzterer spielten ab November 1941, nach Erlass der *11. Verordnung zum Reichsbürgergesetz* die Finanzämter eine besondere Rolle. Diesen oblag die »Verwertung« des Eigentums aller emigrierten und deportierten Juden. Subsumieren lassen sich die Untersuchungen zu Akteuren, Institutionen, Strukturen und Mechanismen des Bücherraubs unter dem Begriff der Kontextforschung.

Auf der anderen Seite geht es ganz praktisch darum, die kritischen Provenienzen in den Bibliotheken ausfindig zu machen, sie aus der Fülle der vorhandenen Literatur herauszufiltern. Hunderte, oft Tausende von Büchern sind zu bestellen, aus den Magazinen in den Lesebereich der Bibliotheken zu befördern, zu autopsieren. Die Dokumentation der einzelnen Rechercheergebnisse, insbesondere der verschiedenen Hinweise auf Provenienzen, begleitet diese Recherche- und Überprüfungsarbeiten. Die Rechercheergebnisse dabei in elektronischer, online verfügbarer Form festzuhalten, erleichtert den allgemeinen, öffentlichen Zugang zu diesen Informationen – auch dies ist eine Forderung, die sich aus den eingangs genannten Washingtoner Grundsätzen ableitet. Zugleich ermöglicht sie die bessere Vernetzung der einzelnen Untersuchungsergebnisse, legt den Grundstein für Querschnittsbetrachtungen. Münden sollen die Arbeiten zur Provenienzforschung im Idealfall in die Feststellung früherer Eigentümer und in Bücherrückgaben.

Motive

Entsprechend der oben beschriebenen, sehr komplexen Forschungssituation sind auch die Motive komplex. Neben dem historischen Interesse für die Jahre 1933 bis 1945 sowie dem Fachinteresse für die Geschichte des eigenen Berufsstands und der eigenen Bibliothek steht ein politischer Auftrag. In der Regel dürfte insbesondere die Suche nach konkreten Büchern und deren Eigentümern, die Beschäftigung mit deren Schicksal eine persönliche Identifizierung mit diesem politischen Auftrag auslösen. Zeithistorische Forschung geht so mit dem Willen einher – gewiss viel zu spät und gewiss nur mangelhaft und problembehaftet –, Unrecht aufzuarbeiten und der Opfer zu gedenken. Zitiert sei an dieser Stelle – sozusagen exemplarisch – aus einem der Bücher, die sich heute in der GWLB befinden und deren Herkunft als kritisch zu bewerten ist: Die unter anderem von Leo Baeck und Alfred Goldschmidt 1933 herausgegebene Festschrift *Bruderworte aus fünfzig Jahren 1883–1933* zum 50-jährigen Bestehen des Ordens *Bne Briss* in Deutschland, trägt die gedruckte Widmungsinschrift »Tot ist nur, wer vergessen ist.«

Vorgehensweise

Für die praktische Vorgehensweise bei der Suche nach kritischen Provenienzen in Bibliotheken gibt es dank der oben knapp angerissenen Vorarbeiten wichtige Erfahrungen, auf die zurückgegriffen werden kann und sollte. Umfangreiche Hilfestellungen vermittelt insbesondere der 2005 von Veronica Albrink, Jürgen Babendreier und Bernd Reifenberg erarbeitete, im Internet verfügbare *Leitfaden für die Ermittlung von NS-verfolgungsbedingt entzogenem Kulturgut in Bibliotheken.*[13]

Er verdeutlicht, worauf zu achten ist: auf a) ab 1933 beschlagnahmte, sogenannte »schädliche« Literatur, zu deren Identifizierung von der Reichsschrifttumskammer ab 1935 Listen veröffentlicht wurden[14], b) beschlagnahmtes
Eigentum ideologisch, religiös, rassistisch Verfolgter, das heißt von Gewerk-
schaften, Parteien, Freimaurerlogen und insbesondere der jüdischen Bevölkerung, c) abgepresstes, unfreiwillig veräußertes Eigentum sowie – mit
Kriegsbeginn – d) Raubgut aus den besetzten Gebieten.

Eine entscheidende, oft *die* entscheidende Quelle für die Recherchen sind
die Zugangsjournale der Bibliotheken, in denen, vergleichbar mit den In-
ventarbüchern der Museen, alle Erwerbungen chronologisch verzeichnet
wurden.

Zu achten ist bei der Arbeit mit den Zugangsjournalen auf eine auffällige
Herkunft der Bücher – von staatlichen und/oder Parteistellen, Finanzämtern
oder exponierten Persönlichkeiten, auf charakteristische, möglicherweise verbotene Titel, auf chronologische oder sonstige Auffälligkeiten. So sollte man
aufmerksam werden, wenn ein älteres, aus dem 19. Jahrhundert stammen-
des Buch als neue Literatur, ein verbotener Titel als Geschenk verzeichnet
wurde, wenn sich Zugänge auffällig häufen.

So einfach, wie sich dieses Grundschema beschreiben lässt, so schwierig
und komplex gestaltet sich freilich die konkrete Arbeit. Dies ist zum einen
darin begründet, dass Bücher an sich keine Unikate darstellen, zum anderen, dass sie oft keinerlei Hinweise auf mögliche Eigentümer enthalten. Die
Erfahrung aus verschiedenen Bibliotheken zeigt, dass durchschnittlich nur
zwischen fünf bis sieben Prozent der Bücher von ihren Eigentümern oder
Vorbesitzern in irgendeiner Weise gekennzeichnet wurden.

Aber auch in den Fällen, in denen eine solche Kennzeichnung erfolgte,
stellt die Entschlüsselung der identifizierenden Merkmale – der Exlibris,
Stempel, Inschriften, Widmungen – den Recherchierenden vor gehörige
Herausforderungen. Für die Klärung von Opfernamen müssen einschlägige
Internetdatenbanken konsultiert werden. An erster Stelle ist hier die Datenbank der Gedenkstätte Yad Vashem zu nennen, in der Informationen zu ca.
3,2 Millionen Opfern des Völkermords an den europäischen Juden erfasst
sind. Dabei führen Einzelrecherchen zu verschiedenen Personen in der Regel
nur dann zum Erfolg, wenn es sich um bekanntere Persönlichkeiten, Wissenschaftler, Ärzte, Menschen des öffentlichen Lebens handelte.

Letztlich kann die Deutung und Einordnung der einzelnen Rechercheergebnisse nur gelingen, wenn sowohl die allgemeine zeithistorische Entwicklung als auch die besondere Geschichte der einzelnen Bibliothek berücksichtigt werden, kurz, wenn die Kontextforschung beachtet wird. Jeder oder
jede, der oder die sich der Suche nach kritischen Provenienzen widmet, benötigt umfangreiche Kenntnisse zu den gesellschaftlichen Realitäten der Zeit,
zu den oben erwähnten Regularien des Raubs und der Verteilung geraubter

Kulturgüter, zu den Hauptakteuren. Kenntnisse von der Geschichte des eigenen Hauses sollten ebenso vorhanden sein oder angeeignet werden.

Bei der Provenienzforschung hat man letztlich die Abfolge der folgenden Aufgabenkomplexe zu bedenken und zu bewältigen: Überprüfung der Zugangsjournale – Autopsie infrage kommender Bücher – Dokumentation der Rechercheergebnisse – Suche nach Eigentümern – Rückgaben.

Das Projekt an der GWLB

Im ersten Projektjahr an der GWLB, welches am 2. November 2009 endete[15], wurden die Zugangsjournale der Vormals Königlichen Bibliothek Hannover für die Jahre 1933 bis 1939 und die Zugangsjournale der Vormals Königlichen und Provinzialbibliothek Hannover für die Jahre 1940 bis 1944 auf kritische Zugänge geprüft. Dies bedeutete die Durchsicht von 12 Journalen mit durchschnittlich ca. 3 500 Einträgen hinsichtlich der Einlieferer wie der eingelieferten Titel. Die sich daraus ergebende Gesamtanzahl von bisher 42 000 Einträgen ist dabei durchaus als vergleichsweise »kleine« Menge zu betrachten. Im Rahmen einer Abschlussarbeit, auf deren Ergebnissen die aktuellen Aktivitäten der Staatsbibliothek zu Berlin – Preußischer Kulturbesitz zur Umsetzung der Washingtoner Grundsätze aufbauen, überprüfte Karsten Sydow annähernd 375 000 Journaleinträge der Preußischen Staatsbibliothek Berlin.[16] Die Universitätsbibliothek Marburg berücksichtigte bei ihren Recherchen etwa 100.000 Eintragungen. Die Gesamtzahl der für Hannover gesichteten Journaleinträge wird bis Ende des Projektes im November 2010 auf über 50 000 anwachsen, da die Überprüfung der Zugangsjournale der Provinzialbibliothek Hannover, einer weiteren Vorgängerbibliothek der Gottfried Wilhelm Leibniz Bibliothek, noch aussteht.[17] Zudem sollen zumindest die Journale der Jahre 1945 bis 1947 noch komplett überprüft werden.

Besonderes Augenmerk legte die Verfasserin bei der bisherigen Arbeit auf Einlieferungen der Reichstauschstelle. Diese 1926 auf Verordnung des Reichsministeriums des Innern gegründete Behörde stand schon länger in dem Ruf, zwischen 1933 und 1945 in großem Umfang beschlagnahmte Literatur aufgenommen und weiterverteilt zu haben. Forschungen der letzten Jahre konkretisierten diese Vermutung. Im Rahmen eines von der Fritz-Thyssen-Stiftung geförderten gemeinsamen Projektes des Max-Planck-Instituts für Geschichte Göttingen und der Staatsbibliothek zu Berlin arbeitete Cornelia Briel heraus, dass die Reichstauschstelle vor allem ab 1938/39 und insbesondere ab 1941 aktiv an dem Erwerb und der Weiterverteilung problematischer Provenienzen beteiligt war.[18] Einzelne Beispiele aus der Universitätsbibliothek Marburg zeigen aber, dass die Reichstauschstelle auch schon in den Jahren 1933 bis 1936 mit der Verteilung beschlagnahmter Bücher befasst war.[19]

Die Vormals Königliche Bibliothek Hannover und die Vormals Königliche und Provinzialbibliothek Hannover erhielten von 1933 bis 1944 etwas über 300 Titel von der Reichstauschstelle. Eine Zunahme der Zugänge durch die Reichstauschstelle nach 1938/39 oder 1941 ist für Hannover anhand der bisher gesichteten Zugangsjournale nicht zu verzeichnen.[20] Auch eine Häufung ausländischer Titel nach Kriegsbeginn ließ sich nicht beobachten.

Für viele der über die Reichstauschstelle zugegangenen Titel lässt sich angesichts der Titelangaben eine kritische Herkunft so gut wie ausschließen. Es handelt sich um zeitgenössische und/oder systemkonforme Schriften, Fortsetzungsreihen, Zeitschriften oder Jahrbücher. Andere Bücher, deren Titel eine Autopsie nahelegten, weisen keine Hinweise auf eine kritische Herkunft auf. In weiteren – wenigen – Fällen lassen sich vorerst nur Fragen formulieren, ohne dass es bereits Antworten gäbe. So finden sich unter den von der Reichstauschstelle gelieferten Büchern solche von Autoren, deren Schriften teilweise Eingang in die *Listen des schädlichen und unerwünschten Schrifttums* Eingang fanden. Zu nennen ist hier Hans Blüher (1888–1955). In anderen Fällen handelte es sich um Bücher von jüdischen Autoren, darunter von Max Hans Kuczynski (1890–1967) und Heinrich Spiero (1876–1947). Das Buch *Steppe und Mensch* von Max Hans Kuczynski, erschienen 1925 bei S. Hirzel in Leipzig, wurde am 20. Februar 1936 im Zugangsbuch erfasst.[21] Heinrich Spieros *Geschichte der deutschen Frauendichtung seit 1800*[22], war 1913 bei B. H. Teubner in Leipzig erschienen. Es wurde am 16. Juni 1936 in Hannover akzessioniert. War die Verfolgung von Werken unliebsamer Autoren weniger restriktiv oder konsequent, als dies aus der heutigen Perspektive zu vermuten wäre? Stehen die Titel der jüdischen Autoren im Kontext der von den Nationalsozialisten betriebenen »Gegnerforschung«?

Um hier Antworten geben zu können, wäre u. a. zu prüfen, ob zur selben Zeit möglicherweise auch andere Bibliotheken diese Titel von der Reichstauschstelle erhielten.[23] In diesem Fall könnte es sich um Titel aus Beschlagnahmungen handeln. Eine Hinterfragung der Verlagsgeschichten hilft im konkreten Fall weniger, weil die Titel nicht mehr verlagsneu waren, also am Verlagsort schwerlich eingezogen wurden. Hinweise könnten hingegen die Biografien der beiden Autoren geben, sollten die in Hannover eingetroffenen Bücher sich ursprünglich in ihren Privatbibliotheken befunden haben. Drei Bücher, eine Vielzahl von Fragen und Rechercheansätzen.

Neben der Reichstauschstelle konzentrierte sich die Berichterstatterin vor allem auf Einlieferungen von Ämtern, staatlichen Stellen und Amtspersonen. Unter den über 1400 verschiedenen Einlieferern, die in den Zugangsbüchern der Vormals Königlichen Bibliothek Hannover bzw. Vormals Königlichen und Provinzialbibliothek Hannover der Jahre 1933 bis 1944 genannt sind, befinden sich ca. 60 verschiedene Amtspersonen oder Ämter, darunter beispielsweise die Bürgermeister von Bodenfelde, Holzhausen und Lemgo, die Landräte von Holzminden, Springe und Stade, die Oberbürgermeister von Bochum, Essen, Magdeburg und München, die Gauleitungen von Hannover und Lüneburg. Anders als erwartet und im Unterschied zu anderen Bibliotheken erwiesen sich zahlreiche Zugänge seitens dieser Einlieferer allerdings als unkritisch. Es sind Kreis- oder Schulblätter, Haushaltsaufstellungen oder Ausstellungskataloge, neu entstehende Regionalia oder Rechenschaftsberichte, die Bürgermeister, Magistrate, Landräte und andere offizielle Stellen der Bibliothek überwiesen.[24] Die NSDAP, die im Zugangsbuch in verschiedenen Unterorganisationen 1939 erstmals als Einlieferer erscheint, übersandte ähnlich Unverfängliches.[25]

Auch unter den Büchern, die 1937 vom Polizeipräsidium übernommen wurden, gab es offenbar kaum Kritisches. Zwar steht für den 15. Oktober 1937 im Tagebuch des Direktors: »Herr Moeckel [...] mit erster Ordnung der vom Polizeipraesidium aus der dortigen Handbibliothek überwiesenen Bestände beschäftigt. Unter letzteren sind hier nicht vorhandene Pflichtstücke und *beschlagnahmte ältere Broschüren*«.[26] Eine Autopsie der vom Polizeipräsidium übernommenen Bücher und Broschüren legt aber nahe, dass es sich in der Regel um – zum Zeitpunkt der Abgabe – veraltete Teile aus dem Handapparat der Behörde handelte. Die Bücher tragen die Stempel der Königlichen bzw. der Königlich Preußischen Polizei-Direktion oder des Königlichen bzw. Königlich Preußischen Polizeipräsidiums. Interessant ist allerdings, dass sich das Polizeipräsidium im Zuge der behördlichen Abgabe auch einiger »missliebiger« Titel entledigte. Dies betrifft die am 5. Dezember 1938 im Zugangsbuch erfasste, 1883 in Zürich erschienene Schrift von August Bebel *Die Frau*.[27] Das Buch trägt einen kräftigen Rotstiftvermerk »Secr.«. Mit diesem wurde in Hannover sogenanntes »schädliches« Schrifttum markiert.

Die Geschichte dieses, von den Nationalsozialisten für schädlich erklärten Schrifttums ist unter den kritischen Provenienzen in der Gottfried Wilhelm Leibniz Bibliothek bisher am Klarsten zu beschreiben. Zwischen 1934 und 1939 akzessierte die Vormals Königliche Bibliothek 114 solcher Bücher. Acht weitere Titel nennt das Zugangsbuch der Vormals Königlichen und Provinzialbibliothek für die Jahre 1940 und 1941. Lieferant dieser Bücher war die Preußische Staatsbibliothek. Selbige wurde am 28. März 1934 per Erlass des Preußischen Finanzministers zur »Zentralstelle« und zentralen Weiterverteilungsstelle für beschlagnahmte Literatur: Sie übernahm die Versendung dieser Literatur an 30 Universitätsbibliotheken im Reich. Die konkrete Abwicklung oblag Heinrich Feldkamp, dem Leiter der Dublettenstelle der Erwerbungsabteilung der Staatsbibliothek.

Karl Vorländer: *Die Philosophie unserer Klassiker*, GWLB: P 1119. Das Buch wurde im Dezember 1938 als Zugang aus der Preußischen Staatsbibliothek erfasst. Schriften Karl Vorländers galten bei den Nationalsozialisten als »schädlich und unerwünscht«. Ein entsprechender »Secretierungs«-Vermerk wurde auf dem Buchdeckel aufgebracht.

Vorerst konnten 29 der insgesamt 122 übersandten Bücher über den Onlinekatalog oder direkt im Magazin gefunden und autopsiert werden. Das Gros dieser Bücher hat auf Einband oder Titelblatt den oben erwähnten »Secr.«-Vermerk. In manchen Fällen wurde auf diesen verzichtet; dafür ist der Autorenname kräftig rot angehakt. Die in der Regel roten Sekretierungskennzeichnungen finden sich parallel dazu sowohl in den Zugangsjournalen als auch auf den zu den Büchern gehörenden Karteikarten des alten Kapselkataloges.

Der Umgang der wissenschaftlichen Bibliotheken mit »schädlicher« Literatur war offiziell durch Veröffentlichungen im *Börsenblatt* Nr. 112 sowie in *Volksbücherei und Volksbildung* Nr. 1/2 u. 3/4 des Jahres 1933, durch Anweisungen des Oberpräsidenten[28], ab 1935 dann durch Anordnungen des Präsidenten der Reichsschrifttumskammer bzw. durch die von der Reichsschrifttumskammer herausgegebenen *Listen des schädlichen und unerwünschten Schrifttums*[29] vorgeschrieben.

Die Geschichte, vor allem auch die Vorgeschichte der »schädlichen« Bücher, die aus Berlin nach Hannover gelangten, weiter zu klären, wird eine der Aufgaben des zweiten Projektjahres sein. Interessant ist dabei der Vergleich mit anderen Bibliotheken. So erhielten sowohl die Staats- und Universitätsbibliothek Bremen als auch die Staats- und Universitätsbibliothek

Göttingen und die Universitäts- und Stadtbibliothek Köln fast zeitgleich manche der Titel, die in Hannover eintrafen. Allerdings enthalten auch die in Bremen, Göttingen und Köln eingetroffenen Bücher keine identifizierenden Inschriften, Exlibris o. ä. In wenigen Zugängen in Göttingen finden sich Stempel Berliner Leihbüchereien. In anderen Fällen wurden Namen ausgekratzt.[30] Weitere Hinweise ließen sich bisher nicht finden.

Zu den Zugängen von Ämtern, die unbedingt als kritisch zu betrachten sind, gehören weiterhin 18 Titel, die 1943 unter dem Einlieferer Landesfinanzamt Hannover verzeichnet wurden. Wissend um den Umstand, dass das Eigentum deportierter Juden über die Finanzämter verwertet wurde, ist hier von einem ebensolchen Zusammenhang auszugehen. In den Zugangsjournalen der Vormals Königlichen und Provinzialbibliothek sind die Bücher unter dem Buchstaben »A – antiquarische Erwerbung« erfasst. Thematisch behandeln die Bücher die Fächer Geschichte, Philosophie und Recht (je 1 Titel), Staats-/Wirtschaftswissenschaft (2 Titel), Kunst und Literatur (je 5 Titel). Das älteste der Bücher stammt aus dem Jahr 1876, das jüngste ist von 1922. In nur drei Fällen enthalten die Bücher Hinweise auf ihre Eigentümer. Diese drei Fälle verdeutlichen exemplarisch die Möglichkeiten, Schwierigkeiten und Grenzen der auf eine Rückgabe zielenden Provenienzforschung.

Beispiel 1: Unter der Zugangsnummer 859 wurde am 6. September 1943 ein *Chinesisch-deutscher Almanach für das Jahr 1930* erfasst. Auf dem Titelblatt des Almanachs befinden sich zwei jeweils durchkreuzte Stempel: *Ostasiatischer Verein Hamburg-Bremen e.V.* und *M. Rüdenberg/Hannover-Limmer.* Der zweitgenannte Stempel verweist auf Max Rüdenberg, geboren am 9. April 1863, Unternehmer in Hannover, 1916 u. a. Mitbegründer der Kestnergesellschaft, ausgewiesener Kunstsammler insbesondere von Ostasiatica, zusammen mit seiner Familie seit 1933 rassistischer Verfolgung ausgesetzt, am 23. Juli 1942 gemeinsam mit seiner Frau Margarethe ins Konzentrationslager Theresienstadt deportiert, am 26. September 1942 ebenda ermordet. Dank der intensiven Recherchen u. a. von Peter Schulze[31] und Veronica Albrinck konnte der Chinesisch-deutsche Almanach am 20. März 2006 von der Gottfried Wilhelm Leibniz Bibliothek an den in England lebenden Enkel von Max Rüdenberg, Professor Vernon Reynolds, zurückgegeben werden. Dank intensiver Bemühungen von Max und Grete Rüdenberg war es Eva Rheinhold, geborene Rüdenberg, Mitte 1939 gelungen, mit ihren drei Kindern nach London zu emigrieren. Ihr jüngster Sohn Vernon Reynolds machte später als Forscher und Hochschullehrer an der Universität Cambridge Karriere. Am 13. November 2008 wurden in Hannover-Linden, in der Wunstorfer Straße 14, ganz in der Nähe des Wohnhauses der Familie Rüdenberg, zwei Stolpersteine für Margarethe und Max Rüdenberg verlegt, die an diese beiden Opfer nationalsozialistischer Verfolgung erinnern sollen.

Exlibris der jüdischen Journalistin Aenne
Löwenthal (1898 Lage – 1942 Warschau).
Es befindet sich in dem Buch *Gott betet* von
Mechthild Lichnowsky (Leipzig, 1918). Die
Bibliothek erhielt das Buch im September
1943 über das Finanzamt Hannover.

Beispiel 2: Unter der Zugangsnummer 862 wurde am selben Tag von Mechthild Lichnowsky der Titel *Gott betet* aus dem Jahr 1918 erfasst. Dieses Buch
enthält ein Exlibris mit dem Namen Aenne Löwenthal. Das Exlibris ist mit
Bleistift kräftig durchkreuzt, der Namenszug mehrfach durchgestrichen. An
der unteren Kante des Exlibris prangt der Stempel *Niedersächsische Landesbibliothek Hannover Am Archive 1*. Das Exlibris weist das Buch als Eigentum der
am 1. April 1898 in Lage geborenen Journalistin Aenne Löwenthal aus. Bisher
konnte nur wenig zu deren Biografie ermittelt werden. Aenne Löwenthal stand
vermutlich in Kontakt mit den Reformpädagogen Edith Geheeb-Cassirer, Paul
Cassirer und Elisabeth Friederike Rotten, hatte Korrespondenten in Persien,
Japan, Indien und China, arbeitete über die Schauspielerin Louise Dumont.
Eine Kontaktaufnahme zu überlebenden Angehörigen oder Nachkommen von
Aenne Löwenthal ist bisher trotz intensiver Bemühungen nicht gelungen.

Beispiel 3: Ebenfalls vom Finanzamt eingeliefert wurde der Titel des deutschen Juristen Rudolf von Ihering *Der Kampf ums Recht*, erschienen 1910 in Wien, im Zugangsjournal erfasst unter der Nummer 869. Im Vorsatz dieses Buches finden sich Hinweise auf zwei Personen. Erwähnt wird *Fritz Meyer. stud. jur.* Unter dem mit Bleistift durchgestrichenen Namen wurde offenbar später ergänzt: gefallen im Kriege 1914/18. Oberhalb von Fritz Meyer verewigte sich *Kurt Jacobsohn.* Kurt Jacobsohn, dessen Name ebenfalls mit Bleistift kräftig durchgestrichen wurde, findet sich mehrfach in der bereits erwähnten Datenbank der Gedenkstätte Yad Vashem. In keinem Fall jedoch gibt es einen Hinweis auf Hannover. In der bereits erwähnten Publikation von Peter Schulze zu jüdischen Opfern aus Hannover[32] wiederum werden mehrere Jacobsohns genannt, jedoch kein Kurt. Weiterführende Recherchen in Archivalien, welche die Verfolgung der Juden in Hannover dokumentieren, werden hier hoffentlich noch genaueren Aufschluss über die Geschichte von Kurt Jacobsohn geben. Im Niedersächsischen Hauptstaatsarchiv befindet sich eine entsprechende Akte »Übersendung der Vorgänge zur Überwachung des Vermögens des Juden Jacobsohn, Kurt wegen seiner Wohnsitzverlegung nach Berlin« aus dem Jahr 1941.[33]

Neben den Zugängen der Preußischen Staatsbibliothek und denen der Finanzbehörde kristallisiert sich eine dritte kritische Büchergruppe unter den Zugängen der Jahre 1933 bis 1944 heraus. Es handelt sich um Bücher, die zwischen dem 21. Januar und dem 5. Mai 1944 im Zugangsjournal unter dem Einlieferer *Dr. Meyer, Metz/Strbg.* als Geschenke erfasst wurden. Dr. Gerhard Meyer war von 1927 bis 1952 Bibliotheksrat, von 1952 bis 1960 Direktor der Bibliothek in Hannover. Am 26. Oktober 1939 wurde er zum Wehrdienst einberufen. U. a. dank eines Eintrags im Tagebuch des Direktors wissen wir, dass G. Meyer bei der Deutschen Heeresbücherei beschäftigt war.[34] Zum Januar 1942 wurde er *Beauftragter der Heeresbüchereien in Elsaß, Lothringen und Lëtzebuerg.*[35]

Die Deutsche Heeresbücherei wurde im Oktober 1919 in Berlin gegründet. Sie war *die* deutsche Zentralstelle für militärgeschichtliches und wehrwissenschaftliches Schrifttum. Geleitet und verwaltet wurde sie von fest angestelltem, bibliothekarisch ausgebildetem Personal. Dieses rekrutierte sich überwiegend aus Reserveoffizieren und kriegsversehrten Soldaten. Nach Kriegsbeginn entstanden Zweigstellen der Heeresbücherei in Wien und in Prag. 1942 gehörten zum Personal der Heeresbücherei vier Bibliothekare des höheren Dienstes, 19 Bibliothekare des gehobenen Dienstes und vier Magazinarbeiter.[36]

Bei den 135 Titeln, die das Zugangsbuch für Dr. Meyer ausweist, handelt es sich in der überwiegenden Mehrheit um französische, in einigen wenigen Fällen um englischsprachige Bücher. Es sind vor allem Werke der klassischen französischen Literatur: von Balzac (2 Titel), Henry Bordeaux, Alphonse und

Léon Daudet (je 3 Titel), Alexandre Dumas, Gustave Flaubert und Anatole France (je 2 Titel), Victor Hugo (3 Titel), Pierre Loti (4 Titel), Paul Margueritte und Maurice Maeterlinck (je 3 Titel), Prosper Mérimée, Alfred de Musset, E. A. Poe, Roman Rolland, Stendhal und Émile Zola. Einzelne Biografien sind darunter, ebenso Reiseliteratur. Unter den Verlagen befinden sich mit *Les Editions de France* (2 Titel), *Payot* (4 Titel), *Bernard Grasset* und *Ernest Flammarion* (je 5 Titel), *Calman Lévy* (8 Titel) und *Librairie Plon* sowie *Nelson* (je 10 Titel) primär Pariser Verlage. Der älteste Titel erschien im Jahr 1879, der aktuellste 1936. 40 Titel stammen aus den 1930er Jahren und weitere 40 Titel aus den 1920er Jahren. In der Gesamtzahl überwiegen neuere Ausgaben.

Es stellt sich die Frage, auf welcher Grundlage und welchem Wege die Bücher nach Hannover gelangten. Zu den Aufgaben eines Mitarbeiters der Heeresbücherei gehörte offiziell ganz sicher nicht die Versorgung der »Heimatbibliotheken« mit »Büchergeschenken« aus den besetzten Gebieten. So wie der Chef der Heeresbüchereien »das der beruflichen und allgemeinen Bildung dienende Schrifttum dem Heere nutzbar zu machen«[37] hatte, so hatte vermutlich auch das Augenmerk der Beauftragten der Heeresbüchereien auf den Militärbibliotheken zu liegen. Allerdings scheint es mehr als einmal Abweichungen von diesem Aufgabenprofil gegeben zu haben. Verwiesen sei an dieser Stelle auf die Tätigkeit von Hermann Gerstner, der im Februar 1942 als Beauftragter des Chefs der Heeresbüchereien und Leiter der Hauptheeresbücherei nach Belgrad versetzt wurde. Gerstner war beteiligt am Abtransport der Bestände des zuvor »arisierten« Geca Kon Verlags nach Wien; dasselbe traf wohl auf weitere beschlagnahmte, verbotene Literatur zu.[38]

Bei den französischen Büchern, die 1944 in Hannover eintrafen, scheint ein Zusammenhang mit der im Herbst 1940 erlassenen Anordnung an alle Kultureinrichtungen und Vereine in Metz, die französischsprachigen Publikationen ihres Bestandes zu erfassen und in ein Zentrallager zu transportieren, denkbar. Im Verlauf dieser Aktion waren Abertausende von Büchern konfisziert worden. Je nach Inhalt und Erhaltungszustand wurden diese Bücher u. a. an deutsche Bibliotheken versandt.[39] Es ist möglich, dass auch Gerhard Meyer Zugriff auf dieses »Bücherlager« hatte.

Allerdings finden sich in den bisher autopsierten Büchern keine Hinweise auf Metz und Hinweise auf Straßburg sind selten. Es gibt die Ausgabe eines Straßburger Verlags und zwar *L'Allemagne après la débacle* von A. Grot, erschienen bei der *Imprimerie Strasbourgeoise*.[40] In einem weiteren Buch, *Au pied des volcans polaires* von R. Chevallier[41], befindet sich – eingelegt zwischen die Seiten 102 und 103 und beim nachträglichen Buchbinden festgeheftet – eine Urkunde der *Académie de Strasbourg* für Jean Wittmann von 1931. Der Entwurf der Urkunde ist mit G. Kuntzner 1923 unterzeichnet. Bisher ließ sich nicht eruieren, wer diese Personen waren.

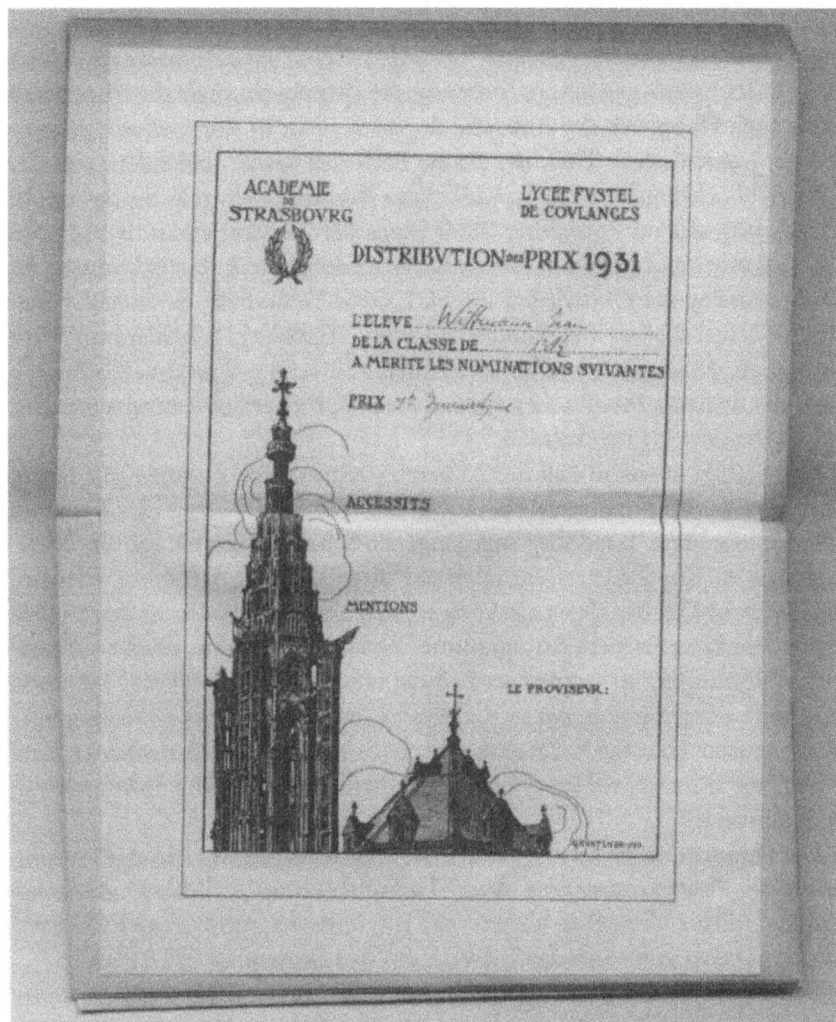

Urkunde der Académie de Strasbourg für Jean Wittmann von 1931, eingeklebt in das Buch *Au pied des volcans polaires* von R. Chevallier. Die Bibliothek erfasste das Buch im Mai 1944 als Zugang aus Metz / Straßburg.

Ein Zusammenhang mit der sogenannten *Liste Otto*, einer Liste politisch verbotener Bücher im besetzten Frankreich, die im September 1940 erschienen
war, scheint dagegen nicht gegeben. Dies ist ein deutlicher Unterschied etwa
zu Zugängen französischer Bücher in die Universitätsbibliothek Marburg. Die
Marburger Universitätsbibliothek erhielt »ihre« französischen Bücher 1943
über die Reichstauschstelle. Darunter befanden sich NS-kritische Werke:
Hitler m'a dit von Rauschning, *Henlein, Hitler* von Karlgren, *L'affaire Röhm-
Hitler* von Jean François. Alle drei Titel waren in der Liste Otto aufgeführt.

Ausblick

Neben der bereits genannten Sichtung der Zugangsjournale der Provinzialbibliothek Hannover, der Autopsie der noch nicht in Augenschein genom-
menen französischen Titel, der Suche nach den bisher fehlenden, von der
Staatsbibliothek gelieferten »schädlichen« Büchern stellt sich für das zweite
Projektjahr, das im November 2009 begonnen hat, vor allem die Aufgabe
der Dokumentation der relevanten Rechercheergebnisse. Hierzu müssen im
Onlinekatalog der Gottfried Wilhelm Leibniz Bibliothek, der zugleich Teil
des Verbundkatalogs der Länder Bremen, Hamburg, Mecklenburg-Vorpommern, Niedersachsen, Sachsen-Anhalt, Schleswig-Holstein, Thüringen
und der Stiftung Preußischer Kulturbesitz (GBV) ist, die entsprechenden
Titeldatensätze ergänzt werden.

Das betrifft in jedem Fall die 22 bereits autopsierten Zugänge aus Berlin
und die 18 vom Finanzamt Hannover überwiesenen Bücher, des Weiteren
alle 131 aus Metz / Straßburg zugegangenen Schriften. Soweit nur die Überlieferung in den Zugangsjournalen auf diese kritische Herkunft verweist,
werden diese Quellen als Anmerkung ergänzt werden. Enthält das Buch selbst
besondere Kennzeichen: Autogramme, Einlagen, Etiketten, Exlibris, Stempel, Widmungen, so werden auch diese erfasst. Dabei soll jener Standard
zugrunde gelegt werden, der in Richtlinien des GBV zur Provenienzerschlie-
ßung empfohlen wird.[42] Er zielt mittels Festlegung und Anwendung ver-
bindlicher Thesauri auf bestmögliche Recherchierbarkeit und Informations-
verknüpfung.

Der Vermittlung praktischer Erfahrungen insbesondere bei der Auffindung
kritischer Provenienzen und deren Dokumentation in Bibliotheksdaten-
banken soll ein Workshop dienen, den die *Initiative Fortbildung für wissenschaftliche Spezialbibliotheken*[43] derzeit für den September 2010 plant.

Das *Vierte Hannoversche Symposium NS-Raubgut in Bibliotheken, Museen
und Archiven*, welches für den 9. bis 11. Mai 2011 in Hannover und Ber-
gen-Belsen vorbereitet wird, wird insbesondere das Wissen über einzelne
Aspekte der Kontextforschung und der Erbensuche erweitern und die Diskussion über den Umgang mit nicht zu restituierenden Büchern vertiefen.[44]
Gerade diese Aspekte der Provenienzforschung berühren sich mit der seit
Jahren von der Kulturwissenschaft vorangetriebenen Gedächtnisforschung.
Folgt man der These, dass die Erinnerung an bestimmte Ereignisse nicht nur
vom individuellen Gedächtnis abhängt, sondern in ein langfristiges kulturelles Gedächtnis übergehen kann, so dürfte die Provenienzforschung zu diesem langfristigen kulturellen Gedächtnis beitragen können. Dabei scheint
jener Ansatz besonders essenziell und generationenverbindend, der mittels
der Erzählung von den verbotenen, beschlagnahmten, geraubten Büchern
und der Biografien ihrer oft nicht nur beraubten, sondern ermordeten Eigen-

tümer jenen kulturellen und menschlichen Reichtum rekonstruiert, in Erinnerung ruft und damit bewahrt, den die Nationalsozialisten zu vernichten
und aus dem Gedächtnis zu tilgen suchten.

1 *Bibliotheken während des Nationalsozialismus,* hg. von Peter Vodosek und Manfred Komo-
rowski. Wiesbaden, Teil I (1989), Teil II (1992) (*Wolfenbütteler Schriften zur Geschichte des
Buchwesens,* Bd. 16). — **2** Hans-Gerd Happel: *Das wissenschaftliche Bibliothekswesen im
Nationalsozialismus. Unter besonderer Berücksichtigung der Universitätsbibliotheken.* München / London / New York / Paris 1989 (*Beiträge zur Bibliothekstheorie und Bibliotheksgeschich-
te,* 1). — **3** Ingo Toussaint (Hg.): *Die Universitätsbibliotheken Heidelberg, Jena und Köln unter
dem Nationalsozialismus.* München u. a., 1989 (*Beiträge zur Bibliothekstheorie und Biblio-
theksgeschichte,* 2). — **4** Vgl. Grundsätze der Washingtoner Konferenz in Bezug auf Kunstwerke, die von den Nationalsozialisten beschlagnahmt wurden. Veröffentlicht im Zusammenhang mit der Washingtoner Konferenz über Vermögenswerte aus der Zeit des Holocaust,
Washington, D.C., 3. Dezember 1998; http://www.lostart.de/nn_5074/Webs/DE/Koordi-
nierungsstelle/WashingtonerPrinzipien.html?__nnn=true (30.12.2009). — **5** Vgl. Erklärung
der Bundesregierung, der Länder und der kommunalen Spitzenverbände zur Auffindung und
zur Rückgabe NS-verfolgungsbedingt entzogenen Kulturgutes, insbesondere aus jüdischem
Besitz vom 14. Dezember 1999; http://www.lostart.de/nn_5074/Webs/DE/Koordinierungs-
stelle/GemeinsameErklaerung.html?__nnn=true (30.12.2009). — **6** Stellvertretend sei *Akri-
bie* – Arbeitskreis kritischer BibliothekarInnen genannt. Vgl. auch die Internetseite zum
Thema *Displaced Books* unter http://www.akribie.org/dedisplbooks.htm (30.12.2009). —
7 Anführen lässt sich beispielsweise die Veranstaltung *Raubgut in Berliner Bibliotheken.* Workshop des Regionalverbandes Berlin-Brandenburg des Vereins Deutscher Bibliothekare am
12. Juni 2006, Berlin: Zentral- und Landesbibliothek 2007. — **8** 2003 organisierte die *Wien-
bibliothek* die erste internationale Tagung zur Restitution von Bibliotheksgut unter dem Titel
Raub und Restitution in Bibliotheken. Vom 25. bis 27. März 2008 veranstaltete dieselbe Bibliothek gemeinsam mit der *Universitätsbibliothek Wien* und in Kooperation mit der *Vereinigung
Österreichischer Bibliothekarinnen und Bibliothekare* und der *Gesellschaft für Buchforschung in
Österreich* die Tagung *Bibliotheken in der NS-Zeit. Provenienzforschung und Bibliotheksge-
schichte.* Am 21. und 22. November 2008 luden die *Université Marc Bloch Strasbourg* und die
Maison interuniversitaire des sciences de l'homme – Alsace zu dem Kolloquium *Livres et biblio-
thèques scientifiques dans les territoires occupés et annexés par l'Allemagne nationale-socialiste.* —
9 Für Deutschland seien hier die drei 2002, 2005 und 2007 auf Initiative der GWLB in Hannover organisierten Symposien *Jüdischer Buchbesitz als Beutegut, Jüdischer Buchbesitz als Raubgut* und *NS-Raubgut in Bibliotheken* genannt; vgl. hierzu auch die Internetseite: http://www.
gwlb.de/aus_und_fortbildung/ns-raubgut/ (30.12.2009). — **10** Als Auswahl seien angeführt
die von Peter Schulze organisierte Wanderausstellung *Seligmanns Bücher. Von der späten Rückgabe des Eigentums jüdischer Flüchtlinge aus Hannover,* die Ausstellungen *Geraubt. Die Bücher
der Berliner Juden* vom November 2008 bis Februar 2009 in der Berliner *Zentral- und Landesbibliothek, Geraubte Bücher … von Marie May Reiss* vom November 2008 bis Februar 2009
in der *Staats- und Universitätsbibliothek Hamburg, Bücherspuren. Das Schicksal von Elise und
Helene Richter und ihrer Bibliothek im ›Dritten Reich‹* vom Januar bis März 2009 in der *Uni-
versitäts- und Stadtbibliothek Köln* und *Eigentümer gesucht!* im Juni und Juli 2009 in der
Staats- und Universitätsbibliothek Bremen. — **11** Unter den Veröffentlichungen der letzten
zwei Jahre ist besonders hervorzuheben: *NS-Raubgut, Reichstauschstelle und Preußische Staatsbibliothek.* Vorträge des Berliner Symposiums am 3. und 4. Mai 2007, hg. von Hans Erich
Bödeker und Gerd-Josef Bötte. München 2008. Das Gros der oben genannten Tagungen und
Ausstellungen wurde ebenfalls von Publikationen begleitet. — **12** Vom 7. bis 9. Dezember

2009 veranstaltete der Wolfenbütteler Arbeitskreis für Bibliotheks-, Buch- und Mediengeschichte in Kooperation mit der Herzogin Anna Amalia Bibliothek der Klassik Stiftung Weimar die Tagung *Wissenschaftliche Bibliothekare im Nationalsozialismus*. Eine Veröffentlichung der dort gehaltenen Vorträge ist nach Information der Organisatoren für 2010 vorgesehen. — **13** Siehe hierzu: http://www.ub.uni-marburg.de/allg/aktiv/Leitfaden.pdf (13.12.2009). — **14** Vgl. *Liste des schädlichen und unerwünschten Schrifttums*, gemäß § 1 der Anordnung des Präsidenten der Reichsschrifttumskammer vom 25. April 1935 bearbeitet und herausgegeben von der Reichsschrifttumskammer. Sie erschien später unter dem Titel *Jahresliste des schädlichen und unerwünschten Schrifttums*. — **15** Die Förderung seitens der Arbeitsstelle für Provenienzforschung, die Gelder des *Bundesbeauftragten für Kultur und Medien* vergibt, läuft für das hier beschriebene Projekt über zwei Jahre. Damit wird eine halbe Wissenschaftlerstelle finanziert. Die Eigenleistung, die die Bibliothek für das Projekt erbringt, besteht in der Betreuung und flankierenden Begleitung des Projekts insbesondere durch die Abteilungen Medienbereitstellung und Medienbearbeitung, die Sachgebiete Titelaufnahme und Foto/Grafik. — **16** Karsten Sydow: »Die Akzessionsjournale der Preußischen Staatsbibliothek«. In: *NS-Raubgut, Reichstauschstelle und Preußische Staatsbibliothek* (s. Anm. 11), S. 86. — **17** Die Zugänge der Provinzialbibliothek fielen geringer aus als die der Vormals Königlichen Bibliothek. Sie lagen bei durchschnittlich 900 Bänden pro Jahr. — **18** Vgl. hierzu Cornelia Briel: »Die Preußische Staatsbibliothek und die Reichstauschstelle als Verteilerinstitutionen beschlagnahmter Literatur. Strukturen, Hypothesen, Beispiele«. In: *NS-Raubgut in Bibliotheken. Suche. Ergebnisse. Perspektiven*. Hg. von Regine Dehnel. Frankfurt/M. 2008, S. 39 sowie dies.: »Zum Verhältnis zwischen Reichstauschstelle und Preußischer Staatsbibliothek in den Jahren von 1934 bis 1945«. In: *NS-Raubgut, Reichstauschstelle und Preußische Staatsbibliothek* (s. Anm. 11), S. 45–83. — **19** Siehe hierzu den Beitrag von Bernd Reifenberg: »Beispiel Marburg: NS-Raubgut in den Büchersendungen von Reichstauschstelle und Preußischer Staatsbibliothek«. In: *NS-Raubgut, Reichstauschstelle und Preußische Staatsbibliothek* (s. Anm. 11), S. 121–134; hier S. 126. — **20** Für die einzelnen Jahre gab es die folgenden Zugänge: 1933: 11; 1934: 70; 1935: 54; 1936: 49; 1937: 19; 1938: 27; 1939: 11; 1940: 21; 1941: 25; 1942: 8; 1943: 12; 1944: 0. — **21** Zugangsnummer 1935.2668; GWLB: E 1070. — **22** Zugangsnummer 1936.665; GWLB: Lg 759. — **23** Für die Universitätsbibliothek Marburg und die Herzogin Anna Amalia Bibliothek wurde dies bereits vorgenommen – mit negativem Ergebnis. Verwendet wurden hierfür die Online-Kataloge *Displaced Books* der UB Marburg und *NS-Raubgut in der Herzogin Anna Amalia Bibliothek*. Siehe hierzu: http://avanti.uni-marburg.de/ub/ ns-raubgut/ sowie http://opac.ub.uni-weimar.de/DB=2.3/ (30.12.2009). — **24** So überweist 1936 der Oberbürgermeister von Hannover die Schrift *Neues Schaffen. Die Hauptstadt Hannover 1935/36*. Im Auftr. der Stadtverwaltung bearbeitet von Th. Arends und O. Ernst. — **25** Das Zugangsjournal der VKB verzeichnet 1939 beispielsweise unter dem Einlieferer »NSDAP, Stade« den Titel *Die NS-Bewegung im Kreis Stade*. Stade 1936. — **26** Vgl. »Tagebuch des Direktors der ›Vormals Königlichen und Provinzial-Bibliothek‹ Hannover«, Folge 34: Mai–Oktober 1937. In: *L.aktiv*, Jg. 8 (NF), Nr. 8 vom 26. Februar 2009. Mit dem Transkribieren der handschriftlichen Notizen ist Ulrich Breden, Mitarbeiter der GWLB, befasst. — **27** *Die Frau in der Vergangenheit, Gegenwart und Zukunft*. Zürich: Verl.-Magazin, 1883; Zugangsnummer 1938.1770; GWLB: S 118,1. — **28** Vgl. hierzu NLA-HStAH, Acc. 2003/060 Nr. 77 Säuberung der Bibliothek von nichtarischem Schrifttum; Leihgeschäft; Amtlicher Leihverkehr; Finanzen; Organisation. — **29** Siehe *Liste des schädlichen und unerwünschten Schrifttums*, Leipzig, 1935–1938 bzw. *Jahresliste des schädlichen und unerwünschten Schrifttums*, Leipzig, 1939–1943. — **30** Die Informationen zu den Lieferungen der Preußischen Staatsbibliothek an Göttingen verdanke ich Dr. Juliane Deinert, Niedersächsische Staats- und Universitätsbibliothek Göttingen. Christiane Hoffrath (Köln) und Dr. Joachim Drews (Bremen) überprüften freundlicherweise die Zugänge der Preußischen Staatsbibliothek für ihre Häuser. — **31** Peter Schulze hat unter anderem die folgende Publikation erarbeitet: *Namen und Schicksale der jüdischen Opfer des Nationalsozialismus aus Hannover*. Hannover 1995. — **32** Ebd., S. 26. — **33** NLA-HStAH, Hann. 210 Acc. 2004/059 Nr. 83. — **34** Vgl. Tagebuch des Direktors, wie Anm. 26, Folge 44: März–Oktober 1941. —

35 Vgl. Tagebuch des Direktors, wie Anm. 26, Folge 45: Oktober 1941 – Februar 1942 sowie Jahresbericht der Vormals Königlichen und Provinzial-Bibliothek über das Rechnungsjahr 1941, NLA-HStAH, Hann. 153, Acc. 2003/060, Nr. 30. Im Jahresbericht hielt May fest: »Der seit Ende Mai 1941 schwer erkrankte Direktor wurde vom 20. Juni bis zum 18. September durch den vom Dienst bei der Wehrmacht (Dt. Heeresbücherei) vorübergehend beurlaubten Bibliotheksrat Dr. G. Meyer vertreten. Dieser wurde nach seiner am 10. Oktober erfolgten Rückkehr in den Wehrmachtsdienst im Dezember d. J. zum Kriegsverwaltungsrat ernannt und übernahm bald darauf das Amt des Beauftragten des Chefs der Heeresbüchereien für Elsaß, Lothringen und Luxemburg.« — **36** Vgl. den Beitrag von Hans-Joachim Genge: »Militärbibliotheken im Dritten Reich«. In: *Bibliotheken während des Nationalsozialismus,* Teil II (s. Anm. 1), S. 169–187, hier S. 183. — **37** Zitiert nach Genge, »Militärbibliotheken« (s. Anm. 36), S. 175. — **38** Ausführlicher hierzu siehe Paul Gerhard Dannhauer, Stephan Kellner: »Hermann Gerstner – ein schriftstellernder Bibliothekar als ›Ariseur‹«. In: *Jüdischer Buchbesitz als Raubgut.* Hg. von Regine Dehnel. Frankfurt/M. 2006, S. 107–119, insbesondere S. 112 ff. — **39** Siehe hierzu: Gernot U. Gabel: »Zwischen zwei Nationen – die Stadtbibliothek Metz 1804–2004«. In: *Bibliotheksdienst,* 39. Jg. (2005), H. 1, S. 16 f. sowie Karsten Sydow: »Die Akzessionsjournale der Preußischen Staatsbibliothek«, in: *NS-Raubgut, Reichstauschstelle und Preußische Staatsbibliothek* (s. Anm. 11), S. 96 und Fn. 33. Beide Autoren nennen die Zahl von 235 000 Büchern. Dr. Wolfgang Freund spricht in seinem im November 2008 in Strasbourg gehaltenen Vortrag *Die Westraumbibliothek in Metz 1940–44: Eine Raubbibliothek in der de facto Annexion de Mosell* sogar von 820 000 Bänden, die zum März 1944 von der Stadtbibliothek Metz »sichergestellt« wurden. Die Berichterstatterin dankt dem Autor herzlich für die Übersendung seines Vortrags. — **40** Zugangsnummer 1944.320; GWLB 44/342. — **41** Zugangsnummer 1944.207; GWLB 44/362. — **42** Vgl. hierzu http://aad.gbv.de/empfehlung/index.htm sowie http://provenienz.gbv.de/wiki/index.php/ Hauptseite (31.12.2009). — **43** Das aktuelle Programm der *Initiative Fortbildung* lässt sich unter dieser Adresse im Internet finden: http://www.initiativefortbildung.de/html/home/ aktuell.html (11.01.2010). — **44** Noch einmal sei an dieser Stelle auf die betreffende Internetseite der GWLB verwiesen: http://www.gwlb.de/aus_und_fortbildung/ns-raubgut/ (31.12.2009).

Anja Heuß

Juristische Verfahren als Form der Erinnerung?
Historische Wahrnehmung und Wiedergutmachung von Kunstraub

Am 1. Oktober 2009 erhielt ich den Auftrag, die Sammlungsbestände der Staatsgalerie Stuttgart und des Landesmuseums Württemberg in Stuttgart auf möglicherweise verdächtige Provenienzen hin zu untersuchen.[1] In jedem größeren deutschen Museum befinden sich Kunstwerke, die aus dem Eigentum von Personen stammen, die in der Zeit des Nationalsozialismus aus rassistischen, politischen oder weltanschaulichen Gründen verfolgt wurden. Sie können direkt in der Zeit 1933–1945 erworben worden sein oder nach dem Ende des Zweiten Weltkrieges auf Umwegen über den Kunsthandel in die Museen gelangt sein. Es genügt jedoch nicht, festzustellen, dass sich das entsprechende Kunstwerk einmal in der Sammlung eines Verfolgten befunden hat. Vielmehr müssen die Umstände, unter denen es verkauft oder beschlagnahmt wurde, nach gewissen historischen und juristischen Kriterien bewertet werden.

Um das historische Umfeld des Geschehens bewerten zu können, müssen aber auch weitere Aspekte berücksichtigt werden. So ist es notwendig, die Sammlungsgeschichte des Museums und die Funktion des Museums in der Zeit des Nationalsozialismus zu untersuchen. Die politischen Rahmenbedingungen, die Persönlichkeit der Akteure, aber auch die gesellschaftlichen und wissenschaftlichen Netzwerke bestimmten ihre Handlungsspielräume. Vor diesem Hintergrund fand die Einbeziehung der Museen in den Prozess der »Arisierung« von Kunstsammlungen statt.

In Stuttgart ist diese Hintergrundrecherche besonders schwierig. Die Akten der beiden o.g. Museen von der Gründung bis 1945 wurden bei Kriegsende durch Bomben und Feuer vollkommen zerstört, ebenso die Akten des übergeordneten Kultusministeriums, die im selben Gebäude untergebracht worden waren.

Ebenso gibt es kaum Akten der Finanzbehörden, Devisenbehörden, der Städtischen Pfandleihe und nur wenige Akten der Reichskulturkammer. Es fehlt daher ebenso die Überlieferung der Behörden, die maßgeblich an der Entziehung von jüdischem Vermögen in Stuttgart beteiligt waren.

Dagegen sind Akten aus der Nachkriegszeit reichlich vorhanden und gut erschlossen. Dazu gehören vor allem die Akten zu Wiedergutmachungsverfahren oder auch die Akten zu Spruchkammerverfahren. In ihren Spruchkammerverfahren führten mehrere Museumsdirektoren und -kuratoren zu

ihrer Entlastung an, dass sie jüdischen Sammlern eine »Unbedenklichkeits-
bescheinigung« für die Ausfuhr ihrer Sammlung gegeben hatten und ihnen
somit die Mitnahme ins Exil ermöglicht hatten.

Um diese Behauptung zu überprüfen, wurden von mir Akten zu Wiedergutmachungsverfahren gesucht, die Kunstsammler jüdischer Herkunft nach
1945 gestellt hatten. Obwohl die von mir gesuchten Personen nachweislich
Kunst gesammelt hatten und auch einen Antrag auf Restitution oder Entschädigung von Vermögenswerten gestellt hatten, fand sich in der Wiedergutmachungsakte in der Regel kein Hinweis auf die Kunstsammlung. Dieses Phänomen findet sich nicht nur bei den jüdischen Sammlern in Stuttgart,
sondern auch in Berlin oder anderen Städten. Woran liegt das?

Jüdische Erben, die heute – über 70 Jahre nach der sogenannten »Macht-
ergreifung« – Ansprüche auf Restitution von wertvollen Kunstwerken stellen, sehen sich entweder dem Vorwurf ausgesetzt, nach dem Ende des Zweiten Weltkrieges bereits eine Entschädigung bekommen zu haben und somit
nicht mehr berechtigt zu sein, das Kunstwerk selbst ausgehändigt zu bekommen. Oder sie werden zunehmend mit dem Vorwurf konfrontiert, seinerzeit keine Ansprüche gestellt zu haben, und damit sich »nicht darum
gekümmert zu haben«. Der Vorwurf des »Sich-nicht-darum-Kümmerns« hat
erst kürzlich dazu geführt, dass ein deutsches Gericht die Restitution der Plakatsammlung Sachs, die sich im Deutschen Historischen Museum Berlin
befindet, abgelehnt hat mit der Begründung, der Erbe habe seit der Wiedervereinigung Deutschlands zu viel Zeit verstreichen lassen, bis er einen Antrag
auf Restitution gestellt habe.[2] Hans Sachs, ein Arzt jüdischer Herkunft, hatte etwa 4000 Plakate gesammelt, die bei Kriegsende als verschollen galten.
Seit der Wiedervereinigung befindet sich diese Sammlung im Besitz des
Deutschen Historischen Museums. Hans Sachs erhielt in den 1960er Jahren
eine Entschädigung für die Sammlung, wohlwissend, dass sich seine Sammlung in der ehemaligen DDR befand. Sein Sohn Peter Sachs verlangte seit
2005 die Rückgabe der Sammlung. Das zuständige Gericht befand im Januar 2010, dass Peter Sachs bereits kurz nach der Wiedervereinigung einen
solchen Antrag hätte stellen sollen.

Besonders im angelsächsischen und amerikanischen Rechtssystem hat die
Bewertung der eigenen Initiative des Geschädigten einen hohen Stellenwert.
Die Frage ist somit restitutionspolitisch nicht ohne Bedeutung. Sie verkennt
jedoch häufig die Umstände, unter denen jüdische Erben zu bestimmten
Zeiten Ansprüche stellen konnten.

Nach dem Ende des Zweiten Weltkrieges spielte der Kunstraub der Nationalsozialisten in der öffentlichen Wahrnehmung eine untergeordnete Rolle.
Angesichts der Tatsache, dass vor den Augen der deutschen Bevölkerung ein
ungeheurer Massenmord stattgefunden hatte, schienen materielle Verluste
zweitrangig. Auch jüdische Eigentümer bzw. ihre Erben mochten sich nach

dem Verlust ihrer Familie nicht immer mit dem Verlust von Kunstwerken auseinandersetzen. Lediglich das sogenannte »Führermuseum Linz«, Hitlers Projekt zur Errichtung eines Supermuseums in seiner Heimatstadt Linz, fand in der deutschen Nachkriegspresse eine gewisse Beachtung.

Die westlichen Alliierten, allen voran der amerikanische Kunstschutz Monuments, Fine Arts and Archives (MFA+A), bemühten sich zwar um die Bergung von Kunstdepots. Sie sammelten sowohl »Raubkunst« als auch Museumsbesitz in verschiedenen Collecting Points in München, Wiesbaden, Marburg und Offenbach und prüften sie auf eventuelle problematische Provenienzen hin. Dabei galt ihr Augenmerk in den ersten Jahren von 1945–1948 vornehmlich der Herkunft aus den ehemals besetzten Ländern, vor allem aus Frankreich, Belgien und den Niederlanden. Kunstwerke, die während der Besatzungszeit dort erworben worden waren, wurden ohne Prüfung der näheren Umstände an die Nachfolgestaaten restituiert, denen es auferlegt wurde, eventuelle Rechtsnachfolger – natürliche Personen oder Institutionen – ausfindig zu machen. Der Raub von Kunstwerken im Deutschen Reich selbst wurde zunächst vernachlässigt, da die gesetzlichen Grundlagen für eine Restitution von Kunstwerken, die vom Geschädigten selbst in den Handel gegeben worden waren, in der amerikanisch wie in der französisch besetzten Zone 1947, in der Britischen Zone erst 1949 geschaffen wurde. Somit wurden Kunstwerke, die im Inland entzogen worden waren, nur dann restituiert, wenn die Geschädigten oder ihre Erben selbst sich darum bemühten.

Nach dem Ende des Zweiten Weltkrieges befand sich der überwiegende Teil der ausgelagerten Kunstwerke auf dem Territorium der amerikanisch besetzten Zone Deutschlands. Gerade in Bayern, aber auch im amerikanisch besetzten Teil Österreichs gab es zahlreiche Depots deutscher und österreichischer Museen, aber auch Depots des sogenannten »Führermuseums Linz«, der Sammlung Hermann Görings und des Einsatzstabes Reichsleiter Rosenberg. Die Unterbringung und Sicherung der Kulturgüter, die Trennung in rechtmäßigen und unrechtmäßigen Besitz sowie die Bedingungen für eine Restitution fielen damit in die politische Verantwortung vor allem der amerikanischen Besatzungsmacht, die daher auch die gesetzlichen Grundlagen für eine Restitution schaffen musste.[3] Innerhalb kürzester Zeit gelang es ihr, mindestens eine Million Kunst- und Kulturgüter an die Nachfolgestaaten der ehemals besetzten Länder zurückzugeben. Diese Restitution erfolgte so schnell und relativ lautlos, dass sie sich im institutionellen Gedächtnis der Museen nicht niederschlug. Dass ihre Vorgänger im Amt häufig »Einkaufsreisen« nach Paris, Amsterdam und Den Haag unternommen und ihre Einkäufe unter besatzungsrechtlichen Bedingungen durchgeführt hatten, wurde völlig verdrängt. Dabei war die Herkunft dieser Objekte, die meist im örtlichen Kunsthandel erworben worden waren,

höchst zweifelhaft. Umgekehrt wurde die Restitution durch die Besatzungsbehörden nach dem Ende des Zweiten Weltkrieges gerne als »Sie-
gerjustiz« abgetan und sogar in den 1990er Jahren wieder als »Kunstraub«
umgedeutet.[4]

Der amerikanische Kunstschutz Monuments, Fine Arts and Archivs, der
für diese Kunstgüter verantwortlich war, hat ein umfangreiches Aktenkon-
volut hinterlassen, das als Ardelia Hall Collection im National Archive in
Washington liegt und als Doppelüberlieferung, allerdings in völlig anderer
Aktenordnung, im Bundesarchiv Koblenz (Bestand B 323: Treuhandver-
waltung für Kulturgut). Diese Aktenbestände waren die Grundlage für die
ersten Publikationen zum Thema »Kunstraub«, die sich folgerichtig auf den
Kunstraub in den ehemals besetzten Ländern beschränkten.[5] Da der amerikanische Kunstschutz kaum Informationen über den Kunst- und Kulturgutraub in Osteuropa, insbesondere in der Sowjetunion, besaß, wurde dieses Thema in den frühen amerikanischen Publikationen stark vernachlässigt.
Diese Lücke wurde erst durch ein Forschungsprojekt der Forschungsstelle
Osteuropa an der Universität Bremen in den 1990er Jahren geschlossen, das
in deutschen, amerikanischen und osteupäischen Archiven systematisch
nach Dokumenten zum Kunst- und Kulturgutraub der deutschen Besatzungsmacht in den Archiven der ehemaligen Sowjetunion suchte.

Die Tätigkeit des amerikanischen Kunstschutzes, so erfolgreich sie auch
war, hatte also auch Schwachstellen: Wenig aufgearbeitet bzw. wahrgenommen wurde der Kunstraub im Deutschen Reich und in Osteuropa. Die Restitutionen von Kulturgütern aus den westlichen ehemals besetzten Ländern
wurden so schnell durchgeführt, dass sie nur im kleinen politischen Kreis,
der sich mit dieser Frage befasste, überhaupt wahrgenommen wurden. Eine
historische Aufarbeitung der Geschehnisse begann erst 50 Jahre später.

Die Tatsache, dass der Kunstraub der Nationalsozialisten, insbesondere
aber die Verwicklung vieler deutscher Museen in den »Arisierungsprozess«,
erst so spät und bisher auch nur ansatzweise erforscht wurde, hat seine Ursa-
che auch darin, dass die politisch Verantwortlichen in den 1950er Jahren
selbst in den Kunstraub verwickelt gewesen waren. 1952 schaltete sich ein
Kreis hochrangiger deutscher Museumsdirektoren in die Diskussion um die
weitere Restitutionspolitik in der Bundesrepublik ein. Zu diesem Kreis gehörte z. B. Carl Theodor Müller, vor 1945 Kurator am Bayerischen Nationalmuseum in München und von 1948–1968 Direktor dieses Museums.[6] Als
die Gestapo in München und Umgebung 59 Kunstsammlungen in jüdischen
Wohnungen beschlagnahmte, war das Bayerische Nationalmuseum einer der
drei Nutznießer und erhielt zahlreiche kunstgewerbliche Objekte, so z. B. die
Silbersammlung von Alfred Pringsheim, dem Schwiegervater von Thomas
Mann. Seine Silbersammlung umfasste über hundert Silberobjekte aus der
Renaissance und dem Barock.[7] Ein weiterer Verantwortlicher war Kurt

Martin, 1934–1956 Direktor der Staatlichen Kunsthalle Karlsruhe, der 1940–1945 zusätzlich »Generaldirektor für die Oberrheinischen Museen« und zugleich »Bevollmächtigter für die Sicherstellung von Kunstbesitz aus volks- und reichsfeindlichem Vermögen im Elsass« gewesen war. Damit war er zuständig für die »Arisierung« jüdischer Kulturgüter im besetzten Elsass sowie die Umstrukturierung der Museen im Elsass nach den politischen Vorgaben des Deutschen Reiches. Ernst Holzinger wiederum, Direktor des Städel'schen Kunstinstituts in Frankfurt 1938–1972, war in der NS-Zeit Gutachter im Auftrag der Oberfinanzdirektion in Hessen gewesen und hatte in dieser Funktion an insgesamt 52 »Judenauktionen« aktiv teilgenommen.[8] Dabei suchte er für das Städel Kunstwerke aus und bot weitere Kunstwerke auch anderen Museen zum Verkauf an. Nicht zuletzt war Franz Graf Wolff Metternich Teil dieses Kreises. Er war von 1940 bis 1942 der Leiter des »Kunstschutzes« im besetzten Frankreich gewesen.[9] Hier nahm also ein Personenkreis Einfluss auf politische Entscheidungen, der zum großen Teil selbst in den Kunst- und Kulturgutraub verwickelt gewesen war. Dieser Personenkreis war an einer gründlichen historischen Aufarbeitung nicht interessiert und versuchte weitere Restitutionen zu verhindern. Allgemein akzeptiert in diesem Personenkreis, aber auch in der breiten Öffentlichkeit war nur die Restitution von Objekten, die beschlagnahmt worden waren. Dagegen wehrte man sich gegen die Restitution von Objekten, die aus dem (angeblich) freien Handel im Deutschen Reich oder in den ehemals besetzten Ländern stammten. Die bereits genannten Kunsthistoriker gehörten zum Teil auch dem Deutschen Ausschuss für die Restitution von Kunstgut an, der seit 1951 existierte und in diesem Sinne Einfluss nahm auf die Vorverhandlungen zum sogenannten »Überleitungsvertrag« 1955.[10]

Zwischen 1949 und 1955 gab die amerikanische Besatzungsmacht sukzessive die politische Verantwortung für die Restitution von Kulturgütern an die Deutsche Regierung ab. Die Restitution von Kulturgütern wurde in Wiedergutmachungsverfahren zwischen den Geschädigten und den Besitzern von Kunstwerken verhandelt. Dabei traten mehrere Faktoren in Kraft, die eine systematische Erfassung des Kunstraubes im Deutschen Reich selbst verhinderten:

1. Wissensverlust:
   Durch den Holocaust war ein Großteil der Personen, die vom Kunstraub der Nationalsozialisten betroffen waren, ermordet worden oder an den Folgen der Entbehrungen im Deutschen Reich oder in der Emigration gestorben. Auch ihre nächsten Familienangehörigen waren häufig dem Holocaust oder dem Zweiten Weltkrieg zum Opfer gefallen; überdies waren persönliche Papiere abhanden gekommen. So setzte bereits in der nächstfolgenden Generation ein Wissensverlust ein, der dazu führte, dass sich der überlebende Teil der Familie gar nicht mehr im Klaren darüber

war, was für eine Kunstsammlung der Vorfahre besessen hatte. Ein besonders erschütterndes Beispiel stellt die Sammlung von Ismar Littmann
(1878–1934) dar. Der Breslauer Rechtsanwalt Littmann hatte bis 1933
etwa 6000 Grafiken und Gemälde des Expressionismus und deutschen
Impressionismus gesammelt. Wegen seiner jüdischen Herkunft verfolgt,
nahm er sich 1933/34 das Leben. Seine Kinder emigrierten in den 1930er
Jahren in die USA und nach Palästina. 1935 war nur noch seine Witwe
Käthe in Breslau, die den Kindern später folgen konnte.
In den 1960er Jahren machten Littmanns Erben zwar Ansprüche geltend,
verfügten aber nicht mehr über alle Unterlagen. Daher konnten sie in
einem ersten Verfahren nur 156 Kunstwerke anmelden, von denen lediglich 6 Werke (die nachweislich beschlagnahmt und zerstört worden waren)
entschädigt wurden. 1965 kam es zu einem zweiten Vergleich wegen der
Entziehung von weiteren 117 Kunstwerken. Bis heute konnte trotz umfangreicher Recherchen nicht geklärt werden, was aus dieser ursprünglich
6000 Werke umfassenden Sammlung geworden ist. Auch in diesem Fall
zeigt die Akte des Wiedergutmachungsverfahrens ein völlig falsches Bild
von Umfang und Bedeutung der Sammlung.[11]

2. Nicht feststellbare Vermögenswerte:
In der Frühphase war es nach dem Alliierten Rückerstattungsgesetz nur
dann möglich, einen Antrag auf Restitution zu stellen, wenn der Vermö-
genswert bzw. der neue Besitzer des Objekts feststellbar war. Dies war bei
Grundstücken und Immobilien leicht zu bewerkstelligen. Bei mobilem
Vermögen wie dem Kunstvermögen war es oft unmöglich, den Aufent-
haltsort und Besitzer des jeweiligen Kunstwerkes in Erfahrung zu bringen. Viele Verfolgte stellten daher nur einen Antrag auf Restitution von
Immobilien, nicht jedoch auf Restitution von Kunstwerken. Erst mit dem
Bundesrückerstattungsgesetz von 1957 war es möglich geworden, nicht
feststellbare Vermögenswerte anzumelden und zumindest eine Entschädigung zu erhalten.[12] In diesem Zeitraum zwischen 1945 und 1957 war
so mancher Geschädigte aber bereits verstorben.

3. Rechtsempfinden:
Die amerikanische Besatzungsverwaltung entwarf mit dem Militärregie-
rungsgesetz Nr. 59 ein Gesetz, das nicht mehr von »Raub«, sondern von
»Entziehung« sprach. Dieser Begriff der »Entziehung«, so verharmlosend
er zunächst klingt, ging weit über den Begriff des Raubes hinaus, denn er
spaltete sich in zwei Entziehungstatbestände, den der *Wegnahme* und den
der *Weggabe*. Der Gesetzgeber berücksichtigte hierbei, dass Juden unter
dem allgemeinen Druck der Verfolgung, sei es durch diskriminierende
Steuererhebungen, sei es durch Berufsverbot oder ähnliches, gezwungen

wurden, ihre Habe zu verkaufen, um den weiteren Lebensunterhalt oder die Emigration zu finanzieren.

Im konkreten Fall bedeutete dies, dass ein Kunstwerk auch dann restituiert werden musste, wenn der jüdische Eigentümer es selbst in den Kunsthandel oder eine Auktion gegeben hatte. Diese Definition von »Raub/Entziehung« widersprach nicht nur den kontinentaleuropäischen Rechtsnormen, sondern auch dem deutschen Rechtsgefühl und rief daher zahlreiche Proteste bei Juristen, im Kunsthandel und bei den deutschen Museumsdirektoren hervor. Bisher ist wenig erforscht, inwiefern jüdische Verfolgte aus demselben Rechtsempfinden heraus zögerten – oder gar nicht auf die Idee kamen – hier Restitutionsansprüche zu stellen. Tatsächlich wurden Kunstwerke dann eingeklagt, wenn ihr Aufenthalt bekannt war (z. B. wenn sie sich in öffentlichen Einrichtungen befanden) *und* wenn sie in klassischem Sinne beschlagnahmt worden waren. Dagegen sind Restitutionsansprüche wegen Kunstwerken, die in die Auktion gegeben wurden, weniger häufig.[13] Geschädigte betrachteten die »Hergabe« von Kunstwerken in den Handel als »rechtmäßiges Geschäft«, da die Form des Druckes, der auf sie ausgeübt worden war, nicht vom Auktionator oder Käufer ausging, sondern von den allgemeinen Verhältnissen. Der Druck wurde hier in einer sehr abstrakten Form ausgeübt.

Fazit: Wiedergutmachungsverfahren waren juristische Verfahren, in denen unter bestimmten Bedingungen bestimmte Vermögensverluste angemeldet werden konnten. Die Bedingungen waren ständigen Veränderungen und Anpassungen unterworfen, so dass es nicht nur eines juristisch geschulten Verstandes, sondern auch einer rechtshistorischen Einordnung bedarf, um die Akte in ihrer historischen und juristischen Begrenztheit zu verstehen. Letzten Endes bietet eine Wiedergutmachungsakte kein vollständiges Bild der Person und ihres Verfolgungsschicksales. Insofern sollten Wiedergutmachungsakten nur im historischen Kontext gesehen werden. Außerordentlich problematisch ist es, den Geschädigten oder ihren Erben zum Vorwurf zu machen, dass sie Kunstwerke erst mehrere Jahrzehnte nach der Entziehung zurückfordern. Denn ein weiterer Faktor spiegelt sich eher selten in den Akten: Unter welchen persönlichen Lebensumständen Verfolgte und ihre Erben die Entscheidung trafen, einen Anspruch zu stellen oder weiterzuverfolgen. Krankheit, Todesfälle, aber auch die Notwendigkeit, Geld für die Schulausbildung der Kinder aufzutreiben, mögen viele ehemalige Kunstsammler bewogen haben, lieber eine schnelle Entschädigung zu bekommen als langwierig und unter hohen Kosten bewegliche Vermögenswerte nach dem Ende des Zweiten Weltkrieges zu suchen.

Viele Museen befinden sich in der unangenehmen Situation, überraschend mit Restitutionsforderungen konfrontiert zu werden. Oft sind sie personell und finanziell nicht in der Lage, die Berechtigung dieser Forderungen angemessen zu prüfen. Die Forderungen legen aber nicht nur den Finger auf möglicherweise unrechtmäßig erworbene Kunstwerke. Die Provenienzrecherchen offenbaren auch, dass in den Museen in der Vergangenheit zu wenig Wert gelegt wurde auf eine Erforschung der Geschichte der Museen, unter Einbeziehung der Zeit des Nationalsozialismus. Durch die Restitutionsforderungen in den 1990er Jahren hat sich damit ein Forschungszweig etabliert, der die Geschichte der Museen und ihrer Akteure näher untersucht, aber zugleich auch die Biografien jüdischer und nichtjüdischer Sammler erarbeitet. Innerhalb der Museen wird durch die Provenienzforschung wieder eine Verknüpfung hergestellt zwischen dem Objekt und seiner Geschichte. Dan Diner hat einmal geschrieben, dass »die Dinge selbst die Male der Ermordeten, der vernichteten Eigentümer gleichsam in sich tragen.«[14] Sie seien zur »eigentlichen Insignie des Geschehens« geworden.[15] An diesen Dingen lässt sich jedoch nicht nur das Schicksal des Sammlers und seiner Sammlung ablesen; günstigenfalls kann man bei der Recherche auch ein ganzes Sammlungskonzept ablesen oder Beziehungen zwischen den Künstlern und den Sammlern wieder rekonstruieren. Solche Erkenntnisse können dem gesamten Museumsbetrieb zugute kommen, da sie wieder in den Ausstellungsbetrieb einfließen können. Insofern zeigt sich, dass dieser für die Museen sehr schmerzhafte und mittlerweile auch langwierige Prozess für die Geschichte und Kunstgeschichte einen größeren wissenschaftlichen Gewinn bringen wird als die schnellen Restitutionen in der unmittelbaren Nachkriegszeit.

Die Restitutionen von Kunstwerken in der Nachkriegszeit führten leider nicht zu einem Erinnerungsdiskurs. Die Geschichte hat gezeigt, dass dies nur mit einem gebührenden generationellen Abstand möglich war. Das Gedächtnis der Sachen zieht nur dann das Gedächtnis der Menschen nach sich, wenn diese bereit sind, sich auf schmerzhafte kollektive Erinnerungen einzulassen. Ist dieser politische Wille nicht vorhanden, folgt der Restitution der Dinge das kollektive Vergessen.[16]

1 Die Stelle wurde von der Arbeitsstelle für Provenienzforschung in Berlin sowie vom Land Baden-Württemberg neu eingerichtet und finanziert. — 2 Die Plakatsammlung von Hans Sachs umfasste über 4000 Werke und befindet sich im Deutschen Historischen Museum. — 3 Vgl. auch Anja Heuß: »Die Restitution von Kulturgütern in Deutschland 1945–1966«. In: Julius H. Schoeps, Anna-Dorothea Ludewig (Hg.): *Eine Debatte ohne Ende? Raubkunst und Restitution im deutschsprachigen Raum.* Berlin 2007, hier S. 15–34. — 4 Solche Vorwürfe wurden 1998 von Sabine Fehlemann, der damaligen Leiterin des Wuppertaler Von-der-Heydt-Museums erhoben. Es handelte sich um Gemälde, die zwischen 1940 und

1942 im besetzten Paris erworben worden waren und nach dem Ende des Zweiten Weltkrieges an Frankreich restituiert wurden. Da die französischen Vorbesitzer nicht ausfindig gemacht werden konnten, verblieben die Gemälde als Staatsbesitz im Louvre. Vgl. auch: Anja Heuß: »Aufstand in Wuppertal. Forderungen des Von-der-Heydt-Museums an den Louvre«. In: *Neue Zürcher Zeitung,* 19.2.1998, S. 36. — **5** In der Reihenfolge ihres Erscheinens: Lynn Nicholas: *The Rape of Europe.* New York 1994. Jonathan Petropoulos: *Art as Politics in the Third Reich.* Chapel Hill 1996. Anja Heuss: *Kunst- und Kulturgutraub. Eine vergleichende Studie zur Besatzungspolitik der Nationalsozialisten in Frankreich und der Sowjetunion.* Heidelberg 2000. Die Dissertation von Anja Heuss beruhte auf Recherchen am Bestand B 323 in Koblenz und bezog die Erkenntnisse der *Forschungsstelle Osteuropa* an der Universität Bremen mit ein. — **6** Zur Gestapo-Aktion und zur Geschichte des Nationalmuseums vgl. Renate Eikelmann: *Das Bayerische Nationalmuseum 1855–2005.* München 2006. — **7** Vgl. Emily D. Bilski: »*Nichts als Kultur« – Die Pringsheims. Jüdisches Museum 2007.* Hier: »Das Schicksal einer jüdischen Sammlung«, S. 30–37. Die weiteren Nutznießer dieser Aktion waren die Pinakotheken und das Städtische Museum in München. — **8** Zur Rolle Holzingers in der NS-Zeit fand am 19.2.2010 ein Symposium im Städel statt. Vgl. dazu die Berichterstattung von Julia Voss: »Und wer weint um die Witwe Nathan?« In: *FAZ,* 22.2.2010. — **9** Zur Rolle Metternichs, die hier nicht ausführlich dargestellt werden kann, vgl. Anja Heuß: *Kunst- und Kulturgutraub* (s. Anm. 5), S. 273 ff. — **10** Der Begriff »Überleitungsvertrag« stellt die damals geläufige Kurzform für den »Vertrag zur Regelung aus Krieg und Besatzung« dar. Die Verhandlungen dazu begannen 1952 und endeten mit der Unterzeichnung dieses Vertrages 1955. Der Vertrag leitete von der Besatzungsverwaltung der Alliierten in die Souveränität der BRD über. Die damals geheimen Protokolle der Verhandlungen 1951/52 befinden sich im Bundesarchiv Koblenz, B 323/512. Vgl. auch Anja Heuß: »Die Restitution von Kulturgütern in Deutschland 1945–1966« (s. Anm. 3), S. 15–34. — **11** Vgl. Anja Heuss: »Die Sammlung Ismar Littmann«. In: Inka Bertz, Michael Dorrmann (Hg.): *Raub und Restitution. Kulturgut aus jüdischem Besitz von 1933 bis heute.* Göttingen 2008, hier S. 68–74. — **12** Der Begriff des Bundesrückerstattungsgesetzes ist insofern irreführend, weil es bei diesem Gesetz nicht um Restitution, sondern um Entschädigung von Vermögenswerten ging. — **13** Eine Ausnahme bilden hierbei die »Warenbestände« jüdischer Kunsthandlungen wie die Galerien Van Diemen, A. S. Drey u. a. Hier wurden Anträge wegen »Verschleuderungsschaden« gestellt. D. h. es wurde nicht recherchiert, wohin die Kunstwerke gewandert waren, sondern es wurde eine Entschädigung gefordert, die die Differenz zwischen tatsächlichem Marktwert und Auktionspreis ausgleichen sollte. — **14** Vgl. Dan Diner: »Restitution. Über die Suche des Eigentums nach seinem Eigentümer«. In: Inka Bertz, Michael Dorrmann: *Raub und Restitution* (s. Anm. 11), hier S. 16–28. — **15** Ebd. — **16** Ebd.

Ines Rotermund-Reynard

Erinnerung an eine Sammlung
Zu Geschichte und Verbleib der Kunstsammlung Paul Westheims

Die Kunstsammlung

»Erinnerung an eine Sammlung«, so lautet der Titel eines Beitrags von Paul Westheim, den dieser 1918 in der von ihm edierten Monatsschrift *Das Kunstblatt* publizierte.[1] Darin erinnerte er sich an eine Kunstsammlung, an »eine klar und überzeugend orientierende Galerie des lebendigsten Kunstschaffens der Zeit«, die durch den Ersten Weltkrieg auseinandergerissen wurde. Westheim nannte nicht den Namen des Sammlers, sprach jedoch von dessen Werken, »einer genialen Auslese«, die »von Cézanne bis Chagall und Klee und Feininger reichte«.[2] Aus der Werkliste, als auch aus den Indizien zum Sammler, lässt sich schließen, dass es sich um den Mannheimer Sammler Sally Falk handelte, der aufgrund des Krieges und aus gesundheitlichen Gründen in die Schweiz gegangen war. Während seiner Abwesenheit geriet sein Geschäft in finanzielle Schwierigkeiten, die ihn zwangen, 1918 einen Großteil seiner Sammlung bei Cassirer in Berlin zu verkaufen.[3] Doch in Westheims Erinnerungen vermischte sich wohl auch der Gedanke an einen anderen passionierten Sammler und Händler, von dem wiederum Sally Falk erst kurz zuvor Bilder angekauft hatte. Alfred Flechtheim hatte – auch aufgrund des Krieges – seine Kunsthändlertätigkeit unterbrechen müssen und nur knapp ein Jahr zuvor, einen wichtigen Bestand seiner Sammlung ebenfalls bei Cassirer in Berlin versteigern lassen.[4]

20 Jahre später, 1937, schrieb Westheim in der *Pariser Tageszeitung* einen Nachruf auf Flechtheim, der im Londoner Exil an einer Blutvergiftung gestorben war.[5] Er unterstrich Flechtheims »Passion für Künstler, für Kunstmenschen, für Bilder« und dessen unermüdlichen Einsatz für die junge Kunst, sei es von Lehmbruck, Léger oder Beckmann, »ehe er geistig abgesperrt wurde« und das nationalsozialistisch regierte Deutschland verlassen musste. Flechtheims als auch Sally Falks Kunstgeschmack hatte für Paul Westheim Vorbildcharakter und wird den Kunstkritiker auch bei der Wahl seiner in der Folge im *Kunstblatt* publizierten Künstler beeinflusst haben.[6]

Der deutsch-jüdische Kunstkritiker Paul Westheim edierte seit 1917 *Das Kunstblatt*, eines der wichtigsten Kunstperiodika der Weimarer Republik und galt als zentrale Vermittlerfigur der Moderne. Seine jüdische Herkunft, aber auch die Tatsache, dass er versuchte einem breiten Publikum das Schaffen der künstlerischen Avantgarde näher zu bringen, machte auch ihn bei den nationalsozialistischen Machtinhabern zum verhassten Intellektuellen. Er floh im August 1933 in die französische Hauptstadt, wohin bereits ein Großteil deutschsprachiger Intellektueller und Künstler emigriert war. Im Pariser Exil schrieb er für diverse Emigrantenzeitungen; er war der Kunstkritiker der einzigen deutschsprachigen Tageszeitung, des *Pariser Tageblatts / Pariser Tageszeitung*, die von 1933 bis Anfang 1940 in der französischen Hauptstadt erschien. Von Paris aus versuchte er sein Publikum über die nationalsozialistische Kulturpolitik aufzuklären, jedoch agierte er auch als interkultureller Vermittler, der die französische Kunst rezipierte und der umfassende Artikelserien über Kunstausstellungen der französischen Hauptstadt verfasste. Zu Beginn des Zweiten Weltkrieges wurde er – wie die meisten deutschen und österreichischen Emigranten – als feindlicher Ausländer in französischen Lagern interniert. Nach seiner Freilassung konnte er Ende 1941 nach Mexiko emigrieren, wo er sich eine zweite Karriere als Kunsthistoriker und Spezialist der prähispanischen Kunst aufbaute.[7]

1960, wiederum mehr als 20 Jahre später, schrieb Westheim aus seinem mexikanischen Exilland, das ihm mittlerweile zur ständigen Bleibe geworden war, erneut einen Artikel über eine Kunstsammlung.[8] Auch dieser Beitrag trug den Titel »Erinnerung an eine Sammlung«. Allerdings erinnerte sich der Autor diesmal nicht an die Sammlung eines anderen, sondern an seine eigenen Bilder, die er vor 1933 in Berlin besessen hatte. Wählte er 1960 ganz bewusst denselben Titel, als er nun von *seiner* Sammlung sprach, die auch – wie bei Sally Falk und Flechtheim – verstreut bzw. verschollen war? Oder spricht der Titel vielmehr von einer unterbewussten Identifizierung mit dem Schicksal avantgardistischer Kunstförderer, die aufgrund des Weltkrieges und den daraus resultierenden wirtschaftlichen Schwierigkeiten Teile ihrer Sammlungen verloren und später – unter den nationalsozialistischen Machtinhabern – nicht mehr nach Deutschland zurückkehren konnten?

Die Bilder moderner Künstler, die Westheim während seiner Berliner Zeit gesammelt hatte, konnte er 1933 nicht mit ins Pariser Exil nehmen. Seinen eigenen Angaben zufolge ließ er sie zunächst zu seinem Freund Camill Hoffmann, dem Dichter und damaligen Legationsrat der Tschechoslowakischen Botschaft bringen. Kurz vor seiner Flucht nach Paris, im Sommer 1933, versteckte er sie dann bei seiner Vertrauten Charlotte Weidler.[9] Wie aus bisher unveröffentlichten Briefen hervorgeht, verband beide eine sowohl professionelle als auch intime Beziehung.[10] Die Entstehung der privaten Kunstsammlung Paul Westheims ist eng mit seiner publizistischen Tätigkeit als Herausgeber des *Kunstblatts* verbunden. Alle Werke, die er als Sammler erwarb, stammten von Künstlern, deren Schaffen er durch seine Zeitschrift dem Publikum nahebrachte. Liest man das *Kunstblatt* Jahrgang für Jahrgang von 1917 bis 1933, so begegnet man fast jedem Kunstwerk der Sammlung des Herausgebers. Westheim hatte sozusagen bereits in den 1920er Jahren seine Bilder an die Öffentlichkeit getragen, – wenn auch inkognito, denn er gab damals die Provenienz der dort abgebildeten Werke nicht als die seine an.[11] Bereits der Eröffnungsbeitrag des *Kunstblatts* ist eine deutliche Kritik an materialistisch-weltlicher Kunst des »Nur-Sehbaren« und gleichzeitig ein Appell an die geistige Dimension der jungen Künstler, die, so Westheim, »ihr Zentrum wieder in sich suchten« und deren Aufgabe es sein sollte, »die Welt von innen zu erobern, alles Seiende aus seinem Wesen, aus der eingeborenen Form heraus zu umfassen«.[12] Diesem Artikel von 1917 fügte er die Abbildung eines *Frauenkopfs* von Wilhelm Lehmbruck bei, ein Torso, von dem der Herausgeber eine Variante besaß.[13] (Abb. 1) Mit dem introvertierten Künstler verband Westheim eine freundschaftliche Beziehung. »Lehmbruck war neben Barlach die große Zukunftshoffnung unserer deutschen Bildhauerkunst (…). Sein Bilden war Erleben des Körperlichen und Umschmel-

Abb 1: Wilhelm Lehmbruck: *Sinnende*, 1913–1914, aus: Paul Westheim: *Wilhelm Lehmbruck*. Kiepenheuer Verlag, Potsdam 1919. Abb. 38. Von dieser Plastik besaß Westheim seinen Angaben zufolge eine Version aus Kunststein.

zen ins Geistige, ins Übersinnlich-Erhabene. Lehmbruck war einer von den ganz echten und ganz großen Mystikern.«[14] Diese Zeilen schrieb Westheim 1919, im selben Jahr erschien seine umfassende Lehmbruck-Monografie, ein Projekt, das Lehmbruck und er zwei Jahre zuvor gemeinsam ins Auge gefasst hatten. Dieses Buch hätte dem Künstler als Ansporn dienen sollen, es wurde ein Epitaph. Wilhelm Lehmbruck war noch im selben Jahr freiwillig aus dem Leben geschieden.

Ein anderer Freund Westheims war der österreichische Maler Oskar Kokoschka. Dem expressionistischen Künstler hatte der Kritiker im Jahre 1918 sein erstes monografisches Buch gewidmet. Im dortigen Vorwort erläuterte Westheim sein Selbstverständnis als Kritiker und Kunstschriftsteller : »Ich möchte dem Schaffenden Helfer sein, Helfer in dem Sinne, daß das geschriebene Wort die Welt, für die er vor allem schafft, die Mitlebenden, die im eigentlichsten Sinne sein Publikum sind, aufrüttele (…)«.[15]

Über Kokoschka hatte er bereits ein Jahr vor dem Erscheinen seiner Monografie einen umfassenden Beitrag im *Kunstblatt* publiziert.[16] Er versuchte nicht nur dessen Malerei, sondern auch den Menschen zu verstehen. »Ohne es zu wollen, steht man, je weiter man in diese Malerei hineinschreitet, immer wieder vor dem Menschen (…). Was Kokoschka vorschwebt, sind ›Allegorien‹, um sein eigenes Wort zu gebrauchen, Sinnbilder, die wie Tafeln der Erkenntnis und des Selbst-Erkennens aufzurichten wären, die wie ein großes, vor aller Augen aufgeschlagenes Buch den Völkern helfen würden, ihr eigentliches, ihr kosmisches Sein zu enträtseln.«[17]

Diesem Beitrag fügte der Autor Abbildungen von Hauptwerken des Künstlers bei, aber auch Reproduktionen von Grafiken und Zeichnungen, darunter Blätter, von denen Westheim mehrere Exemplare besaß.[18] Wie und wann der Kritiker diese Grafikmappen und Bildnislithografien Kokoschkas erstand oder ob der Künstler sie ihm aus Dankbarkeit und Freundschaft vermachte, ist nicht mehr festzustellen. Vom selben Künstler besaß der Kritiker, seinen eigenen Angaben zufolge, auch ein Ölbild, das *Porträt Robert Freund II*, das Kokoschka vermutlich im Jahr 1931 gemalt hatte.[19]

Porträts des Kunstkritikers

Ein weiterer Beweis für die menschliche Nähe zwischen dem Kritiker und den von ihm protegierten Künstlern sind die vielen Porträts, die Westheims Künstlerfreunde von ihm anfertigten. Max Pechstein, Karl Hofer (Abb. 5), Stanislas Stückgold, Oskar Kokoschka, Otto Dix, Ludwig Meidner und Alexander Calder porträtierten den Herausgeber des *Kunstblatts*. Ein erstes Porträt Westheims, das Ludwig Meidner als Lithografie anfertigte, erschien bereits 1917 unter dem nichtssagenden Titel: *Porträt*.[20] Nur Eingeweihte erkannten den Dargestellten. Derselbe Künstler porträtierte erneut den Herausgeber 1920, eine Kreidezeichnung, die Westheim zwei Jahre später selbstbewusst unter dem Titel *Porträt eines Schriftstellers* veröffentlichte.[21] (Abb. 2) Bei dem Porträt, welches Otto Dix von ihm erstellte, entblößte sich der Kritiker ein wenig mehr. 1929, erschien das bereits 1923 entstandene Bildnis, eine Lithografie, unter dem Titel: *Porträt PW.*[22] (Abb. 4) Oskar Kokoschka zeichnete zwei Porträts von Paul Westheim in den Jahren 1918 (Abb. 3) und 1923.[23] Der Porträtierte besaß von diesen Lithografien mehrere Exemplare und veröffentlichte eines der Werke in seinem 1925, gemeinsam mit Carl Einstein, herausgegebenen Buch *Europa-Almanach*. Wiederum erschien die Abbildung unter dem verkürzten Titel: *Porträt PW.*[24]

Das Modellsitzen erlaubte dem Kritiker, die verschiedenen Künstler bei der Arbeit zu beobachten und so deren Schaffensprozesse nachzuvollziehen. Jahre nach dem Zweiten Weltkrieg erinnerte sich Westheim an die vielen Sitzungen bei dem Maler Karl Hofer: »Tagelang ging ich zu ihm ins Atelier. Jeden Tag malte er ein neues Bild. Keines befriedigte ihn. Einmal konnte ich nicht zur Sitzung kommen. Da malte er mein Porträt aus der Erinnerung. Das war das richtige.«[25] Auch dieses Bildnis brachte der Kritiker an das Licht der Öffentlichkeit. Jedoch nicht in seiner eigenen Zeitschrift, sondern in der von seinem Kollegen Karl Scheffler herausgegebenen Illustrierten Monatsschrift *Kunst und Künstler*, wo es 1927 abgebildet wurde.[26] Anlässlich eines Berlinbesuchs Alexander Calders, wo dieser ausstellte, begegnete der Kritiker dem amerikanischen Künstler. »Alles, was in dem Lokal sich sehen ließ, wurde von Calder auf der Rückseite eines Bierfilzes porträtiert (…). Plötzlich kam er auf die Idee, er wolle mich Drahtplastiken. Abschlagen kann unsereiner ja so was nicht (…). Aber wer am Morgen weder um 9, noch um 10, noch überhaupt kam, war Calder. Ich dachte mir, er wirds vergessen haben, als mich ein Bekannter anrief und mir erzählte, in der Calder-Ausstellung bei Nierendorf habe er ein fabelhaftes Porträt von mir gesehen.«[27]

Es war wohl falsche Bescheidenheit, als Paul Westheim 1960 in seinem Erinnerungsartikel an seine Kunstsammlung schrieb: »Bei meiner – gewiß unzeitgemäßen – Abscheu vor persönlicher Propaganda habe ich es nach Möglichkeit vermieden, Kunstwerke aus meiner Sammlung zu veröffentlichen.«[28] Das Gegenteil war der Fall. Auch weitere Werke, die Westheim zu seiner Sammlung zählte, erschienen im *Kunstblatt* oder in anderen Publikationen des Autors.

Ein *Stillleben* von Iwan Puni ließ er dreimal abbilden.[29] 1923 öffnete der Herausgeber seine Zeitschrift dem Kritiker Carl Einstein, der in einer bissig-scharfen Ode die Malerei von Otto Dix propagierte: »Konstrukteure, Gegenstandslose errichteten die Diktatur der Form; andere wie Grosz, Dix und Schlichter zertrümmern das Wirkliche durch prägnante Sachlichkeit, decouvrieren diese Zeit und zwingen sie zur Selbstironie (…). Handwerk

Abb. 2: Ludwig Meidner: *Paul Westheim*, Kreidezeichnung, 1920. aus: *Das Kunstblatt* 6. Jg. (1922), S. 208. © Ludwig Meidner-Archiv, Jüdisches Museum der Stadt Frankfurt am Main

Abb. 3: Oskar Kokoschka: *Paul Westheim*, Kreidelithographie, 1918, Bezeichnung r. u.: Dem lieben Freund Paul Westheim OKokoschka. aus: Wingler/Welz: OKokoschka. Das druckgraphische Werk. Salzburg 1975. Abb. 130, S.123. © Fondation Oskar Kokoschka

Abb 4: Otto Dix: *Paul Westheim*, Lithographie, 1923. aus: Otto Dix. Bestands-
katalog der Galerie der Stadt Stuttgart. Stuttgart 1989. Abb. 195, S. 292. © VG
Bild-Kunst

Abb. 5: Hofer, Karl: *Porträt P. W.* aus: *Kunst und Künstler* 25. Jg. (1927) Heft 9,
S. 352. © VG Bild-Kunst. Westheims Porträt in Öl von Karl Hofer entstand
vermutlich 1925 und gilt heute als verschollen.

und Sachlichkeit stellt Dix gegen Mache und schmieriges Gemüt. Er gibt dem Bürger gestochen den Kitsch zurück; er darf solches wagen, da er sehr gut malt; so gut, daß sein Malen den Kitsch abtreibt, hinrichtet.«[30] Im Anschluss des Beitrags wurde auf eine gerade in Berlin gezeigte Dix-Ausstellung und einen Katalog, der bei Karl Nierendorf erschienen war, hingewiesen. Und auf derselben Seite wurde das 1922 entstandene Bild *An die Schönheit* von Otto Dix reproduziert – das Bild, das Westheim vermutlich im Zusammenhang mit dieser Ausstellung für seine Sammlung erwarb.[31]

Schwierigkeiten bei der Provenienzrecherche

Die hier von uns angewandte Methode, im Vergleich der – dem Wiedergutmachungsantrag von Westheim beigelegten – Werkliste vom Juni 1962 und dem von ihm verfassten Erinnerungsartikel von 1960 mit den in den 1920er Jahren reproduzierten Werken im *Kunstblatt* seine damalige Kunstsammlung zu rekonstruieren, weist jedoch auch Probleme auf. Im aktuellen Kontext der Debatten um Restitution von »NS-verfolgungsbedingt entzogenem Kulturgut«[32] muss darauf hingewiesen werden, dass die Werkliste zum Teil nur sehr ungenaue Angaben zu den einzelnen Kunstwerken liefert, so dass die eindeutige Bestimmung der Bilder, die zu Westheims Sammlung gehörten, in vielen Fällen nicht mehr möglich sein wird. Im Falle eines Heckel-Bildes sollen diese Schwierigkeiten verdeutlicht werden.

Von dem expressionistischen Maler besaß der Kunstkritiker, seinen eigenen Angaben zufolge, zwei Frühwerke. Eines dieser Bilder wird in seiner Eidesstattlichen Erklärung etwas unpräzise als *Landschaft* bezeichnet.[33] In seinem Erinnerungsartikel spricht er von demselben Frühbild Heckels als *Gruppe von Badenden*. Dort schreibt er auch, dass er nach dem Krieg bei dem Künstler um eine Abbildung des Werkes angefragt und dieser ihm mitgeteilt habe, dass eine gleichzeitig entstandene Version im Karlsruhe Museum hinge.[34] Heckel schrieb am 14. März 1959 an Paul Westheim:»Wenn das zweite Bild Ihrer Sammlung von dem Sie schreiben, daß es zuvor Kurt Glaser gehört habe, das ist, von dem ich Ihnen eine Reproduktion beilege, kann ich Ihnen von ihm sagen, daß es erhalten blieb. Aber soweit ich unterrichtet bin ist es aus dem Glaserschen Nachlass direkt an Feilchenfeld gekommen.«[35] Heckel spricht in diesem Schreiben entgegen der Angabe Westheims nicht von einer zweiten Version, legt dem Brief aber eine Abbildung des Karlsruher Bildes bei, woraufhin Westheim auf Heckels Brief handschriftlich mit Bleistift notierte:» 28/3 Bei Karlsruhe muss eine Version sein gleiche Farbgebung (…).«[36] Heute hängt das Bild *Ballspielende (Badende)* in der Staatlichen Kunsthalle Karlsruhe.[37] Die Literatur zu Heckels Werken erwähnt, dass dieses Bild bereits 1955 in Karlsruhe im Rahmen der Ausstellung *Kunst unse-*

rer Zeit gezeigt wurde.[38] Dort wird auch darauf hingewiesen, dass besagtes Bild bereits 1917 im *Kunstblatt* abgebildet worden sei. Und tatsächlich, kurz nach der Veröffentlichung des oben zitierten Artikels von Westheim über Heckel, hatte dieser eben jenes Bild in seiner Zeitschrift reproduziert.[39]

Gab es also zwei Versionen des Bildes? Wenn ja, hatte eine davon, wie nach den Angaben Westheims zu folgern wäre, dem Kunstkritiker gehört? Weitere Recherchen ergaben, dass die Angaben Westheims in dessen Eidesstattlicher Erklärung und in dessen Erinnerungsartikel in Verbindung mit seiner Notiz auf dem Heckelbrief irreführend und im Falle dieses Bildes sogar falsch waren. Eine Anfrage beim Autor des aktuell überarbeiteten Werkverzeichnisses von Erich Heckels Ölbildern ergab, dass Westheim in den 1920er Jahren ein ganz anderes *Bild der Badenden* des expressionistischen Künstlers Heckel besessen hatte.[40] Der Katalog der Ausstellung *Neuere Deutsche Kunst aus Berliner Privatbesitz*, die 1928 in der Berliner Nationalgalerie gezeigt wurde, weist u. a. zwei Bilder Heckels aus dem Besitz Paul Westheims nach. Demnach gehörte dem Kunstkritiker – zumindest zum Zeitpunkt der Ausstellung – das Ölbild *Badende vor Bäumen* (80 x 70 cm), von 1913.[41]

Damit soll nicht gesagt werden, dass sich Westheim bewusst an ein Bild erinnerte, das er nie besessen hatte. Dieses Beispiel macht vielmehr deutlich, wie komplex der Prozess des Erinnerns ist und erlaubt generell die Frage zur Methodik bei Provenienzrecherchen: »Wie wahr sind Erinnerungen?« Aleida Assmann verweist in ihrer Studie zur Erinnerungskultur und Geschichtspolitik auf die »magische Erinnerungskraft, die Objekten und Orten innewohnt«.[42] Im Falle der durch Krieg und Flucht abhanden gekommenen Kunstwerke, an die sich der Autor versucht zu erinnern, ist es wahrscheinlich, dass sich sein Erinnern im Rahmen des »Mich-Gedächtnisses« konstruierte, welches »eher an die Sinne als an den Verstand« appelliert.[43] Das »Mich-Gedächtnis« werde aktiviert, »wenn nach längerer Trennung die externe ausgelagerte Hälfte mit der leiblichen Hälfte wieder zusammengebracht« werde.[44] Assmann unterscheidet zwischen zwei Systemen innerhalb des autobiografischen Gedächtnisses: »das auf bewusster Re-Konstruktionsarbeit beruhende Ich-Gedächtnis und das nicht organisierte und nicht organisierbare vorbewusste Mich-Gedächtnis. Während das erste sich mit signifikanten anderen bildet, wird das zweite durch Interaktion mit Orten und Gegenständen aktiviert.«[45]

Die Reproduktion des Bildes, die der Künstler Erich Heckel dem Kunstkritiker 1959 nach Mexiko sandte, fungierte vermutlich als Auslöser der Erinnerung Westheims, der *sein* Heckelbild 26 Jahre lang nicht mehr gesehen hatte. Anstatt *sich* zu erinnern, *wurde* Westheim durch die Konfrontation mit dem Gegenstand erinnert. Damit will nicht gesagt sein, dass keines der Werke, an das sich Westheim in seinem Artikel erinnerte, eindeutig identifizierbar sei. Es soll hier nur auf das Problem hingewiesen werden, dass sich beim Erinnerungsprozess auch die Authentizitätsfrage stellt. Assmann nennt einen »wesentlichen Aspekt des Erinnerns«, die »permanente Umkodierung von Vorbewusstem in Bewusstes, von Sinnlichem in Sprachliches und Bildliches (…).«[46] Sie vergleicht den Prozess des Erinnerns mit dem Prozess des Übersetzens und verweist darauf, dass »die Operation des Übersetzens von Erinnerungen« immer auch »Veränderung, Verlagerung und Verschiebung« bedeute.[47]

Trotz der genannten Problematik möchten wir an unserem Versuch festhalten, die Kunstsammlung Paul Westheims auf der Basis der vorhandenen Dokumente zu rekonstruieren. Ein weiteres Bild Heckels, das Westheim zu seinem Besitz zählte, ließ dieser 1926 in seiner Zeitschrift abbilden.[48] Die *Geigerin* war ebenfalls ein Frühbild – es wird auf 1912 datiert – und hing wie die *Badenden vor Bäumen* in der Ausstellung von 1928, wo Westheim als Besitzer angegeben wurde.[49] Auch über dieses Bild korrespondierten der Künstler und der Kritiker im Jahre 1959.[50] Westheim bat den Künstler um eine Schätzung des Wertes beider Bilder seiner ehemaligen Sammlung, für die er ein Entschädigungsverfahren eingeleitet hatte. Heckel teilte ihm daraufhin seine aktuellen Preisvorstellungen mit.[51] Diese Korrespondenz verdeutlicht auch, dass Paul Westheim Ende der 1950er Jahre im Rahmen des von ihm eingeleiteten Verfahrens vor allem Vergleichswerte für seine ehemaligen Bilder brauchte, um einen möglichen Wert für die von ihm als verloren geglaubte Sammlung angeben zu können. Damals ging er vermutlich nicht davon aus, dass einzelne Bilder wieder auftauchen würden. Er lebte seit Ende 1941 in Mexiko und hatte nach dem Krieg vergeblich nach einigen seiner Bilder gesucht. Im besagten Erinnerungsartikel schrieb er: »Die Sammlung, an die ich mich erinnere, ist meine, vielmehr ist mal die meine gewesen, denn sie existiert nicht mehr. Sie ist offenbar im letzten Weltkrieg bei einem der Luftbombardements auf Berlin vernichtet worden.«[52]

Auch bei anderen Werken, an die Paul Westheim sich nach dem Krieg zu erinnern versuchte, gibt es aus heutiger Sicht Unklarheiten. So im Falle des Malers Puni, von dem Westheim schreibt, er habe ein Stillleben besessen und auf die hier bereits zitierte Abbildung verweist.[53] Unerklärlich ist dabei, dass er derselben Liste ein Foto eines anderen Stilllebens Punis beilegte.[54] Bei dem Foto handelt es sich um die Reproduktion eines Stilllebens (mit Krug) von 1925, das Westheim bereits im Entstehungsjahr des Bildes im *Kunstblatt* abgebildet hatte.[55] Warum legte er dem Wiedergutmachungsantrag eine Reproduktion eines Werkes bei, von dem er in seiner dem Antrag beiliegenden Eidesstattlichen Erklärung nicht behauptete, es besessen zu haben? Auch in seinem Erinnerungsartikel ist nicht die Rede von einem zweiten Stillleben.[56] Westheim erinnerte sich dagegen an den Kauf eines Klee-Bildes in der Berliner Galerie von Alfred Flechtheim: »Ein Aquarell von Paul Klee entdeckte ich mal in der Galerie Flechtheim; ein Mann, der Klee offenbar nicht verstand, wollte es wieder verkaufen. Es war eine Art Winterlandschaft, weiße, hellblaue Flächensegmente, in die Figuren und Zeichen hineingeschrieben waren. Darüber eine mattleuchtende Mondscheibe.«[57]

Dem Ausstellungskatalog der Berliner Nationalgalerie zufolge besaß der Kritiker zumindest im Jahre 1928 ein Werk Paul Klees mit dem Titel: *Kleines Bild, 1918*.[58] In seinem Wiedergutmachungsantrag wiederum präzisierte Westheim in keiner Weise die Angabe zu diesem Bild. Unter der Überschrift »Etwa 3000 Blatt Aquarelle, Zeichnungen und Graphik« listet er einige Werke mit genaueren Angaben auf, um dann pauschalisierend hinzuzufügen: »Ferner Werke von Kollwitz, Daumier, Grosz, Dix, Schlichter, Nolde, Heckel, Kirchner, Schmidt-Rottluff, Rohlfs, Hofer, Klee, Feininger, Kubin, Léger, Kogan, Marcks, Pascin, Suz. Valadon, Seehaus, Liebermann und vielen anderen Künstlern.«[59] Wenn er sich noch im Jahr zuvor an den Ankauf des Kleebildes erinnerte, warum verzichtete er in seinem Antrag auf eben diese präziseren Angaben, die zur Auffindung und Identifizierung des Bildes hätten beitragen können? Diese Beispiele verdeutlichen, wie schwierig die Rekonstruktion der Kunstsammlung ist. Angesichts der Unstimmigkeiten in den eigenen Aussagen Paul Westheims bedarf es großer Vorsicht hinsichtlich definitiver Provenienzzuschreibungen.

Dennoch ist zu vermuten, dass auch weitere Werke zu seiner Sammlung gehörten, da sie stilistisch und inhaltlich von den Künstlern stammten, für die sich der Kritiker ein Leben lang eingesetzt hatte. Seinen eigenen Angaben zufolge besaß Paul Westheim Werke von Ernst Barlach, von Otto Müller, von Jawlensky, von Rudolf Belling und auch von jungen deutschen Gegenwartskünstlern, die er mit Sonderausstellungen förderte. Im Rahmen dieser Veranstaltungen erstand der Kunstkritiker Werke von Gustav Wunderwald, von Anton Kerschbaumer, von Karl Döbel, von Joachim Ringelnatz, von Karl-Peter Röhl, von Gerhard Marcks eine Plastik einer weiblichen Figur mit dem Titel *Brigitte*[60] (Abb. 9), Werke von Edgar Jené, als auch von Felix Nussbaum und Otto Villwock. Der Maler Ernst Wilhelm Nay wurde von Westheim 1928 persönlich hervorgehoben.[61] In seinem Artikel erwähnte er auch dessen Bild *Beerdigung*, welches er für seine Sammlung erwarb und bereits im Februarheft desselben Jahres in seiner Zeitschrift hatte abbilden lassen (Abb. 6).[62]

Ein *Sitzendes Mädchen* von George Grosz war nicht eindeutig zu eruieren.[63] Von Ernst Ludwig Kirchner besaß der Kritiker ein großes Hochformat, eine *Berliner Straßenszene*. Es ist das einzige Bild, das der Kritiker nach dem Krieg wiedersah.[64]

Bereits Jahre vor seiner Emigration hatte Westheim eine besonders enge Beziehung zu Frankreich und zur französischen Kunst. Er unternahm während seiner Herausgeberschaft des *Kunstblatts* mehrere Reisen nach Frankreich, auf die er mit Sonderbeiträgen über die französische Kunst reagierte.[65]

Abb. 6: Ernst Wilhelm Nay: *Begräbnis*, 1927, aus: Aurel Scheibler: *Ernst Wilhelm Nay*. Werk-verzeichnis der Ölgemälde. Hg. v. Museum Ludwig, Köln 1990. Nr. 35, S. 83. Nay wurde als Talent unter den jungen Gegenwartskünstlern von Paul Westheim entdeckt und geför-dert. In der Menge der Trauergäste ist das Porträt von ihm auszumachen (vordere Reihe, zwei-ter Kopf von rechts). Auch mit diesem Bild ließ sich der Herausgeber verewigen und – wenn auch versteckt – in seiner Zeitschrift 1928 abbilden.

Um größere Kunsteinkäufe in der Seine-Metropole zu tätigen, fehlten dem Kunstkritiker die Mittel. »Auch auf dem alten Kontinent pflegt man Schrift-stellern keine ›fürstlichen‹ Honorare zu zahlen. So hätte ich gern einen Picasso oder einen Braque oder einen Gris gehabt; aber die waren, als ich anfing, schon viel zu teuer«, schrieb Westheim in seinen Erinnerungen.[66] Dennoch erstand er einige kleinere Arbeiten von französischen Künstlern: »Von mei-nen Reisen nach Paris konnte ich ein Aquarell von Léger (aus der Zeit, da er das große Bild ›La Ville‹ malte), ein Aquarell von Lurçat, eine Zeichnung – ein liegender weiblicher Akt – von Suzanne Valadon, der Mutter Utrillos, und eine ganze Reihe Daumier-Lithografien mitbringen (…). In Chantilly – es dürfte 1926 gewesen sein – hatte ich das Glück, bei Wilhelm Uhde den von ihm gerade entdeckten Postbeamten Louis Vivin bewundern und zwei seiner Werke, eines der Notre-Dame-Bilder und einen Zoologischen Gar-ten, erwerben zu können.«[67]

Von seinem alten Malerfreund, dem ehemaligen Brücke-Maler Max Pech-stein vermisste Westheim nach dem Krieg ein Porträtbild, das Pechstein von ihm angefertigt hatte und ein Bild *Badende*. Ein weiteres Bild, welches der Kritiker ursprünglich von Pechstein besaß, hatte dieser bereits 1926, als Andenken an seine im selben Jahr verstorbene Frau, der Nationalgalerie in Berlin geschenkt.[68] Dieses Werk, ein Bildnis von Pechsteins Frau, hatte der Herausgeber bereits 1918 unter dem Titel *Blaue Boa* in seiner Zeitschrift abbilden lassen.[69] In seinem Erinnerungsartikel erwähnt Westheim diese Schenkung. Er präzisierte deutlich, dass er seine Sammlung nicht als finanzielle Investition zusammengetragen habe. »Übrigens habe ich die Sammlung niemals als ›Geldanlage‹ angesehen. 1927, nach dem Tod meiner ersten Frau, hatte ich sie der Nationalgalerie, Berlin, vermacht. Gleichzeitig schenkte ich dem ›Kronprinzenpalais‹ zum Andenken an die Verstorbene ein Bildnis von Max Pechstein, das Portrait seiner Frau.«[70] Nur wenige Zeilen später schrieb Westheim im selben Beitrag: »1931 – die Agonie der Weimarer Republik war schon klar zu erkennen – hatte ich in Vorahnung des Kommenden den Versuch gemacht, die Kunstwerke vor einer Zerstörung durch die Nazis zu sichern (...). Ich ließ dem Museum of Modern Art in New York die Sammlung anbieten. Man lehnte ab, offenbar war man sich damals der Bedeutung dieser Künstler noch nicht bewußt.«[71]

Aber wie konnte Paul Westheim seine Sammlung dem MoMA zum Verkauf anbieten, nachdem er eben diese vier Jahre zuvor der Berliner Nationalgalerie vermacht hatte? Oder hatte er angesichts der politisch immer angespannteren Lage in Deutschland inzwischen seine Meinung geändert? Wie dem auch sei, sein Wunsch war damals, seine Bilder an die Öffentlichkeit zu tragen. Als Herausgeber und Kunstkritiker schuf er den Künstlern die nötige Bühne, um bekannt zu werden. Diese Bilder im Museum zu wissen, bedeutete auch für Westheim die Anerkennung seines eigenen, kunstschriftstellerischen Wirkens.

Das Pariser Exil

Dass der Kunstkritiker Paul Westheim 1933 nach Paris emigrierte, erstaunt nicht. Die französische Hauptstadt wurde in den ersten Monaten nach dem Machtantritt Hitlers zu einem der Zentren der deutschen Emigration.[72] In den Jahren 1933–1939 wurden Paris und der Süden Frankreichs neue Heimstätten der deutschsprachigen Literatur. Gleich nach ihrer Ankunft in Paris wurden die meisten Schriftsteller, Journalisten und Politiker aktiv, das Wort als Schwert im Kampf gegen Hitler. Paul Westheims Zeit als Herausgeber einer großen Monatsschrift war vorüber, jedoch wurde auch er sogleich publizistisch aktiv. Seit Dezember 1933 war er verantwortlich für das Ressort Kunstkritik der einzigen Tageszeitung der deutschsprachigen Emigration der 1930er Jahre, des *Pariser Tageblatts*, später umbenannt in *Pariser Tageszeitung,* für die er bis 1939 regelmäßig berichtete.

Seine kulturpublizistische Tätigkeit aus dem französischen Exil bekam zwei neue Schwerpunkte: Zum einen stand die Stadt Paris im Mittelpunkt, ihr vielfältiges Kunstleben, das von Westheim kritisch beleuchtet und dokumentiert wurde. Zum anderen ließ sein Blick die kulturpolitische Situation

Deutschlands nicht aus dem Auge. Mit Ironie und Zynismus entlarvte er den »neuen Stil« als einen Rückgriff auf provinziell-heimattümelnde Kunst, die sich in naturgetreuer Abbildhaftigkeit eine harmonisierende Weltsicht schuf, die fern eines wahren Realismus Scheinwelten projizierte und somit ohne Schwierigkeiten als Faschisierungsinstrument wirksam wurde.[73]

Am 19. Juli 1937 wurde in München die Ausstellung *Entartete Kunst* eröffnet; eine Propagandamaßnahme des deutschen Regimes zur öffentlichen Brandmarkung der modernen, freien Avantgarde-Kunst.[74] Spätestens seit dem Sommer 1937 rückte das kämpferische Moment in Westheims Artikeln mehr und mehr in den Vordergrund. Aus seinen Kunstkritiken sprach nun vor allem der antifaschistische Kämpfer, der sich mit aller Schärfe gegen die nationalsozialistische Kulturpolitik wandte. Als einer der Hauptinitiatoren engagierte sich Westheim im Freien Künstlerbund. Diese Union des artistes libres organisierte als Demonstration gegen die Münchner Ausstellung eine Gegenausstellung mit Werken eben jener von Hitlerdeutschland verpönten Künstler, die dann im November 1938 unter dem Titel *Freie deutsche Kunst* im Maison de la Culture in Paris gezeigt wurde.[75]

Der Kunstkritiker reagierte in der Pariser Exilpresse stets erstaunlich schnell auf kulturpolitische Ereignisse in Hitler-Deutschland. Keine bisherige wissenschaftliche Untersuchung zur Berichterstattung Westheims aus dem Pariser Exil konnte die Begründung dafür liefern, dass er damals so genau über die oft höchst internen und geheimen Informationen der nationalsozialistischen Kulturpolitik verfügen konnte. Tanja Frank, die als Erste eine Auswahl seiner antifaschistischen Kunstkritiken wiederveröffentlichte, vermutete, dass er mit »in Deutschland verbliebenen Fachkollegen« in Verbindung stand, sie konnte jedoch keine näheren Informationen liefern.[76] Lutz Windhöfel beschränkte sich darauf, Westheims zweite Frau, Mariana Frenk-Westheim, die dieser im mexikanischen Exil kennengelernt hatte, zu zitieren. Diese beteuerte, dass Westheims Kontakte nach Deutschland völlig abgeschnitten waren, »bis auf den großen Unbekannten, der ihn mit Nachrichten über Hitlers Kunst- und Kulturpolitik versorgte.«[77] Auch die Autorin selbst konnte in ihren bisherigen Untersuchungen keine Antwort auf diese Frage liefern, da sie noch bis vor kurzem annahm, dass alle Unterlagen und Dokumente aus Westheims Pariser Zeit, also aus den Jahren 1933–1940, verschollen seien.[78]

Das Moskauer Sonderarchiv

Erst die Erschließung des Teilnachlasses von Paul Westheim, der sich heute im Moskauer Sonderarchiv befindet, erlaubte die Entdeckung des »großen Unbekannten«.[79] Dieses Archiv ist selbst ein Beispiel doppelt geraubten Kulturguts. Es enthält u. a. Nachlässe von Künstlern, Kunstschriftstellern, aber

auch von Redaktionen deutschsprachiger Exilorgane, die sich in den 1930er
Jahren in Paris gegen die nationalsozialistische Herrschaft organisiert und
engagiert hatten. Als die deutsche Armee 1940 Paris besetzte, konfiszierte sie
noch im selben Jahr den Besitz dieser Emigranten und Organisationen und
verbrachte ihn in Archive des Deutschen Reiches auf damals besetztem tsche-
choslowakischem Boden. Gegen Ende des Krieges beschlagnahmte wiederum die Rote Armee große Teile dieser Archive der Nationalsozialisten und
transportierte sie nach Russland. 1946 wurde das Zentrale Staatliche Sonderarchiv der UdSSR eingerichtet. Bis 1990 blieb die Existenz dieses Archivs
streng geheim, die dort verwahrten Unterlagen durften ausschließlich von
Angehörigen des Geheimdienstes MGB und seines Nachfolgers KGB eingesehen werden. 1992 wurde das Sonderarchiv dann erstmals für die Forschung zugänglich, seit 1999 ist es mit seinen 593 Aktenbeständen Teil des
Russisch Staatlichen Militärarchivs.[80]

Der dort aufbewahrte Teilnachlass Paul Westheims umfasst einen umfangreichen Bestand von insgesamt ca. 3500 Dokumenten.[81] Dieser Fonds ist
auch über einen monografischen Ansatz hinaus von großer Relevanz aus
kunsthistorischer Perspektive.[82] Die für unsere Untersuchung zentrale Akte
enthält eine Ansammlung von seitenlangen Briefen, deren Autorin selbst von
den russischen Archivaren nie identifiziert worden ist. Diese Akte wurde von
ihnen mit der Aufschrift »Briefe von unbekannten Personen« bezeichnet.[83]
Die dort enthaltenen Briefe und Postkarten aus den Jahren 1933 bis 1939
stammen ausschließlich aus der Feder der deutschen Kunsthistorikerin Charlotte Weidler.[84] Charlotte Weidler war promovierte Kunsthistorikerin und
seit 1925 als Mitarbeiterin am *Kunstblatt* tätig.[85] Zuvor hatte sie dem Bau-
hausteam von Walter Gropius angehört. Seit 1924 beriet sie, als Vertreterin
für die deutsche Sektion, das amerikanische Carnegie-Institut, das alljähr-
lich internationale Kunstausstellungen in Pittsburgh organisierte.[86]

Zur Rolle von Charlotte Weidler

Wie aus ihren Briefen eindeutig hervorgeht, war sie bereits vor 1933 und
vermutlich bis zum Beginn des Krieges nicht nur Westheims professionelle,
sondern auch intime Freundin und Partnerin. Sie war »die große Unbekannte«, Westheims Geheimagentin, die ihn im Detail darüber informierte,
was in Nazi-Deutschland kulturpolitisch passierte. Charlotte Weidler arbeitete auch noch in den 1930er Jahren für das amerikanische Carnegie-Institut, was ihr wie nur Wenigen erlaubte, das »Dritte Reich« für berufliche
Reisen zu verlassen. Ihre Briefe, die sie zwischen 1933 und 1940 aus Prag,
Kopenhagen, aus der Schweiz und Italien, aber auch unter Decknamen aus
Berlin nach Paris schickte, bilden einen eindrucksvollen und höchst authen-

tischen Zeugenbericht dieser unheilvollen Jahre aus kunsthistorischer Perspektive. So berichtete Weidler im Detail über »Säuberungsaktionen« in deutschen Museen, über die jüdischen Sammler und Kunsthändler, die nach und nach Nazi-Deutschland verlassen mussten, über die Reaktionen der von der neuen Kulturpolitik betroffenen Künstler, über die oft widersprüchliche Haltung der Museumsdirektoren und Kuratoren, aber auch über die Schwierigkeiten, moderne Kunst, von den Nazis als »entartet« diffamiert, aus dem »Dritten Reich« heraus zu schmuggeln oder zu verkaufen.

Darüber hinaus belegen diese Briefe, dass Westheim bis zu seiner Internierung in Frankreich im September 1939, als Journalist und Kritiker in engster Kooperation mit Charlotte Weidler agiert hatte. Seine antifaschistischen Kunstkritiken, die er in der Exilpresse publizierte, basierten nicht nur inhaltlich auf den Angaben seiner Partnerin, er übernahm häufig wortwörtlich Zeilen und ganze Passagen Weidlers und publizierte sie unter seinem Namen.

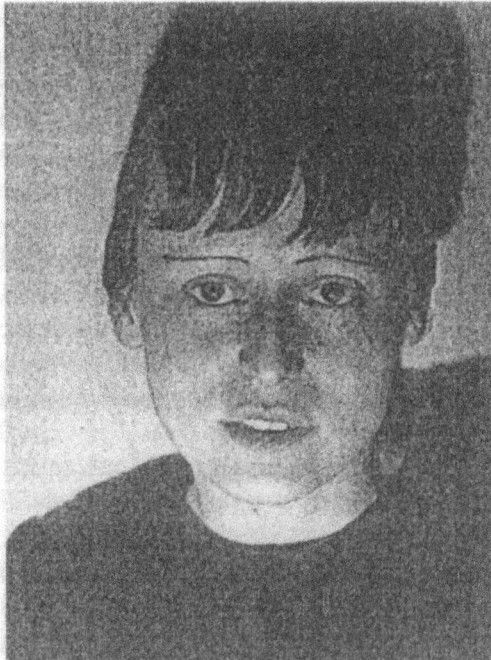

Abb 7: Charlotte Weidler, Photoporträt, aus: Sonderarchiv der Russisch Staatlichen Militärarchive, Moskau, Teilnachlass Paul Westheim, Akte 602-1-7, S. 116. Diese alte Porträtaufnahme befand sich in Westheims Pariser Unterlagen, die zunächst von den Nazis gestohlen und später von der Roten Armee nach Moskau verbracht wurden und heute im dortigen »Sonderarchiv« aufbewahrt werden.

Einen journalistischen Coup landete das Weidler-Westheim-Team mit der sogenannten »Rembrandt-Affaire«. Am 9. Januar 1938 berichtete Charlotte Weidler brandheiß von einer Tagung von Museumsbeamten in Berlin. Dort habe der »Parteigenosse Hansen« einen Vortrag gehalten, in dem er gefordert habe, dass auch die alte Kunst nach »arischen« Prinzipien gereinigt werden müsse und die Bilder des »jüdischen Ghettomalers Rembrandt« nicht in deutschen Sammlungen bleiben könnten. Sie schrieb an Westheim:

»Man habe jetzt endlich die Museen moderner Kunst vom Kulturbolschewismus gereinigt. Nun sei es höchste Zeit, dass die Museen alter Kunst von allem gereinigt würden, das nicht dem nationalsozialistischen Geist entspräche (...). So sei es höchste Zeit, dass Bilder des jüdischen Ghettomalers Rembrandt aus den Sammlungen verschwinden würden. Er konnte nicht weiter reden, ein so grosser Proteststurm erhob sich (...). 8 Museumsleiter, unter Führung von Robert Schmidt vom Schlossmuseum, dann Graf Schenk zu Schweinsberg u. a. erhoben sich und verliessen unter Protest den Raum. Worauf Graf Baudissin ihnen nachschrie: ›Unerhört. Sie wollen wohl ein Flugzeug nachgeschickt haben, damit sie schneller nach Rotspanien kommen! (...)‹.«[87] Weiter berichtete sie, dass die Museumdirektoren, die opponiert hatten, mit ihrer Absetzung zu rechnen hätten und dass diese Entscheidung bereits zur Unterschrift bei Göring vorläge. Wörtlich heißt es bei Weidler: »Wie stehen nun die Museumsleute zu dem Unfug. Zu ihrer Ehre muss gesagt werden, dass sie wenigstens mit etwas Haltung in der Versenkung verschwinden werden.«

Paul Westheim reagierte sofort und konnte schon am 17. Januar 1938 in der *Pariser Tageszeitung* den Artikel »Auch Rembrandt und Grünewald ›entartet‹« publizieren.[88] Inhaltlich umfasst dieser Artikel exakt die Informationen, die ihm Charlotte Weidler mitgeteilt hatte. Westheim formulierte einzelne Passagen um und unterstrich mit seinem ihm eigenen zynisch-schnoddrigen Ton noch die Absurdität des Ereignisses:

»Hansen belehrte die deutschen Museumsdirektoren, dass nicht nur die heutige, sondern auch die frühere deutsche Kunst auf ›Entartung‹ zu untersuchen und gegebenenfalls aus den deutschen Museen zu entfernen sei (...). Wörtlich sagte Herr Hansen: ›Wir lehnen den Ghettomaler Rembrandt ab.‹ Was allerdings bei den zum Schulungskursus befohlenen deutschen Museumsdirektoren lebhafteste Entrüstung hervorrief (...). Sieben oder acht Museumsdirektoren (...) verliessen unter Protest das Lokal. Graf Baudissin, baff über so unerwartete Mannhaftigkeit bei Posteninhabern des Dritten Reichs, rief ihnen in der Erregung noch nach: ›Sie gehören alle in ein Flugzeug, das Sie in Madrid aussetzt!‹ (...). Die Absetzungsverfügungen liegen seit Wochen bei Göring zur Unterschrift (...) Immerhin werden sie mit Ehren in der Versenkung verschwinden, nachdem sie fünf Jahre zu dem ganzen Plemplem geschwiegen haben.«[89]

Diese Berichterstattung, die auch in der Auslandspresse übernommen wurde, löste einen Skandal aus und führte zu einem Parteiverfahren mit dem Ergebnis, dass besagter Walter Hansen aus der NSDAP ausgeschlossen wurde.[90] Auch Klaus Graf von Baudissin verlor sein Amt im Berliner Ministerium und wurde nach Essen zur Leitung des Folkwang Museums zurückgesandt.[91] Paul Westheim verdankte diesen Erfolg wiederum seiner Agentin Charlotte Weidler. Während der kritischen Jahre seines Pariser Exils, wo dieser unter finanziellen Sorgen litt, versorgte sie ihn sowohl geistig als auch finanziell. Zwei Gründe lassen sich aus heutiger Sicht und auf der Basis des nunmehr bekannten Materials dafür angeben: Charlotte Weidler war überzeugte Gegnerin des Nationalsozialismus und kämpfte bis zu ihrer eigenen Auswanderung im Dezember 1939 nach Amerika mit den ihr gegebenen Mitteln gegen die Machtinhaber in Berlin. In einem ihrer Briefe aus Prag vom August 1937, in dem sie Westheim im Detail über die Femeausstellung *Entartete Kunst* berichtete, schrieb sie über ihr politisches Engagement und ihre geheime Berichterstattung: »Leider wagt ausser mir keiner regelmässig und systematisch Nachrichten ins Ausland zu schicken (...). Die Bande bei uns ist ja so feige! Dabei kann es bloss anders werden, wenn jeder einzelne kämpft, so viel er kann. Auch wenn er etwas riskiert! Manchmal tut es mir direkt leid, dass ich dies oder jenes nicht selber veröffentlichen und schreiben kann (...). Aber Du weisst ja, ich lasse es neidlos für Dich. Die Hauptsache ist, dass etwas gegen die Nazis gesagt wird und ihre Schweinereien schonungslos der Lächerlichkeit preisgegeben werden (...). Vielleicht hilft es ein ganz, ganz klein wenig. Vielleicht wird der eine oder der andere von den nach Deutschland reisenden doch stutzig und glaubt nicht an die Potemkinschen Dörfer. Ich möchte mir nie den Vorwurf machen können, tatenlos dieser Barbarei, dieser Unmenschlichkeit und diesen Gemeinheiten zugesehen zu haben. Viel kann ich allein ja nicht tun, aber die kleine Möglichkeit, die ich habe, nutze ich voll aus.«[92]

Der zweite Grund ihres unermüdlichen Engagements war ihre persönliche Beziehung zu Paul Westheim. Ihre Briefe zeugen von dieser hoffnungslosen deutsch-deutsch-jüdischen Liebesbeziehung, die vermutlich an den Jahren des nationalsozialistischen Terrors, des erzwungenen Exils und der endgültigen Trennung durch den Krieg zerbrach. Vor allem in den ersten Jahren sprechen sie von der Sehnsucht nach dem Geliebten. Mehrfach evozierte sie ihre intime Beziehung, wobei sie anfangs noch mit ironischen Anspielungen auf ihre Einsamkeit reagieren konnte. So schrieb sie am 26. September 1933:

»Mein Lieber: Ich danke Dir herzlichst für den Brief. – Glaube mir, ich wäre so gern bei Dir. Mir fällt es so schwer, Dich nicht mehr zu sehen, wann wir wollen, nicht zu Dir zu fahren und nicht einmal telephonieren zu können. Vorläufig sehe ich auch keine Möglichkeit einer Reise nach Paris und sehne sie doch so sehr herbei (...). Du fehlst mir auch sonst und ich werde wohl direkt Nachhilfestunden nehmen müssen. So kommt man aus der Übung! In alter Liebe zärtliche Küsse Herzlichst L.«[93]

Trotz der politischen und finanziellen Schwierigkeiten besuchte Charlotte Weidler mehrmals ihren damaligen Partner in Paris.[94] Mehrfach sprach sie von ihrem ehemaligen Zusammenleben vor Westheims Emigration nach Frankreich. Noch im Jahre 1938 schrieb sie von ihrem Wunsch, ihm nach Paris zu folgen, um erneut gemeinsam mit ihm zu leben. Sie hatte in der Zwischenzeit versucht, sich als Fotografin zu spezialisieren und träumte davon, mit dem Schreibenden Westheim komplementär zu arbeiten. In einem Brief aus Prag heißt es:

»Wie wäre es schön, wenn wir uns das einteilen könnten. Du mit Deinem Sitzfleisch machst die Artikel und ich die Fotos.«[95]

Charlotte Weidler lebte in den 1930er Jahren mit ihrer kranken Mutter und ihrer Schwester in Berlin, was vermutlich auch erklärt, dass sie Hitler-Deutschland nicht schon früher verließ. Außerdem erlaubte ihr ja die Carnegie-Arbeit noch zu reisen und die im Exil lebenden Emigranten zu kontaktieren und zu informieren. In Prag traf sie regelmäßig mit Oskar Kokoschka zusammen, mit dem sie auch gemeinsam Briefe an Westheim schrieb.[96] (Abb. 8)

Die Kunsthistorikerin Weidler hatte eine Reichspressekarte und somit Zugang zu den meisten offiziellen Kulturveranstaltungen in Deutschland. Sie sammelte ein Maximum an Informationen und schrieb, sobald sie im Ausland war. In einem Brief vom Dezember 1934 aus Alassio (Italien) heißt es: »In Deutschland notierte ich in Englisch unverfängliche Stichworte und jetzt schreibe ich alles. Ich hoffe, dass Du manches davon wirst brauchen können.«[97] Wenn sie von Berlin oder anderen deutschen Städten an Westheim schrieb, so immer in einer vermutlich vorab mit ihm vereinbarten Geheimsprache. Westheims schriftstellerische und journalistische Tätigkeit wurde dann als »Laboratoriumsarbeit« bezeichnet. Auch signierte sie die Berliner Briefe mit »Bruder Hans« – Westheim hatte keinen Bruder namens Hans – oder sandte sie an seinen Decknamen »Paul Lambert«, allerdings mit derselben Pariser Adresse.[98]

Wie sie in einem Ihrer Auslandsbriefe verdeutlichte, schrieb sie nie auf ihrer eigenen Schreibmaschine, sondern auf Maschinen verschiedener Bibliotheken oder Archive, um bei potenziellen Besuchen der Gestapo nicht verdächtigt zu werden. Wie groß die Gefahr für sie und ihre Angehörigen war, wird aus einem Brief vom April 1938 deutlich, den sie aus Zürich nach Paris sandte: »(...). Bei mir war wieder einmal Haussuchung. Natürlich allerlei Denunziationen, Anzeige durch die Reichspressekammer, ich könnte den Ariernachweis nicht bringen, da russ. Abstammung, nachsuchen, ob vielleicht Beweise über jüd. Herkunft feststellbar und dann das Gefährlichste, man ›prüft‹ Deine früheren Berliner Verbindungen, Mitarbeiter etc. und kam dabei auch auf mich. Das kann schlimm werden (...). Jetzt würde nach Brie-

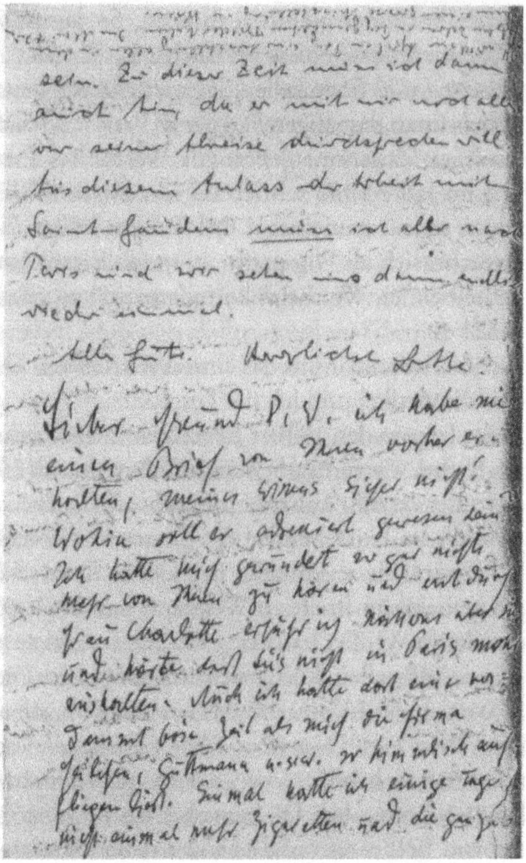

Abb. 8: Charlotte Weidler und Oskar Kokoschka schrieben gemeinsam aus Prag an Paul Westheim in Paris. In diesem Brief vom 25. Januar 1937 erwähnte Kokoschka seinen Wunsch, nach Amerika zu emigrieren. Briefseite mit Handschrift von Charlotte Weidler und Oskar Kokoschka, aus: Sonderarchiv der Russisch Staatlichen Militärarchive, Moskau, Teilnachlass Paul Westheim, Akte 602-1-2, S. 96. © Zentralbibliothek Zürich für Oskar Kokoschka.

fen etc. gesucht. Natürlich nichts gefunden (…). Jetzt wollen Sie wissen, ob ich Dich in Paris gesehen habe und warum ich solange ohne Geld blieb. Ob ich in Paris vielleicht ›Honorare‹ bekommen hätte. Sie fragten so scheinbar harmlos, ob ich in vielleicht franz. Zeitschriften Artikel untergebracht hätte (…). Dann sagte man, es läge noch mehr vor, ein Verfahren wäre eingeleitet und ich habe nach meiner Rückkehr sofort zur Gestapo zu kommen. Das kenne ich nun. Wenn erst einmal so ein ›Verfahren‹ eingeleitet ist, wird man mürbe gemacht, aus einem Prozess erwächst der nächste und so sitzt man auf viele Jahre, wenn es nicht anders ausgeht. Dagegen will ich mich wehren. Wie ist schwer. Einfach fliehen, hier bleiben, kann ich nicht. Die Schweiz würde mich herauswerfen. Wie bekomme ich eine Aufenthaltserlaubnis. Falls man mir den Pass abnimmt und ich sehen muss, ohne Pass über die Grenze zu kommen, was brauche ich bei Euch für Papiere? (...) Die Gestapo hat die Gewohnheit die Angehörigen festzunehmen oder unter Druck zu setzen, falls man rechtzeitig flüchtet. Meiner Mutter würde sofort die Pension gesperrt etc. Da ich beide nicht mitnehmen kann, darf ich sie nicht in Gefahr bringen. Es gibt einen Ausweg, der für Frauen möglich ist. Eine Scheinheirat (...). Nur das kann mich retten, dann tun sie meinen Angehörigen nichts. Als sogen. Heiratsgut bekomme ich auch ohne Schwierigkeit Bücher, Bilder etc. frei und ohne Schwierigkeit heraus. Dann ist nichts verloren (...).«[99]

Die Verkäufe der Kunstwerke

Charlotte Weidler riskierte nicht allein ihr Leben, weil sie Westheim geheime Informationen aus den Kulissen der nationalsozialistischen Kulturpolitik lieferte. Eine wohl ebenso große Gefahr bestand für sie in der Aufbewahrung seiner Kunstsammlung. Wie aus ihren Briefen deutlich hervorgeht, hat sie während der kritischen Jahre zwischen 1933 und 1939 alles getan, um seine unter den Nazis verbotenen und als »entartet« erklärten Werke zu retten, d.h. sie außer Landes zu bringen und zum Teil auch zu verkaufen. Westheim selbst hatte seine damalige Partnerin beauftragt, Teile seiner Sammlung zu veräußern, damit er als mittelloser Emigrant in Paris zu Geld kam. In ihren Briefen aus Berlin spricht sie nur verklausuliert von den Versuchen, die Bilder Zwischenhändlern zum Verkauf anzubieten. Die Kunsthändler wurden als »Stoffhändler« bezeichnet und die Werke als »Stoffmuster«.[100] Bereits im April 1935 konnte sie von dem Verkauf des Klee-Bildes aus Westheims Sammlung berichten: »Der Mann nimmt den Klee. Leider nur 120.«[101] Noch im Juni desselben Jahres berichtete sie von einem Angebot für weitere Werke aus Westheims Sammlung, darunter auch die Büste von Wilhelm Lehmbruck, die sie bereits seit März 1935 versuchte, zu verkaufen.[102]

Um dem Verbleib Westheim'scher Werke auf die Spur zu kommen, bedarf es oft einer aufwändigen Entschlüsselung der kodierten Geheimsprache, derer Weidler sich in ihren Berliner Briefen bediente. Eine Postkarte, die sie am 9. Dezember 1937 unter dem Decknamen »Paul Lambert« an Westheim sandte, macht dies deutlich: »Mein Lieber: Brigitte ist nun doch noch auf die Hochzeitsreise gegangen. Ihr Gepäck wurde mit 700 Mark versichert. Also das ist nun in Ordnung. Unser Freund Müller hat eine Erholungsreise angetreten. Zwar nur ins Rheinland; aber ich hoffe, dass der Arzt ihn gesund bekommt.«[103]

Unter diesen scheinbar banalen Zeilen entpuppen sich bei genauerem Hinsehen aufschlussreiche Informationen. Vergleicht man nämlich die Werke der Westheim'schen Sammlung mit den Worten Weidlers, dann lichtet sich plötzlich auch der doppelte Boden der hier zitierten Zeilen. Denn Westheim besaß, wie erwähnt, eine Plastik von Gerhard Marcks, die den Titel *Brigitte* trug.[104] Auch hatte er seinem Wiedergutmachungsantrag eine Abbildung

Abb. 9: »Brigitte ist nun doch auf die Hochzeitsreise gegangen.« Charlotte Weidler berichtete in kodierter Sprache aus Berlin, dass sie diese Skulptur von Gerhard Marcks für Paul Westheim hatte verkaufen können. Gerhard Marcks: *Brigitte*, Plastik um 1930. aus: *Das Kunstblatt* 14. Jg. (1930), S. 262.

dieses Werkes beigelegt. Dort erwähnte er jedoch nicht, dass er in den 1930er Jahren Charlotte Weidler beauftragt hatte, eben auch diese Skulptur zu verkaufen. Denn ihre Zeilen können mit größter Wahrscheinlichkeit nur bedeuten, dass sie die *Brigitte* für 700 Mark hat veräußern können.

Und »Freund Müller's Erholungsreise« kann wiederum nichts anderes bedeuten, als dass das Bild, das Westheim vom Brücke-Maler Otto Müller besessen hatte, endlich Weidlers Berliner Versteck verlassen konnte und – so lässt zumindest der inhaltliche Kontext all ihrer sonstigen Briefe vermuten – wenn nicht verkauft, so doch in die Hände eines Kunsthändlers gekommen sei, der vermutlich potenzielle Kunden für das Bild hatte.[105]

Unsere Vermutung hinsichtlich des Verkaufs der *Brigitte*-Plastik bestätigt sich dank Westheims eigener Angaben. In einer anderen Akte des Moskauer Teilnachlasses befinden sich handschriftliche Aufzeichnungen des Kunstkritikers. Darunter mehrere Seiten mit Angaben zu finanziellen Einnahmen und Ausgaben aus den Jahren 1937–1939. Und dort findet sich der als Einnahme verzeichnete Eintrag: »Marcks 700 M«, also die Bestätigung, dass er das Geld für dieses Kunstwerk in Paris erhalten hatte.[106] Darüber hinaus finden sich Hinweise auf weitere Verkäufe seiner Werke. So notierte Westheim den Eingang von »2.865 ffrs.« am 16. Juni 1937 »für Vivin/Lehmbruck«. Wie wir wissen, hatte er zwei Zeichnungen von Louis Vivin und die genannte Büste des deutschen Bildhauers Wilhelm Lehmbruck besessen. Aus den Briefen Weidlers konnten wir entnehmen, dass diese seit 1935 versucht hatte, Käufer für die Büste zu finden und dann vermutlich 1937 damit Erfolg hatte. Auch den zweiten Vivin verkaufte sie für Westheim für den Preis von 150 Mark.[107] Auch diesen Betrag notierte Westheim als Eingang in seiner Liste.[108] Seine Kontoführung zeigt jedoch vor allem, dass er das Carnegie-Gehalt von Charlotte Weidler verwaltete, die ihrem amerikanischen Arbeitgeber angekündigt hatte, ihre Schecks auf Westheims Namen auszustellen. Der stellvertretende Direktor des Carnegie Instituts bestätigte diese Anweisung in einem Brief an den Kunstkritiker vom 3. Juli 1937: »Dear Mr. Westheim: This is in reply to your letter of June 22 in which you enclosed a check for $ 220,70 made out to Dr. Weidler, with the request that it be made out in your name. You will find enclosed a new check for the same amount made payable to you (…). I regret we made out the original check to Dr. Weidler (…). We now know that hereafter the checks for her are to be made payable to you and sent to you in Paris. Faithfully yours, John O'Connor, Jr. Assistant Director (…).«[109]

In Westheims Pariser Unterlagen befinden sich diverse Gehaltsrechnungen von Charlotte Weidler, die diese von Carnegie erhielt und offensichtlich von Paul Westheim aufbewahren ließ. In einem undatierten Brief von ihr schrieb sie aus Zürich: »Geld wird wie immer an Dich überwiesen und dürfte Ende April kommen.«[110] In seinen Listen vermerkte Westheim auch einige Besuche seiner Partnerin in Paris. So notierte er »Lotte (Paris)« vom 14/11 bis zum 15/12 im Jahr 1938.

Aus einem anderen Brief Weidlers wird deutlich, dass sie Westheim sogar zu neuen Werken verhalf, um diese für ihn zu verkaufen. Im Januar 1938 schrieb sie ihm aus Prag, wie sie sich bei ihrem gemeinsamen Freund Oskar Kokoschka für ihn eingesetzt hatte.

»Koko ist empört wie man Dich in London reinlegte (…). Ich sprach u. a. mit ihm auch über Verkaufsversuche hier und anderswo Deiner Sammlung. Koko möchte Dir dadurch helfen und seine Freundschaft für Dich beweisen, dass er mir Zeichnungen für Dich gab. Ich soll sie mit den andern für Dich verkaufen. Es sind wunderbare Blätter. 2 sehr eindrucksvolle Köpfe, dann noch ganze Figuren. Im ganzen 5 Blätter. Ich finde es sehr schön von ihm, dass er Dir helfen möchte. Er möchte genau wie ich, dass Du nicht das Gefühl hast, allein und verlassen zu sein. In Berlin werde ich die Blätter photographieren, ehe ich sie wegschicke und Dir die Fotos schicke, damit Du wenigstens etwas davon hast (…)«.[111]

Eines seiner bedeutendsten Werke konnte Charlotte Weidler unter großen Schwierigkeiten retten und außer Landes bringen lassen. Es handelte sich um das große Ölbild von Ludwig Kirchner *Zwei Frauen auf der Straße* von 1914.[112] (Abb. 10) Ebenfalls im Januar des Jahres 1938 schrieb sie Westheim aus Prag: »Das Bild von Kirchner ist unterwegs nach London. Ich habe es als erstes raus geschafft, da es durch eine Ungeschicklichkeit von Buchholtz auch einmal von der Kammer beschlagnahmt war, und erst nach vieler Mühe freikam (…). Mitgenommen nach London hat es Carl Ludwig Franck als Umzugsgut. Er war ein Pölzigschüler und bekam Arbeitsverbot. Mehr Bilder konnte er nicht nehmen, da er eine Unzahl von Bildern seines Vaters Philipp Franck herausschmuggelte. Es war sehr komisch. Der ganze Umzug bestand fast nur aus Bildern!«[113]

In England bewahrte es Westheims Freund, der Maler und Schriftsteller Fred Uhlman, bei sich auf.[114] Er behielt das Bild bis in die 1950er Jahre bei sich in England und sandte es dann nach Mexiko. Es ist das einzige Werk der Sammlung, das Westheim nach dem Krieg hat wieder sehen können. In einem Brief aus dem Jahre 1963 an den Kunsthistoriker Will Grohmann unterstrich dieser die Bedeutung des Bildes, von dem er sich nun nicht mehr trennen wollte. »Lieber Grohmann! (…) Ich selbst werde das Bild nie verkaufen, aber einmal vielleicht die, die es erben werden … Ueber 20 Jahre musste ich es vermissen und war sehr glücklich, als ich es endlich hierher nach México schicken lassen konnte.«[115]

Wie vermutet verkaufte Westheims zweite Frau und Erbin, Mariana Frenk-Westheim, das Kirchner-Bild Jahre nach dem Tod des Kunstkritikers an die Kunstsammlung Nordrhein-Westfalen in Düsseldorf, wo es noch heute hängt und dem Publikum zugänglich gemacht wird. Wie viele Werke aus West-

Abb 10: Ausschnitt des Ölbildes von Ernst Ludwig Kirchner: *Frauen auf der Straße*, 1914, aus: Donald E. Gordon: *Ernst Ludwig Kirchner*. Mit einem kritischen Katalog sämtlicher Gemälde. München 1968. Abb. 58, G 369. Charlotte Weidler hatte das Bild aus Nazi-Deutschland nach England schicken lassen. Es ist das einzige Bild der Sammlung, das Westheim nach dem Krieg wiedersah. »Ich selbst werde das Bild nie verkaufen«, schrieb er an Will Grohmann.

heims Sammlung noch vor Kriegsbeginn verkauft wurden, ist nicht endgültig festzustellen. Aus den Briefen Weidlers geht hervor, dass diese einen potenziellen Käufer für Heckels *Geigerin* hatte.[116] Auch die Plastik *Erotik* von Belling scheint sie für Westheim veräußert zu haben.[117] (Abb. 11) Bereits 1935 hatte sie eine Lehmbruck-Zeichnung und eine aquarellierte Radierung desselben Künstlers an den Berliner Kronprinzenpalais verkaufen können.[118] Ihren Zeilen nach zu urteilen stand sie in Verhandlungen um das *Bildnis des Dr. Freund II* von Oskar Kokoschka, als auch um Zeichnungen desselben Künstlers und Barlachs.[119] Paul Westheim selbst warb für den Verkauf sei-

Abb 11: Rudolf Belling: *Erotik*, 1920. Aus: Winfried Nerdinger: *Rudolf Belling und die Kunstströmungen in Berlin 1918–1923 mit einem Katalog der plastischen Werke*. Berlin 1981. Abb. 46, S. 81. Westheim besaß seinen eigenen Angaben zufolge eine vergoldete Version dieser Holzplastik.

nes Kokoschka-Gemäldes in Paris. Anlässlich der Ausstellung *Freie Deutsche Kunst*, die im November 1938 im Maison de la Culture stattfand, veröffentlichte er eine Anzeige in der von ihm herausgegebenen Zeitschrift *Freie Kunst und Literatur* mit den Worten: »Kokoschka-Gemälde. Zweite Fassung des von der Gestapo zerschnittenen Porträts zu verkaufen. Anfragen an die Redaktion«.[120] Für die Bilder der französischen Künstler, die Westheim zu seiner Sammlung zählte, versuchte seine Agentin den Prager Kunsthändler Hugo Feigl zu gewinnen.[121]

Die Kriegsjahre

Charlotte Weidler hatte es geschafft, einige Monate nach Kriegsbeginn Nazi-Deutschland zu verlassen. Ihre Briefe an Paul Westheim über die damaligen deutschen Verhältnisse endeten mit ihrer eigenen Ausreise im Dezember

1939 in die USA. Paul Westheim erging es – nach sechsjährigem Aufenthalt
als »réfugie politique« – wie den meisten deutschen Hitlergegnern und Emigranten: Mit Beginn des Zweiten Weltkrieges, im September 1939, wurden
sie aufgerufen, sich unter militärischer Autorität in sogenannten Sammellagern, »camps de rassemblement«, einzufinden, wo über ihr weiteres Schicksal entschieden wurde. Obwohl vom französischen Staat als politische Flüchtlinge anerkannt, nützte der juristische Status den meisten Emigranten – die
wie Westheim nicht einmal mehr die deutsche Staatsbürgerschaft besaßen –
nur wenig. Offiziell galten sie ab dem 1. September 1939 als feindliche Sub-
jekte, »sujets ennemis«.[122] Ab Mitte September 1939 wurde auch der Kunstkritiker interniert und zunächst in das Lager Francillon in der Nähe von Blois
gebracht.[123] Die These Windhöfels ist somit nicht aufrechtzuerhalten, der
schreibt, dass Westheim »bis mindestens März 1940 weiterhin in Paris« arbeitete und »keine Internierung« befürchtete.[124] In Wirklichkeit verbrachte er
bis zu seiner definitiven Befreiung, Anfang Dezember 1940, zehn Monate –
mit Unterbrechungen – in verschiedensten französischen Internierungslagern, zum Teil unter katastrophalen Lebensbedingungen.[125] Aufgrund der
schlechten medizinischen Versorgungslage verlor er während seiner Internierung ein Auge, da seine Glaukom-Krankheit nicht behandelt wurde. Einige letzte verzweifelte Versuche Charlotte Weidlers, ihn zu erreichen, belegen
die letzten Briefe und Postkarten, die sie in gebrochenem Französisch noch
an Bord ihres Überseedampfers auf dem Weg nach New York schrieb: »Mon
cher: il y avait un miracle. Je pouvais sortir et je suis en route pour l'Amé-
rique (…). Mon cher, c'était dur savoir rien de toi. Je pense beaucoup et
j'espère beaucoup que nous pouvons rester ensemble un beau jour. Tous mes
désirs pour toi. Je t'embrasse (…). Aussi pour moi les derniers mois etaient
un temps de diable (…) le travail européen de l'Institut Carnegie est fini jus-
qu'il y a un très beau jour – la paix (…). Je pouvais échapée avec 4 Dollars
et un petit bagage à la main. On verra (…).« [sic][126]
Eine Postkarte, die sie am Tag ihrer Ankunft in Amerika schrieb, adressierte
sie ins Lager Francillon mit den Worten: » (…) espérant que cette année sera
mieux et nous pouvons rester ensemble. Je pense à toi (…).«[127] (Abb. 12/13)
   Die beiden sollten sich nicht mehr wiedersehen. Dank der Intervention
französischer Freunde und des American Rescue Commitee, das in Marseille unter der Leitung des Harvard-Studenten Varian Fry eine Reihe von Künstlern und Intellektuellen vor dem Zugriff der Nationalsozialisten – und der
mit ihnen kollaborierenden französischen Polizei – rettete, konnte der Kunstkritiker Ende 1941 mit einem Visum nach Mexiko emigrieren.[128]
   Der mittlerweile 55-jährige Kunstkritiker war erneut mittellos und wieder
buchstäblich sprachlos, da er des Spanischen nicht mächtig war. Und dennoch bewirkten bereits die ersten Tage nach seiner Ankunft in Mexiko einen
profunden Wandel in ihm, der sich entscheidend auf sein zukünftiges Schaf-

Abb. 12: Am 26. Dezember 1939 schrieb Charlotte Weidler am Tag ihrer Ankunft in Amerika an Paul Westheim, der seit September 1939 im französischen Internierungslager Francillon als »sujet ennemi« festsaß. Postkarte von Charlotte Weidler an Paul Westheim vom 26. Dezember 1939, aus: Sonderarchiv der Russisch Staatlichen Militärarchive, Moskau, Teilnachlass Paul Westheim, Akte 602-1-4, S.65.

Abb. 13: Vorderseite derselben Postkarte, auf der Weidler erneut ihre Hoffnung äußerte, mit Paul Westheim zusammen zu bleiben.

fen auswirken sollte. Bereits nach einigen Tagen führten ihn Mitglieder des Flüchtlingskomitees in das Archäologische Museum. Erstmals sah sich Westheim Exponaten der altmexikanischen Kunst gegenüber. Als er auf die Straße trat, sagte er: »Dieses ist ein Land, in dem ein Kunstmensch leben kann.«[129]

Westheim kehrte Deutschland endgültig den Rücken. Er gab zwar noch einige Artikel in der deutschsprachigen Exilpresse Mexikos neu heraus, aber im Zentrum seiner Betrachtung stand nun mehr die altmexikanische Kunst.[130] Bis zu seinem Tod im Jahr 1963 widmete sich der Kunstschriftsteller der Ästhetik der prehispanischen Kultur und publizierte sieben Bücher und zahlreiche Artikel zum Thema.[131]

Doch in Mexiko fand Westheim nicht nur ein neues Thema für seine Forschungen, er begegnete auch einer neuen Frau. Bereits 1942 lernte er Mariana Frenk in dem von Emigranten gegründeten Heinrich-Heine-Klub kennen. Die gebürtige Hamburgerin, die bereits 1930 mit ihrem ersten Mann, Doktor Ernst Frenk, nach Mexiko emigriert war, arbeitete als Übersetzerin und Schriftstellerin und übertrug in den folgenden Jahren alle von Westheim verfassten Manuskripte ins Spanische. 1959, nach dem Tod ihres ersten Mannes, heiratete sie Paul Westheim, nur knapp vier Jahre vor dessen Ableben. Und so wie Westheim zuvor auf Charlotte Weidlers Kooperation gebaut hatte, so konnte er nun, dank Mariana Frenk, seinen Platz in der Kulturszene Mexikos finden. Denn ohne ihre Vermittlung zu Persönlichkeiten der mexikanischen Presse- und Verlagswelt und vor allem ohne ihre hoch qualifizierten Übersetzungen wären die Publikationsmöglichkeiten für ihn unmöglich geblieben.[132] Zwar lernte er Spanisch zu lesen, »(…) aber sprechen! Westheim war ein Antitalent für Sprachen«, erinnerte sich seine spätere Frau Mariana Frenk. Auch Westheims Schriftsprache blieb Deutsch: »Viele der letzten Manuskripte sind in dem, was ich eine Mischsprache nenne, geschrieben«, sagte seine Frau. »Ihm fiel plötzlich eine spanische Version ein, die jedoch nur für mich bestimmt war. So schrieb er zehn Sätze auf Spanisch und fiel dann zurück ins Deutsche.«[133]

Dass Marianas professionelle Beziehung zu dem Kunstkritiker schon sehr bald auch eine persönliche wurde, vermutete nicht nur ihre Tochter aus erster Ehe, Margit Frenk, die sich an die regelmäßigen Besuche ihrer Mutter bei Westheim erinnert.[134] Auch die bisher unbekannten Briefe des Kunstkritikers, die dieser an seine spätere Frau Mariana schrieb, zeugen von dieser engen, familiären und vertrauten Beziehung.[135]

War der Kontakt zu Charlotte Weidler, die inzwischen in New York lebte, von heute auf morgen abgebrochen? Nach Westheims eigenem Bekunden stand er mit ihr bis Kriegsende in schriftlichem Kontakt. 1959 schrieb er an Hans Maria Wingler: »Bis 1945 hatten wir eine lebhafte Korrespondenz. Als ich nach Kriegsende nach dem Verbleib meiner Sammlung fragte, wurde von ihr die Korrespondenz abrupt abgebrochen.«[136] Erstaunlicherweise sind diese Briefe, die also zwischen 1940 und 1945 zwischen ihm und Charlotte Weidler, gewechselt wurden, nicht auffindbar. Sie befinden sich weder in dem Hauptnachlass Westheims in der Berliner Akademie der Künste, den diese von Westheims Frau, Mariana Frenk-Westheim, erhalten hatte, noch befinden sie sich bei den Erben Westheims, den Kindern Mariana Frenks aus erster Ehe, in Mexiko.[137] Was war aus den verbliebenen Bildern geworden, die Charlotte Weidler während des Krieges in Deutschland hatte zurücklassen müssen?

Das Entschädigungsverfahren

Der Kunstkritiker hatte 1952 von Mexiko aus ein Entschädigungsverfahren in der damaligen Bundesrepublik Deutschland eingeleitet.[138] 1953 erhielt er eine Vorschusszahlung für den erlittenen »Schaden im beruflichen Fortkommen«. Die Bearbeitung seines Antrags zog sich über mehrere Jahre hin. Ab Ende 1957 erhielt er eine Rente (rückwirkend bis 1953) als Ausgleich für den »Schaden im beruflichen Fortkommen«. Das Entschädigungsverfahren für »Schaden an Vermögen« dauerte an. Von 1955 bis 1959 akzeptierte Westheim die Vergleichsvorschläge von Zahlungen für den Verlust seiner Wohnungseinrichtung, einen Teil seiner Bibliothek und die ihm entgangenen Tantiemen. Sein Antrag auf Entschädigung für den »Verlust einer Kunstsammlung und Bibliothek« wurde am 4. Juli 1960 mit folgender Begründung abgelehnt: »(...) Der Antragsteller gibt an, dass er die Kunstsammlung und Bibliothek vor seiner Emigration zu Frau Charlotte Weidler habe bringen lassen. Nach deren Auswanderung seien die Kunstgegenstände und die Bibliothek in der Obhut von Frau Melitta Weidler verblieben, die sie später beim Bergungsamt Berlin untergestellt habe, soweit sie nicht in ihrer Wohnung durch Ausbombung vernichtet worden seien. Der Magistrat der Stadt Berlin, Finanzabteilung (...) hat dem Antragsteller auf seine Anfrage am 26. August 1946 mitgeteilt, dass Bilder der von ihm bezeichneten Art nach dem Zusammenbruch nicht mehr vorgefunden worden sind. Die Bilder haben sich also erst in der Obhut der Damen Weidler, später in behördlicher Obhut befunden. Da nach dem Zusammenbruch Feststellungen über den Verbleib der Sachen nicht mehr zu treffen waren, muss angenommen werden, dass diese durch die Kriegsereignisse untergegangen sind. Insoweit würde es sich um einen Kriegsschaden handeln und nicht um einen Schaden durch nationalsozialistische Gewaltmassnahmen. Dies gilt auch für die Sachen, die bei der Ausbombung von Frau M. Weidler vernichtet worden sind. Sollte jedoch eine Beschlagnahme und Entziehung der Reste der fraglichen Sammlung und Bibliothek erfolgt sein, so wäre der Antrag gemäss § 5 BEG zurückzuweisen, da er seiner Rechtsnatur nach unter die Rechtsvorschriften zur Rückerstattung feststellbarer Vermögensgegenstände fallen würde. Der Antrag war daher als unbegründet zurückzuweisen.«[139]

Paul Westheim gab sich mit diesem Beschluss nicht zufrieden, er beauftragte seine Anwälte, sich erneut an das zuständige Amt zu richten. 1962 wurde seine Akte vom Wiedergutmachungsamt eingefordert, denn dieses Amt war zuständig für die Rückerstattung von Vermögenswerten, die den Verfolgten geraubt oder entzogen wurden, sprich den sogenannten »feststellbaren Vermögenswerten«. Diesem Antrag legte er die besagte Werkliste und die Fotos bei, die hier mehrfach zitiert wurden und die – wie erwähnt – zum Teil nur höchst ungenaue Angaben zu seinen Kunstwerken enthielten. Versuchte er tatsächlich die Kunstwerke identifizieren zu lassen oder hoffte er vielmehr – vor allem angesichts seines fortgeschrittenen Alters – auf eine rasche Entschädigung, z. B. in Form eines Vergleichs, wie bei den anderen Anträgen geschehen? Oder ging er davon aus, dass einige seiner ehemaligen Werke wieder auffindbar wären, glaubte er also an die These einer Entziehung? Oder glaubte er der Version, die ihm vermutlich Charlotte Weidler und dessen Schwester berichtet hatten, dass nämlich die in Berlin verbliebenen Kunstwerke bei der Bombardierung der Stadt zerstört worden seien?[140]

Kriegswirren

Die Schwester von Charlotte Weidler, Melitta Weidler, die in Deutschland geblieben war und vermutlich das, was von Westheims Sammlung übrig war, als auch die Bildersammlung ihrer Schwester während des Krieges bei sich aufbewahrte, machte auf Anfrage der Anwälte Westheims zum Verbleib der Bilder in einem Schreiben vom 22. Mai 1959 folgende Aussage: »Am 1.3.43 wurde ich in der Stenzelstr. ausgebombt. Bilder, die ich noch aus der Wohnung retten konnte, hatte ich in dem Keller (…) unterhalb der Singakademie Berlin, Unter den Linden, untergestellt. Meiner Erinnerung nach gehörte dieser Bunker zum daneben stehenden Finanzministerium. Er war mir als besonders sicher empfohlen worden. Er war mit Koffern, Bildern, Teppichen usw. vollkommen angefüllt. Ich hatte alle Bilder aus dem Keilrahmen genommen und sie zu einer großen Rolle gerollt. Ich kann Ihnen aber nicht angeben, welche Bilder bereits in der Wohnung verbrannt waren (…) am 24. August 1944 verliess ich Berlin (…). Meine erste Reise nach dem Krieg nach Berlin war Mai 1948 (…). Bei meinem damaligen Besuch in Berlin habe ich sofort nach den Bildern geforscht, aber bereits damals waren die Bergungsämter schon aufgelöst. Weitere Angaben kann ich nicht machen.«[141]

Aus ihren Worten wird nicht deutlich, ob sie von den Bildern Westheims sprach oder allgemein von der Bildersammlung, die sie für ihre Schwester aufbewahrt hatte. Denn wem gehörten wann noch welche Bilder? Tatsächlich tauchten nach dem Krieg einige Bilder, die Westheim ursprünglich zu seiner Sammlung zählte, wieder auf. Sowohl einige der Werke, die Charlotte Weidler bereits vor dem Krieg für Westheim veräußert hatte, aber auch zwei Bilder, die sie selbst, Jahre später, über Kunsthändler verkaufte und die heute in deutschen Museen hängen. Das Stillleben von Iwan Puni *Nature morte à la bouteille blanche* (1922), das Westheim ursprünglich besessen hatte, gehört heute zur Sammlung der Berlinischen Galerie. Diese hat das Bild im Rahmen einer Teilschenkung von Hermann Berninger, dem Autor des Oeuvre-Katalogs von Puni, erhalten. Hermann Berninger hatte das Bild über die New Yorker Leonard Hutton Galleries erstanden, die es wiederum bei Charlotte Weidler erworben hatten.[142] Das Bild *An die Schönheit* von Otto Dix verkaufte Charlotte Weidler über den Kunsthändler Dr. Ewald Rathke. Dieser hatte sie Ende der 1960er Jahre gemeinsam mit Siegfried Adler, dem Mitarbeiter der Kölner Kunstgalerie Anne Ables, in New York besucht. Rathke nahm das Dix-Bild mit nach Deutschland. »Ich habe nicht eine Sekunde danach gefragt, ob es ihr auch gehörte«, sagt Rathke. Inzwischen war jedoch Siegfried Adler in Mexiko bei Mariana Frenk-Westheim gewesen, von der er das Kirchner-Bild aus der Sammlung Westheims kaufte, das dann nach Düsseldorf kam. Rathke, konfrontiert mit der Eigentumsfrage, vermittelte zwischen beiden Frauen. Er verkaufte das Bild an das Wuppertaler Van der Heydt-Museum und zahlte je die Hälfte des Betrags sowohl an Charlotte Weidler als auch an Mariana Frenk-Westheim. Wem das Bild damals tatsächlich gehört habe, sei heute nicht mehr klärbar, so Rathke.[143]

Ein drittes Bild aus Westheims ursprünglicher Sammlung, *Beerdigung*, ein frühes Ölbild Ernst Wilhelm Nays, wurde Jahre nach dem Tod von Charlotte Weidler, Ende der 1980er Jahre, von der New Yorker Galeristin Yris Rabenou an die Witwe des Künstlers, Elisabeth Nay-Scheibler, verkauft. Rabenou hatte das Bild vermutlich von Charlotte Weidler geerbt. Mariana Frenk-Westheim, die mit Elisabeth Nay-Scheibler gut befreundet war, war so glücklich über den Fund ihrer Freundin, dass sie es ihr überließ und keine Restitutionsansprüche stellte.[144]

Hatte Paul Westheim seiner ehemaligen Partnerin zum Dank für ihren Einsatz während der 1930er Jahre Werke vermacht? Und dies womöglich zwanzig Jahre später, also zum Zeitpunkt seines Wiedergutmachungsantrags, verdrängt oder bereut? Oder hatte sich vielmehr Charlotte Weidler einige seiner Werke angeeignet, nachdem sie feststellen musste, dass ihr ehemaliger Geliebter und Partner nicht zu ihr zurückkam? Hatte sie – einer Grusche der Bilder gleich – die Kunstwerke für sich behalten, in der Überzeugung, dass diese nur durch ihren persönlichen Einsatz vor der Konfiszierung der Nationalsozialisten gerettet wurden, den Krieg überstanden und somit in gewisser Weise ihr gehörten?[145] Wie erwähnt, sind die Briefe der beiden aus den 1940er Jahren, die das Ende ihrer Beziehung belegen könnten, nicht auffindbar. Was an Dokumenten zugänglich ist, ist der brüchige Boden der Erinnerungen, die sich zum Teil widersprechen.

Kritische Anmerkungen zu aktuellen Publikationen zum Thema

Der Name Charlotte Weidlers taucht seit einiger Zeit innerhalb der Debatte um Restitution von Raubkunst in den Medien und in mittlerweile drei erschienenen Buchpublikationen wieder auf. Weidler wird in diesen aktuellen Veröffentlichungen stark diskreditiert und fast ausschließlich als Täterin hingestellt, die wissentlich und geplant Kunstwerke während des Krieges unterschlagen habe, um sie danach als ihr Eigentum zu veräußern.[146] Der Nachlassverwalter von George Grosz, Ralph Jentsch, spricht in einem Presseartikel höchst polemisch von einer der »größten Kunstbetrügereien der Nachkriegszeit«.[147] Er schreibt, dass Charlotte Weidler nach 1963 Werke aus Westheims Sammlung »systematisch zum Kauf« angeboten habe, ohne präzise zu benennen, um welche Werke es sich handelte. Seine Behauptungen werden nur selten mit Quellen belegt und Angaben von Daten sind zum Teil falsch oder widersprüchlich.[148] Die Provenienzforscherin Monika Tatzkow hat dagegen den Moskauer Teilnachlass Westheims eingesehen. Tatzkow präzisiert die Rolle von Charlotte Weidler und verweist auf ihre mutigen Versuche, Bilder aus Westheims Sammlung während der Naziherrschaft zu verkaufen, aber auch sie vermeidet, die intime und berufliche Beziehung der beiden zu erwähnen und hebt vor allem das unlautere Verhalten Weidlers nach dem Krieg hervor.[149] Es ist bedauerlich, dass ihre ausführliche Studie zu diesem Thema keine präzisen Quellenangaben liefert. Am schärfsten geht der Journalist Stefan Koldehoff mit Charlotte Weidler ins Gericht, der sich nicht scheut, von einer »planvollen Betrugsaktion«, von Weidlers »unanständiger Nebentätigkeit«, von ihrer »Unterschlagung wertvoller Kunstwerke« zu sprechen. Koldehoff zufolge habe sich Charlotte Weidler an Westheims Sammlung »bereichert«, aber auch er liefert keine präzisen Angaben zu Verkäufen, noch zu Beträgen, die Weidler erhalten hätte.[150] Sein Beitrag kommt einem Rufmord gleich, wobei die historischen Zusammenhänge übersteigert und zum Teil falsch wiedergegeben werden. Koldehoffs Buch, das nur ein halbes Jahr nach der Publikation von Monika Tatzkow erschien, liefert außer polemischen Anschuldigungen keine neuen Erkenntnisse. Der Autor scheint keine Originalquellen eingesehen zu haben, sondern zitiert fast ausschließlich die Publikationen von Monika Tatzkow und Ralph Jentsch. Auch die Wiedergabe seines Interviews mit dem Kunsthändler Dr. Ewald Rathke wird von Letzterem kritisiert.[151]

Wie es in einer Rezension seines Buches heißt, beschreibt Koldehoff »krimireife Szenen«.[152] So liest man sowohl bei Tatzkow als auch bei Koldehoff, dass noch »am selben Tag« des deutschen Einmarsches in Paris »die Gestapo

Westheims Pariser Wohnung stürmte und sein Eigentum beschlagnahmte.«[153] Bei Koldehoff »flüchtete« Westheim zu diesem Zeitpunkt »ins Ardèche-Tal«, bei Tatzkow verbrachte er »Monate des Versteckens«, wobei er – wie hier aufgezeigt – längst in französischen Internierungslagern saß.[154] Auch verdreht Koldehoff die Tatsachen, wenn er schreibt, Weidler habe »als Ausländerin mit, ausgerechnet von Paul Westheim eingerichtetem Dollar-Konto in Paris« zu denjenigen gezählt, »die die aus Museen ausgesonderten Werke kaufen durften.«[155] Weidler war weder »Ausländerin«, noch besaß Westheim ein »Dollar-Konto« in Paris. Wie gesagt waren es die amerikanischen Carnegie-Gehälter Weidlers, die diese nach Paris überweisen ließ. Es war ihr Konto, für das sie Westheim eine Vollmacht gegeben hatte. Nun ist es an dieser Stelle müßig, die zahlreichen Widersprüche und falschen Behauptungen des Journalisten Koldehoffs aufzuzählen. Sein Talent spannend zu schreiben und »krimireif« zu schildern steht außer Frage. Sein Buch könnte unter dem Genre »unterhaltsamer Historienroman« stehen, jedoch hat der Autor einen hohen moralischen und geschichtswissenschaftlichen Anspruch und wirft mahnend der Kunstmarktbranche und den Museen »fehlendes Unrechtsbewusstsein und die mangelnde Bereitschaft zur Aufarbeitung der Vergangenheit« vor.[156] Aber wird man diesem komplexen historischen Stoff gerecht, indem man ihn krimigerecht und auf Kosten der historischen Tatsachen zuschneidet? Problematisch und erstaunlich ist auch die Rezeption der hier erwähnten Literatur. So beruft sich der amerikanische Historiker Jonathan G. Petropoulos als Sachverständiger im Prozess zwischen den Erben von George Grosz und dem Museum of Modern Art in New York in seinem »expert report« u. a. auf Koldehoffs Buch, als sei es historisch fundiert recherchiert.[157] Aber kann man auf der Basis krimigerechter Literatur Restitutionsforderungen stellen?

Zusammenfassung und Fragen

Es steht außer Frage, dass der Kunstkritiker Paul Westheim ein Opfer der nationalsozialistischen Gewaltherrschaft ist. Unter Hitlers Regime konnte er die Herausgabe seiner seit 17 Jahren bestehenden Kunstzeitschrift nicht fortführen und angesichts der Bedrohung, der er als Jude und Wortführer der Moderne ausgesetzt war, musste er Deutschland verlassen. Im französischen Exil litt er unter schwierigen materiellen Verhältnissen. Die regelmäßige, aber schlecht honorierte, Tätigkeit als Kunstkritiker der Exilpresse sicherte ihm kein ausreichendes Einkommen. Deshalb versuchte seine damalige Partnerin und Kollegin, Charlotte Weidler, die noch bis 1939 in Deutschland lebte, Teile seiner modernen Kunstsammlung, die sie vor dem Zugriff der Nationalsozialisten für ihn aufbewahrte, zu veräußern. Seine Bilder, aber auch weitere Werke, die Weidler für ihn aufbewahrte, wurden zur »Fluchtkunst« und ihr Verkauf bedeutete einerseits eine kleine Existenzgrundlage für Westheim, andererseits die Rettung eben dieser Kunst, die von den Nazis als »entartet« diffamiert wurde und im Falle eines Auffindens ihrerseits vermutlich gänzlich zerstört worden wäre.

Der Versuch einer Rekonstruktion der Westheim'schen Sammlung ist hier unternommen worden. Trotz der relativ umfangreichen Dokumente, vor allem aus dem Moskauer Teilnachlass, die eine starke Annäherung an die historischen Tatsachen erlauben, bleiben viele Fragen offen. Und ein methodisches Problem wird offensichtlich. Beruht nicht jede auch noch so präzise Spurensuche auf unvollständigen Dokumenten? Erlaubt die detektivische Arbeit der ProvenienzforscherInnen allenfalls eine Annäherung an die historische Wahrheit? Wie verlässlich sind im Nachhinein erstellte Werklisten? Wie wahr sind Erinnerungen?

Aufgrund der hier genannten vielschichtigen Erinnerungen, die sich zum Teil selbst widersprechen oder aber mit Angaben aus Werkverzeichnissen nicht übereinstimmen, ist nicht eindeutig feststellbar, welche präzisen Kunstwerke ursprünglich zu Westheims Sammlung gehörten. Es steht hier außer Frage, dass sich Paul Westheim unter anderen politischen und historischen Umständen vermutlich nie von seinen Kunstwerken getrennt hätte. Aber kann die Veruntreuung einzelner Bilder durch Charlotte Weidler, wenn es denn eine war, als eine Folge des nationalsozialistischen Terrors interpretiert werden? Kann ihre Person, die unter Lebensgefahr und mit den ihr gegebenen Mitteln gegen den Nationalsozialismus kämpfte, in einem Atemzug mit denjenigen genannt werden, die sich brutal und eigennützig an der NS-Raubkunst bereicherten? Vielleicht werfen die hier zitierten Auszüge aus den Briefen der »unbekannten« Charlotte Weidler ein Licht auf die Komplexität dieser außergewöhnlichen historischen und persönlichen Situation und tragen dazu bei, ein zu simples Täter-Opfer-Denken zu hinterfragen und zu überwinden.

Archive der Originalquellen

Akademie der Künste (AdK), Berlin, Paul-Westheim-Archiv
Sonderarchiv der Russisch Staatlichen Militärarchive, Moskau, Teilnachlass Paul Westheim (hier abgekürzt als Teilnachlass Moskau)
Privatarchiv von Mariana Frenk-Westheim, Mexiko-Stadt
Landesverwaltungsamt Berlin, Abt. III – Entschädigungsbehörde

1 Paul Westheim: »Erinnerung an eine Sammlung«. In: *Das Kunstblatt*, 2. Jg. (1918), S. 232 ff. — 2 Ebd., S. 234. Westheim spricht von dem »Sammler, einer jener Kaufleute, wie sie jetzt dem Westen des Reiches immer entschiedener die Physiognomie aufprägen (…)«. — 3 In einem Brief vom 20. Februar 1918 schrieb Sally Falk: »In der Zeit meiner Abwesenheit

in Deutschland haben Leute, denen ich vertraute grosse Vollmachten gab meine finanzielle Situation so weit gebracht, dass ich um meine Existenz zu retten meine Sammlung verkaufen muss.« Zitiert nach: Susanne Schiller: »Die Stiftung Sally Falk. Ein Sammler und seine Bedeutung für die Mannheimer Kunsthalle.« In: *Stiftung und Sammlung Sally Falk. Kunst und Dokumentation* 11. Städtische Kunsthalle Mannheim. Mannheim 1994, S. 38. — 4 Alfred Flechtheim hatte 1913 seine erste Kunstgalerie in Düsseldorf eröffnet. Als einer der Ersten in Deutschland vertrat er auch Künstler aus Frankreich wie Matisse, Derain und Picasso. Der »Zuave« von van Gogh war eines der wichtigen Werke Flechtheim'scher Sammlung. Dieses Bild wurde 1917 bei Cassirer versteigert und gelangte in den Besitz des Mannheimer Sammlers Sally Falk. Vgl. *Alfred Flechtheim. Sammler. Kunsthändler. Verleger.* Ausstellungskatalog Kunstmuseum Düsseldorf/ Westfälisches Landesmuseum Münster. Köln 1987. S. 160 ff. Vgl. auch *Stiftung und Sammlung Sally Falk* (s. Anm. 3), S. 124 f. — 5 Paul Westheim: »Alfred Flechtheim gestorben«. In: *Pariser Tageszeitung*, 2. Jg. (1937), Nr. 273, S. 4. Hier spricht Westheim von besagter Versteigerung der ersten Flechtheim'schen Sammlung, bei der auch der *Zuave* von van Gogh verkauft wurde. — 6 Paul Westheim: »Erinnerung an eine Sammlung« (s. Anm. 1). — 7 Vgl. Dissertation der Autorin: »*Dieses ist ein Land, in dem ein Kunstmensch leben kann.*« *Der Kunstkritiker Paul Westheim im Prozess der Akkulturation während der französischen und mexikanischen Emigration 1933–1963. Thèse en cotutelle* in den Fachbereichen Kunstgeschichte der FU Berlin und Histoire et Civilisations an der Ecole des Hautes Etudes en Sciences Sociales in Paris. Veröffentlichung vorgesehen für 2010. — 8 Paul Westheim: »Erinnerung an eine Sammlung«. In: *Das Kunstwerk*, 14. Jg. (1960), Nr. 5/6, S. 9–15. — 9 Vgl. Abschrift einer Anlage vom 2.8.1955 eines Briefes, den Paul Westheim an seinen deutschen Anwalt sandte, den er anlässlich seines Entschädigungsverfahrens für seine 1933 in Berlin gebliebene Kunst- und Büchersammlung bemüht hatte. AdK, Berlin, Paul-Westheim-Archiv, Nr. 182. — 10 Vgl. den Teilnachlass Paul Westheims im Russischen Sonderarchiv Moskau, Staatliches Russisches Militärarchiv. Dort liegen u. a. die bisher unveröffentlichten Briefe, die Charlotte Weidler zwischen 1933 und 1940 an Paul Westheim schrieb. Die Autorin konnte, dank zweier Kurzstipendien des Deutschen Historischen Instituts Moskau, diesen Teilnachlass im April 2008 und im Mai/Juni 2009 einsehen. — 11 Zur Rekonstruktion der Kunstsammlung Westheims vgl. Eidesstattliche Erklärung mit Werkliste vom 15.6.1962, die Paul Westheim seinem Wiedergutmachungsantrag beilegte. AdK, Berlin, Paul-Westheim-Archiv, Nr. 182. Beim Vergleichen dieser Werkliste mit den entsprechenden Kunstblattbeiträgen, wird die inhaltliche Nähe des Publizisten und des Sammlers deutlich. Beim Abbilden seiner Werke im *Kunstblatt* gab Westheim nie seine eigene Sammlung als Provenienz an. Vgl. auch Westheim: »Erinnerung an eine Sammlung« (s. Anm. 8). — 12 Paul Westheim: »Von den inneren Gesichten«. In: *Das Kunstblatt*, 1. Jg. (1917), Heft 1, S.1. — 13 Der Frauentorso, den Westheim in seiner 1919 erschienenen Lehmbruck-Monografie abbilden ließ, wird auch als *Kopf der Sinnenden* bezeichnet. Vgl. Paul Westheim: *Wilhelm Lehmbruck,* Potsdam 1919. Abb. 38. — 14 Paul Westheim: »Wilhelm Lehmbruck«. In: *Das Kunstblatt*, 3. Jg. (1919), S. 129. — 15 Paul Westheim: *Oskar Kokoschka*. Postdam/Berlin 1918. — 16 Paul Westheim: »Oskar Kokoschka«. In: *Das Kunstblatt*, 1. Jg. (1917), S. 289 ff. — 17 Ebd., S. 296 ff. — 18 Eine deutsch-französische Studie der Autorin zu den Werken der Westheim'schen Sammlung wird veröffentlicht in Band 9 der Koordinierungsstelle für Kulturgutverluste Magdeburg und des CIVS Paris. Vorgesehen für 2010. — 19 Vgl. das Werkverzeichnis von Hans Maria Wingler: *Oskar Kokoschka. The work of the painter.* Salzburg 1958. Werknummer 254, S. 320. Wingler verweist dort auf die erste Fassung, die dieser auf 1914 datiert. Diese erste Fassung wurde 1938 von der Wiener Gestapo in vier Teile zerrissen. Vermutlich dank der Vermittlung von Charlotte Weidler gelangte das zerstörte Bild nach Paris zu Paul Westheim und konnte in der vom *Freien Künstlerbund* organisierten Ausstellung »Freie deutsche Kunst« im November 1938 in Paris gezeigt werden. Nach dem Krieg restaurierte der Künstler das Werk. — 20 Abbildung einer Lithografie von Ludwig Meidner, Paul Westheim darstellend. (Im Titel wird der Künstler fälschlicherweise als Hans anstatt Ludwig bezeichnet.) In: *Das Kunstblatt*, 1. Jg. (1917), S. 160. — 21 Abbildung einer Kreidezeichnung von Ludwig Meidner: »Porträt eines Schriftstellers«. In: *Das Kunstblatt*, 6. Jg. (1922),

S. 208. Vgl. auch die Reproduktion in: Lutz Windhöfel: *Paul Westheim und Das Kunstblatt*. Köln/Weimar/Wien 1995. o. S. — **22** Abbildung der Lithografie von Otto Dix: »Porträt PW«. In: *Das Kunstblatt*, 13. Jg. (1929), S. 67. — **23** Die Werkliste von Paul Westheim (s. Anm. 11) datiert die erste Lithographie auf das Jahr 1919. Das spätere der Lithografie-Porträts Kokoschkas war ursprünglich für die *Schaffenden* bestimmt, eine Vierteljahrszeitschrift, in der Paul Westheim jeweils 10 Originalgrafiken pro Mappe veröffentlichte und die von 1918 bis 1932 in acht Jahrgängen erschien. Dort war besagtes Porträt bereits 1924 erschienen. Zur Geschichte der *Schaffenden* vgl. Windhöfel: *Paul Westheim und das Kunstblatt* (s. Anm. 21), S. 268–279. — **24** Abbildung der Lithografie von Oskar Kokoschka: »Porträt PW«. In: *Europa-Almanach*. Hg. von Carl Einstein und Paul Westheim. Leipzig 1925 (Nachdruck der Ausgabe 1993), S. 273. — **25** Westheim: »Erinnerung an eine Sammlung« (s. Anm. 8), S. 15. — **26** Karl Hofer: »Portrait PW«. Abgebildet in: *Kunst und Künstler*, 25. Jg. (1927), Heft 9, S. 352. — **27** Paul Westheim: »Legenden aus dem Künstlerleben«. In: *Das Kunstblatt*, 15. Jg. (1931), S. 246 ff. Das Calder-Porträt Westheims aus Draht ist vermutlich verschollen und auch eine Abbildung konnte nicht eruiert werden. Eine Anfrage bei der *Calder-Foundation*, New York, ergab keine weiteren Erkenntnisse. Die Autorin dankt Terry Erskine Roth (†) von der Calder-Foundation für deren Bemühungen. — **28** Westheim: »Erinnerung an eine Sammlung« (s. Anm. 8), S. 10. — **29** Iwan Puni: »Zur Kunst von heute«. In: *Das Kunstblatt*, 7. Jg. (1923), S. 193 ff.; ebd.: Abbildung von Iwan Puni: »Stilleben, 1922«, S. 195. Das Bild war erstmals in Deutschland im Rahmen der »Großen Berliner Kunstausstellung – Sektion Novembergruppe«, Kat. Nr. 1307, 1923 in Berlin ausgestellt worden. Dort hat es Paul Westheim vermutlich erstmalig gesehen und später erstanden. Vgl. auch Hermann Berninger, Jean-Albert Cartier: *Pougny, Jean Pougny (Iwan Puni) 1892–1956*. Catalogue de l'œuvre, Tome 1: Les Années d'avant-garde, Russie-Berlin, 1910–1923. Werknummer 93: *Nature morte à la bouteille blanche* (1922), Tübingen 1972. Weitere Reproduktionen des Bildes in: *Europa-Almanach*, Hg. von Paul Westheim und Carl Einstein, Potsdam 1925, S. 38 und in: *Künstlerbekenntnisse*. Hg. von Paul Westheim, Berlin 1925, S. 343. Hier wurde das Stillleben fälschlicherweise auf 1923 datiert. — **30** Carl Einstein: »Otto Dix«. In: *Das Kunstblatt*, 7. Jg. (1923), S. 97 f. — **31** Ebd., Abbildung von Otto Dix: *An die Schönheit*, S. 102. — **32** Vgl. »Berliner Erklärung« 1999, eigtl. »Erklärung der Bundesregierung, der Länder und der kommunalen Spitzenverbände zur Auffindung und zur Rückgabe NS-verfolgungsbedingt entzogenen Kulturgutes, insbesondere aus jüdischem Besitz«. In: *Handreichung des Beauftragten der Bundesregierung für Kultur und Medien* (5. überarbeitete Auflage), Bonn/Berlin, November 2007. — **33** Vgl. Eidesstattliche Erklärung mit Werkliste vom 15.6.1962 (s. Anm. 11). — **34** Vgl. Westheim: »Erinnerung an eine Sammlung« (s. Anm. 8), S. 10. Dort heißt es: »Als ich bei ihm anfragte, ob er etwa eine Fotografie von dem Bilde habe, schickte er mir die Reproduktion einer gleichzeitig entstandenen Version, die sich jetzt im Karlsruher Museum befindet.« — **35** Brief von Erich Heckel an Paul Westheim vom 14. März 1959. AdK, Berlin, Paul-Westheim-Archiv, Nr. 44. — **36** Ebd. handschriftliche Notiz von Paul Westheim. — **37** Vgl. http://www.kunsthalle-karlsruhe.de/ (10.8.2010), Virtuelles Museum, Orangerie, Panoramafilm 2. — **38** Vgl. *Erich Heckel*. Werke der Brückezeit 1907–1917. Ausstellung Württembergischer Kunstverein Stuttgart. 15. September bis 27. Oktober 1957. Dort Werknummer 29. (Mit Verweis auf die Abbildung im Kunstblatt 1917). — **39** Abbildung des Werkes *Ballspielende* von Erich Heckel, 96x120 cm, 1911. In: *Das Kunstblatt*, Jg. 1 (1917), S. 179. — **40** Vgl. Andreas Hüneke: *Erich Heckel. Werkverzeichnis der Ölgemälde*. München 2010 (vorgesehen). — **41** Auf die Anfrage der Autorin schrieb ihr Andreas Hüneke: »Das Bild der Badenden ist nachweislich des Katalogs ›Neuere Deutsche Kunst aus Berliner Privatbesitz‹ der Berliner Nationalgalerie von 1928 ein ganz anderes als das von ihnen (und Heckel) vermutete. Weshalb Westheim da von einer ›Version‹ spricht, ist mir unverständlich.« E-Mail vom 28. Oktober 2009. Vgl. auch den Ausstellungskatalog der Berliner Nationalgalerie *Neuere Deutsche Kunst aus Berliner Privatbesitz*. Berlin, April 1928, dort Erich Heckel, Nr. 25. »*Badende vor Bäumen*, 1913, Besitzer: Herr Paul Westheim, Wilmersdorf«, S. 18 (ohne Abbildung des Werkes). — **42** Aleida Assmann: *Der lange Schatten der Vergangenheit. Erinnerungskultur und Geschichtspolitik*. München 2006, S. 122. —

43 Bei Assmann heißt es: »Während das eine (das ›Ich-Gedächtnis‹) verbal und deklarativ ist, ist das andere (das ›Mich-Gedächtnis‹) flüchtig und diffus, dabei jedoch nicht ohne Prägnanz; es appelliert eher an die Sinne als an den Verstand.« Ebd., S.120. — **44** Ebd., S. 122. — **45** Ebd., S. 123. — **46** Ebd., S. 124. — **47** Ebd. — **48** Abbildung des Gemäldes von Erich Heckel: »Geigerin«, 1912. In: *Das Kunstblatt*, 10. Jg. (1926), S. 5. — **49** Vgl. Ausstellungskatalog der Berliner Nationalgalerie *Neuere Deutsche Kunst aus Berliner Privatbesitz,* Berlin April 1928, dort Erich Heckel, Nr. 24. »*Geigerin,* 1912, Besitzer: Herr Paul Westheim, Wilmersdorf«, S. 18 (ohne Abbildung des Werkes). — **50** Brief von Erich Heckel an Paul Westheim vom 27. Januar 1959. AdK, Berlin, Paul-Westheim-Archiv, Nr. 44. — **51** Brief von Erich Heckel an Paul Westheim vom 3. April 1960. AdK, Berlin, Paul-Westheim-Archiv, Nr. 44. Dort heißt es: »Lieber Herr Westheim! Ich freute mich; von Ihnen zu hören und lass Sie wissen, daß ich für das Bild der – Geigerin – Mk. 25 000 und für das der – Badenden –, wenn es das eines kleineren Querformates mit rechts einer vor einem Gebüsch stehenden Figur ist, Mk. 18 000,- bis 20 000,- jetzt als angemessen ansehe.« — **52** Westheim: »Erinnerung an eine Sammlung« (s. Anm. 8), S.9. — **53** Vgl. Eidesstattliche Erklärung mit Werkliste vom 15.6.1962 (s. Anm. 11). — **54** Vgl. Fotos von Werken, die Westheim seinem Entschädigungsantrag beilegte. Akte Register Nr. 72.630. Landesverwaltungsamt Berlin. Abt. III – Entschädigungsbehörde. — **55** Abbildung dieses Bildes von Iwan Puni: »Stilleben«, 1925. In: *Das Kunstblatt*, 9. Jg. (1925), S. 108. — **56** Westheim: »Erinnerung an eine Sammlung« (s. Anm. 8), S. 9 – 15. Monika Tatzkow schreibt in ihrem Artikel zu Westheims Sammlung, dass dieser »mindestens drei Arbeiten von Jean Pougny« besessen habe, ohne diese Angabe mit Quellen zu belegen. Vgl. Monika Tatzkow: »Paul Westheim«. In: *Verlorene Bilder Verlorene Leben. Jüdische Sammler und was aus ihren Kunstwerken wurde.* Hg. von Melissa Müller und Monika Tatzkow. München 2009, S. 31. — **57** Westheim: »Erinnerung an eine Sammlung« (s. Anm. 8), S. 10. — **58** Vgl. Ausstellungskatalog der Berliner Nationalgalerie *Neuere Deutsche Kunst aus Berliner Privatbesitz,* Berlin April 1928, dort Paul Klee, Nr. 71. »*Kleines Bild,* 1918, Besitzer: Herr Paul Westheim, Wilmersdorf«, S. 27 (ohne Abbildung des Werkes). — **59** Vgl. Eidesstattliche Erklärung von Paul Westheim. Blatt 3 (s. Anm. 11). — **60** Abbildung von Gerhard Marcks: »Brigitte«. 1930. Für Bronze, In: *Das Kunstblatt*, 14. Jg. (1930), S. 262. — **61** Paul Westheim: »Ernst Wilhelm Nay«. In: *Das Kunstblatt*, 12. Jg. (1928), S. 310. — **62** Abbildung von Ernst Wilhelm Nay: »Beerdigung«. In: *Das Kunstblatt*, 12. Jg. (1928), S. 57. Vgl. auch: Aurel Scheibler: *Ernst Wilhelm Nay.* Werkverzeichnis der Ölgemälde. Hg. v. Museum Ludwig, Köln 1990. Dort unter dem Titel: *Begräbnis, 1927.* Nr. 35, S. 83. — **63** Ein Werkverzeichnis der Ölbilder von George Grosz ist leider bisher nicht publiziert worden. Der Nachlassverwalter von George Grosz, Ralph Jentsch, schreibt, dass das *Spanische Mädchen* von George Grosz, ein auf 1927 datiertes Bild, Westheim gehört habe und von Charlotte Weidler 1953 in New York verkauft worden sei. Leider begründet Ralph Jentsch diese Provenienzzuschreibung nicht. Er beruft sich ausschließlich auf die hier mehrfach zitierte Eidesstattliche Erklärung Westheims von 1962 und seinen Erinnerungsartikel von 1960. In besagtem Artikel und dieser Eidesstattlichen Erklärung bezeichnet Westheim Grosz' Werk jedoch nur sehr ungenau als *Sitzendes Mädchen* ohne Präzisierungen bezüglich der Datierung, Technik, Farbgebung und Größe. Vgl. Ralph Jentsch: *Alfred Flechtheim und George Grosz.* Bonn 2008, S. 113 und S. 121. — **64** Zur Odyssee dieses Bildes vgl. Teil 2 unserer Untersuchung. Vgl. auch: Donald E. Gordon: *Ernst Ludwig Kirchner. Mit einem kritischen Katalog sämtlicher Gemälde.* Werknummer 369. *Zwei Frauen auf der Straße* (1914). Tafel 58, München 1968. — **65** Vgl. den Beitrag der Autorin: »Picasso und der Elfenbeinturm. Das Bild der französischen Kunst in den Kunstkritiken Paul Westheims 1933 bis 1940«. In: *Prenez garde à la peinture! Kunstkritik in Frankreich 1900–1945.* Hg. von Uwe Fleckner und Thomas W. Gaehtgens. Berlin 1999, S. 341–359. — **66** Westheim: »Erinnerung an eine Sammlung« (s. Anm. 8), S. 9. — **67** Ebd., S. 15. — **68** Vgl. Windhöfel: *Paul Westheim und das Kunstblatt* (s. Anm. 21), S. 19. Dort zitiert Windhöfel aus einem Brief Westheims an den Direktor der Nationalgalerie Ludwig Justi: »Zum Andenken an meine vor kurzem plötzlich gestorbene Frau, die dem Kronprinzenpalais manche Stunde künstlerischer Anregung verdankt, gestatte ich mir, Ihnen ein Frühwerk von Pechstein: Bildnis seiner Frau zu stiften.« Justi nahm die

Schenkung an. Dasselbe Bild befand sich unter den konfiszierten Werken des Kronprinzenpalais und wurde 1937 auf der Ausstellung *Entartete Kunst* in München gezeigt. — **69** Abbildung von Max Pechstein: »Blaue Boa«. In: *Das Kunstblatt*, 2. Jg. (1918), S. 165. — **70** Westheim: »Erinnerung an eine Sammlung« (s. Anm. 8), S. 10. — **71** Ebd. — **72** Vgl. Barbara Vormeier: »Frankreich«. In: *Handbuch der deutschsprachigen Emigration 1933–1945*. Hg. von Claus-Dieter Krohn, Patrik von zur Mühlen, Gerhard Paul, Lutz Winckler. Darmstadt 1998, S. 213 ff. — **73** Vgl. Paul Westheim: »Hitler-Kunst. Das Lieblingsbild des Führers«. In: *Pariser Tageblatt*, 2. Jg. (3.3.1934), Nr. 81, S. 2. — **74** Vgl. Christoph Zuschlag: »*Entartete Kunst*«. *Ausstellungsstrategien im Nazi-Deutschland*, Worms 1995. Vgl. auch: Stephanie Barron (Hg.): *Entartete Kunst. Das Schicksal der Avantgarde in Nazi-Deutschland*. München 1992. — **75** Vgl. dazu: Hélène Roussel: »Die emigrierten deutschen Künstler in Frankreich und der Freie Künstlerbund«. In: *Erinnerungen ans Exil – kritische Lektüre der Autobiographien nach 1933 und andere Themen. Ein internationales Jahrbuch*. Bd. 2. Hg. im Auftrag der Gesellschaft für Exilforschung von Thomas Koebner, u.a. München 1984, S. 173 ff. Vgl. auch den Versuch der Rekonstruktion der Ausstellung im Maison de la Culture: Inka Graeve: »Freie Deutsche Kunst«. In: *Stationen der Moderne*. Ausstellungskatalog. Berlinische Galerie. Berlin 1988, S. 339–349. Vgl. auch die aktuellste Publikation zum Thema: Keith Holz: »L'art allemand libre (1938)«. In: *Allemands en exil, Paris 1933–1941. Ecrivains, hommes de théâtre, compositeurs, peintres photographiés par Josef Breitenbach, Edité par Keith Holz et Wolfgang Schopf*, Editions Autrement, 2003, S. 146–169 und ders. : *Modern German Art for Thirties Paris, Prague, and London*. Ann Arbor 2004. — **76** Vgl. Tanja Frank (Hg.): *Paul Westheim. Karton mit Säulen. Antifaschistische Kunstkritik*. Leipzig/Weimar 1985, S. 340. — **77** Vgl. Windhöfel: *Paul Westheim und Das Kunstblatt* (s. Anm. 21), S. 26. — **78** Vgl. Dissertation der Autorin (s. Anm. 7). — **79** (Vgl. Anm. 10). — **80** Vgl. Sebastian Panwitz: »Die Geschichte des Sonderarchivs Moskau«. In: *Bulletin Nr. 2, Das Sonderarchiv des Russischen Staatlichen Militärarchivs. Forschungsberichte von Stipendiaten des DHI Moskau*. Deutsches Historisches Institut Moskau 2008, S. 12. — **81** Nach Seitenzahl von den russischen Archivaren gezählt. — **82** Bisher unveröffentlichte Künstlerbriefe von Oskar Kokoschka, George Grosz, Felix Nussbaum, John Heartfield, Chaim Jakob Lipchitz, Franz Masereel, Eugen Spiro, Max Pechstein, Otto Freundlich, Paul Klee, André Masson, Ernst Wilhelm Nay u.a. befinden sich dort. Mehrere Konvolute enthalten Schriftwechsel zwischen den verschiedenen Organisatoren der Londoner Ausstellung *Exhibition of 20th Century German Art*, die 1938 ursprünglich als eine Protestschau gegen die Aktionsausstellungen *Entartete Kunst* organisiert werden sollte. Westheim gehörte zunächst zu den eigentlichen Organisatoren dieser Veranstaltung und meinte ein Pariser mit dem Londoner Projekt verbinden zu können. Doch dann stellte sich heraus, dass die Londoner von der ursprünglichen Intention, die offizielle Nazipolitik anzuprangern, abrückten und ganz im Sinne der Appeasement-Politik auch Kunstwerke von in Hitler-Deutschland offiziell anerkannten Künstlern in die Ausstellung integrierten. Streit gab es auch um ein von der Gestapo zerschnittenes Kokoschka-Bild, von dem die Pariser Emigranten forderten, dass es im Mittelpunkt der Ausstellung hängen solle. Schließlich wurde das Bild, wenn auch nur am Rande, in der im Juli 1938 eröffneten Londoner Ausstellung gezeigt, die zwar auf Missbilligung in Berlin stieß, die aber längst nicht die Schärfe aufwies, wie sie der Freie Künstlerbund in Paris gefordert hatte. — **83** Akte 2 des Opis 602. Teilnachlass Paul Westheims im Sonderarchiv des Russisch Staatlichen Militärarchivs in Moskau. Die Autorin dankt Tatiana Nekrasova für die Übersetzung des russischen Findbuchs. — **84** Es handelt sich sowohl um Manuskripte als auch um Typoskripte, meist in DINA-4-Format, z.T. auch um Postkarten. — **85** Seit 1925 schrieb Charlotte Weidler Berichte für *Das Kunstblatt*. Sie berichtete über Verkaufsergebnisse am Kunstmarkt und verfasste Buchrezensionen. Bis 1933 intensivierte sich Ihre Mitarbeit in Westheims Zeitschrift. Vgl. Index des *Kunstblatts 1925–1933*. — **86** Vgl. »Letters from Germany, 1933–1938. Author(s): Marsden Hartley, Guillaume Lerolle, Charlotte Weidler, Homer Saint-Gaudens«. In: *Archives of American Art Journal*, Vol. 25, No. 1/2, The Smithsonian Institution, Washington D.C. 1985, S. 13. — **87** Charlotte Weidler (CW) in einem Brief (o.O.) an Paul Westheim (PW) in Paris vom 9. Januar 1938. Teilnachlass Moskau. Akte

602-1-2, S. 256 f. — **88** Paul Westheim: »Auch Rembrandt, auch Grünewald ›entartet‹«. In: *Pariser Tageszeitung*, 3. Jg. (17.1.1938), Nr. 583, S. 2.; auf Französisch erschien ein Artikel in den *Nouvelles d'Allemagne*. (1.3.1938), Nr. 308. — **89** Ebd., Artikel in *Pariser Tageszeitung*. — **90** Paul Westheim veröffentlichte ausführlichere Artikel zum Thema in *Die neue Weltbühne*, 34. Jg. (1938), Nr. 4 und Nr. 11, Prag/Zürich/Paris, die aufgrund ihrer Verbreitung ein enormes Echo erfuhren. Walter Hansen wurde am 13. April 1938 vorübergehend aus der NSDAP ausgeschlossen, 1940 jedoch wieder in die Partei integriert. — **91** Klaus Graf von Baudissin wurde am 27. Juli 1937 zum kommissarischen Leiter des Amtes für Volksbildung im Preußischen Reichsministerium für Wissenschaft, Erziehung und Volksbildung in Berlin ernannt. Dieses Amt bekleidete er bis Ende März 1938. Angaben zur Rolle von Graf Baudissin, vgl.: Laura Lauzemis: »Die nationalsozialistische Ideologie und der ›neue Mensch‹. Oskar Schlemmers Folkwang-Zyklus und sein Briefwechsel mit Klaus Graf von Baudissin aus dem Jahr 1934«. In: *Angriff auf die Avantgarde. Kunst und Kunstpolitik im Nationalsozialismus*. Hg. von Uwe Fleckner. Berlin 2007, S. 5–88. — **92** Charlotte Weidler in einem Brief aus Prag an Paul Westheim in Paris vom 18./20. August 1937. Teilnachlass Moskau. Akte 602-1-2, S. 163. — **93** Charlotte Weidler in einem Brief an Paul Westheim in Paris vom 26. September 1933. Ebd., S. 22–23. — **94** Da die gesamten Briefe, die Westheim an Charlotte Weidler zwischen 1933 und 1939 schrieb, als verschollen gelten müssen, lassen sich ihre Besuchstermine allerdings nur schwierig rekonstruieren. Für Charlotte Weidler wäre es in Hitlerdeutschland lebensgefährlich gewesen, wenn ihre Beziehung zu dem deutsch-jüdischen Kunstkritiker Paul Westheim entdeckt worden wäre. Es ist somit zu vermuten, dass sie all seine Korrespondenz sogleich vernichtete. Wie aus ihren Briefen hervorgeht, wurde ihre Wohnung mehrfach von der Gestapo durchsucht und sie schrieb, dass diese nie etwas bei ihr gefunden habe. — **95** Charlotte Weidler in einem Brief aus Prag an Paul Westheim in Paris vom 25. Januar 1937. Teilnachlass Moskau. Akte 602-1-2, S. 133. — **96** Charlotte Weidler und Oskar Kokoschka in einem Brief aus Prag an Paul Westheim in Paris vom 5. März 1937. Ebd., S. 96–97. Kokoschka beendete den Brief Weidlers mit Worten über seine eigene Exilsituation in Prag: »Lieber Freund P. W. (...) Ich hatte mich gewundert so gar nichts von Ihnen zu hören und endlich von Charlotte erfuhr ich Näheres über sie und hörte dass sie's nicht in Paris mehr aushalten. Auch ich hatte dort eine verdammt böse Zeit (...). Schade, dass ich erst jetzt von Ihnen höre, wo ich im Begriff bin, auch von hier wieder wegzugehen, weil ich schon zu lange da war. Man braucht 1–2 Jahre um sich hier durchzusetzen, muss aber im 3. Jahr wieder weg, damit man nicht einrostet, weil es doch eben zu eng ist – zwischen Berlin (...) und Wien (...) in der geistigen Zange! Ich will nach Amerika gehen (...). Herzlichst Ihr OK«. — **97** Charlotte Weidler in einem Brief aus Alassio, Italien an Paul Westheim in Paris vom 20. Dezember 1934. Ebd., S. 153. — **98** Weidlers Briefe, die sie aus Berlin mit »Bruder Hans« signierte, wurden von den russischen Archivaren in einer gesonderten Akte archiviert. Sie hatten vermutlich nicht erkannt, dass es sich bei den »Briefen der unbekannten Personen« und denen des »Bruder Hans« um denselben Autor handelte. Vgl. Teilnachlass Moskau. Akte 602-1-3. — **99** Charlotte Weidler in einem Brief aus Zürich an Paul Westheim in Paris vom 9. April 1938. Ebd., S. 37–39. — **100** Charlotte Weidler in einem Brief (vermutlich aus Berlin) an Paul Westheim in Paris vom 9. März 1935. Ebd., S. 13. — **101** Charlotte Weidler in einem Brief (o. O.) an Paul Westheim in Paris vom 18. April 1935. Ebd., S.151. — **102** Charlotte Weidler in einem Brief aus Zürich an Paul Westheim in Paris vom 3. Juni 1935. Ebd., S. 117: »Er wollte für den Lehmbruck 800 M geben, 600 für Kirchner. 60 – höchstens 100 für eine Lehmbruck-Zchg. (...). Diesen Scheck hat das Berliner Haus von Cassirer bekommen. Das ist die Summe, die Du bekommst. Verkaufsprozente hat Val. draufgeschlagen.« Bei den Preisen handelte es sich um ein Angebot des Kunsthändlers Curt Valentin. — **103** Charlotte Weidler in einer Postkarte aus Berlin an Paul Westheim in Paris vom 9. Dezember 1937. Ebd., S. 174. — **104** Vgl. Abbildung der Plastik *Brigitte* von Gerhard Marcks. In: *Das Kunstblatt*, 14. Jg. (1930), S. 262. — **105** Charlotte Weidler stand in engem Kontakt mit dem rheinländischen Kunsthändler Axel Vömel, der in Düsseldorf den Bestand der Galerie Flechtheim übernommen hatte und dem sie mehrfach Bilder aus Westheims Sammlung angeboten hatte. So ist mit dem »Arzt« aus dem »Rheinland« vermutlich eben dieser Kunsthändler gemeint. Und der »gesunde Müller« wäre demnach ein aus Nazi-Deutschland heraus verkauftes, also in diesem Fall »gerettetes« Bild. — **106** Vgl. handschriftliche Notizen von Paul Westheim zu dessen Einnahmen und Ausgaben aus den Jahren 1937–1939. Teilnachlass Moskau. Akte 602-1-6. — **107** Vgl. Charlotte Weidler in einem Brief o. O. / o. D. an Paul Westheim in Paris. Teilnachlass Moskau. Akte 602-1-2, S. 3. — **108** Vgl. handschriftliche Notizen von Paul Westheim zu dessen Einnahmen und Ausgaben aus den Jahren 1937–1939. Teilnachlass Moskau. Akte 602-1-6. — **109** Brief von John O'Connor, Jr. Assistant Director des Carnegie-Institute, Departement of Fine Arts, Pittsburgh, Pennsylvania an Paul Westheim in Paris vom 3. Juli 1937. Ebd., S. 84. — **110** Charlotte Weidler in einem unvollständigen Brief o. D. auf Briefpapier des Touring Hotel Garni Zürich an PW in Paris. Ebd., S. 60. — **111** Charlotte Weidler in einem Brief aus Prag an Paul Westheim in Paris vom 31. Januar 1938. Teilnachlass Moskau. Akte 602-1-2, S. 249. — **112** Ernst Ludwig Kirchner: »Zwei Frauen auf der Straße«, 1914. In: Donald E. Gordon: *Ernst Ludwig Kirchner. Mit einem kritischen Katalog sämtlicher Gemälde.* München 1968. Abb. 58, G 369. — **113** Charlotte Weidler in einem Brief aus Prag an Paul Westheim in Paris vom 30. Januar 1938. Ebd., Akte S. 216/217. — **114** Fred Uhlman in einem Brief aus Chelsea / London an Paul Westheim in Paris, o. D. (vermutlich 1938, da auch von der Londoner Expo die Rede). Teilnachlass Moskau. Akte 602-1-5, S. 19. — **115** Abschrift eines Briefes von Paul Westheim aus Mexiko an Will Grohmann in Deutschland vom 25. März 1963. AdK, Berlin, Paul-Westheim-Archiv, Nr. 76. — **116** Vgl. Charlotte Weidler in einem Brief aus Prag an Paul Westheim in Paris vom 25. Januar 1937. Teilnachlass Moskau. Akte 602-1-2, S. 132. — **117** Vgl. Charlotte Weidler in einem Brief aus Prag an Paul Westheim in Paris vom 1. Juni 1936. Ebd., S. 243. — **118** Vgl. Charlotte Weidler in einem Brief aus Italien an Paul Westheim in Paris vom 28/30. August 1935. Ebd, S.19. — **119** Vgl. Charlotte Weidler in einem Brief aus Prag an Paul Westheim in Paris vom 18./20. August 1937. Ebd., S. 163–166. — **120** Anzeige in der von Paul Westheim herausgegebenen Zeitschrift *Freie Kunst und Literatur*, Nr. 3 (1938), S. 5. — **121** Vgl. Charlotte Weidler (s. Anm. 119): »Hier schrieb ich auch im meinem Brief an Feigl von diesen Dingen und machte ihm auch den Vorschlag, die Arbeiten (es sind zwar nur kleine) von Leger, Lurçat et in Kommission zu nehmen. Hier in Prag wird französische Kunst eifrig gesammelt. Und diese Dinge könnte ich trotz des Risikos verhältnismäßig leicht über die Grenze bringen.« — **122** Décret du 1er septembre 1939 relatif aux interdictions de rapport avec l'ennemi (Journal Officiel du 4 septembre 1939, p.11091). — **123** Vgl. Paul Westheim : *Im Camp in Frankreich.* Unveröffentlichtes Manuskript. AdK, Berlin. Paul-Westheim-Archiv. Nr. 170. Vgl. auch: Dissertation der Autorin, dort das Kapitel: »Das brutale Ende der Pariser Emigration« (s. Anm. 7), S. 169–227. Zur allgemeinen Situation der Emigranten und deren Internierung in Frankreich, vgl. Barbara Vormeier: »La situation des réfugiés en provenance d'Allemagne (septembre 1939-juillet 1942)«. In: *Zone d'ombres 1933–1944. Exil et internement d'Allemands et d'Autrichiens dans le sud-est de la France. Sous la direction de Jacques Grandjonc et Theresia Grundtner.* Aix-en-Provence 1990. S.189 ff. Vgl. auch: Anne Grynberg: *Les camps de la honte. Les internés juifs des camps français.* Paris 1999. — **124** Windhöfel: *Paul Westheim und Das Kunstblatt* (s. Anm 21), S. 34. — **125** Westheim: *Im Camp in Frankreich* (s. Anm. 123). Dort heißt es: »Ich war in Frankreich in 10 camps, in Francillon, in Les Milles, in dem berüchtigten Lager von Gurs, um nur die schlimmsten zu nennen. Nur ein Lager ist mir erspart geblieben: Vernet, wo man die politisch Verdächtigen internierte. Ich darf daraus schliessen, dass die franz. Behörden mich (…) nicht als politisch verdächtig ansahen. Bei Ausbruch des Krieges, ich war damals 53 Jahre alt, seit 1933 lebte ich in Paris, meldete ich mich *freiwillig* ›zum Militär – (…)‹. Anerbieten, von dem man zunächst nicht Gebrauch machte, stattdessen steckte man mich mit 400 anderen 50–65jährigen in ein camp de rassemblement (…).« — **126** Charlotte Weidler in einem Brief an Paul Westheim vom 2.12.1939, o. O. Teilnachlass Moskau. Akte 602-1-4, S.64. — **127** Charlotte Weidler in einer Postkarte an Paul Westheim vom 26.12.1939, während der Schiffsüberfahrt nach New York. Ebd., S. 65. — **128** Vgl. Dissertation der Autorin, dort das Kapitel: »Das brutale Ende der Pariser Emigration« (s. Anm. 7), S. 169–227. — **129** Zitiert nach Mariana Frenk-Westheim im Gespräch mit der Autorin im

August 2000 in Mexiko-City. — **130** Vgl. Dissertation der Autorin, dort das Kapitel: »Die Neue Alte Welt: Mexiko« (s. Anm. 7), S. 228–276. Vgl. auch: eine erste Untersuchung der Autorin zum mexikanischen Exil: »Dies ist ein Land, in dem ein Kunstmensch leben kann . Paul Westheims mexikanisches Exil«. In: *Katastrophen und Utopien. Exil und innere Emigration (1933–1945).* Hg. von Hermann Haarmann (Beiträge des 2. Berliner Symposiums). Berlin 2002, S. 153–166. Vgl. auch Fritz Pohle: »Paul Westheim«. In: *Fluchtort Mexiko. Ein Asylland für die Literatur.* Hg. von Martin Hielscher. Hamburg / Zürich 1992, S. 67–68. — **131** Seine Hauptwerke zur Ästhetik der altmexikanischen Kunst sind: Paul Westheim: *Arte antiguo de México.* Fondo de Cultura Económica. Mexiko 1950 (seitdem in mehreren Auflagen, deutsche Ausgabe: *Die Kunst Alt-Mexikos.* DuMont Dokumente, Köln 1966); ders.: *Ideas fundamentales del arte prehispánico en México.* Fondo de Cultura Económica. Mexiko 1957 (seitdem in mehreren Auflagen, keine deutsche Ausgabe). — **132** Mariana Frenk ist des weiteren bekannt als Übersetzerin aus dem Spanischen ins Deutsche der Romane des mexikanischen Schriftstellers Juan Rulfo: *Der Llano in Flammen.* München / Wien 1964 und *Der goldene Hahn.* München / Wien 1984. Aus dem Deutschen ins Spanische übersetzte sie Wilhelm Worringer: *Abstraktion und Einfühlung,* das 1954 als *Abstracción y naturaleza* in Mexiko erschien. — **133** Mariana Frenk-Westheim im Gespräch mit der Autorin im August 2000 in Mexiko-City. — **134** Margit Frenk im Gespräch mit der Autorin im Juni 2007 in Paris. — **135** Vgl. unveröffentlichte Briefe von Paul Westheim an Mariana Frenk aus den Jahren 1954–57. (Dokumente, die von Margit Frenk nach dem Tod ihrer Mutter Mariana Frenk-Westheim 2004 an die Berliner Akademie der Künste übergeben wurden. Bisher ohne laufende Signatur.) AdK, Berlin, Paul-Westheim-Archiv. — **136** Durchschlag eines Briefes von Paul Westheim an Hans Maria Wingler vom 20.6.1959 aus Mexiko. AdK, Berlin, Paul-Westheim-Archiv, Nr. 123. — **137** Vgl. E-Mails von Anke Matelowski, Archiv Bildende Kunst, Akademie der Künste Berlin vom 17. September 2009 und E-Mail von Margit Frenk, Stieftochter und Erbin (gemeinsam mit ihrem Bruder Sylvestre Frenk) von Paul Westheim vom 17. Juni 2008 an die Autorin. — **138** Vgl. den »Antrag auf Grund des Gesetzes über die Entschädigung der Opfer des Nationalsozialismus« von Paul Westheim. Akte Register Nr. 72.630. Landesverwaltungsamt Berlin. Abt. III – Entschädigungsbehörde. — **139** Ebd., siehe: Schlussbescheid vom 4. Juli 1960, D 104. — **140** In der Literatur zum Thema ist immer wieder die Rede davon, dass Charlotte Weidler Westheim mitgeteilt habe, dass die Bilder seiner Sammlung bei der Bombardierung Berlins zerstört worden seien. Die Autoren, die dergleichen erwähnen, liefern jedoch keine Quellenangaben. Ein schriftliches Dokument, das diese These belegen könnte, konnte von uns nicht eruiert werden (s. Anm. 143). — **141** Abschrift eines Briefes von Melitta Weidler vom 22. Mai 1959 aus Frankfurt/Main an die Anwälte von Paul Westheim, Herrn Prof. Dr. Konrad Duden, Heinz Rowedder und Dr. Klaus Zimmermann (unsigniert). Anlage 3 (D 100/ 101). Akte Register Nr. 72.630. Landesverwaltungsamt Berlin. Abt. III – Entschädigungsbehörde. — **142** Die Autorin dankt Wolfgang Schöddert, Berlinische Galerie, für die Bestätigung dieser Angabe. — **143** Alle Informationen zum Verkauf des Dix-Bildes stammen aus einem Telefonat zwischen der Autorin und Dr. Ewald Rathke vom 3. November 2009. — **144** Alle Informationen zum Verbleib und Verkauf des Nay-Bildes stammen aus einem Telefonat zwischen der Autorin und Aurel Scheibler, Sohn von Elisabeth Nay-Scheibler und Autor des Werkverzeichnisses der Ölgemälde von Ernst Wilhelm Nay (s. auch Anm. 62). — **145** Vgl. Bertolt Brecht: *Der kaukasische Kreidekreis.* Suhrkamp, Frankfurt/M 1962. Das Drama entstand 1944/45 im kalifornischen Exil Brechts, 1948 fand die Uraufführung in den USA statt. Es handelt von der Geschichte der Grusche Vachnadze, einer Magd, die während des Krieges das Kind der geflohenen Gouverneursfrau rettet und die nach dem Ende der Unruhen das Kind als das ihre erklärt wissen will, da es nur dank ihres Einsatzes hat überleben können. — **146** Stefan Koldehoff und Holger Liebs: »Hehlerware, Heuchelei und eine Handvoll Dollar«. In: www.sueddeutsche.de (16.11.2006); Ralph Jentsch: »Machtlos: Wie eine große deutsche Kunstsammlung in alle Welt zerstreut wurde«. In: www.sueddeutsche.de (29.1.2008); Ralph Jentsch: *Alfred Flechtheim und George Grosz. Zwei deutsche Schicksale.* Bonn 2008; Monika Tatzkow: »Paul Westheim«. In: Dies., Melissa Müller: *Verlorene Bilder, verlorene Leben. Jüdische Sammler und* *was aus ihren Kunstwerken wurde.* München 2009, S. 29–43.; Stefan Koldehoff: »Otto Dix im Lagerhaus und Heckels Geigerin bei Christie's – Eine Kunst-Geschichte ohne Happy-End – Paul Westheim und Charlotte Weidler«. In: ders.: *Die Bilder sind unter uns. Das Geschäft mit der NS-Raubkunst.* Frankfurt/M. 2009, S. 37–54. — **147** Jentsch: »Machtlos: Wie eine große deutsche Kunstsammlung in alle Welt zerstreut wurde« (s. Anm. 146). — **148** Charlotte Weidler wanderte 1939 in die USA aus, nicht wie bei Jentsch 1938, und sie starb 1983, und nicht wie bei Jentsch 1973. In seinem Presseartikel schreibt Jentsch, Weidler habe Westheims Tod 1963 »systematisch« abgewartet, um dessen Bilder auf den Markt zu bringen. In seinem 2008 erschienenen Buch spricht er dagegen von einem »ersten Verkauf aus der Sammlung Westheim (...) mit dem Grosz-Bild ›Spanisches Mädchen‹, das 1953 auf einer Auktion in New York aufgetaucht« sei. Vgl. Jentsch: *Alfred Flechtheim und George Grosz* (s. Anm. 146), S. 121. — **149** Auch Monika Tatzkow beruft sich bei der Rekonstruktion der Westheim'-schen Sammlung auf den Erinnerungsartikel von Westheim, sie verweist darüber hinaus auf die unveröffentlichten Memoiren des Bildhauers Wilhelm Hausmann, der Westheims Bilder im Keller von Melitta Weidlers Wohnung gesehen habe. Leider wird im gesamten Artikel auf Quellenangaben verzichtet. Vgl. Tatzkow: »Paul Westheim« (s. Anm. 146). — **150** Koldehoff erwähnt erneut die bereits bekannten Verkäufe des Dix-Bildes und des Puni-Stilllebens. Andere Bilder werden pauschalisierend zitiert, ohne Differenzierung eines ursprünglichen Verkaufs vor oder nach dem Krieg, geschweige denn mit präzisen Angaben die Provenienz betreffend. Vgl. Koldehoff: »Otto Dix im Lagerhaus« (s. Anm. 146). — **151** Telefonat zwischen der Autorin und Dr. Ewald Rathke vom 3. November 2009. Zum Text Koldehoffs sagte er der Autorin: »Wenn sie eine Zeit miterlebt haben und wenn sie dann sehen, was sogenannte Historiker über diese Zeit schreiben, dann erkennen sie diese Zeit nicht wieder.« — **152** Vgl. Christina Tilmann: »Ein Krimi ohne Happy End«. In: *Der Tagesspiegel.* 10. August 2009. — **153** Vgl. Tatzkow: »Paul Westheim« (s. Anm. 146), S. 39 und Koldehoff: »Otto Dix im Lagerhaus« (s. Anm. 146), S. 46. Selbstverständlich »stürmte« die deutsche Armee nicht »am Tag ihres Einmarsches in Paris« die Wohnung Westheims. Wie von Historikern längst aufgearbeitet wurde, begannen die Beschlagnahmungen von Pariser Privatwohnungen deutscher Emigranten Ende Juli 1940 systematisch durch den Einsatzstab Reichsleiter Rosenberg (ERR). Vgl. Anja Heuß: *Kunst-und Kulturgutraub. Eine vergleichende Studie zur Besatzungspolitik der Nationalsozialisten in Frankreich und der Sowjetunion.* Heidelberg 2000, S. 105 ff. — **154** Vgl. Westheim: *Im Camp in Frankreich* (s Anm. 123). — **155** Koldehoff: »Otto Dix im Lagerhaus« (s. Anm. 146), S. 52. — **156** Ebd., S. 15. — **157** Vgl. »Expert Report of Jonathan G. Petropoulos«, www.rowlandlaw. com/petropoulosexpertreport.pdf (November 2009).

Es konnten bei den Abbildungen nicht alle Rechtsnachfolger ermittelt werden. Sollten Rechtsansprüche bestehen, so wenden sich Rechtsnachfolger bitte über den Verlag an die Autorin.

Lutz Winckler

Eine Chronik des Exils
Erinnerungsarbeit in Anna Seghers *Transit*

I

1935 fand in Paris im Zuge des sich herausbildenden Front populaire der Internationale Kongress zur Verteidigung der Kultur statt. Es handelte sich dabei um den Versuch antifaschistischer Intellektueller aus Frankreich, Europa, der Sowjetunion und den USA im Rückgriff auf die unausgeschöpften Ressourcen der Aufklärung, einer Verbindung liberaler und egalitärer Momente der Revolutionen von 1789 und 1917, eine Dynamik freizusetzen, von der man sich die ideologische Entzauberung und die politische Entmachtung des Faschismus erhoffte. Anna Seghers sprach auf diesem Kongress neben André Gide und Aldous Huxley, André Malraux, Julien Benda, André Breton und deutschen Emigranten wie Heinrich Mann, Robert Musil, Ernst Bloch, Max Brod, Lion Feuchtwanger, Ludwig Marcuse, Ernst Toller, Johannes R. Becher, Klaus Mann, Gustav Regler und Bertolt Brecht. Das Thema ihrer Rede lautete »Vaterlandsliebe« – merkwürdig genug, so will es scheinen, für eine Schriftstellerin aus liberalem jüdischen Elternhaus, die seit den späten 1920er Jahren Mitglied der KPD war. Die Rede stellt den Versuch dar, im historischen Rückblick auf die Französische Revolution einen Begriff des Patriotismus zurückzugewinnen, der auf Arbeit und Solidarität, auf Nähe und Selbstbewusstsein statt auf Krieg, Ausgrenzung und Diskriminierung der Anderen setzt. Die politische Überzeugungskraft und emanzipatorische Dynamik eines so verstandenen Patriotismus schien in den westlichen Demokratien, aber auch bei der zum Schweigen gebrachten Mehrheit in den faschistischen Diktaturen 1935 nicht infrage zu stehen. Und dennoch steht am Schluss der Rede – als historisches Fragezeichen oder erinnernde Klage? – der Blick auf die Gescheiterten: auf Georg Büchner und Heinrich von Kleist, Friedrich Hölderlin und Karoline von Günderode, die im Wahnsinn, in der Verzweiflung, im Tod endeten und von denen Anna Seghers in einem bekannten und vieldeutigen Bild sagt: »Diese deutschen Dichter schrieben Hymnen auf ihr Land, an dessen gesellschaftlicher Mauer sie ihre Stirnen wund rieben.«[1]

Ohne es zu wissen spielt Anna Seghers damit auf eine nicht nur geistige Krise an, die vier Jahre später in die politische Katastrophe mündet: den Krieg als überwiegend europäische, die Niederlage des Antifaschismus als politische, Okkupation, Flucht und Verfolgung als persönliche und schließlich menschheitliche Katastrophe. In dieser Situation – 1940/1941 – entstand der Roman *Transit*. Geschrieben unter dem Eindruck einer schweren persönlichen Krise – der Flucht aus dem besetzten Paris in die von Vichy kontrollierte »freie Zone«, der Internierung ihres Lebensgefährten Laszlo Radvanyi, der verzweifelten Suche nach Ausreisemöglichkeiten in Übersee – stellt der Roman zugleich den Versuch dar, auf andere nicht weniger existenzielle kollektive Bedrohungen zu reagieren: als Schriftstellerin, als deutsche Jüdin und als Antifaschistin.[2]

Rückblickend, aber noch unter dem Eindruck der Flucht, schreibt Anna Seghers an Franz Carl Weiskopf, sie habe das Gefühl gehabt »d'être morte et hors de ce monde« (Briefe, 26.5.1941, 103). Da schreibt sie bereits am Roman. Aber dass die Gedächtnisarbeit literarische Form annimmt, war nicht selbstverständlich. In einem früheren Brief, vom 23. November 1940, ebenfalls an Franz Carl Weiskopf, hatte Anna Seghers auf die Grenzen des literarischen Verarbeitungsmusters »Dante, Dostojewski, Kafka« verwiesen (Briefe, 91) und demgegenüber auf der Unmittelbarkeit der eigenen Erfahrung bestanden. Ähnlich verfährt sie im Roman. In einer Schlüsselszene am Beginn des Erzählerberichts schildert der Erzähler seinen Eindruck bei der Lektüre eines im Koffer des toten Schriftstellers Weidel zurückgelassenen Manuskripts. Er schreibt von der »Verzauberung«, die die Fabel mit dem Ineinander von Traum und Wirklichkeit, von Zufall und Wahrscheinlichkeit in ihm erzeugt. Fast glaubt er in der »vertrackten Geschichte mit ziemlich vertrackten Menschen« seine eigene Geschichte wiederzufinden, bis er beim Wiederlesen des – übrigens unvollendeten – Manuskripts desillusioniert feststellt, dass die erfundene Geschichte die eigene Erfahrung nicht ersetzt. (26 f.) Die Lektüre entlässt den Erzähler aber nicht vollkommen »ratlos«, sondern gibt ihm – durch die Art und Weise wie erzählt wird – einen Hinweis an die Hand, wie er seine eigene Geschichte »lesen« – und aufarbeiten kann: »All diese Menschen ärgerten mich nicht durch ihre Vertracktheit, wie sie's im Leben getan hätten, durch ihr blödes Auf-den-Leim-Gehen, durch ihr Hineinschlittern in ein Schicksal. Ich begriff ihre Handlungen, weil ich sie endlich einmal verfolgen konnte von dem ersten Gedanken ab bis zu dem Punkt, wo alles kam, wie es kommen musste«. (26) Ganz ähnlich hat Freud in *Über das Unheimliche* zwischen dem »Unheimlichen des Erlebens« und dem »Unheimlichen der Fiktion« unterschieden und das fiktive Erzählen als »Instanz der Selbstbeobachtung und der Selbstkritik« dem Gewissen an die Seite gestellt, ein Gewissen der Fantasie also, das dank der Lockerung der Realitätsprüfung freier im Umgang mit der Erfahrung sei, weil fähig zu Distanz, Spiel, Komik. Es sind diese Eigenschaften, die das »Erzählen« zum Organ der Erinnerungsarbeit (Ricœur) werden lässt.[3]

II

»Ich möchte gern einmal alles erzählen, von Anfang an bis zu Ende«, damit hebt auch der Erzähler des Romans an (6). Mit der Einführung eines Erzählers folgte Anna Seghers Überlegungen W. Benjamins, wie er sie in seinem 1936 in der Zeitschrift *Orient und Okzident* veröffentlichten Essay *Der Erzähler* angestellt hatte. Benjamin suchte darin nach Auswegen aus der Krise der Moderne, wie sie aus dem Zerfall liberaler Weltanschauungen für die ästhetische Wahrnehmung, insbesondere für den Roman und das »Ende des Erzählens« resultierte.[4] Benjamins Rückblick auf die Traditionen mündlichen Erzählens, auf den Dialog, die räumliche Nähe, sprachliche und kulturelle Gemeinsamkeiten und Verständigungsmöglichkeiten zwischen Erzähler und Hörer (bzw. Autor und Leser) wird von Anna Seghers als Narrativ ihres Romans erprobt. Seine Struktur wird in der Eingangsszene vorgestellt. Ort der Erzählung ist die Pizzaria – ein geschützter Raum, ein Interieur, auf das das Erzählen angewiesen ist.[5] Der Erzähler selbst stammt aus dem Volk und spricht in der Sprache des Volks. Der Schreibvorgang wird fingiert als »mündliches Erzählen«, das sich an einen anonym bleibenden Hörer richtet. Es handelt sich durchgehend im Roman (vgl. das wiederholte Auftauchen der Pizzaria, oder von Cafés als Orten des Erzählens) um die Simulation einer dialogischen Gesprächssituation. Sie hat ihre Tradition – worauf Benjamin verweist – in einer vormodernen handwerklichen Welt, in der Erzählen als Sinnvermittlung und Rat eng an eine für den Erzähler und Zuhörer überschaubare Lebenswelt bezogen bleibt. Es geht Anna Seghers nun nicht um die Wiederaufnahme dieser Tradition, sondern um die Erprobung dieses Erzählmodells im Kontext der eigenen und kollektiven Krisen- und Katastrophenerfahrung. »Eine Geschichte von Anfang an erzählen« lässt sich als Anagramm der Anamnese lesen: zurückzukehren zum Anfang, zum Ausgangspunkt des Traumas. Der Erzähler blickt zurück, er erzählt seine eigene Geschichte – zur Geschichte wird die erinnerte Erfahrung aber nur in dem Maß, in dem Erzähler und Zuhörer sich in ihr wiedererkennen. Dies beschreibt sehr genau den Vorgang der »identité narrative« (Ricœur).[6]

In dem bereits zitierten Text über *Das Unheimliche* schreibt Freud den traumatischen Phänomenen der »Ich-Verdopplung«, »Ich-Teilung«, und »Ich-Vertauschung«[7] auf der Ebene der Fiktion analytische Funktionen zu. Als Elemente des Verstehens gehören sie zu den entscheidenden narrativen Figurationen der Erinnerungsarbeit. Es scheint, als habe Anna Seghers diese Möglichkeiten distanzierter und spielerischer, ja selbst komischer Aufarbeitung der Katastrophenerfahrung genutzt. Im Roman sind nicht nur Autor und Erzähler getrennt, sondern der Erzähler selbst zerfällt in unterschiedliche Funktionen: er ist Zeuge, Teil der Romanhandlung und Doppelgänger des toten Schriftstellers Weidel – dazu passt, dass er einen Doppelnamen, Seidler/Weidel, trägt, sein eigentlicher Name aber nicht genannt wird.

Exkurs: Gedächtnis-Erinnern-Erzählen

Dass überhaupt erzählt werden kann, setzt nach Benjamin Gedächtnis und Erinnerung voraus: »Nur dank eines umfassenden Gedächtnisses kann die Epik einerseits den Lauf der Dinge sich zu eigen, andererseits mit dem Hinscheiden, mit der Gewalt des Todes ihren Frieden machen.«[8] In Zeiten der Katastrophe ist beides : Erinnerung und Gedächtnis bedroht. Die Zerstörung der Tradition, das Herausfallen der Individuen aus dem geschichtlichen Kontinuum, das – nach Benjamin – ein Signum der Moderne ist und zur Krise des Erzählens führt, sind Erfahrungen, die sich angesichts der zeitgenössischen Katastrophe verstärken. Das Herausgerissensein aus den alltäglichen Zusammenhängen, der Verlust von Hab und Gut, die Unterbrechung und Zerstörung von Kommunikation, wie sie Krieg, Flucht und Emigration mit sich bringen, verweisen einmal auf den drohenden Verlust der »Archive« (der kulturellen »Gedächtnisspeicher«); bedroht ist gleichzeitig die Erfahrung selbst, das »funktionelle« Gedächtnis (Aleida Assmann): die Fähigkeit wahrzunehmen, Entscheidungen zu treffen, das Erfahrene zu verarbeiten.

So führt bei Anna Seghers das Fluchttrauma zu völliger Leere und Abwesenheit (Briefe, 26.5.1941, 101–104, hier 103). Erzählen als Erinnern hat in dieser Situation eine enttraumatisierende, identitätsstiftende, kurz »heilende« Funktion – so berichtet der Sohn Pierre Seghers, seine Mutter habe ihm und seiner Schwester auf der Überfahrt von Marseille nach Martinique täglich die fertigen Teile des Romanmanuskripts vorgelesen. »Sich die Dinge zu eigen machen« meint ein Verhältnis zu den Ereignissen, den Mitlebenden, zur Geschichte, in dem diese »transparent« erscheinen – Anna Seghers spricht vom »Fegefeuer«, das die Erfahrungen auf dem Weg zum Aufschreiben durchqueren«. (27) Durchschaubar wird die Katastrophe aber nur einem Erzählen, das sich fragend, analysierend, deutend auf eigene Erfahrungen und auf die Form des Erzählens selbst bezieht. Nur so ist es möglich, die erzählte als erinnerte »eigene« Geschichte und nicht als Verhängnis, Schicksal, Trauma in immer gleicher Wiederholung zu erfahren. Das meint Ricoeur mit dem Begriff der »Erinnerungsarbeit«. Ricœur hat auch darauf hingewiesen, wie eng Erinnerung und Erzählen aufeinander angewiesen sind. Der Begriff der »identité narrative« (Ricoeur) verweist darauf, dass Gedächtnis auf Erzählen angewiesen ist, Identität ein narratives Konstrukt und daher unabgeschlossen und auf den »andern« bezogen ist.[9]

III

Die Figur des Erzählers konstruiert Anna Seghers aus dem zeitgeschichtlichen Stoff, den ihr die Kollektiverfahrung und die eigene Erfahrung der Flucht bereitstellte: die Massenflucht der nordfranzösischen Bevölkerung vor den deutschen Invasionsarmeen, die im Chaos endet; die Internierung deutscher, spanischer, italienischer Emigranten, staatenloser polnischer Juden in improvisierten Lagern, die eigene Flucht in den unbesetzten Süden Frankreichs nach Marseille – dem »Rinnsal, in das sich der Strom der Flüchtlinge aus ganz Europa goss« (42). Frankreich mit seinen Auffanglagern und Internierungslagern, die später zu Transitlagern für die Deportation der jüdischen Flüchtlinge wurden, war für die Emigranten zum Gefängnis geworden. Als »Zeuge« dieser Kollektiverfahrung »bezeugt« der Erzähler zugleich Anna Seghers eigene Erfahrungen: die Fluchtgeschichte des Erzählers folgt der Route von Anna Seghers eigener Flucht, die ihm zugeschriebenen Erfahrungen bei der Beschaffung der für die Ausreise benötigten Papiere – Aufenthaltsgenehmigungen, Visen, Transitvisen, Visa de sortie, die Buchung von Schiffspassagen und die Übersendung des dafür benötigten Gelds – sind Anna Seghers eigene Erfahrungen, nachzulesen in ihren Briefen an die Freunde in den USA, Franz Carl Weiskopf und Wieland Herzfelde, im Herbst und Winter 1940/1941 und im Sommer 1941. Die Übereinstimmungen reichen bis in Details: so der Eintrag des »richtigen« Namens (nicht Anna Seghers, auch nicht Netty Reiling, sondern Netty Radvanyi [Briefe, 80, 83, 90], die Umbuchung der Passage von Lissabon in ein Ticket Marseille-Martinique, die Gefahr von Polizeikontrollen und Razzien der Fremdenpolizei in den Hotels (Briefe, 95 f., 98), der Hinweis auf den Tod Walter Benjamins (Briefe, 23.11.1940, 196 und Transit 196). Die Topografie Marseilles im Roman, Straßennamen, die Namen von Hotels und Cafés stimmen, von wenigen, bewusst vorgenommenen Ausnahmen abgesehen, mit der realen Topografie überein.[10]

Als »Zeuge« ist der Erzähler den Ereignissen und Erfahrungen nahe genug, um ihre Echtheit zu verbürgen, als fiktive Person ist er zugleich fern genug, um Distanz zu ihnen – dem Trauma der Flucht – halten zu können. Bestimmte Züge des Erzählers, seine »Naivität«, seine Freude am Spiel (137), an »Tricks und Zauberkunststücken« (145), seine Ironie, das Fehlen jeder Todesfurcht (151) haben hier ihren Platz. Sie sind Wunschfantasien »angstfreien« Verhaltens der Autorin und zugleich die Tore, die den Weg zur Erinnerung öffnen.

IV

Modellhaft wird der Prozess der Erinnerung an der Erzählerfigur selbst vorgestellt: Als Zeuge ist er zugleich »Erfinder« (109) seiner eigenen Geschichte, die identisch ist mit der Fabel des Romans – als Erzähler, der die Stimme der Autorin hat, ist er gleichzeitig Romanfigur, Teil der Fiktion – eine weitere »Verdopplung« also, die das narrative Dispositiv der Erinnerung als »Arbeit am Gedächtnis« bereitstellt. Ich hatte darauf hingewiesen, dass die mehrfach wiederholte Formel »von Anfang an (zu) erzählen«, die nicht für den Erzähler, sondern für das »Erzählen« überhaupt im Roman gilt (5 f. [Erzähler]; 214 ff. [der Legionär]; 165 f. [Marie]; 207 ff. [der Mittransitär]; 152 [Claudine]; 79 ff. [Heinz]), zu entziffern ist als Anagramm der Anamnese. Tatsächlich verbindet die Narration beide Bewegungen: der Gang nach rückwärts, das Aufrollen der Geschichte des Erzählers (aber auch anderer Figuren des Romans) korrespondiert mit einer erzählerischen Bewegung nach vorn zum Ende der Geschichte, das zusammenfällt, das ist meine vorläufige These, mit der Auflösung des Traumas. In dieser doppelten Bewegung – dem »Entwirren« durcheinandergeratenen Garns und dem »Durcheinanderbringen« glatten Garns (21) – ist die narrative Struktur der Erinnerungsarbeit festgehalten, zugleich aber auch die Unabgeschlossenheit der zwischen Erinnern und Handeln sich konstruierenden »identité narrative«.

Im Zentrum der Geschichte des Erzählers steht die Erfahrung des Verlusts: des Verlusts des geliebten Menschen, der beim Untergang des auf der Überfahrt befindlichen Schiffes zusammen mit allen übrigen Passagieren zu Tode kommt – des Verlusts der eigenen Person, des drohenden Identitätsverlusts wie er sich thematisch durch den gesamten Roman als Leere (148), »Öde« (254), Ziellosigkeit (238), »Gleichgültigkeit« (192), im spielerischen Hang zum Doppelleben (151) artikuliert – Eigenschaften, die dem »Zeugen« gut anstehen, hier aber in Konflikt geraten mit der Rolle des Erzählers als »Erinnerungsfigur«. Die schlimmste Drohung ist daher die, die aus dem Verlust des Gedächtnisses resultiert. Die Urszene dieses Verlusts findet sich am Anfang des zweiten Kapitels an einer Stelle, an der die Erzählung in ein Selbstgespräch des Erzählers umschlägt: »Irgend etwas war mir verloren gegangen, so verloren, daß ich nicht einmal mehr genau wußte, was es gewesen war, daß ich es nach und nach nicht einmal mehr richtig vermißte, so gründlich war es verlorengegangen in all dem Durcheinander« (41). Die Erinnerungsarbeit vollzieht sich von da an schrittweise: im szenischen Dialog mit anderen Figuren des Romans – dem Arzt, Claudine, Marie, dem politischen Flüchtling Heinz. Die szenische Präsenz, das Erzählen aus der Figurenperspektive macht das Schockartige des Erinnerungsvorgangs, die ihn begleitenden Stimmungsumschwünge, aber auch das Vorläufige der jeweils erreichten Stufe des Wissens und des daraus abgeleiteten Verhaltens sichtbar.

Narrativ wird die Arbeit des Erinnerns simuliert im wechselseitigen Ne-beneinander und Gegeneinander von Erzähler-Ich und erzähltem Ich.

Als Beispiel wähle ich die Szene der Begegnung des Erzählers mit Heinz, einem Gefährten aus dem Internierungslager, dem die Flucht nach Marseil-le geglückt war und dessen Spur der Erzähler verloren hatte. Das unerwar-tete Zusammentreffen vermittelt dem Erzähler ein Gefühl wiedergefunde-ner Identität, das in dem Augenblick umschlägt, als ihm deutlich wird, dass die von ihm an Heinz geschätzten Fähigkeiten – »Treue, Zuverlässigkeit, unbeirrbarer Glaube« (78) – ihm selbst abgehen: »Heinz sah mich aufmerk-sam an. Plötzlich wurde mir klar, daß es ziemlich schlecht mit mir stand. Ich machte mir nicht viel daraus, aber ich konnte vor mir selbst nicht länger ableugnen, daß es schlecht mit mir stand. Ich hatte nur diese eine Jugend, und sie ging daneben. Sie verflüchtigte sich in Konzentrationslagern und auf den Landstraßen, in öden Hotelzimmern und bei den ungeliebtesten Mäd-chen, und vielleicht noch auf Pfirsichfarmen, wo man mich höchstens dul-dete. Ich fügte laut hinzu: ›Mein Leben geht ganz daneben.‹« (81)

Die Szene bezeichnet im Prozess der Erinnerung den Punkt, an dem die Rekonstruktion der Person des Erzählers einsetzt . Sie führt über Begegnun-gen und Erfahrungen mit Personen, die jeweils einen Schlüssel für die eige-ne Erkundung und Weiterentwicklung bereitstellen. Der Prozess der »Selbst-erfindung« (»selbst der Erfinder« seines Lebens sein, 109), der hier nicht im Einzelnen nachgezeichnet werden kann, zielt darauf, in der Katastrophe Verhaltensweisen zu entwickeln, die es dem Erzähler ermöglichen, als »selbst« u n d als soziales Wesen zu überleben. Dazu gehört die Entscheidung da-rüber, was das »Wichtigste« im Leben ist (106), d.h. das »Spiel mit den zwei Leben« (151) zu überwinden. Gemeint ist das Spiel mit dem eigenen Na-men, das Spiel mit den Menschen – den wechselnden Geliebten, den Freun-den, das unentschiedene Schwanken zwischen Bleiben und Abfahren – nicht aber das Spiel ästhetischer Erfahrung, das Distanz herstellt und Angst auf-löst. Anna Seghers führt diese Bewegung bis zu dem Punkt, wo Spiel in Ernst umschlägt, der Erzähler nicht mehr »allein« (153) ist, sein Leben in das der »anderen« mündet. Wo Eigenschaften wie Nähe, Treue, Freundschaft, Lie-be wichtig werden, weil sie den Alltag und das alltägliche Leben als das Kon-tinuum in der Katastrophe erfahren lassen. Dazu gehört vor allem, dass der Erzähler in seine Lebensgeschichte eintritt, dass er den spontanen »Faust-schlag« gegen den SA-Mann und die dadurch ausgelöste Folge eher zufäl-liger Handlungen, Fluchten und Begegnungen als Teile eines Kontinuums und als Ausgangspunkt eines selbstbestimmten Lebens begreift, das gegebe-nenfalls – aber dies bleibt nur angedeutet – in den Widerstand führt: »Ich will jetzt Gutes und Böses hier mit meinen Leuten teilen, Zuflucht und Ver-folgung. Ich werde, sobald es zum Widerstand kommt, mit Marcel die Knar-re nehmen.« (279)

Der Erzähler ist bei sich selbst angekommen. Das zeigt sich auch in der Narration: Erzähler-Ich und erzähltes Ich, Erzähler-Rede und erlebte Rede fallen zusammen. Er ist an dem Punkt angekommen, in dem er in der Geschichte, die er sich und dem Hörer / Leser über sich selbst und die anderen erzählt »wiedererkennt«[11]

V

Der Erzähler, so Benjamin »weiß Rat«.[12] Welchen Rat kann der Leser vom Erzähler als »Zeugen« und als narrativem Medium und Akteur der Erinnerung erwarten? Welches ist die »Weisheit«, die das Erzählen vermittelt? Anders gefragt: Gelingt die narrative Integration des »Zeugen« in den »Erzähler« seiner eigenen Geschichte und der eigenen Geschichte in die Kollektivgeschichte des Exils? Meint die Aufarbeitung und Auflösung des individuellen Traumas auch die Auflösung der kollektiven Traumata? Und: stellt der zeitgenössische Roman die Form dar, die die Erfahrungskrise der Moderne, die sich zuspitzt zur Erfahrung der Katastrophe, »lösen« kann?

Diese Fragen wirft Benjamin in seinem 1936 veröffentlichten Essay *Der Erzähler* auf. Sie finden sich wieder als verdecktes Selbstzitat in Benjamins ausführlicher Besprechung des Romans *Die Rettung*.[13] In seiner 1938 in der *Neuen Weltbühne* erschienenen Kritik der *Rettung* attestiert Benjamin Anna Seghers, ihr Roman »streife«, wenn auch vielleicht »unbewußt«, die Problematik der Erzählkrise, wie sie »fast alle bedeutenden Romanwerke aus den letzten Jahren« charakterisiere.[14] Die Antworten und Lösungen, die Anna Seghers – so Walter Benjamin – in der *Rettung* anbietet, finden sich in *Transit* wieder. So der Rückgriff auf die Alltagssprache, die Innervation mündlichen Erzählens: Erzählen, das sich im Dialog mit dem Leser und Hörer entfaltet. Ferner: die Einführung des Erzählers als Zeitzeugen, als »Autor« einer zwischen Geschichte und Fiktion vermittelnden Erinnerung. Schließlich – und das führt zum Kern der Antwort – der Rückgriff auf epische Formelemente, die dem Roman historisch vorausgehen und die Benjamin unter den Begriff der »Chronik« fasst. Trotz aller integrativen Anstrengungen der Autorin sind »Zeuge« und »Erzähler« in *Transit* nicht deckungsgleich. Die Zeugenberichte, wenn auch als Teil der Erinnerungsgeschichte des Erzählers konzipiert, haben ein Eigengewicht, das ihnen aus ihrer besonderen Stellung zur Geschichte zukommt. Von diesen »merkwürdigen Geschichten«[15], die in der Chronik wie die einzelnen Stücke eines »Lesebuchs«[16] aneinandergereiht sind, sagt Benjamin, sie stünden »unmittelbar« zur Geschichte. Anders als in den Formen informativer Narration in der zeitgenössischen Presse und der literarischen Montage, die als Nachricht und Kommentar die Geschichte erklären wollen, anders als im traditionellen (Bildungs)Roman, der die

Geschichte in die Darstellung der Individuen kontingent, wenn auch widersprüchlich hineinverwebt, bleibe der »Weltlauf« als gleichsam über- bzw.
unhistorische Kategorie außerhalb der chronikalischen Erzählung. Zum Vergleich verweist Benjamin auf frühe Formen mittelalterlicher Malerei, die
die dargestellten Personen vor einen Goldgrund stellen, der als malerisches
Zeichen der Heilsgeschichte zugleich Erlösung und Katastrophe bedeuten
könne.[17]

In diesem Sinn ist *Transit* – wie *Die Rettung* – konstruiert als Chronik:
als »Lesebuch« voller »kurzer Geschichten«, »ungehörter und unerhörter
Geschichten« – historischer Anekdoten, Zwischenformen von Dokument
und Fiktion. Benjamin nennt sie »Musterstücke des Weltlaufs«, die sich jeder
geschichtlichen Erklärung und teleologischen Deutung entziehen.[18] In den
»kurzen Geschichten« verdichten sich individuelle Schicksale zur Geschichte, ihre Pointe beschreibt den »Augenblick«[19], in dem sich die Grenzen zum
kollektiven, Individuen und Zeit überdauernden »Alltag« öffnen, der große
Weltlauf einmündet in das »Pianissimo« der Beziehungen »von Mensch zu
Mensch«.[20] Oder aber der Blick sich schreckhaft »auf einen tiefen Abgrund
öffnet«.[21]

Es sind Geschichten »Abgeschiedene[r] (…) die ihre wirklichen Leben in
ihren verlorenen Ländern gelassen hatten, in den Stacheldrähten von Gurs
und Vernet, auf spanischen Schlachtfeldern, in faschistischen Kerkern« (112).
Die Geschichte der »kleine(n) Frau mit dem zottigen Haar, die (…) immer
jedem dasselbe erzählte mit immer neuem Schreck in den Augen. Wie sie
ihr Kind bei der Evakuation von Paris verloren hatte. Sie hatte es auf ein
Soldatenauto gesetzt, weil es müde geworden war. Da waren die deutschen
Flieger gekommen, die Straße war bombardiert worden (…). Man hatte (das
Kind) erst Wochen später weit ab in irgendeinem Gehöft gefunden, es würde nie mehr werden wie andere Kinder.« (87) Oder die Geschichte der jungen jüdischen Frau, die in ein »Frauenlager verschleppt« wird, »in einen Win-
kel der Pyrenäen«: »unter den Flüchen und dem Gejammer [ihrer] Tanten
und Oheime, aus Belgien geflüchteter Juden, die sie an kindesstatt mitgenommen hatten mit viel Treue und ungenügenden Ausweisen« (38). Oder
die Geschichte des »Mädchens aus dem Lager Bompard (…). Sie trug keine Strümpfe mehr, das Pelzchen, das sie zur Feier des Tages umgelegt hatte,
sah räudig und zerfressen aus. Der Polizist griff ihr unter die Arme, ihr Gang
war schwankend geworden. Wahrscheinlich war eben ihre letzte törichte
Hoffnung gescheitert. Man würde sie wahrscheinlich schon morgen aus dem
Bompard zurück in ein endgültiges Lager stecken, dort würde sie rasch voll-
ends zerfallen.« (247) Zu den »Abgeschiedenen« zählt auch die jüdische
Großfamilie, die die alte und kranke Frau, die Älteste der Familie, nicht
zurücklassen will und deshalb auf die Abreise verzichtet (201 f.), der Mit-
transitär, der nach Polen ins Ghetto zurückgeht (206–209, 260), der

Legionär, der in Frankreich und in Afrika gegen Hitler gekämpft hat, nach einer Verwundung entlassen wird, und auf den »niemand wartet« (212–218).

Die schwache epische Integration dieser »kurzen Geschichten« verweist auf die Bruchstellen individueller und kollektiver Erinnerung, mehr: auf die Grenzen erzählerischer Erinnerungsarbeit. Der Roman und die von ihm insinuierte Erinnerungsarbeit, die dem Zeugen den Erzähler an die Seite stellt und die Erzählung einem sympathisierenden Zuhörer anvertraut – dieser episch inszenierte Vorausgriff auf eine mit der Vergangenheit versöhnte Gegenwart scheitert an der Inkommensurabilität der in den »kurzen Geschichten« kommentarlos mitgeteilten Schicksale der »Abgeschiedenen«. Als unausgelöste Fundstücke der Erzählung wandern sie ins Archiv, aus dem sie der Chronist abruft.

VI

Die Erinnerungsmuster für die individualpsychologische und die kollektivgeschichtliche Aufarbeitung der Katastrophe, die der Roman anbietet, sind nicht kongruent. Das schlägt sich in der Struktur des Romans nieder: *Transit* ist ein unvollendeter Bildungsroman. Die historischen Zitate und Referenzen, die ihm das chronikalische Erzählen zuführt, sind »windschief«[22] in die Struktur eingesetzt. Als Ganzes ist *Transit* eine Mischform aus erzählenden und beschreibenden Teilen. An den Bruchstellen kann sich eine an »Grenzraumerfahrungen« orientierte Lektüre entfalten, die auf hybride Formen der Orientierung und Selbstvergewisserung verweisen. Gerade die Sinnträger und Sinnsucher des Romans sind marginale Figuren. Das gilt für Heinz, der eine episodische Figur ist und als »Schatten seiner selbst« schließlich aus dem Roman herausfällt; das gilt auch für den Erzähler, der sich nicht zufällig als »Wegelagerer« (180) bezeichnet. Ihre Geschichte ist Teil eines in den »kurzen Geschichten« erzählten kollektiven Schicksals, das – in der Katastrophe – den Zerfall ideologischer Gewissheiten und Identitätsmuster dokumentiert. Grenzraumerfahrungen lassen sich, nach Homi K. Bhabha, beschreiben als ständig erneuertes Aushandeln und Übersetzen von Eigenem und Fremden, Individuellem und Kollektivem, von Dauer und Gegenwart: als »Aushandeln jener Zeiten, Begriffe und Traditionen, mit denen wir unsere ungewisse, dahingleitende Jetzt-Zeit in die Zeichen der Geschichte verwandeln«.[23] Im Zentralmotiv des Romans wird diese Erfahrung beschrieben: »Der Mont Vertoux hatte sich dicht gefüllt. In vielen Sprachen schlug sein Geschwätz an mein Ohr: von Schiffen, die nie mehr abgehen würden, von angekommenen, gescheiterten und gekaperten Schiffen, von Menschen, die in die Dienste der Engländer gehen wollten und in die Dienste de Gaulles, von Menschen, die wieder ins Lager zurück mussten, vielleicht auf Jahre, von

Müttern, die ihre Kinder im Krieg verloren hatten, von Männern, die abfuhren und ihre Frauen zurückliessen. Uraltes frisches Hafengeschwätz, phönizisches und griechisches, kretisches und jüdisches, etruskisches und römisches. – Ich habe damals zum erstenmal alles ernst bedacht: Vergangenheit und Zukunft, einander gleich und ebenbürtig an Undurchsichtigkeit, und auch den Zustand, den man auf den Konsulaten Transit nennt und in der gewöhnlichen Sprache Gegenwart. Und das Ergebnis: nur eine Ahnung – wenn diese Ahnung verdient ein Ergebnis genannt zu werden – von meiner eigenen Unversehrbarkeit.« (273)

Transit steht als Mythos, der in vielfältiger Form im Roman präsent ist, für eine Schwellenerfahrung, die nicht nur zwischen Vergangenheit, Gegenwart und Zukunft, sondern auch zwischen Bewusstem und Unbewusstem, Individuum und Kollektiv, zwischen Sinn, Vielfalt und Chaos vermittelt. Gemeint ist eine Erfahrung des »Dazwischen«, die nicht auflösbar ist und das Erzählen zu einer Gratwanderung auf dem Erinnerungspfad der eigenen und fremden, der individuellen und kollektiven Geschichte macht.

VII

Homi K. Bhabha versteht die Erfahrung des »Unheimlichen« nicht nur als Ausdruck individueller Krisen und Traumata, sondern deutet sie als Folge kultureller Krisen und Umbrüche.[24] Die von Freud beobachteten Phänomene der »Ich-Verdopplung, Ich-Teilung, Ich-Vertauschung« interpretiert Bhabha als Verhaltensweisen, mit der das Ich auf das kulturell Andere und Neue reagiert. Der »dritte Raum«, in dem die kulturell entwurzelten Individuen agieren und miteinander kommunizieren, ist ein kultueller Hybrid. Literarische Fiktion kann unter diesem Aspekt als Form spielerischen Umgangs mit dem Schock kultureller Entfremdung und Herausforderung durch das Andere begriffen werden.[25] Das »Andere« und »Fremde« ist in *Transit* präsent als Topografie und Stadterfahrung von Marseille. Marseille als Ort, der am Übergang Europas zur Welt liegt, als Völker-und Sprachen-Babel – in der Katastrophe als »Rinnsaal« der Verfolgten und ihrer Verfolger, als »Rinne ins Meer, wo endlich für alle wieder Raum war und Friede«. (42) Die Bewohner Marseilles, wie sie in *Transit* geschildert werden, stammen aus allen Kontinenten: neben Franzosen und Korsen leben hier Spanier, Portugiesen, Algerier und Madegassen, Brasilianer, Mexikaner, Cubaner, Engländer und Amerikaner, Flüchtinge aus Deutschland und Europa, deutsche Besatzer und französische Miliz. Die Erfahrungen, die dieser Stadtraum vermittelt ist schockhaft: den Flüchtlingen wird er zur »Hölle« (209), zum »Abgrund« (179), zum »Grab« (181), den Abfahrenden zum rettenden Hafen »zur Stadt am Meer«, dessen »Leere und Öde«, »Spurlosigkeit« und »Unbefleckbarkeit« (43) zugleich schreckt und tröstet. Die Protagonisten – der Erzähler und Marie – erfahren Marseille als Labyrinth: die Suche nach dem verschwundenen Weidel hat ihr Narrativ in ambulatorischen Stadtdurchquerungen, in dem sich die Motive der Suche und Erkundung verbinden mit den Motiven von Flucht und Verfolgung. In diesen repetitiven Durchquerungen wird die Stadt, werden ihre Straßen, Häuser und Plätze zugleich lokalisiert und verfremdet, vertraut und unheimlich:

»Wir durchquerten die Cannebière (...). Der Wind hatte völlig aufgehört. Sie lief in die Rue des Baigneurs. Ich hoffte, jetzt gleich zu erfahren, wo sie wohnte,wohin sie gehörte, unter welchen Umständen sie hier lebte. Sie lief aber kreuz und quer durch die vielen Gassen zwischen dem Cours Belsunce und dem Boulevard d' Athènes (...). Wir durchquerten den Cours Belsunce, und dann die Rue de la République. Sie lief durch das Gassengewirr hinein hinter dem alten Hafen. Wir kamen sogar an dem Haus vorbei, in dem Binnets wohnten. Seine Tür mit dem bronzenen Kupfer erschien mir wie eines der Stücke Wirklichkeit, die sich mit Träumen vermischen.« (107 f.)

Während der Erzähler mit der Erfahrung des Labyrinths spielt und zwischen Traum und Wirklichkeit, Nähe und Ferne, zwischen Bleiben und Abfahren unentschieden Distanz zur Stadt bewahrt, ist für andere Marseille Heimat und Zuflucht – »ein Stück Wirklichkeit«: für die Hotelbesitzer und Concièrges, die Betreiber der Bistros und Cafés, die Händler auf den nordafrikanischen Märkten, für alle, die in Marseille arbeiten. Einige dieser Personen erhalten ihre Geschichte: Nadine, die Freundin und zeitweilige Geliebte des Erzählers (65 f., 187 f.), der schweigsame Portugiese aus dem arabischen Café am Cours Belsunce, der die illegale Überfahrt für Heinz nach Afrika organisiert (145 f., 184 f.); Rosali, die als Angestellte der Préfecture Maries Reisepapiere fälscht und so deren Abfahrt ermöglicht (251 ff., 261). Vor allem aber die Familie Binnet: Georg, Claudine und ihr kleiner Sohn, die vom Rand der Erzählung immer mehr ins Zentrum rücken. Der Alltag, der ihr Leben bestimmt und immer wieder neu konstruiert und erzählt wird, ist hybrid.[26] Seine disparaten Elemente: die nordafrikanische Heimat Claudines und ihres Sohnes, die große aus Nordfrankreich stammende und über ganz Frankreich verstreut lebende Familie Binnet, der gemeinsame Haushalt, die Sorge für den Sohn, die Arbeit – Claudine in einer Zuckerfabrik, Georg in der Mühle – verdichten sich in Gesprächen, im gemeinsamen Essen mit dem Erzähler, im provozierenden, Nähe und Freundschaft einfordernden Verhalten des Knaben zu einem »Zwischenraum« einer anderen, neuen Identität, in die auch der Erzähler am Ende seiner Erzählung eintritt: »Wenn die Nazis uns auch noch hier überfallen, dann werden sie mich vielleicht mit den Söhnen der Familie Zwangsarbeit machen lassen oder irgendwohin deportieren. Was sie betrifft, wird auch mich betreffen. Die Nazis werden mich keinesfalls mehr als ihren Landsmann erkennen. Ich will jetzt Gutes und Böses hier mit meinen Leuten teilen, Zuflucht und Verfolgung.« (279)

Ein märchenhafter Schluss. Von ihm gilt, was Walter Benjamin im Erzähler vom Märchen sagt: dass es die »Zauber« löst, die der Mythos über die Geschichte verhängt hat.[27] Das chronikalische Narrativ nimmt auch diese »kleine Geschichte« in das Lesebuch des Exils auf.

VIII

Anna Seghers verweist bei der Beschreibung der Texte des toten Schriftstellers Weidel auf die Gattung der »kleinen Form«. Die Rede ist von Weidels »kleinen, manchmal ein wenig verrückten Geschichten (…) so fein und so einfach, daß jedes an ihnen sich freuen konnte, ein Kind und ein ausgewachsener Mann« (276). Damit verweist Anna Seghers nicht nur auf das chronikalische Erzählen als epischer Form des Erinnerns, sondern lenkt die Aufmerksamkeit auf den Ort der Literatur im Gedächtnis des Exils. Thematisch führt der Roman dies am nachgelassenen Manuskript Weidels vor: Es enthält, wie das Souvenir, ein »Versprechen«, eine »im Rest-Fragment nur angedeutete Geschichte ganz zu erzählen.«[28] Der Erzähler rettet das Manuskript, seine Lektüre hilft ihm über die tödliche Langeweile und das Alleinsein hinweg; die Lektüre des fremden Texts weckt und befreit die Erinnerung, die fragmentarische Geschichte und die darin vorkommenden Personen – ein »Haufen verrückter Menschen, recht durchgedrehtes Volk«, »ihr Hineinschliddern in ein Schicksal« (26) – erinnern den Erzähler an Menschen seiner eigenen Geschichte. Die Kunst Weidels besteht für den Erzähler darin, dass es ihm gelinge, durch die Beschreibung das Verhalten und Handeln seiner Personen verständlich zu machen: sie erschienen »klar und lauter, als hätten sie alle schon abgebüßt, als wären sie schon durch ein Fegefeuer durchgegangen.« (27) Das lenkt die Aufmerksamkeit auf die Weidel zugeschriebenen Formen des Erzählens : »die grobe Fabel« (157), Reportage (134, 210 f.), Märchen (26) sind auch die Formen, die der Erzähler, im narrativen Klärungsprozess der »eigenen« Erfahrungen verwendet. Aber *Transit* hat als Chronik des Exils nicht nur diese Stimme: das Archiv der Erinnerung enthält neben der Geschichte der Anna Seghers und ihrer »Aufarbeitung« in der Erzählung des fiktiven Zeugen und Erzählers eine Fülle »kleiner« Geschichten von Flüchtenden und Verfolgten, von vorläufig Geretteten und Überlebenden, von Toten oder zum Tod Bestimmten. Diese Geschichten kommen nie zu Ende und wer sie erzählt oder liest, wird nicht erlöst.[29] Der Zwang, sie immer neu zu erzählen, zu hören und zu lesen, begleitet das chronikalische Erzählen als literarische Form einer nicht zu-ende-kommenden narrativen Erinnerungsarbeit und verweist auf das objektive

Verhängnis, das auf diesen Geschichten als den chronikalischen Zeugnissen der Katastrophe liegt.

Mit dem Motiv des Fortschreibens des unvollendeten Manuskipts tritt der Roman ein in die Thematik der Tradition und stellt sie sogleich neu: Bedroht in der Katastrophe ist nicht allein die kulturelle Überlieferung und die Literatur als eine ihrer Formen, sondern die Erinnerung selbst. Die Literatur als Organon der Erinnerung gegen die Drohung der Katastrophe zu retten, würde bedeuten, sie auf Erfahrungen vorzubereiten, die Flucht und Verfolgung, Tod und Selbstverlust einschließen und gleichzeitig übersteigen, und sie kompatibel zu machen für eine Erinnerung, die im tremendum horrendum[30] des kollektiven Mords ihre durch keine Erzählung zu befriedende und zu versöhnende geschichtliche und ästhetische Herausforderung hat. Wenn Walter Benjamin in seiner Besprechung der *Rettung* Anna Seghers die Rolle einer »neuen Sheherazade« zuweist,[31] dann gilt das in anderer Weise für die Autorin von *Transit*. Als »Chronik des Exils« steht *Transit* am Anfang einer Literatur, die unter anderer als nur individueller Todesdrohung steht.

Der Beitrag geht auf einen Vortrag zurück, den der Vf. auf der vom Freiburg Institute for Advanced Studies (FRIAS) vom 25. bis 27. Juni 2009 veranstalteten Tagung zum Thema *Katastrophe und Gedächtnis* gehalten hat.

1 Anna Seghers: »Vaterlandsliebe (Rede auf dem I. Internationalen Schriftstellerkongress zur Verteidigung der Kultur 1935)«. In: Dies.: *Über Kunstwerk und Wirklichkeit I. Die Tendenz in der reinen Kunst.* Bearb. u. eingeleitet von Sigrid Bock. Berlin 1970, S. 63–66, hier S. 66. — 2 Über die französische Internierungspolitik sind wir durch die Forschungen Jacques Grandjoncs und seiner Forschungsgruppe gut informiert, vgl. Jacques Grandjonc, Theresia Grundtner (Hg.): *Zone der Ungewißheit. Exil und Internierung in Südfrankreich 1933–1944.* Hamburg 1993. Über die Situation in Marseille und Les Milles informiert bis in biografische und topografische Details die Untersuchung von Doris Obschernitzki: *Letzte Hoffnung – Ausreise. Die Ziegelei von Les Milles 1939–1942. Vom Lager für unerwünschte Ausländer zum Deportationszentrum.* Berlin 1999. – Der erste Band der Biografie über Anna Seghers von Christiane Zehl Romero (*Anna Seghers. Eine Biographie 1900–1947,* Berlin 2000, S. 270 ff., S. 347–381) und die von ihr zusammen mit Almut Giesecke herausgegebenen Briefe von Anna Seghers: Christiane Zehl Romero, Almut Giesecke (Hg.): *Anna Seghers. Briefe 1924–1952.* Berlin 2008 (*Anna Seghers Werkausgabe* 5,1 hg. von Helen Fehervary und Bernhard Spies) geben einen detaillierten Einblick in die persönliche Situation Anna Seghers zwischen der Flucht aus Paris, der Abreise aus Marseille und der Überfahrt nach Mexiko 1940/1941 (im Text zitiert als: Briefe). Vgl. auch den Kommentar von Silvia Schlenstedt in der von ihr bearbeiteten Anna Seghers Werkausgabe (s. o.) von *Transit* (Berlin 2001), S. 311–364. (Seitenzahlen zu *Transit* im Text beziehen sich auf diese Ausgabe) — 3 Sigmund Freud: »Das Unheimliche (1919)«. In: *Studienausgabe.* Bd. 4. Frankfurt/M. 1982, S. 241–274, hier S. 258 ; zur Rolle des Unheimlichen in der Fiktion S. 269 ff. - Paul Ricœur: *La Mémoire, L'Histoire, L'Oubli,* Paris 2000, S. 84 ff. zum Begriff der in Anlehnung an die Freud'sche Analyse und ihrer Terminologie des »Durcharbeitens« entwickelten »Erinnerungsarbeit«. — 4 Walter Benjamin: »Der Erzähler. Betrachtungen zum Werk Nikolai Lesskows«. In: Walter Benjamin: *Gesammelte Schriften.* Bd. 2.2. Hg. Rolf Tiedemann, Hermann

Schweppenhäuser. Frankfurt/M. 1977, S. 438–465. — **5** Walter Benjamin spricht vom Interieur als »Zufluchtsstätte der Kunst« (Walter Benjamin: »Paris, die Hauptstadt des XIX. Jahrhunderts«. In: Ders.: *Gesammelte Schriften.* Bd. 5.1. Hg. von Rolf Tiedemann Frankfurt/M. 1982, S. 53). — **6** Über den Zusammenhang von Erzählen und Erinnerung und zur Konzeption der »identité narrative« vgl. Paul Ricœur: *Temps et récit.* Bd. 3, Paris 1985, S. 442 ff. — **7** Freud: »Das Unheimliche« (s. Anm. 3), S. 257. — **8** Benjamin: »Der Erzäh-ler« (s. Anm. 4), S. 453. –Zum folgenden Aleida Assmann: *Der lange Schatten der Vergangenheit. Erinnerungskultur und Geschichtspolitik.* München 2006, S. 54 ff. (zum Speichergedächtnis und Funktionsgedächtnis). — **9** Ricœur: *Temps et récit,* (s. Anm. 6) ebd. Erinnerung ist für Ricoeur auch ein Prozess des Abschiednehmens – der Aufarbeitung eines Verlusts, der Befreiung aus einem Trauma in der Form der mémoire sérène, die ihren Frieden mit der (eigenen) Geschichte macht. (Ricœur: *La Mémoire, l'Histoire, l'Oubli* [s. Anm. 3]), S. 593 ff. — **10** Doris Obschernitzki: »Ortsbesichtigung. Anna Seghers in Marseille 1941«. In: *Argonautenschiff. Jahrbuch der Anna-Seghers-Gesellschaft* 11 (2002), S. 116–133. — **11** Ricœur: *Temps et récit* (s. Anm. 6), S. 445. — **12** Benjamin: »Der Erzähler« (s. Anm. 4), S. 442. — **13** Helen Fehervary: *Anna Seghers. The Mythic Dimension.* Ann Arbor 2001 hat als erste auf Beziehungen und Gespräche zwischen Walter Benjamin und Anna Seghers in den 1930er Jahren in Paris hingewiesen. Sie stehen offensichtlich im Zusammenhang mit seiner Besprechung der *Rettung* (s. Anm. 14). Fehervary kann sich dabei auf Hinweise in den Briefen von Walter Benjamin um die Jahreswende 1937/1938 stützen. So schreibt Benjamin an Karl Thieme am 20.12.1937: »Gerade neuerdings sind die in Ihrem Brief berührten Fragen [u. a. nach der Bedeutung vorliterarischer »einfacher Erzählformen«, L.W.] in einigen Gesprächen wieder in Fluss gekommen, die ich mit Anna Seghers über die Lage des Romanciers hatte.« (Walter Benjamin *Gesammelte Briefe*, Bd. 5: 1935 bis 1937. Hg. Christoph Gödde, Henri Lonitz. Frankfurt/M. 1999, S. 632) Vgl. auch der bestätigende kurze Hinweis einem Brief an Alfred Cohn vom 13.1.1938: »Anna Seghers, die ich jetzt öfter sehe (…).« (Walter Benjamin: *Gesammelte Briefe*, Bd. 6: 1938–1940. Hg. Christoph Gödde, Henri Lonitz. Frankfurt/M. 2000, S. 16). Dafür, dass die »Gespräche« mit Anna Seghers sich über Fragen der epischen Narratologie, der Geschichte des Romans und der Formen des Erzählens, hinaus auf die von Walter Benjamin in *Erzähler* angedeuteten, aber erst in den *Thesen zur Geschichte* entwickelten geschichtsphilosophischen Aspekte »chronikalischen« Erzählens erstreckt hätte, gibt es keine Belege. Fehervary ist, vor allem was ihre weiterführende These vom Einfluss Benjamins beim Nachweis chiliastischer Traditionen in Anna Seghers Geschichtsverständnis im *Siebten Kreuz* und in *Transit* auf Vermutungen und intertextuelle Konjekturen angewiesen (Fehervary: *Anna Seghers* [s. Anm. 13], S. 148–174). — **14** Walter Benjamin: »Eine Chronik der deutschen Arbeitslosen. Zu Anna Seghers Roman ›Die Rettung‹«. In: Ders.: *Gesammelte Schriften.* Bd. 3. Hg. Hella Tiedemann-Bartels. Frankfurt/M. 1972, S. 530–538, hier S. 536 u. 537. — **15** Benjamin: »Der Erzähler« (s. Anm. 4), S. 444. — **16** Walter Benjamin: »Eine Chronik der deutschen Arbeitslosen« (s. Anm. 14), S. 537. — **17** Ebd., S. 534 f.: »Es unterscheidet die Chronik von der Geschichtsdarstellung im neueren Sinne, daß ihr die zeitliche Perspektive fehlt. Ihre Schilderungen rücken in nächste Nähe derjenigen Formen der Malerei, die vor der Entdeckung der Perspektive liegen. Wenn die Gestalten der Miniaturen oder der frühen Tafelbilder dem Betrachter auf Goldgrund entgegentreten, so prägen sich ihm ihre Züge nicht weniger ein als hätte der Maler sie in die Natur oder in ein Gehäuse hineingestellt. Sie grenzen an einen verklärten Raum, ohne an Genauigkeit einzubüßen. So grenzen dem Chronisten des Mittelalters seine Charaktere an eine verklärte Zeit, die ihr Wirken jäh unterbrechen kann. Das Reich Gottes ereilt sie als Katastrophe.« — **18** Benjamin: »Der Erzähler« (s. Anm. 4), S. 451 zur Unterscheidung zwischen dem »Chronisten« und dem »Historiker«: »Der Historiker ist gehalten, die Vorfälle, mit denen er es zu tun hat, auf die eine oder andere Art zu erklären; er kann sich unter keinen Umständen damit begnügen, sie als Musterstücke des Weltlaufs herzuzeigen. Genau aber das tut der Chronist (…).« Die »Chronik« stellt die Ereignisse nebeneinander, sie stehen als einzelne unmittelbar zur (Heils)Geschichte; die »Historie« stellt die Ereignisse in einen kausalen Zusammenhang innerhalb der »profanen« Geschichte. Die »Historie« verzeichnet sinnvolle Abläufe, die Chronik verbleibt beim Nebeneinander. Die »Chronik« ist als Narrativ, neben Märchen und Sage, eine Form des »Erzählens«, die »Historie« verweist auf den Roman. Geschichtsphilosophisch verbinden sich mit den beiden narrativen Formen für Benjamin die Konzeption der »erfüllten Zeit« (Chronik) bzw. der »leeren Zeit« des Fortschritts (Historie). In den erst posthum veröffentlichten geschichtsphilosophischen Thesen wird das Narrativ der »Historie« zum Ausgangspunkt von Benjamins Kritik am sozialdemokratischen Geschichts- und Fortschrittsbegriff, steht das Narrativ der »Chronik« im Zentrum seines, an die messianische »Jetztzeit« gebundenen Revolutionsbegriffs, in dem »Erlösung« und »Katastrophe« zusammenfallen. Walter Benjamin: »Über den Begriff der Geschichte«. In: Ders.: *Gesammelte Schriften*. Bd. 1.2. Hg. Rolf Tiedemann, Hermann Schweppenhäuser. Frankfurt/M. 1974, S. 691–704, insbes. die 3. These zur »Chronik« (S. 694) und der Anhang A zu den Thesen (S. 704). Die Geschichtstheologie der Thesen, die sich in einer Reihe von Hinweisen im *Erzähler* vorausgedeutet findet, bildet den Horizont, nicht aber das Thema – und hier unterscheide ich mich von Helen Fehervary – der Gespräche, die Walter Benjamin und Anna Seghers »über den Roman« geführt haben (vgl. Anm. 13). Die Untersuchung der narratologischen Aspekte der Chronik, so meine These, muss der Deutung ihres theologischen Gehalts vorausgehen. — 19 Benjamin: »Eine Chronik der deutschen Arbeitslosen« (s. Anm. 13), S. 537. Heinz Schlaffer verbindet die Pointe der Anekdote, im Unterschied zum Witz, mit dem »Anspruch auf Faktizität«. Vgl. seinen Artikel »Anekdote« im *Reallexikon der deutschen Literaturwissenschaft*. Bd. 1, 3. Auflage Berlin/New York 1997, S. 87–89. Die Anekdote als epische Form gehört in die Poetik »beschreibender« Texte, wie sie Klaus R. Scherpe: »Beschreiben, nicht Erzählen! Beispiele zu einer ästhetischen Opposition: Von Döblin und Musil bis zu Darstellungen des Holocaust. Antrittsvorlesung 30. Juni 1994«. In: *Öffentliche Vorlesungen*, Humboldt-Universität zu Berlin. Philosophische Fakultät II. Institut für deutsche Literatur o.J. vorgestellt hat. — 20 Max Weber: »Wissenschaft als Beruf«. In: Ders.: *Gesammelte Aufsätze zur Wissenschaftslehre*. Tübingen 1922, S. 554. Max Weber spricht hier von der umfassenden Bewusstseins- und Verhaltenskrise, die im Gefolge der »Entzauberung der Welt« auch die Kunst treffe. Es sei »weder zufällig, daß unsere höchste Kunst eine intime und keine monumentale ist, noch daß heute nur innerhalb der kleinsten Gemeinschaftskreise, von Mensch zu Mensch, im pianissimo, jenes Etwas pulsiert, das dem entspricht, was früher als prophetisches Pneuma in stürmischem Feuer durch die großen Gemeinden ging und sie zusammenschweißte«. Webers an die Absage jeglicher Form der Prophetie gebundene Aufforderung »an die Arbeit zu gehen« konnte noch nicht voraussehen, dass der Prozess der Entzauberung der Welt im Faschismus in die Katastrophe umschlug. — 21 Benjamin: »Eine Chronik der deutschen Arbeitslosen« (s. Anm.14), S. 537. — 22 Benjamin: »Der Erzähler« (s. Anm. 4), S. 443. — 23 Homi K. Bhabha: *Die Verortung der Kultur*. Tübingen 2007, S. 232. — 24 Ebd., S. 16, 215. — 25 Die Charakterisierung von *Transit* als »diasporic work« (Fehervary: *Anna Seghers* [s. Anm. 13], S. 170) enthält einen (vermutlich so nicht beabsichtigten) Hinweis auf die Offenheit der Raum- und Zeitstruktur im Sinn einer hybriden »Grenzerfahrung«. — 26 Erklärungsbedürftig, weil widersprüchlich bleibt die wiederholte Beschwörung der deutschen Muttersprache durch den Erzähler (S. 26, S. 276). Sie steht quer zum sprachlichen und kommunikativen Medium des Romans, der von Flüchtlingen, Migranten, Ausländern, den »kleinen Leuten« in Marseille handelt. In den Schilderungen und der erzählerischen Selbstartikulation dieses Milieus als Zwischenwelt, für die die Familie Binnet steht, geht der Roman über die identitären Zuschreibungen der deutschen Muttersprache hinaus. Ihre Evokation in *Transit* ist nicht mehr als ein erinnerungskultureller Notanker, in die der unauslotbaren Tiefen eines die Zeiten überdauernden, die Grenzen überschreitenden »Hafengeschwätzes« geworfen wird. — 27 Benjamin: »Der Erzähler« (s. Anm. 4), S. 458. — 28 Günter Oesterle: »Souvenir und Andenken«. In: *Der Souvenir. Erinnerung in Dingen von der Reliquie zum Andenken*. Museum für Angewandte Kunst Frankfurt 2006, S. 16–45, S. 20 zum Narrativ des Zuendeerzählens. — 29 Auf den »Sprossen der Erfahrung« (Benjamin: »Der Erzähler« [s. Anm. 4], S. 457) hat der Mythos seinen, wenn auch nicht privilegierten Platz unter den narrativen Formen der Erinnerung. Wichtig erscheint mir gerade in *Transit* die Funktion des Mythos als Grenzerfahrung, die individuelle und kollektive Seiten der (zeitlichen) und (räumlichen) Erfahrung miteinander kompatibel macht und so »Zwischenräume« öffnet, in denen die Narration als Erkundung der Beziehungen zwischen Eigenem und Fremdem, Individuellem und Kollektivem, Zeit und Zeitlosigkeit, Sinn und Katastrophe sich entfalten kann. Alle Versuche einer Reduzierung der Erzählweise und der erzählten disparaten Wirklichkeit auf einen sie begründenden »Ursprung« und der Versuch, die Katastrophe in einer chiliastischen Heilserwartung zu »erlösen« (vgl. etwa Fehervary: *Anna Seghers* [s. Anm. 13]) und die programmatische Überschrift des der Interpretation des *Siebten Kreuzes* und *Transit* gewidmeten 7. Kapitels (»Myth and Redemption« S. 148 ff.) unterlaufen die hier beschriebene »Grenzerfahrung«. Überzeugender als der Versuch, den »Erzähler« in die Tradition jüdischer Propheten und Rebellen zu rücken (ebd. S. 170), erscheint mir der Vorschlag, die Autorin Anna Seghers als »Überlebende« zu bezeichnen: »as a chronicler writes testimony offered to the memory of the dead«. (Ebd., S. 170 f.) — **30** Paul Ricœur unterscheidet zwischen dem »tremendum fascinosum« als Gründungsmythos der Macht und dem »tremendum horrendum« als Erinnerungsspur der Opfer (der »victimes« – nicht der »vaincus«) der Geschichte. Am Ursprung des »tremendum horrendum« stehen unvergleichbar »schreckliche« Ereignisse wie die Shoah, die durch die Erinnerung wohl aufgearbeitet aber nicht »erlöst« werden können (Ricœur: *Temps et récit*. Bd. 3 [s. Anm. 6], S. 339 ff.). Die Arbeit der Erinnerung und die narrativen Formen ihres Vollzugs führen hier an die Bruchstellen analytischen Selbst- und Fremdverstehens . Das chronikalische Erzählen notiert diese Bruchstellen. Über seine Funktion schreibt Ricœur: »La fiction donne au narrateur horrifié des yeux. Des yeux pour voir et pour pleurer.« (Ebd., S. 341 f.). — **31** Benjamin: »Der Erzähler« (s. Anm. 4), S. 453.

Wulf Koepke

Heinrich Manns Bericht über das Zeitalter
Zum Gedächtnis der Nachgeborenen

Heinrich Manns Spätwerk der amerikanischen Jahre ist schwer zugänglich. Thomas Mann hat das mit dem Ausdruck »Greisenavantgardismus« beschönigt. Am meisten Aufmerksamkeit haben noch die Memoiren *Ein Zeitalter wird besichtigt* erregt, viel gepriesen und noch weit mehr gescholten wegen des Lobes von Stalin und der Sowjetunion, und der Rechtfertigung der Moskauer Prozesse, und immer sehr selektiv gelesen. Es ist, darin ist sich die Forschung einig, nur zum geringeren Teil eine Autobiografie; wie man das ganze Buch klassifizieren soll, ist schwer zu bestimmen.[1] Es hat eine Einheit, aber sie setzt sich inhaltlich wie formal aus heterogenen Stücken zusammen. Zusammengehalten wird es eigentlich durch den Stil, durch den eigentümlichen Ton und Duktus der Spätwerke Heinrich Manns. Dass es heftige antikommunistische bzw. antistalinistische Polemiken provoziert hat, war unvermeidlich, aber bedauerlich; denn das lenkte von wesentlich wichtigeren Fragen ab. Inzwischen ist wohl die Zeit gekommen, wo das Werk jenseits der ideologischen Querelen »besichtigt« werden darf. Was wollte Heinrich Mann möglichen Lesern übermitteln, und warum geschah es in dieser Art?

Heinrich Mann hat selbst angegeben, welche Struktur das Buch haben sollte. Es sind »1) 150 Seiten Zeitgeschichte, 2) 150 Seiten Autobiographie, 3) wieder 150 Seiten Zeitgeschichte, und 4) 100 Seiten Schluß-Folgerungen.«[2] Für den Leser ist diese Einteilung allerdings nicht so recht deutlich. Sie wird einsichtiger, wenn man sich den Vorläufer des *Zeitalter*-Buches ansieht, das Buch, das 2004 unter dem Titel »*Zur Zeit von Winston Churchill*« herausgegeben worden ist.[3] Der Text besteht aus zwei Teilen, erstens: »Rückblick vom Jahre 1941 auf das Jahr 1939,« und zweitens ein »Tagebuch vom Beginn des Krieges bis Ende 1939.« Dieses »Tagebuch« ist der weitaus umfangreichere Teil (WCh 93–324), während der »Rückblick« eher den Charakter einer Einleitung oder Einführung hat. Das Tagebuch ist keineswegs, wie man erwarten sollte, ein Bericht über den Autor betreffende Ereignisse, seine Gedanken und Gefühle während der ersten Kriegsmonate, sondern ein politischer Kommentar zur Kriegslage, zu den führenden Persönlichkeiten und zur Stimmung und Einstellung der Bevölkerung. Vieles ist Spekulation, manches beruht auf nicht bestätigten Informationen. Der schnelle deutsche Sieg in Polen wird in Frage gestellt, die Sowjetunion erhält bereits das Lob, das dann im *Zeitalter*-Text so provozierend gewirkt hat. Zum

Beispiel enthält der Text die Unterhaltung zwischen dem deutschen und dem sowjetrussischen Soldaten (WCh 131–137), die Heinrich Mann im *Zeitalter* mit Bezugnahme auf den früheren Text und die frühere Einsicht wieder abdruckt (160–163). Insgesamt spiegelt das Tagebuch Heinrich Manns optimistische Erwartungen, aber auch die unsichere Stimmung eines Wartezustands in den ersten Kriegsmonaten, als in den westlichen Ländern wenig Kriegsbereitschaft vorhanden war, aber doch die Überzeugung Boden gewann, dass es mit Hitler keinen Frieden geben konnte.

Von besonderem Interesse ist der erste Teil, der als Keimzelle für das *Zeitalter* angesehen werden kann. Er scheint mit einem autobiografischen Gestus zu beginnen: »Der Schreiber stellt sich vor.« (WCh 11–16) Aber dann setzt der Autor ganz anders ein, nämlich so: »Europa ist ein sehr grosser Gegenstand, ein unvergleichlich grösserer als seine Kriege, mitsamt diesem letzten.« (WCh 11) Aber das leitet hin zu der entscheidenden persönlichen Feststellung; der Kernsatz, der auch dem *Zeitalter* seine Richtung und seinen Sinn geben wird, lautet: »Ich bin nach Herkunft, Erziehung, Schicksal ein kontinentaler Europäer, nichts weiter.« (WCh 11) Aus dieser Heimat Europa vertrieben, fällt der Autor ins Leere: »Nach Amerika wurde ich verschlagen, nachdem der letzte Fussbreit heimischen Bodens mir entzogen war. Als Heimat empfand ich das europäische Festland, je mehr von ihm ich in meine Bildung – und in meine Gebilde – aufnahm.«[4] (WCh 11) Festland bedeutet hier auch Boden unter den Füßen, Wurzelboden. Europa füllt die Bildung und die Gebilde des Autors, und »nichts weiter«. Diesen Standpunkt muss man sich vor Augen halten, um zu verstehen, was danach folgt. Frankreich bleibt das Musterland europäischer Kultur. Auch Frankreichs gegenwärtige »Maske« kann für den Schreiber das wahre Gesicht nicht verdecken.

Heinrich Mann teilt mit den Angehörigen seiner Generation das Bewusstsein des ungeheuren Verlustes, den der Erste Weltkrieg seinem Europa zugefügt hat. Wie Stefan Zweig in *Die Welt von Gestern* denkt Heinrich Mann eher nostalgisch an die damalige Sicherheit seiner Existenz zurück. Man reiste ohne Pass und kam nicht auf die Idee, sich irgendwann ausweisen zu müssen. Eine typische Szene ist der Schock von Thomas Manns Tonio Kröger, der ausgerechnet bei einem Besuch in seiner Heimatstadt von der Polizei aufgefordert wird, Papiere zur Identifikation vorzuzeigen! Dazu passt, dass ein Ausländer damals noch nicht eo ipso verdächtig war: »Die Verdächtigkeit des Ausländers, seine fortwährende Belästigung und das schlechte Gewissen, das er davon bekommt, wenn er es nicht mit Grund schon hatte, das sind neuere Ergebnisse.« (WCh 12) Nur an der Schwere dieses Verlustes der Sicherheit kann man ermessen, warum für den berühmten und wohlhabenden Stefan Zweig der »Anschluss« Österreichs und damit der Verlust seiner Staatsbürgerschaft eine solche Katastrophe war.[5] Heinrich Mann denkt daran, dass man auch anderswo, in einem anderen Land, »dazugehören« konnte: »Überall war man etwas mehr als ein Zugelassener« (WCh 12). Und so konnte er als »Summe seiner Erfahrungen« in Italien den Roman *Die kleine Stadt* schreiben, der aus intimer Kenntnis das Italien von damals darstellt. Heinrich Manns Darstellung des bewunderten und geliebten Frankreichs erfolgte viel später und wurde auch viel komplexer: es waren die beiden Bände des *Henri IV*, das Ergebnis des französischen Exils nach 1933, das eben noch kein eigentliches Exil war, eine Zeit, als Heinrich Mann wirklich in Frankreich lebte und nicht mehr nur als »Besuch«.

Heinrich Manns Urteil über sein Herkunftsland Deutschland und seine Bewohner ist hart, zumal in diesem Kontext. Wenn das Wesen der Länder Italien und Frankreich in den Romanen *Die kleine Stadt* und *Henri IV* zu einem »Gebilde« zusammengefasst ist, so entspricht dem für Deutschland *Der Untertan*, 1914 beendet und sogleich verboten, nach 1918 Heinrich Manns großer Erfolg. Aber die vielen Leser haben die Botschaft nicht beherzigt: »Die deutsche Niederlage 1918 ist schlecht getragen worden; so klein im Unglück hatte niemand sich gezeigt, am wenigsten die Deutschen anderer Zeiten.« (WCh 15) Auch dieses Urteil ist ein Leitmotiv des *Zeitalter*-Buches geworden.[6] Heinrich Mann muss dann voll Resignation feststellen: »Die Deutschen mehrerer Jahrzehnte haben an sich selbst nicht gelernt; wie hätte ein Buch sie im Innersten aufklären können.« (WCh 15) Zusammenfassend meint Heinrich Mann, dass mit 1914 die Kunst um der Kunst willen zu ihrem Ende gekommen ist. »Der Kunst des Wortes um ihrer selbst willen wurde das Ende gesetzt im August 1914.« (WCh 16) *Der Untertan*, noch als »Kunst«, als »Spiel« geschrieben, war 1918 bitterer Ernst geworden, als er das Publikum erreichte. Auch wenn Heinrich Mann vorausgesehen hatte, was dann kam, er glaubte es selbst nicht:

»Man hatte hinter sich den langen Frieden. Verwöhnt durch eine milde Form des Lebens, neigte man zum Unglauben. Ich stellte dar was war, wusste auch schon, was nachkam; aber eine innere Unbesorgtheit hielt vor. Wir haben sie abgelegt.« (WCh 16)

Die gleiche Art der »Unbesorgtheit« wiederholte sich später, 1933, als Heinrich Mann erst dringend gewarnt werden musste, dass es Zeit sei, Berlin zu verlassen; und dann noch einmal, 1939/40, als er nicht glauben konnte, dass die deutsche Armee Frankreich erobern könnte, dazu noch so schnell.

Auch darin war er keine Ausnahme: Lion Feuchtwanger versäumte es, rechtzeitig in die USA zu reisen, obwohl er ein Visum hatte. Das Erschrecken über den schnellen deutschen Vormarsch spiegelt sich ebenfalls in Alfred Döblins *Schicksalsreise*, wo er schildert, wie er bei der Flucht aus Paris in das Chaos der Niederlage und dann in eine innere Krise gerät. Das ist symptomatisch für die Ansicht des Zeitalters, die in Heinrich Manns Schlusssatz resümiert wird: »Von bequemen Anfängen schritten wir zur katastrophalen

Vollendung.« (552) Das Ergebnis des Zeitalters ist die Katastrophe, die Zerstörung dessen, was am Anfang des Jahrhunderts noch heil war.

Das Buch, das Heinrich Mann schreiben will, *Zur Zeit von Winston Churchill*, stellt den Bericht über die Kriegsereignisse von September bis Dezember 1939 in den Rahmen einer Rückschau. Heinrich Mann spricht über das vergangene, sich jetzt selbst zerfleischende Europa. Das was ganz war, ist durch den Krieg zerbrochen. Seine Perspektive ist europäisch, das Zentrum bleibt Frankreich. Von den leitenden Prinzipien des französischen Denkens – raison, clarté und mesure –, ist es ganz besonders das Maß, das Heinrich Mann zu schätzen gelernt hat, Mäßigung, Mäßigkeit, gegenüber der deutschen Maßlosigkeit. Maß – mesure, the right measure – ist ebenso ein ästhetisches wie ein ethisches, politisches und geschichtsphilosophisches Kriterium. Zum Maß gehören die richtigen Proportionen, Harmonie, Ausgleich, Selbstbegrenzung, die Selbsterkenntnis und Erkenntnis der Grenzen voraussetzen.

Entscheidend für die Perspektive des Autors bleibt sein Exil. Er habe sein Tagebuch zwölf Monate weiter geführt, also vom Kriegsbeginn bis zum Verlassen von Nizza und dann von Europa, ohne den Gedanken an eine Veröffentlichung: das bürge »für die Freiheit meiner Rede und meinen guten Glauben.« (WCh 22) Inzwischen sei jedoch eine neue Situation entstanden: »Dann kam für mich aus dem verlorenen Land und verbotenen Erdteil die Abreise, wie sonst das Wort hiess; heute haben wir andere.« (WCh 22) Von den Aufzeichnungen will er nur den ersten Teil hier in Amerika bieten, »gesetzt, in diesem Lande wäre noch die Zeit und der Wille, die Erfahrungen eines abgereisten Europäers mit seinem Europa bekannt zu machen und sie aufzunehmen.« (WCh 22) Für Amerika war also *Zur Zeit von Winston Churchill* 1941 bestimmt; aber trotz fortgesetzter Bemühungen kam keine Veröffentlichung zustande.[7] Der Autor war ein »abgereister« Europäer, der vorher keine Scheu gehabt hatte, das Wort »Emigration« auszusprechen, denn ein Emigrant ist der Heimat noch nahe und hat eine berechtigte Hoffnung, dahin zurückzukehren. Einmal »abgereist« aus Europa, war er wirklich in einem Exil, das er im Inneren spürte und wohl gerade deshalb lieber umschrieb als benannte. Heinrich Mann musste dann allerdings darauf zurückkommen, ein potenziell, zukünftiges deutsches Publikum mit seinem *Zeitalter*-Buch anzusprechen; denn in diesem neuen Kontinent wurde seine Stimme nicht mehr gehört.

Heinrich Mann hatte das Manuskript, aus dem *Zur Zeit von Winston Churchill* wurde, sozusagen dem amerikanischen Volk zugeeignet, indem er es per diplomatischem Kurier an die Library of Congress schicken ließ, von der er es sich dann »leihen« musste, um sein Buch schreiben zu können. In der zum Druck vorbereiteten Fassung betonte er, dass die französische Niederlage nicht zuletzt eine Folge der Humanität war, da die französischen

Generäle versucht hätten, die schrecklichen Menschenverluste des Ersten Weltkriegs zu vermeiden. Heinrich Manns Beschreibung der ersten Kriegsmonate läuft weniger auf seine *Gedanken zum Kriege* hinaus als auf die Erinnerung an die Werte der europäischen Humanität. Nicht nur Europa, auch seine Werte sind verloren, sie leben nur noch in der Erinnerung des Autors. 1941 ist die Anfangszeit des Kriegs mit ihren Hoffnungen auf einen Zusammenbruch oder inneren Zerfall Deutschlands und einen kräftigen Widerstand der Alliierten bereits eine gescheiterte Hoffnung. Der Text Heinrich Manns spiegelt die Enttäuschung darüber: die Geschichte tritt ins Gedächtnis und sie wird von Heinrich Mann als Mahnung an die Adresse der Amerikaner gerichtet, sich der eigenen Geschichte zu erinnern – der Geschichte von Jefferson und Lincoln, die Heinrich Mann in Hollywood verschüttet sieht, die aber in der Politik Franklin D. Roosevelts wiederauferstehen könnte. So soll die Erinnerung an das alte Europa, das Zeitalter der Vernunft, der Menschlichkeit und Toleranz, der grossen Philosophen und Schriftsteller, der Aufklärer und Pädagogen bei den Amerikanern das Bewusstsein ihrer europäischen Herkunft wachrufen. Den Emigranten kommt dabei die Rolle von pädagogischen Vermittlern zu. Indem Heinrich Mann den Amerikanern die Erinnerung an den alten Kontinent ins Gedächtnis ruft, will er sich einmischen und integrieren – aber nicht, indem er sich »amerikanisiert«, sondern indem er die Amerikaner »europäisiert«. Aus der Erinnerung an das verlorene Europa will Heinrich Mann Amerika als neues Europa schaffen.

Das Projekt musste scheitern. Eine Ansprache aus europäischer Perspektive war in Amerika nicht gefragt. Der Text *Zur Zeit von Winston Churchill* spiegelt dennoch den Abschied vom verlorenen Kontinent zusammen mit der Utopie seiner Wiederauferstehung. Sie speist sich aus der Überzeugung, dass das Gedächtnis des verlorenen Kontinents einen Ansatz für eine neue Zukunft geben könnte.

Der Rückblick

Das Tagebuch der ersten Kriegsmonate 1939 trägt den Titel »Erfahrungen mit Europa. Aufzeichnungen aus den ersten Monaten dieses Krieges«. (WCh 93) Aufzeichnungen, das sind Gedanken, Kommentare, Reflexionen eines Mitlebenden und Miterlebenden, allerdings aus der Distanz des noch friedlichen Nizza. Der Rückblick ist bereits in der Fremde, in Los Angeles, geschrieben, für ein fremdes Publikum, weit entfernt von allem Geschehen. Auch Brecht empfand Los Angeles als eine ferne Insel: »ich komme mir vor wie aus dem Zeitalter herausgenommen«[8], notiert er im *Arbeitsjournal*. Heinrich Manns Äußerungen aus dieser Zeit sowie die Beobachtungen seiner Kollegen, zum Beispiel Alfred Döblin, unterstreichen, wie verloren er war – in

Amerika, in Los Angeles, in Hollywood, in seinem Büro und dem Filmbe-
trieb. Noch glaubte er, dass seine Stimme gehört würde, wie in Frankreich,
aber bald musste er einsehen, dass er hier kein Medium für seine Ansichten
hatte, und dass er nicht mehr den richtigen Ton fand, um zu dem ihm fremden Publikum zu sprechen. Alle Texte dieser Jahre haben etwas Geisterhaf-
tes, sie spielen in einer anderen Welt als der wirklichen, ganz besonders *Empfang bei der Welt*, ein Roman, von dem schwer vorzustellen ist, dass er ein
Drehbuch für Hollywood hätte sein können.

Heinrich Manns Stimme kommt aus der Vergangenheit – »Rückblick«
bedeutet, mit dem Wissen um die Vergangenheit zu den Zeitgenossen oder
den Zukünftigen, den»Nachgeborenen«, zu reden. In *Zur Zeit von Winston
Churchill* spricht ein Europäer zu Amerikanern, um ihnen»die Brücke über
den Ozean« ans Herz zu legen, in der Überzeugung, ihnen etwas sehr Wich-
tiges, etwas ganz Neues und Fremdes zu sagen. Das *Zeitalter* richtet sich
jedoch an die Deutschen, die auf einen schrecklichen Abweg geraten sind.
Auch hier spricht er in der Überzeugung, etwas bisher Ungehörtes zu sagen;
aber die Stimme kommt aus einem Jenseits, es ist schon fast eine Stimme aus
dem Grabe.

Warum denn überhaupt ein solcher Rückblick? Er spricht angesichts einer
Katastrophe und bemüht sich zu dokumentieren, wo und wie diese Katastrophe begonnen hat. Denn trotz mancher Warnsignale war die Zeit vor
1914 noch »heil«, noch menschlich. Das ist der Standort, von dem das Zeitalter besichtigt wird. Von dieser Warte aus kann der Autor beschreiben,
bewerten und seinen Rat und seine Prognose für die Zukunft geben. Das
Zeitalter ist geschrieben im Bewusstsein des kommenden Sieges über Hitler
und in dem Glauben an die geeinte Menschheit, in der Überzeugung, dass
jetzt ein neues Zeitalter beginnen wird. Dieses neue Zeitalter darf nicht das
vorige vergessen – das sollte eine vergebliche Hoffnung werden. Das *Zeitalter*-Buch ist eine Anleitung zum Leben mit der Erinnerung an Geschichte,
eine Erinnerung, die die Zukunft gestalten soll. Zu fragen ist nunmehr, was
diese geschichtsbildenden Erinnerungen Heinrich Manns eigentlich sind.

Das Lebensgefühl

Es ist klar, dass Heinrich Mann keine Autobiografie beabsichtigt hat, sondern eine Beschreibung und Beurteilung des von ihm mitdurchlebten Zeitalters.[9] Nur so kann er rechtfertigen, dass der Satz: »Es wird Zeit – daß ich
mich vorstelle,« erst im 6. Kapitel (164) erscheint. Der Anfang, Kapitel 1,
hat den Titel»Das Lebensgefühl«. Das ist eine höchst ungewöhnliche, ohne
Nietzsche undenkbare, Form der Geschichtsbetrachtung.[10] Das »Lebensgefühl« ist ein Faktum, das nicht in die Sichtweise der Historiker passt, nicht

der liberalen und nicht der marxistischen. Der Leser wird überrascht, wenn er als ersten Satz liest: »Die wenigen Jahrhunderte, die noch nahe genug liegen, daß sie mich nicht befremden, haben offenbar das Leben auf ungleiche Art empfunden. Da sind aufbegehrende Zeitalter, und da sind die zurückgefallenen.« (13) Damit ist bereits eine bestimmte Perspektive gegeben, die das Buch dominiert. Es ist wie im Titel des Buches von »Zeitaltern« die Rede. Sie bilden offenbar die strukturierenden Einheiten der Geschichte. Der Autor bemüht sich um einen Rückblick, und zwar von Jahrhunderten, einer größeren Einheit der Geschichte, die zwar mathematisch-künstlich klingt, aber in der Geschichtserfahrung offenbar ihren Sinn bekommen hat. Der Rücklick verliert sich aus dem Vertrauten und Verständlichen ins Befremdende, ins Unbekannte, das dem Gefühl nicht mehr zugänglich ist, jedenfalls nicht spontan. Wie weit geht das Vertraute zurück? Für den Schreibenden beginnt es mit der Renaissance und Reformation, ist also, was die Historiker »moderne Geschichte« nennen. Heinrich Mann stammt aus einem evangelisch-lutherischen Haus, er verweist auf den französischen König Henri IV und Montaigne. Die »wenigen Jahrhunderte« sind immerhin 400 bis 500 Jahre.[11]

Das ist immer mitgedacht, als zeitlicher Rahmen, wenn er von seiner Lebenszeit, vom späten 19. und dem frühen 20. Jahrhundert, spricht. Im Unterschied zu Kollegen, die sich damals mit Geschichtsromanen in vergangene Zeitalter versenkten und über Cervantes, Loyola, Erasmus von Rotterdam oder gar den Flavius Josephus aus der Antike schrieben, bleibt Heinrich Mann bei dem, wozu er eine persönliche Verbindung herstellen kann. Da hat es auch seinen guten Sinn, wenn Heinrich Mann seinem Bruder Thomas am 15. April 1942 schreibt: »Ohne Vorsatz und kaum dass ich weiss warum, habe ich plötzlich angefangen, *Buddenbrooks* zu lesen.«[12]

Das kehrt dann auch im *Zeitalter*-Buch wieder. Heinrich Mann führt seine geistige Herkunft auf die Linie Montaigne – Voltaire – Victor Hugo – Anatole France zurück, mit Einbeziehung der Moralisten (und des Autors der *Liaisons dangereuses*). Er entwirft ein großflächiges Bild von der Kulturtradition Frankreichs, die er in der Politik von Henri IV, der Französischen Revolution und Napoleon und noch in der Dritten Republik gestaltet sieht. Diese Tradition wirkt in Frankreich weiter, auch wenn ihre einzelnen Ausdrucksformen scheitern. Die Deutschen hingegen sind unfähig, an die positiven Resultate solcher Gestaltungen anzuknüpfen: »In Frankreich muss jedesmal das Erhaltenswerte untergehen, der grosse König oder eine Republik, seine entfernte Nachfolge; alsbald bekommen die Deutschen den Spielraum auszuschweifen, wie es ihre Art ist, und ihrer Berufung stattzugeben: das ist, der Vernichtung. Übrigens gibt es keine Vernichtung.«[13] Die Deutschen, das wird ein weiteres Leitmotiv, kennen kein Maß und keine Selbsterkenntnis, daher neigen sie zur Ausschweifung, zum Maßlosen und Gestaltlosen, und nicht zum Bauen und Erhalten, sondern zum Zerstören. Heinrich Manns Geschichtsbild orientiert sich an der Tradition, am Wiederaufleben des Erhaltenswerten, an der Dialektik eines Stirb und Werde, an einer Folge von Gestalten und Gestaltungen, die das Gestaltlose überwinden.

Das Lebensgefühl eines Zeitalters und der darin existierenden Menschen grundiert ihre Taten und Werke. Ausgerechnet das pessimistische Lebensgefühl der französischen Tragiker und Moralisten ist die Basis der »Erfindung« der Majestät, des absoluten Königtums, das dann gewaltsam durch den »Zauber der Freiheit« abgelöst wird. Die Revolution wird »in der Schwärmerei ihres Morgenrots« »spektakulär« (13); aber das starke Lebensgefühl verschwindet, die nächste Generation ermüdet. Darin spricht sich Heinrich Manns Lebensphilosophie aus: »Wäre es schmerzlich bis nahe der Selbstvernichtung, das Leben stark fühlen ist alles. Es ergibt die Werke und die Taten.« (14) Aus der Stärke des Lebensgefühls kommt die Kreativität, aus seiner Schwäche die Decadence mit ihren Ressentiments, wie bereits Nietzsche festgestellt hatte, mit der Todessehnsucht und dem Vernichtungswillen.

Der Ansturm starker Zeiten erschöpft sich mit nachkommender Schwäche: »Der einzelne lebt kurz, vollendete Verwandlung erblickt er selten, eher wird er zuletzt noch Zeuge eines Rückfalles der Nation in längst widerlegte Zustände.« (16) Das ist am Beispiel der Nachwirkungen der Französischen Revolution beobachtbar. Dabei ist man versucht, von einer Dialektik zu sprechen, nach der aus diesem »Rückfall« ein neuer Fortschritt hervorgeht. Heinrich Mann denkt in Gegensätzen, oder nach den Worten von Hans-Edwin Friedrich, an »die Strukturierung des Zeitalters durch elementare Oppositionen«, bei denen »die konkreten Akteure (...) Verkörperungen dieser Oppositionen« sind.[14] Das bezieht sich auch auf die Opposition eines Landes gegen ein anderes, speziell Deutschlands gegen Frankreich. Diese Opposition hat Heinrich Manns Lebensgefühl, seine Anschauungen, Sympathien und Antipathien geprägt. Voltaire ist dabei ein besonders instruktives Beispiel.

Die Rezeption der Werke Voltaires in Deutschland ist ein Gradmesser der Einstellung zur Aufklärung, zum Glauben an die Vernunft und zur Haltung des Weltbürgertums gegenüber dem Nationalismus. Voltaire war die Gestalt, gegen die bereits Lessing seinen Feldzug für eine eigenständige deutsche Literatur und Kultur inszenierte, obwohl Lessings Haltung eher ambivalent blieb, was er am prägnantesten in seinem »Nachruf« zusammenfasste. Darin verdammte er die *Henriade*, Voltaires Tragödien, viele »überflüssige« Verse, aber nicht die philosophischen und historischen Schriften und Romane wie *Candide*. Goethe hingegen versuchte Übersetzungen von Voltaires Tragödien in Weimar auf die Bühne zu bringen. Insgesamt war auch die deutsche Rezeption weit positiver und ernsthafter als nationalistische Vorurteile wahrhaben wollten.[15] Voltaire wurde jedoch ein prominentes Opfer der deutschen Aufklärungsfeindlichkeit und der Tendenz, eine scharfe Trennlinie zwischen der

»französischen« Aufklärung und der »deutschen« Romantik (beginnend mit dem Sturm und Drang) zu ziehen. Heinrich Mann gehörte zu denen, die sich noch im 20. Jahrhundert dafür einsetzen mussten, Voltaire und seinen Vernunftglauben zu rehabilitieren. Thomas Manns *Betrachtungen eines Unpolitischen* zeigen deutlich, wo die Bruchstelle war, und außerdem, welche politischen und allgemein kulturellen Konsequenzen diese Einstellungen hatten und immer noch haben.

Heinrich Manns *Zeitalter*-Buch idealisiert Frankreich und idealisiert seine eigenen Beziehungen zu Frankreich sowie seine Bedeutung für die deutsch-französischen Beziehungen.[16] Genauer gesagt ist es eine Literarisierung. Aus dem unvollkommenen Leben wird eine vollkommenere Geschichte gestaltet.[17] Das gilt auch für das, was Heinrich Mann über Frankreich geschrieben hat. »Die Texte Heinrich Manns über Frankreich – die literarischen wie die essayistischen und publizistischen – sind nicht oder höchstens marginal durch das Verarbeiten von Alltagserfahrungen des Autors bestimmt. Sie sind insofern fiktional.«[18]

Ein »Selbst-Roman«

Jedem aufmerksamen Leser ist das Paradox aufgefallen, dass der Autor des *Zeitalter*-Buches nicht von seinem Privatleben, also von dem was man gewöhnlich »persönlich« nennt, spricht, aber einen Text gestaltet hat, der sehr persönliche Anschauungen, Beobachtungen, Folgerungen und Prognosen wiedergibt, und zwar zur europäischen Geschichte des frühen 20. Jahrhunderts insgesamt. Allerdings: die Befindlichkeit des Autors, sein Lebensgefühl, muss der Leser aus dem erschließen, was über die Geschichte oder über andere Personen gesagt wird. Und die Erlebnisse, die Erfahrungen des Autors, soweit sie vorkommen, sind insgesamt zu prägnanten Momenten verdichtet. Geschichte geschieht hier in der Auseinandersetzung von Individuen, die die Allgemeinheit vertreten. Solch ein prägnanter Moment ist zum Beispiel der viel zitierte Satz: »Als mein Bruder nach den Vereinigten Staaten übersiedelt war, erklärte er schlicht und recht: ›Wo ich bin, ist die deutsche Kultur.‹« (236) Das ist faktisch offenbar in dieser Prägnanz nicht geschehen.[19] Hier ist die Geschichte zum Bild geworden, die Zeit steht still, bzw. die Geschichte wird eine Folge von Momentaufnahmen.[20] Offensichtlich erzeugt eine Erinnerung eine Reihe von Assoziationen, die nicht unbedingt in einer Linie verlaufen oder auch nur bedingt zusammenpassen. Das *Zeitalter*-Buch, genau wie sein Vorgänger, das Tagebuch 1939, und ähnlich wie die Erzählweise in *Empfang bei der Welt* (*Der Atem* ist »geschlossener« erzählt) gibt den Eindruck weitschweifig zu sein, weil der Autor bestimmte Gedanken und Vorstellungen hin und her wendet und von verschiedenen Seiten betrachtet, was ebenfalls zu Wiederholungen führt, die, genauer betrachtet, oft keine sind, sondern neue Aspekte einer vorher besprochenen Sache.

Heinrich Mann hat in seinem ersten Teil das Lob der Sowjetunion und Großbritanniens an den Anfang gestellt, bevor er analysiert, was mit Deutschland und den Deutschen falsch gelaufen ist und warum. Er kommt in seinem dritten Teil, nach der »Autobiografie«, auf Deutschland zurück, bringt Frankreich als positiven Kontrast, bis er im vierten Teil einen Abschiedsblick auf Europa wirft, aber die Zukunft allen vorherigen negativen Aussagen zum Trotz optimistisch sehen will. Man kann in dem Verlauf dieses dritten und vierten Teils des Textes Heinrich Manns eigene Lebenslinie sehen: von 1918, der deutschen Niederlage, zur Weimarer Republik, zur Hitler-Dikatur, zum Frankreich der Dritten Republik, bis zur französischen Niederlage und der Flucht über die Pyrenäen mit dem Abschied von Europa in Lissabon. Eigentlich ist damit ein Ende erreicht, ein Ende des eigenen Lebens, ein Ende des Zeitalters und des bisherigen Europas. Alles Weitere ist Gedankenspiel, Spekulation, Glaube, Hoffnung eines Menschen, der nicht leben will und kann, wo die Wirklichkeit ist, eine Wirklichkeit, die noch dazu vom Schein, vom Make-believe geprägt ist, nämlich von Hollywood, und einer Stadt, Los Angeles, die keine »Stadt« ist, sondern nur eine zufällige Ansammlung von Häusern, die auch nur auf Zeit hingestellt sind.

Man kann diese Erzählung der Zeit von 1918 bis 1944 »Dichtung und Wahrheit« nennen; sie hat einiges gemein mit der Art, wie Goethe seine eigene und die Zeitgeschichte sieht und verbindet[21], ist allerdings noch mehr maskiert und zusammengeflochten. In der eigenen Erfahrung soll die Wahrheit des Zeitalters hervortreten. Und um diese Wahrheit des Zeitalters geht es dem Autor. Die Erkenntnis davon erscheint dem Autor im Prozess des Schreibens, des Gestaltens selbst, oder wie er am 11. November 1943 an Alfred Kantorowicz schrieb: »ich bin jetzt weniger um Selbstbetrachtung bemüht, als das Zeitalter zu besichtigen. Dabei erfahre ich erst, was ich alles erfuhr; das ist das Spannende.«[22] In der »Besichtigung« des abgelaufenen Zeitalters erscheint dem Autor die Wahrheit seiner damaligen Erfahrungen, und in diesen Erfahrungen kommt das Zeitalter zum Bewusstsein seiner selbst. Diese sehr persönliche Wahrheit erscheint in der »Dichtung« dessen, was der Schreibende in diesem Zeitalter und für dieses Zeitalter bedeutet hat. Die zum Bewusstsein gekommene Erfahrung spiegelt nicht nur das Zeitalter, das Zeitalter ist durch den Schreibenden mitgestaltet, nicht nur einfach repräsentiert worden. Es ist der Geist, der die Geschichte formt. Das ergibt allerdings eine Geschichte, wie sie sein sollte, keine Erzählung der Fakten. »Das wirkliche Leben ist nicht so übersichtlich, ist im Durchschnitt nur mäßig begabt. Die Intensität von gutem Theater wird in der Wirklichkeit selten erreicht. Was ist ganz ernst? Das Spiel der Kinder.« (165) Die Wahrheit der Geschichte ist vollkommener als die mangelhafte Wirklichkeit. Heinrich Mann schreibt nicht über die abgelebte Wirklichkeit, er dichtet »Wahrheit«. Heinrich Mann ist sehr bescheiden, wenn er am 3. April 1945 an Félix Bertaux schreibt: »Enfin il y a l'obligation, plus ou moins consentie, de donner mon opinion sur le temps présent et à venir. Tant qu'elle vivait, j'ai eu le courage d'en faire un gros livre qui paraîtra, en anglais, comme de juste.«[23] Heinrich Mann gibt seine »Meinung« über die Gegenwart und Zukunft, er spürte eine Verpflichtung dazu, solange seine Frau noch lebte. Sie war für ihn das letzte Band, das ihn noch mit der Wirklichkeit verknüpfte. Inzwischen sagt er: »m'intéresse médiocrement; on devient distant avant de partir.« (520) Man bekommt eine Distanz zu allem, bevor man »davongeht«. Dazu passt, dass Heinrich Mann eines Tages einfach mit dem Schreiben aufhörte. Welch ein Gegensatz zu Alfred Döblin, der nicht aufhörte, seine Gedanken zu diktieren, als er nicht mehr schreiben konnte, und dessen Gedanken nie zur Ruhe kommen wollten!

Was ist denn nun das *Zeitalter*-Buch? Es ist, so würde ich es benennen, ein historischer Roman in der Ich-Form, dessen Autor seinen Helden große Momente der Geschichte erleben lässt, dessen »Held« aber nicht dieses Ich, sondern das »Zeitalter« ist, eine mythische Person, die durch ihre Katastrophe, ihr Selbstopfer ein neues Zeitalter möglich macht. Dieses neue Zeitalter, das ist die Konsequenz der Geschichte, wird ein außereuropäisches Zeitalter sein, in gewisser Hinsicht die Rückkehr der Auswanderer zu einem politischen und geistigen Zentrum. Insofern bringen diese »Erinnerungen« eine Botschaft aus einer Epoche, die mit der Renaissance angefangen und sich nunmehr selbst begraben hat, um dann neu wieder erstehen zu können.

Die Veranwortung wird übergeben

Es ist müßig, auf alles hinzuweisen, was Heinrich Mann in seinem *Zeitalter* falsch gesehen hat; wichtiger erscheint mir die Überlegung, warum er es so sehen wollte. Heinrich Mann steht in der Tradition des deutschen Bildungsbürgertums und seines am Gegensatz von Geist und Macht orientierten Politikverständnisses. Politik fällt aus dieser Sicht in den Bereich der Erziehung, sie ist Vergeistigung der Macht, und die Intellektuellen sind als Repräsentanten des Geistes die Agenten der politischen Erziehung. Eine »Diktatur der Vernunft« sollte, nach Heinrich Mann, die Krise der Weimarer Republik lösen. Es war der Versuch, im Rückgriff auf die europäische Aufklärung die politischen Probleme der Gegenwart zu lösen. Im Exil verschärft sich dieses Paradox. Aus der Verlorenheit im Niemandsland Hollywood entsteht ein fantastisches Theater, eine Über-Welt der Masken: so sah also die gespenstische Gegenwart aus: *Empfang bei der Welt*, das war die Welt von Gestern in ihrem Abgesang. Heinrich Mann fühlte sich gerade in dieser Verlorenheit zu einer Aussicht in die Zukunft verpflichtet. Er wünschte sich, dass der Geist, dass die Intellektualität das kommende Zeitalter bestimmen würde, und er wollte dieVerkörperung des Geistes in den großen Staatsmännern sehen, in Churchill, in Roosevelt, in Stalin; denn nur diese konnten ein neues Zeitalter gestalten, und eigentlich nur gemeinsam. Man könnte es sogar noch schärfer formulieren: Nachdem der europäische Geist, den Heinrich Mann vertritt, vergeblich um die Verwirklichung der besseren Gesellschaft gerungen hat, übergibt er das Szepter für das kommende Zeitalter den Ländern außerhalb Europas: Russland, Großbritannien mit Commonwealth, den Vereinigten Staaten von Amerika.

Heinrich Mann sieht in der Sowjetunion eine Art Commonwealth, so wie er ebenfalls eine Europäische Union vor Augen hatte. Sein Ideal ist offenbar die Föderation gleichberechtigter Nationen, die ihr Eigenleben behalten, aber in einer engen Verbindung und gegenseitigem Austausch mit anderen Nationen stehen, wirtschaftlich, im Handel, aber vor allem kulturell.[24]

Das kann das Ziel einer Weltorganisation, der UNO, sein, ebenso das von internationalen Organisationen aller Art. Es geht nicht nur um die Wahrung eines Friedens, der mehr als eine Waffenruhe sein soll, sondern um das Entstehen einer wahrhaft übernationalen Kultur der Menschheit ohne Grenzen.

Aber solche politischen Konstrukte sind und bleiben für Heinrich Mann etwas Äußerliches. Für die Erneuerung der Menschheit kommt es auf Einzelne an, auf Menschen, die den Geist der Zeit (ein Ausdruck, der bei Heinrich Mann allerdings fehlt) lenken können, und das sind Menschen, die die Macht haben, ihren Geist auf andere Menschen zu übertragen. Es sind Intellektuelle und es sind Führergestalten. Es sind Menschen der Elite, der Aristokratie, auch und gerade wenn sie aus dem »Volk« stammen.[25] Heinrich Mann benutzt den Ausdruck »Intellektuelle«, nicht zuletzt in einem Gegenangriff gegen die traditionelle deutsche Intellektuellenschelte[26], aber er hätte eher »geistige Menschen« sagen sollen. Dem kommt er nahe, wenn er zum Beispiel meint: »Roosevelt ist der vergeistigste Typ, den Amerika kennt, und eben dank seinem Wissen um das neue Zeitalter, das er tätig einleitet, wird er im Gedächtnis der Vereinigten Staaten der außerordentliche Präsident bleiben.« (42) Abgesehen vom Ton der Herablassung, den Heinrich Mann nicht unterlassen konnte, wenn er von Amerika sprach, ist es bezeichnend, dass nicht der geschickte Politiker oder Volksredner hier gepriesen wird, sondern ein Präsident als geistiger Mensch mit der Mission, das neue Zeitalter ins Leben zu rufen.

Wahrheit und Lüge

Immer wieder kommt Heinrich Mann auf einen grundlegenden Makel des jetzt abgelaufenen Zeitalters zurück: seine Verlogenheit. Von einem neuen Zeitalter erwartet Heinrich Mann Wahrhaftigkeit, Wahrheit. »Wahrheit« ist dabei etwas anderes als die Wahrheit, von der vorher die Rede war, nämlich die Wahrheit der Geschichte als ihr Wesen im Gegensatz zu bloßen Fakten. Wahrheit ist hier das Gegenteil der Lüge, des Betrugs, der Täuschung. Lüge ist die Voraussetzung der Nazi-Wirklichkeit im jetzigen Kriege: »Eine Sintflut erlogener Weltanschauung, hergeholter Einbildungen, Glaubenssätze aus dem Tollhaus – alles ging um das Leben, die ganze lange Zeit.« (111)

Heinrich Mann hat einen reichen Wortschatz des Schimpfes, um das NS-Regime zu charakterisieren oder zu denunzieren; es sind Wörter wie »Luftgebilde«, »Zwangsvorstellung«, »Scharlatan«; Hitler ist der »dürftige Schurke, ein Verbrecher durch Armut des Geistes und Herzens«. (112) Das fasst er in der allgemeinen Feststellung zusammen, die für ihn den Grund der Verkehrtheiten bildet: »Der Vernunfthaß ist das Zeichen eines Zeitalters.« (114) Die Lüge der Unvernunft hat die Menschen in ihrem Inneren krank gemacht, und damit anfällig für Verbrechen. Heinrich Mann kommt in diesem Zusammenhang übrigens auch auf Fragen, deren Beantwortung bis heute schwer geblieben ist, zum Beispiel: »Wie kommt man dahin? Wie werden Massenmörder aus Menschen, die zu kämpfen dachten?« (115–116) Oder: Wie werden Menschen in einem solchen Krieg und einem solchen System zu Unmenschen?

Es wird schwer sein, Menschen, die der Lüge der Propaganda verfallen sind, durch die Wahrheit der Vernunft zu überzeugen und zu »heilen«. Es gibt dabei noch einen anderen Grund, der den Kampf gegen die Lügen der Nazis so schwer macht. Es ist schon oft bemerkt worden, dass der Zorn der Schriftsteller ganz besonders durch Hitlers »Minderwertigkeit« erregt wurde. Hitler war als intellektueller Gegner nicht ernstzunehmen, aber er hatte die Macht, seine Feinde ins Exil zu jagen, und er hatte sich Deutschland untertan gemacht. Dieser Zorn spricht aus solchen Zeilen: »Hitler – jedesmal schreibe ich mit Widerwillen den Namen eines Menschen, der es nicht wert ist – hält zu seinem Glaubenssatz, daß es zwei starke Rassen gebe, Deutsche und Juden: darum rottet er die eine aus.« (116) Das ist eine schreckliche, paradoxe, aber lebensnahe Logik.

Heinrich Mann in seinem dualistischen Weltbild erkennt genau die extremen Gegensätze und Widersprüche der Lebensanschauung bei Hitler und deren grauenvolle Konsequenzen, die nicht nur die Ausrottung der Juden bedeuten, sondern in letzter Konsequenz den Versuch der Zerstörung Europas und die Selbstzerstörung Deutschlands. Deren Ergebnis beschreibt er dann so: »Dahin führt geistige Blindheit, die von einer Nation gewollt oder ihr eingeübt ist. Dahin ein unziemliches Verhältnis zur Welt und Menschheit, eine Selbstbesessenheit, die ein klinischer Fall ist, und die Gründlichkeit im Verkehrten. Dahin führt die Überwindung der Moral.« (118)

Heinrich Mann steht ratlos vor dem Phänomen der deutschen Verkehrtheit. Gerade bei seiner Hochschätzung oder Überschätzung der Sowjetunion und ihrer Lebenskraft muss ihm der deutsche Angriff als Wahnsinn vorkommen: »Der Angriff auf die Sowjetunion ist auch mit moralischem Irresein nicht mehr zu erklären. Der gewöhnliche Kranke behält dennoch den Sinn für seine Selbstbewahrung.« (119) Die Deutschen vergaßen die russische Vitalität. »Das Lebensgefühl des Sowjetvolkes stand unverkennbar hoch.« Und »der Stand ihres Lebensgefühls zeigt fehlerlos an, was von den Völkern zu erwarten ist.« (120) Von den Deutschen ist zu erwarten, dass sie bis zur Katastrophe ihrem Staat ergeben bleiben werden und an seine Lügen glauben. Heinrich Mann, optimistisch und den Sozialismus bejahend, sieht in seinem Glauben an die Befreiung der Menschheit durch die Sowjetunion das Sowjetvolk nicht nur als vital, sondern auch als der Wahrheit verpflichtet. Es ist von heute aus gesehen ebenso bedrückend wie traurig, was er über die Moskauer Prozesse schreibt (126–128). Der Kernpunkt ist eigentlich die Beschreibung der Anklage gegen Radek. »Da ist der große Dialog zwischen dem Staatsanwalt und dem Journalisten Radek, wörtlich könnte er bei Dostojewski stehen. Derselbe psychologische Kampf um den Besitz der unterirdischen Wahrheit – nicht um die Bestrafung oder Straflosigkeit, das scheint beiderseits vergessen: nur um die Wahrheit.« (127) Der Angeklagte verträgt selbst nicht mehr den Zweifel, ob er schuldig ist. »Die Wahrheit! Um sie wird gerungen in einer klassischen Auseinandersetzung.« (127) Das kann für Raskolnikoff gelten, und es wäre ein großer Moment der Geschichte, wenn er wahr sein könnte.

Genauso geht es im gegenwärtigen Weltkrieg letzten Endes um den Kampf gegen die Lüge, um die Wahrheit. Hitler wollte mit seinem Pakt die Sowjetunion betrügen, und gleichfalls das deutsche Volk. Beides war vergeblich. Im Dialog des deutschen Soldaten mit dem »Rotarmisten«, den Heinrich Mann einmontiert hat, kommt der Deutsche zu dem unvermeidlichen Schluss: »Betrogen, immer betrogen, wie kommt man da heraus.« (163)

Der Kampf um die Wahrheit erfordert Opfer. Aber sie sind nötig für die Verwirklichung des neuen Zeitalters. Es sind die »Denkenden«, von denen Heinrich Mann sagt: »An der Wende der Zeiten sind die Denkenden eine Saat, über das Feld gestreut.« (154) Dabei denkt er speziell an den deutschen Widerstand. Von sich selbst sagt Heinrich Mann: »Schließlich erleben Völker nichts anderes als der einzelne. Sie werden betrogen, sie begreifen zu ihrer Zeit, will sagen nachträglich. Wenn der einzelne früher die Wahrheit findet, kommt er dennoch zu spät. Es ist dafür gesorgt, daß er sie nicht bekanntmachen kann.« (153) Das steht bezeichnenderweise unter der Überschrift

»Das persönliche Erlebnis.« Auch dieser Abschnitt wechselt übrigens selten in die Ich-Form und befasst sich nach solchen einleitenden Sätzen mit allgemeinen politischen Bemerkungen. »Während des ersten Kriegsjahres war ich in Frankreich. Ich habe mit dem französischen Volk gefühlt – hätte auch in Deutschland, wenn es mir erlaubt gewesen wäre, das Volk in seinen wahren Gefühlen wiedererkannt.« (153) Da ist wieder vom Lebensgefühl die Rede, an dem Heinrich Mann die Lebenskraft eines Volkes und seine Aussichten auf Erfolg erkennen will. In Deutschland wird dieses Lebensgefühl niedergedrückt durch die Geistfeindlichkeit. »Die Aufmerksamkeit wendete sich dem geistigen Vorgang zu. Hätten die Deutschen es nicht gewollt, die befohlene Dummheit zwang im Bereich Hitlers zur geistigen Flucht aus dem Lande, das nur noch eine Anstalt für Zurückgebliebene war.« (153) Der harte Doppelsinn von »Zurückgebliebene« unterstreicht noch einmal den Zorn und die Verachtung; dabei wird das deutsche Volk mehr als Opfer als als Täter charakterisiert, und der Kampf ist ein Kampf des Geistes gegen die Dummheit, zu der die Gutgläubigkeit an die Lügen der Propaganda gehört.

Im Teil des Buches, der als Autobiografie deklariert ist, wird der Abschnitt »Gut und Böse« folgendermaßen eingeleitet:

»Dies wären unpersönliche Feststellungen? Es sind die allerpersönlichsten. Mein eigenes Dasein hängt ganz und gar davon ab, daß sittliche Bemühungen möglich sind. Das Auftreten des Antimenschen und sittlichen Fluches, der Hitler-Deutschland sein will, hat der Welt die Moral interessant gemacht. Sie war es sonst nicht, im besten Fall verstand sie sich von selbst. Lebendig bleibt nur, was bestritten ist und verteidigt, wenn nicht sogar zurückerobert werden muß.« (175)

Die Auffindung der Moral, so sagt er, geschieht durch Erkenntnis. Es ist ein geistiger Vorgang. Hitler glaubte, weiter gegen die Intellektuellen kämpfen zu müssen, auch als sie bereits im Exil waren. Und sie sahen ihre Aufgabe im – vergeblichen – Kampf gegen ihn und sein System. »Was sie im tiefsten angriff, war die Unmöglichkeit, das Weltenunheil aufzuhalten. Das und nichts anderes wäre ihre Rechtfertigung gewesen: sie kamen aus dem Lande des Ursprungs; sie wußten.« (178) Für Heinrich Mann war diese Aufgabe nach 1933 die Rechtfertigung seiner Existenz; nun da sie verloren ist, bleibt ihm nur die Pflicht, seine Erkenntnis weiterzugeben.

Die Aufgabe der Hitlergegner, das machen die vorstehenden Sätze deutlich, geht weit über den militärischen Sieg über Deutschland hinaus. Sie hat zwei Aspekte: sie soll die Deutschen wieder zu sich selbst bringen, einen Heilungsprozess einleiten; aber sie soll ebenso die Alliierten daran erinnern, dass es mit einer bloßen Waffenruhe nicht getan ist. Das neue Zeitalter verlangt die Orientierung auf den geistigen Menschen, auf die sittliche Erziehung und Bemühung, auf den Menschen, den Heinrich Mann von einer sozialistischen Gesellschaft erträumt, ja erwartet. Dass dazu ein längerer Entwicklungsprozess nötig wäre, war auch ihm klar; der Prozess brauchte Führer, und die wollte Heinrich Mann in Churchill, Roosevelt und Stalin erkannt haben. Das bleibt für ihn die Rechtfertigung des abgelaufenen Zeitalters: »Gleichviel, die Ehre des Zeitalters ist – beinahe gerettet. Sie wollte, daß inmitten des niedrigen Hasses, den die Intellektualität seitens Unzuständiger erfahren hatte, diese drei Intellektuellen, und keine anderen, die Spitze der Reiche einnahmen.« (525) Das Zeitalter findet am Ende zu seinem besseren Selbst zurück. »Gegen Ende des Zeitalters findet das sittliche Bewußtsein sich zur Regierung berufen« (527) – das sittliche Bewusstsein, das sich in den Führerpersönlichkeiten verkörpert. »Die größten staatlichen Verbände und ein weltweites Gemeinwohl werden dargestellt von Persönlichkeiten, die nicht zuerst mächtig, sondern gerecht sein wollen (und müssen). Die Freiheit verstehen sie mehr oder weniger auf die gebotene neue Art.« (527) Es ist für uns schwer, 65 Jahre später Stalin mit Gerechtigkeit, Freiheit und sittlichen Bemühungen in einem Satz zu nennen. Statt der Gerechtigkeit und Freiheit hat seitdem die Macht, wenn nicht gar Unterdrückung und Terror geherrscht. Auch in den USA und in England sind die Sozialreformen einem erneuten Glauben an den Kapitalismus gewichen. Das bedeutet jedoch nicht, dass Heinrich Mann einfach ein exzentrischer Träumer war; aber es bedeutet, dass seine Vision aus dem letzten Wartesaal des Exils radikal idealistisch war – denn, so sah er es, nur eine radikale Verjüngung und »Vergeistigung« des Zeitalters könnte den Menschen ein menschenwürdiges Dasein bringen.

Mein Bruder

Im Kapitel »Die Gefährten« ist der Abschnitt »Mein Bruder« besonders bedenkenswert. Über das Verhältnis der Brüder Heinrich und Thomas Mann gibt es inzwischen eine immer noch wachsende Flut von Veröffentlichungen verschiedener Art, die alle eins gemeinsam haben: die Faszination durch die spannungsgeladene Beziehung zweier hochproduktiver Menschen, die das Schicksal als Brüder zu nahe aneinander gebunden hatte. Was ich im gegenwärtigen Zusammenhang hinzufügen möchte, ist die Tatsache, dass Heinrich Mann hier nicht nur über sich selbst und seinen und Thomas' Vater schreibt, sondern gerade hier definiert, was ein Autor in seiner Gesellschaft und seinem Zeitalter sein kann und sein soll. An seinem Bruder Thomas musste er zu dieser Zeit das vollkommene Gegenteil zu sich selbst sehen: den allgemeinen Erfolg, die gesellschaftliche Anerkennung, die politische Bedeutung, das stetige Wachsen des Werkes zur denkbaren Vollendung, also alles, was ihm selbst abging. Da ist es erstaunlich, dass er nur von ihrer Gemeinschaft und Gemeinsamkeit spricht, und vor allem sie beide in die Tradition ihrer Lübecker Vorfahren einordnet. Das beginnt mit der viel zitierten Feststellung:

»Als mein Bruder nach den Vereinigten Staaten übersiedelt war, erklärte er schlicht und recht: ›Wo ich bin, ist die deutsche Kultur.‹ Wirklich erfassen wir erst hier die Worte ganz: ›Was du ererbt von deinen Vätern hast, erwirb es, um es zu besitzen!‹ Das ist unser mitbekommener Inhalt an Vorstellungen und Meinungen, Bildern und Gesichten. Sie ändern sich im ganzen Leben nicht wesentlich, obwohl sie bereichert und vertieft werden. Endlich sind sie an keine Nation mehr gebunden.« (236–237)

Es ist also nicht nur das Beharren auf der deutschen Sprache und Kultur, das dem Bruder Thomas hier zugeschrieben wird, nicht nur, wenn man den Satz so auslegt, der Anspruch, als Repräsentant der deutschen Kultur zu gelten und zu sprechen, sozusagen als ihre Verkörperung, sondern ganz besonders die Fortführung und Erfüllung des Auftrags ihrer Vorfahren. Der Vater, von dem in diesem Abschnitt mehr als irgendwo sonst gesprochen wird, ist nicht der rührige oder gar aggressive Geschäftsmann, sondern ein zuverlässiger Wahrer des Besitzes; und vor allem ist er die Stütze seines Freistaates, der Freien und Hansestadt Lübeck, deren Finanzen er verwaltet. Das Erbe seiner Firma und Tradition, so sieht es Heinrich Mann, hat sein Bruder Thomas angetreten, indem er *Buddenbrooks* schrieb, die Arbeit eines Debutanten, doch »bald sollten viele sie kennen, Jahrzehnte später gehörte sie der ganzen Welt.« (238) Ein gutes Stück davon entstand während des gemeinsamen Aufenthalts der Brüder im italienischen Palestrina (das dann nicht nur in Heinrich Manns *Die kleine Stadt,* sondern auch im *Doktor Faustus* an entscheidender Stelle wiederkehrt), und das gibt Heinrich Mann Anlass zu sagen: »Wenn ich mir die Ehre beimessen darf, habe ich an dem berühmten Buch meinen Anteil gehabt; einfach als Sohn desselben Hauses, der auch etwas beitragen konnte zu dem gegebenen Stoff.« (238–239) *Buddenbrooks* schildert den Verfall der Familie bis zum »Verlust eines letzten tüchtigen Mannes« (239), doch in Wirklichkeit war mit dem Ende der Firma die Familie noch längst nicht am Ende. »Der letzte tüchtige Mann des Hauses war keineswegs dahin. Mein Bruder bewies durchaus die Beständigkeit unseres Vaters«. (239) In vielerlei Hinsicht will Heinrich Mann in seinem Bruder die Wiedergeburt des Vaters sehen. »Seine Popularität, die groß und aufrichtig war – aufrichtig erworben und dargebracht –, erscheint mir, wenn ich die außerordentliche Namhaftigkeit meines Bruders bedenke, als ihre Vorgestalt.« (240) Die bürgerlichen Tugenden und das Ansehen des Vaters werden auf den Bruder übertragen: »Wer erhält und fortsetzt, hat nichts anderes so sehr zu fürchten wie das Ungefähr. Um aber erst zu gestalten, was dauern soll, muß einer pünktlich und genau sein. Es gibt kein Genie außerhalb der Geschäftsstunden.« (240) Der Autor wird in eins gesetzt mit dem Verwalter seines Familienvermögens und des Vermögens der ihm anvertrauten Gesellschaft (oder Nation). Er muss zuverlässig, beständig und genau sein. Zu diesem Lob der Bürgertugend und Tradition passt dann das seltsam klingende Lob, das Heinrich Mann seinem Bruder ausspricht: »Wenn ich richtig sehe, wird meinem Bruder, noch mehr als seine Gaben, angerechnet, daß er, was er machte, fertigmachte. Die ganz erreichte Vollendung ginge über menschliches Vermögen.« (241) Der Autor führt zu Ende, was er begonnen hat: keine schnellen Projekte, die ebenso schnell verfliegen, sondern lang dauernde solide Pläne, die verwirklicht werden müssen, wie *Joseph und seine Brüder*. So erscheint der Autor wiederum als der zuverlässige und genaue Verwalter und Hüter des »Hauses«, des Wortes der Nation.

Heinrich Mann meditiert dann über den nationalen und übernationalen Ruhm seines Bruders, und über das, was dieser jetzt bedeutet und repräsentiert. Am eindringendsten ist dabei ein Absatz, der der Feststellung folgt, dass *Der Zauberberg* und *Joseph* Erziehungsromane sind, »die deutsche Erscheinung des Romans schlechthin.« (243) Das bringt Heinrich Mann, der keine eigentlichen Erziehungsromane geschrieben hat, dazu, darüber nachzudenken, dass das Schreiben für den Schreibenden selbst Erziehung bedeutet:

»Einer erzieht schreibend sich selbst, umfaßt vom Leben mehr mit jedem Buch, gelangt über das von Mal zu Mal erweiterte Wissen zu der Weisheit, die das Ziel ist. Was soll da Deutschland? Dem Werk gibt es nichts und kann ihm nichts nehmen. Ja, aber es steht da, wenn auch mit eingestürzten Häusern. Das alte Haus, aus dem er kam, ist in seiner Erinnerung aufrecht, und so das Land, wie es war, wie er gewollt hat daß es sei. Der Schmerz über einen sittlichen Zusammenbruch ist stärker, als wenn Städte untergehen. Er hatte Deutschland sittlich gesichert geglaubt. Daher ein Zorn, der nichts nachgibt.« (244)

Heinrich Mann spricht hier auch im eigenen Namen. Und es ist zugleich seltsam zu denken, wie sehr bereits die Landschaft des *Doktor Faustus* beschrieben ist. Aber ob der »Untergang« der Stadt Lübeck in der Nacht zum Palmsonntag 1942, der auch in Thomas Manns Radioansprachen für die BBC thematisiert wird, wirklich nicht so schwer genommen werden muss, bleibt doch fraglich.[27]

Nach allen abschweifenden und ausschweifenden Gedanken kommt Heinrich Mann bei dem Punkt an, der genau mit dem Ausgangspunkt korrespondiert. Dieser Absatz gehört zu den prägnanten Momenten des *Zeitalter*-Buches, in ihm steckt der tiefste Ausdruck des Bedauerns über ein unvollkommenes – man möchte sich versteigen zu sagen – über ein umsonst gelebtes Leben, und die Trauer, die dann auch aus dem Schluss des Romans *Der Atem* spricht:

»Noch in der ersten Hälfte unserer Tätigkeit teilten mein Bruder und ich einander denselben heimlichen Gedanken mit. Wir hätten ein Buch gemeinsam schreiben wollen. Ich sprach als erster, aber er war vorbereitet. Wir sind niemals darauf zurückgekommen. Vielleicht wäre es das Merkwürdigste geworden. Nicht umsonst hat man den frühesten, mitgeborenen Gefährten.

Unser Vater hätte in unserer Zusammenarbeit sein Haus wiedererkannt. Nachgerade vergesse ich, daß er seit mehr als fünfzig Jahren abberufen ist.« (248)

Hier werden schon die Zeiten transparent, Vergangenheit und Gegenwart fließen in eins zusammen. Das vorgestellte »Traumbuch«, ganz gleich wie man sich seinen Inhalt und seine Form vorstellen würde, wäre im Wortsinn »merkwürdig« geworden, ein Buch, das hätte würdig sein müssen, im Gedächtnis des »Hauses« zu bleiben, im Gedächtnis der Familie, der Stadt, der Nation, der Menschheit. Beide Brüder zusammen, in gemeinsamer Anstrengung und Hingabe, hätten schaffen können, was ihnen als Einzelne versagt war: die Vollendung und, möchte man sagen, die Klassizität im Bewusstsein ihrer Nation, die Thomas Mann mit einem Roman wie *Doktor Faustus* angestrebt hat, und der Heinrich Mann in seinem *Henri Quatre* nahekam. Heinrich Mann denkt in diesem Absatz durchaus nicht nur an das Werk an sich, sondern vor allem an das, was es seinem Zeitalter bedeuten soll. Und er will im Geist herstellen, was die deutsche Geschichte ihm und seinem Bruder versagt hat: die ungebrochene Tradition der Erhaltung und Vermehrung der Güter, die Arbeit an der Vollendung des »Hauses«. Zwar ist der Schlussstrich, den Hanno Buddenbrook setzen wollte, wie Heinrich Mann richtig anmerkt, voreilig gewesen; aber die bürgerliche Tradition ist mit seiner Generation zu Ende gegangen. Es ist kaum möglich, einen krasseren Gegensatz zur bürgerlichen Existenz in Lübeck zu finden als das formlose, zeitlose und im Raum verschwimmende Dasein im Zeichen von Hollywood.

Die Botschaft

Heinrich Mann spricht im *Zeitalter*-Buch zu mehr als einem von ihm gewünschten Publikum. Das macht es manchmal schwer zu wissen, wer oder sogar was gemeint ist. Es gibt dabei Abschnitte, die im Grunde für ihn allein bestimmt sind, als Selbstgespräch und Markierung der Erinnerung. Dazu gehört zum Beispiel der Abschnitt »Beim Theater« im Kapitel »Die Gefährten«. Er handelt von Heinrich Mann selbst, seinem Schreiben, und von seiner verlorenen Schwester, der Schauspielerin, die er über alles liebte. Ein anderes Publikum sind die Deutschen, einerseits die Emigranten, die Verjagten, und andererseits das Volk im Griff des Nationalsozialismus, das jetzt aufwachen muss, dem die Ereignisse die Augen öffnen werden, wenn es der eigene Verstand nicht tut. Aber das Buch ist ebenfalls an die Alliierten gerichtet, zum Verständnis der Situation, der Verfassung der Deutschen, der Natur des Nationalsozialismus und zur Mahnung, der Verpflichtung eingedenk zu sein, ein wirklich neues Zeitalter zu schaffen, nachdem das vergangene sich in der Katastrophe vollendet hat. Das Buch ist besonders auch an die Europäer gerichtet, zumal an die Franzosen, um sie an das zu erinnern, was sie verloren haben.

Heinrich Manns Vorstellung der besseren Zukunft ist antikapitalistisch, hat aber nicht viel gemein mit dem nach 1945 dann real existierenden Sozialismus. Sein geistbestimmtes, vom Gemeinschaftsgeist getragenes »Commonwealth« hat mit ideologischen Dogmen und Parteiprogrammen wenig zu tun. Bei Heinrich Mann ist von sittlicher Erziehung und Bemühung, von Vernunft, Gerechtigkeit, von Wahrheitsliebe, vom intellektuellen Gewissen, vom Respekt für die Massen, von humanen Verpflichtungen und von Freiheit die Rede. Er lässt sich von der Welle des Optimismus der Kriegsjahre treiben und kann sagen: »Heute habe ich vielmehr zu danken, denn ich darf das Letzte des Zeitalters für sein Bestes ansehen. Der Krieg gegen einen Unterdrücker ist ein echter Befreiungskrieg.« (538) Wenn Klaus Mann in *Der Wendepunkt* das neue Zeitalter herbeiwünscht, weil es so notwendig wäre, aber doch bezweifeln muss, ob es sich verwirklicht, so sieht Heinrich Mann es bereits als Wirklichkeit: »Ein neuer Mensch, ein anderes Zeitalter nehmen ihren Anfang hier. Die menschliche Fähigkeit der Verwandlung erreicht ihr relatives Höchstmaß diesmal.« (549) Es ist tragisch zu nennen, dass Heinrich Mann hier von der Sowjetunion spricht, man muss an den blinden Faust am Ende von Goethes Mysterium denken.

Jetzt, am Ende seines *Zeitalter*-Buches, ist der Autor zu sich selbst und zur vollen Erkenntnis gekommen: »Daher habe ich erst jetzt den vollen Sinn für die schöpferische Begabung des Menschen. Er ist das Wesen, das von Gut und Böse weiß: das macht ihn zum Gestalter. Meine Bewunderung der Meisterwerke kennt keine Grenzen: sie allein sind die aufrechten Zeugen, daß gelebt und vollendet worden ist; sie und die hohen Persönlichkeiten, die großen Nationen.« (550–551)

Das wahre Leben ist in der schöpferischen Begabung, und so wünscht der Autor für ein zukünftiges Zeitalter: »Sei ein anderes, schöpferischer!« (551)

Zum Schöpfertum gehört das Gedächtnis, im schöpferischen Prozess entsteht die Erkenntnis seiner selbst und der Geschichte; idealiter wird sie zum großen Roman, wie Leo Tolstois *Krieg und Frieden*. Heinrich Mann konnte seinem Zeitalter nicht den großen Roman geben, aus dem eine neue Nation der Deutschen hervorgehen könnte. Aber er kann ihnen die Erkenntnisse der Versäumnisse des Zeitalters vermitteln, er kann ihnen das »Haus« ins Bewusstsein rufen, dessen Einsturz sie verschuldet haben. Und er kann ihnen zurufen: »Wir könnten anders sein.«

Heinrich Mann wollte seine Botschaft aus dem Exil nicht nur den verschiedenen Gruppen seines potenziellen Publikums zurufen; er gab auch seinen Kommentar zu den aktuellen Ereignissen, ähnlich wie im Tagebuch von 1939. Das erscheint zwar integriert im Text, gibt ihm aber doch das Ansehen eines vielfach abschweifenden, vorwärts- und rückwärtsgerichteten

Denkprozesses. Heinrich Mann, das ist bereits festgestellt worden, ignoriert den Ablauf der Geschichte; ihn interessieren prägnante Augenblicke und ein Gesamtbild. Er misst das Zeitalter an seinem Lebensgefühl und an seinen schöpferischen Hervorbringungen. Zuletzt misst er das Zeitalter an sich selbst und sich selbst am Zeitalter. Er findet viel Unvollkommenheit, viele Versäumnisse und viel Schuld. Aber er hält dem Zeitalter zugute, was es an Lebensfreude noch bieten konnte. Dieses Maßnehmen, die Abrechnung, die weit mehr ist als eine bloße »Besichtigung«, scheint mir das zu sein, was Heinrich Mann dem kollektiven Gedächtnis Europas überantwortet haben wollte. Seine Stimme ist kaum »angekommen«, aber als Stimme des absoluten Exils wäre es nötig, sie einmal aufmerksam zu hören, durchaus kritisch, aber mit achtungsvollem Respekt.

1 Vgl. Hans-Edwin Friedrich: »›Mein Name ist Jx, ich bin ebenso gewöhnlich wie auserlesen.‹ Selbst- und Zeitdeutung in Heinrich Manns *Ein Zeitalter wird besichtigt.*« In: *Jahrbuch Exilforschung*, Bd. 23 (2005), S. 102–113, gründliche Literaturhinweise S. 110–113. Unerlässlich für die Beschäftigung mit dem Buch sind die Beiträge im *Heinrich Mann-Jahrbuch* 18 (2000), hg. v. Helmut Koopmann und Hans Wißkirchen, auf der Basis eines Symposiums in Lübeck, April 2000. — **2** Heinrich Mann: *Ein Zeitalter wird besichtigt. Erinnerungen*, Frankfurt/M. 2007 (Seitenzahlen im Text beziehen sich auf diese Ausgabe), Anhang: Entwurf eines Briefes an den amerikanischen Verlag E. P. Dutton, S. 638–639. Heinrich Mann betont gegenüber den Forderungen auf Kürzung die Wichtigkeit der Gesamtstruktur, des Gebäudes. — **3** Heinrich Mann: *Zur Zeit von Winston Churchill* (Gesammelte Werke in Einzelbänden), Textkonstitution von Sigrid Anger, hg., bearbeitet und kommentiert von Hans Bach, Frankfurt/M. 2004 (im Text zitiert als WCh). Peter Paul Schneider hat die lange Entstehung des *Zeitalter*-Buches gründlich beschrieben: Peter Paul Schneider: »The life of everyone is a diary.‹ Die Vorstufen von Heinrich Manns Memoirenwerk *Ein Zeitalter wird besichtigt.*« In: *Heinrich Mann-Jahrbuch 18* (2000), S. 15–66. — **4** Im »Nachwort« stellt Hans Bach diese drei Fragen: »1. Was wird überhaupt besichtigt? 2. Was wird nicht besichtigt oder einfach übergangen? 3. Wie wird besichtigt?« (358) Diese Fragen sind an beide Texte zu stellen. Als Antwort auf die zweite Frage, in Bezug auf *Zur Zeit von Winston Churchill*, schreibt Bach: »Alles, was außerhalb Europas liegt.« (359) Das ist in der Tat auffallend. Noch dazu: »Heinrich Manns Europa ist recht eng begrenzt.« (360) Der Balkan, Skandinavien und die iberische Halbinsel kommen nicht eigentlich vor. Obwohl er in einem Lübecker Handelshaus mit Verbindungen nach St. Petersburg – das er als Junge auf einer Reise kennenlernte – aufgewachsen war, und trotz der Herkunft seiner Mutter aus Brasilien blieb Heinrich Manns Welt auf Frankreich, Italien und Deutschland begrenzt. Widerwillig nahm er die Bedeutung Großbritanniens zur Kenntnis; sein Lob Russlands blieb ganz abstrakt. (*Zur Zeit von Winston Churchill,* s. Anm. 3) — **5** Vgl. meinen Beitrag »On Time and Space in Exile – Past, Present, and Future in a No-Man's Land«. In: *Exiles Traveling. Exploring Displacement, Crossing Boundaries in German Exile Arts and Writings 1933–1945*, hg. v. Johannes F. Evelein, Amsterdam 2009, S. 35–49, bes. S. 35–37. — **6** *Ein Zeitalter wird besichtigt*, S. 318–341. Das zehnte Kapitel, das diese Überschrift trägt, befasst sich mit den Folgen des Krieges und dem Ressentiment der Deutschen, das verhinderte, sich mit der Niederlage wirklich auseinanderzusetzen. — **7** *Zur Zeit von Winston Churchill,* S. 376–384; außer Fritz Landshoff bemühten sich F. C. Weiskopf und Alfred Kantorowicz um das Buch, Modern Age Books dachte sogar an die Publikation des gesamten Tagebuchs. Auch der Kreis von El Libro Libre on Mexiko war interessiert, stattdessen bot ihnen Heinrich Mann *Lidice* an, was dann trotz großer Bedenken veröffentlicht wurde. Es war natürlich unter anderem eine Frage des Timing; nach »Pearl Harbor« war ein Tagebuch von 1939 nicht mehr akut. — **8** *Arbeitsjournal. Erster Band 1938–1942.* Werner Hecht (Hg.), Frankfurt/M. 1973, S. 293 (9.8.41). — **9** Hans-Edwin Friedrich (s. Anm. 1) bietet eine gründliche Analyse der Verflechtungen zwischen Autobiografie und Zeitalter-Analyse als Versuch einer neuen experimentellen Form und Ausdrucksweise. — **10** Die Nietzsche-Rezeption Heinrich Manns ist natürlich ein eigenes, sehr vielfältiges Thema von großer Bedeutung und Symptomatik. Vgl. für die Zeit bis 1925 die eingehende Studie von Ralf Schlichting: *Heinrich Mann und Friedrich Nietzsche. Studien zur Entwicklung der realistischen Kunstauffassung Heinrich Manns bis 1925,* Frankfurt/M. u. a., 1986. — **11** Eigentlich hätte Heinrich Mann auch mit dem Mittelalter vertraut sein müssen, denn in seiner Heimatstadt Lübeck war jedenfalls zu seiner Zeit die Innenstadt noch intakt, die Stadt existierte seit dem 12. Jahrhundert, die Kirchen, die das Stadtbild dominierten, stammten durchweg aus dem 13. und 14. Jahrhundert, und das war die große Zeit der Hanse, deren Hauptort Lübeck damals war. Thomas Mann hat nicht nur in *Buddenbrooks* und *Tonio Kröger* ein Bild der Stadt gegeben, sondern auch noch im *Doktor Faustus,* zu einer Zeit, als diese alte Stadt nicht mehr existierte. Für beide Brüder blieb die Vorstellung der bürgerlichen, aber nicht egalitären Selbstverwaltung einer Stadt grundlegend in ihrem politischen Verständnis. — **12** Zitiert nach *Ein Zeitalter wird besichtigt,* Anhang, S. 708. — **13** *Zur Zeit von Winston Churchill,* S. 13. Wie bereits Golo Mann festgestellt hat, sind Heinrich Manns Feststellungen typischerweise gefolgt von Nachgedanken, von einschränkenden Bemerkungen und skeptischen Fragen. Das darf bei der Beurteilung seiner Thesen nie vergessen werden. Vgl. das Zitat aus Golo Manns Rezension des *Zeitalter*-Buches bei Hans-Edwin Friedrich (s. Anm. 1). — **14** Ebd., S. 103. — **15** Eine der gründlichsten Untersuchungen bleibt immer noch die Dissertation von Hermann August Korff: *Voltaire im literarischen Deutschland des 18. Jahrhunderts,* 2 Bände (1917), informativ und sachlich trotz der Zeitumstände. — **16** Aus der oft kritischen Literatur zu Heinrich Manns Tätigkeit in Frankreich und seiner Bedeutung für das literarische Frankreich seiner Zeit vgl. besonders Wolfgang Klein: »›…damit Ihre Leser und Landsleute mich kennen lernen.‹ Heinrich Mann in Frankreich«. In: *Heinrich Mann-Jahrbuch 18* (2000), S. 167–210; Willi Jasper: »Kein ›unwissender Magier‹ – Anmerkungen zu Heinrich Manns Ideenpolitik im Exil«. In: *Heinrich Mann. Das essayistische Werk* (Sammlung Profile Bd. 24), hg. v. Rudolf Wolff, Bonn 1986, S. 83–103; und besonders kritisch Hans-Jörg Knobloch: »*Ein Zeitalter wird [nicht] besichtigt* – Heinrich Manns Erinnerungen«. In: *Heinrich Mann-Jahrbuch 18* (2000), S. 133–147. — **17** Über die nüchternen und vielleicht ernüchternden Fakten unterrichtet der Beitrag von Klein: »›… damit Ihre Leser und Landsleute mich kennen lernen.‹ Heinrich Mann in Frankreich« (s. Anm. 16), S. 167–210. — **18** Resümee ebd., S. 209–210. — **19** Die Forschung hat sich dennoch oft an diesen Ausspruch gehalten; er ist zu verführerisch. — **20** Vgl. Heinrich Detering: Heinrich Mann oder Lübeck als Leerstelle. Erzählung und Geschichte in »Ein Zeitalter wird besichtigt«. In: Ders.: *Herkunftsorte. Literarische Verwandlungen im Werk Storms, Hebbels, Groths, Thomas und Heinrich Manns.* Heide 2001, S. 194–219. Detering urteilt m. E. zu einseitig, wenn er dem Tableau Heinrich Manns jede Geschichtlichkeit abspricht. Was er richtig beobachtet, ist, dass Heinrich Manns Gedanken und Erzählungen hin und her schießen, dass die Erzählung einer Begebenheit oft unterbrochen wird durch rückschauende und vorwärts deutende Gedanken und Kommentare, und so immer in ein Geflecht manchmal widerstrebender Linien gerät, die der Leser Mühe hat aufzudröseln. — **21** »Dichtung und Wahrheit«, als Untertitel zu »Aus meinem Leben« übrigens, wird meist so verstanden, dass »Wahrheit« die Erzählung der Fakten bedeutet, und ›Dichtung« poetische Erfindung. Aber abgesehen davon, dass Goethe im Vorwort den Zweck der Memoiren dadurch bestimmt, dass er den Lesern Auskunft geben will, unter welchen Lebensumständen seine Dichtungen entstanden sind, also die »Wahrheit« der Dichtungen, kann es vielmehr bedeuten, dass durch Dichtung, und nur durch Dichtung, Wahrheit ans Licht gebracht wird, und das kommt dem nahe, was Heinrich Mann beabsichtigt. — **22** *Ein Zeitalter wird besichtigt,* Anhang, S. 718. — **23** *Heinrich Mann – Félix Bertaux: Briefwechsel 1922–1948,* mit einer

Einleitung von Pierre Bertaux, Frankfurt/M. 2002, S. 520. Dass das *Zeitalter*-Buch zuerst auf Englisch erscheinen sollte, wollte Heinrich Mann symbolisch sehen: Er übergab seine Ansichten einem neuen Zeitalter, das nicht mehr Französisch, sondern Englisch sprach. Die Wirklichkeit machte die Symbolik zunichte, die amerikanische Ausgabe kam nicht zustande, das Buch erschien zuerst in Stockholm und auf Deutsch. — **24** Es ist vielleicht nicht zu weit hergeholt, wenn man auch an den Städtebund der Hanse denkt, von dem Heinrich Mann viel gewusst haben wird. — **25** Johann Gottfried Herder hat in der ersten Fassung seiner *Briefe zu Beförderung der Humanität* in der Auseinandersetzung mit der Französischen Revolution das Wort »Aristodemokraten« gebildet, um den Charakter solch notwendiger Führergestalten zu kennzeichnen. Die demagogischen Führer des jetzigen Zeitalters sind allerdings nur eine Karikatur solcher Aristodemokraten; Heinrich Mann hat recht, bei Roosevelt und Churchill etwas davon zu spüren – bei Stalin war er allerdings sehr im Irrtum, wie ihm genugsam nachgesagt worden ist. — **26** Vgl. Michael Stark: »›Von der Crèmokratie zur Demokratie.‹ Heinrich Mann und das Zeitalter der Intellektuellen«. In: *Heinrich Mann-Jahrbuch 18* (2000), S. 67–91. Gerade hier wird deutlich, wie sehr zu fragen wäre, was »Demokratie« eigentlich bedeutet. — **27** Die Lübecker Altstadt war bis zu diesem Zeitpunkt noch architektonisch intakt, zumal in den Straßen mit den großen Kaufmannshäusern, die zum Hafen hinunterführten. Die Freie Stadt, die der Senator Mann mit regierte und verwaltete, war zwar nur noch ein Schatten ihrer einstigen Größe, aber das ästhetische Bild der wohlhabenden Solidität musste sich dem jungen Heinrich Mann tief einprägen, selbst wenn er die Nachfolge seines Vaters verweigerte. Die Bedeutung einer solchen Anschauung ist schwer zu ermessen, sie ist auf jeden Fall prägend für einen Menschen wie Heinrich Mann, der ein exklusiver Stadtmensch war und blieb, und schon deshalb, ähnlich wie Alfred Döblin, in einer »Nicht-Stadt« wie Los Angeles / Hollywood / Santa Monica verloren war. Die Zerstörung der Städte hat im kulturellen Bewusstsein der Deutschen viel größeren Schaden angerichtet als allgemein zugegeben wird. Für die Bedeutung Lübecks im Leben der Brüder Mann ist zum Beispiel daran zu denken, dass Thomas Mann es sich noch 1955 kurz vor seinem Tode nicht hat nehmen lassen, die Wiederherstellung seiner Ehrenbürgerschaft in eigener Person im Lübecker Rathaus entgegenzunehmen. Ohne Zweifel war das auch eine Restitution seines Essays *Lübeck als geistige Lebensform*, ursprünglich ein Vortrag bei Gelegenheit der 700-Jahr-Feier der Reichsfreiheit Lübecks im Jahr 1926, als Thomas Mann die Ehrenbürgerwürde erhielt.

Inge Hansen-Schaberg

Reunions der Gruppe »Freundschaft«
Ein Bericht über Lebenswege und Erinnerungsprozesse

Nach 65 Jahren trafen sich Mitglieder der Gruppe »Freundschaft« am 4. Juni
2005 auf der East Side in Manhattan zum ersten Mal als Gruppe wieder,
nachdem sich ihre Wege im Sommer 1940 in Südfrankreich trennen mussten. Sie hatten sich auf der Flucht mit ihren Familien oder mit einem Elternteil aus NS-Deutschland und aus dem austrofaschistischen bzw. »Anschluss«-
Österreich in Paris im Winter 1938/39 bei den »Roten Falken« kennengelernt
und sich dann regelmäßig im Pariser Auslandsbüro der österreichischen
Sozialisten zu Diskussionen, Gruppenspielen, Ausflügen und Feiern getroffen.[1] Die gemeinsam verbrachten Sommerferien in einer Jugendherberge in
Plessis-Robinson, einem Vorort von Paris, und nach dem Kriegsausbruch
dann der Aufenthalt in den von Ernst Papanek (1900–1973) geleiteten Heimen der OSE, der »Organisation pour la Santé et l'Éducation«, (siehe 1.) –
die Mädchen wohnten in der »Villa Helvetia« in Montmorency und die Jungen in »Les Tourelles« in Soisy – hatten zu einem sehr engen Gruppenzusammenhalt und zu dem Namen »Robinsoner« geführt.[2] Durch die in ihren
Elternhäusern bestehende politische Überzeugung, die sie theoretisch unter-
mauerten und praktisch lebten, waren die Unterschiede zu den anderen Kindern und Jugendlichen in den Kinderheimen, die aus orthodoxen und aus
assimilierten jüdischen Familien kamen, evident. Vor dem Fall von Paris im
Juni 1940 waren sie wie die meisten österreichischen Sozialisten nach Montauban geflüchtet und versuchten, aus Frankreich zu entkommen.

Im Folgenden möchte ich versuchen zu beschreiben, was Aleida Assmann
»die Dynamik individueller und kollektiver Erinnerung ›im Schatten‹ einer
traumatischen Vergangenheit«[3] nennt. Ich war als »observer« dabei, als fünf
ehemalige Gruppenmitglieder sowie der Bruder eines Mitglieds und zwei
Ehefrauen zu ihrer ersten Reunion zusammenkamen, sich ihre Erinnerungen erzählten und den alten Gruppenzusammenhalt rekonstruierten. Meine
Absicht, mich mit der Lebensgeschichte und den Schriften Ernst Papaneks
zu befassen, hatte mir die Tür geöffnet und mich zur Zeugin ihrer Lebenswege werden lassen. Mein Beitrag besteht in dem Versuch, die mitgeteilten
biografischen Informationen und Erzählungen und die bereits von Mitgliedern der Gruppe publizierten Erinnerungswerke und literarischen Verarbei-
tungen miteinander zu verknüpfen und in den historischen Kontext einzu-
binden (siehe 2.). Durch diese Annäherungsweise ergeben sich mosaikartig

Einblicke in eine Gruppe, deren Mitglieder als Kinder und Jugendliche, aus einer Verfolgungssituation kommend, eine eigene, von politischer Überzeugung getragene Identität erlangten und lebenslang daran festhielten. Die auf dieser Reunion und den nachfolgenden Treffen (siehe 3.) gesicherten Erinnerungen stellen zudem einen »Zugewinn im Übergang vom individuellen zum sozialen Gedächtnis« dar, nämlich »die Anreicherung der eigenen Erfahrungen und ihre Perspektivierung im Lichte der Erinnerungen anderer.«[4] Der nächste Schritt könnte dann der Übergang in das kollektive oder kulturelle Gedächtnis sein[5], und zwar in das der deutschen und österreichischen Gesellschaft, aus der damals die Kinder und ihre Familien ausgestoßen wurden.

1. Zu den OSE-Kinderheimen

Die OSE-Kinderheime in Frankreich waren unter dem Eindruck der zunehmenden Repression gegen die jüdische Bevölkerung und der Flucht von Kindern und Jugendlichen aus dem NS-Herrschaftsbereich gegründet worden. Als Leiter hatte die jüdische Organisation den aus Wien emigrierten sozialistischen Pädagogen Ernst Papanek gewonnen. Er erläutert die Zielsetzung folgendermaßen: »Ziel der OSE war, so viele Kinder wie möglich zu retten (…), die Saat und die Kultur des mitteleuropäischen Judentums. Mein Ziel als amtierender Direktor war vielleicht weniger grandios, aber anspruchsvoller. Ich hatte darauf zu sehen, daß diese Kinder, die auf so vielfache Weise der Brutalität ausgesetzt gewesen waren, nicht nur überlebten, sondern als ganze Menschen überlebten.«[6] Im Vordergrund der pädagogischen Arbeit standen die Entwurzelung der Kinder und ihre direkten Erfahrungen mit dem NS-Regime – Verfolgung, Ausgegrenztsein und Gewalt, und insbesondere die Trennung von den Eltern, die eine pädagogisch-therapeutische Arbeit erforderten, denn: »Diese Trennung bedeutet für die Kinder nicht nur eine gefühlsmäßige Verwirrung, sondern beinhaltet für sie auch eine völlige Desorganisation des normalen physischen und psychologischen Lebens. Ihre Gefühle für Sicherheit, Zugehörigkeit, Loyalität sind entwurzelt.«[7]

Ernst Papanek hatte für diese Aufgabe besondere Voraussetzungen, die zum einen seinen Erfahrungen aus der Arbeit mit Kindern und Jugendlichen aus schwierigen sozialen Verhältnissen entsprangen, zum anderen aus den in Wien entwickelten pädagogischen Prinzipien stammten, die eine Kombination von Individualpsychologie und Austromarxismus verkörpern. Tragend wurden die reformpädagogischen Forderungen nach Kindgemäßheit der Umgebung und des Unterrichts, nach individueller Förderung und Selbsttätigkeit des Kindes und nach einem Gemeinschaftsleben, das Mitbestimmung ermöglicht und die Übernahme von Verantwortung erfordert. Ernst

Papanek hielt diese Grundsätze für die Arbeit in den Heimen mit den exilierten, oft auch psychisch verstörten Kindern für existenziell wichtig. Aber auch für Kinder, die mit ihrer Familie oder einem Elternteil ins Exil gegangen waren, boten sie neben der materiellen Sicherung ihres Lebens eine Chance für positive Gemeinschaftserlebnisse und für eine religiöse bzw. politische Orientierung: »Wir wollten die Kinder glücklich machen, aber wir mußten vermeiden, daß die Heime zu ›Inseln des Glücks‹ wurden. So wie wir es ablehnten, die Tatsache zu verbergen, daß ihre Eltern in Todesgefahr waren und auch ihre Lage sehr prekär war, machten wir ihnen ständig bewußt, daß das Kinderheim nur eine Episode in ihrem Leben war, ein vorübergehender Ruhepunkt, der ihnen die Chance geben sollte, sich auf das neue Leben, das ihnen bevorstand, vorzubereiten.«[8] Das gelang für eine kurze Zeit auf überzeugende Weise.[9]

Ernst Papanek hat die pädagogisch-politischen Erfahrungen aus der Arbeit in Wien und in der Exilzeit ab 1934 in zahlreichen Texten dargelegt.[10] Sie zu untersuchen, die Kinderheim-Konzeption zu befragen, ihre Möglichkeiten und Grenzen aufzuzeigen und eine Auswahl der Texte neu herauszugeben, ist ein Projekt, an dem ich zurzeit arbeite. Wichtig ist es mir dabei, aufzuspüren, wie die pädagogischen Überlegungen für die Kinder und Jugendlichen wirksam wurden und zu lebenslangen Orientierungen und Überzeugungen führten. Damit verbunden ist auch die Frage, was Kinder und Jugendliche brauchen, um mit den Erfahrungen von Flucht und Verfolgung leben zu können[11], was auch für heute Asyl suchende Kinder und Jugendliche weltweit von Bedeutung sein kann.

2. Die erste Reunion nach 65 Jahren am 4. Juni 2005

Zu der Gruppe »Freundschaft« gehörten Peter Ackermann, Otto und Steffi Bauer, Hanna Kaiser, Gerhard Kohn, Adele Kurzweil, Heinz Leichter (mit seinem kleineren Bruder Franz), Dorli Loebl, Gustav Papanek (mit seinem kleineren Bruder Georg), Lene (Madeleine) Pariser, Josef Polzer, Herbert Schiller, Hilde Schlesinger, Hannspeter Semrad, Kurt Sonnenfeld, Helmut und Bruno Schwebel und Ernst Weisselberg.[12]

Kurt Sonnenfeld, das »Gedächtnis« der Gruppe, der sich an viele Details und Namen erinnert, hatte die Initiative zu dem Treffen ergriffen und die Adressen zusammengetragen. Zu Beginn der viele Stunden währenden Zusammenkunft verlas Kurt Sonnenfeld die Namen derjenigen, denen die Flucht aus Frankreich nicht mehr gelungen war, weil sie auf keiner Ausreiseliste gestanden haben, weil kein Visum und Affidavit ausgestellt worden war, weil keine Rettung vor der Deportation nach Auschwitz möglich gewesen war … Aus ihrer Gruppe waren es drei Jugendliche, die dort ermordet wurden: Adele Kurzweil, Dorli Loebl und Ernst Weisselberg. Und er verlas die Namen der in den vergangenen Jahrzehnten Verstorbenen. Schweigeminuten folgten. Dann richtete er Grüße von denjenigen aus, die eigentlich hätten kommen sollen, aber verhindert waren. Mitgebracht hatte er Fotokopien mit den Kampf- und Wanderliedern von damals, die eigentlich gesungen werden sollten, aber dazu kam es erst bei einem weiteren Treffen ein Jahr später in Lexington, MA. Er formulierte auch die Intentionen der Zusammenkunft: Zu erzählen und zu reflektieren, wie die Beziehungen zu den Gruppenleitern und untereinander waren, welche Erfahrungen gemacht wurden und welche Bedeutung die Gruppe für das eigene Leben hatte. Henry (früher Heinz) Leichter warf ein, es sei doch Zufall gewesen, dass sie sich damals getroffen hätten, und außerdem sei es nur eine kurze Periode in ihrem Leben gewesen. Hanna Papanek entgegnete, es seien die Elternhäuser, die politische Einstellung gewesen, die sie zusammengebracht und ihr Leben bestimmt hätten. Sehr viel später zeigte sich auch Heinz Leichter davon überzeugt, dass das Treffen eine gute Sache sei.

Die Teilnehmer sprachen Englisch miteinander, nur einzelne deutsche Wörter, die früher bedeutungsvoll waren, wurden eingestreut: Sozialismus, Freundschaft, Brüderlichkeit, Solidarität, Ausflüge, Treffen. Jede/r erzählte wie sein/ihr Leben von dem Zeitpunkt der Trennung an verlaufen war. Vier waren im Laufe des zweiten Halbjahres 1940 nach New York City gekommen, einer 1942 nach Mexiko City; alle konnten zusammen mit ihren Familien flüchten. Sie waren in ihrem Beruf erfolgreich, wurden zum Teil allerdings in den USA durch die McCarthy-Ära zu einer neuen beruflichen Orientierung gezwungen, denn über ihre politische Überzeugung hatten sie keine Unklarheit gelassen. Sie waren freiberuflich tätig, gingen in die Forschung und in die Entwicklungshilfe. Ich stelle die einzelnen Lebenswege in der Reihenfolge vor, wie sie an dem Nachmittag in Manhattan unter der allgemeinen Anteilnahme und Kommentierung der anderen in der Runde erzählt worden sind.

Kurt Sonnenfeld, Jahrgang 1925, Sohn von Rosa und Walter Sonnenfeld, bekam mit seiner Familie und den Familien Leichter, Papanek, Bauer und Schlesinger im August 1940 die Transitvisa für Spanien und Portugal und die Not-Visa für die USA. Wenn alle Schwierigkeiten, diese Papiere zu erhalten, überwunden werden konnten, bestand das Problem, aus Vichy-Frankreich auszureisen, da mit dem Art. 19 des mit NS-Deutschland am 22. Juni 1940 geschlossenen Waffenstillstandsabkommens ein Passus für die »Auslieferung auf Verlangen« für deutsche und österreichische Flüchtlinge existierte.[13] Fast alle Geretteten haben es entweder einem Grenzer zu verdanken, der im entscheidenden Moment wegsah, keine Schererein kurz vor dem Schichtwechsel haben wollte oder gefälschte Papiere z.B. mit einem Geschäftsstempel des lokalen Schlachters akzeptierte, oder jenen Menschen, die wie Lisa und Hans Fittko den illegalen Grenzübertritt durch Wege über die Pyrenäen ermöglichten.[14]

Kurt Sonnenfeld fühlte sich der Gruppe »Freundschaft« so stark zugehörig, dass er sich ein Leben ohne diesen identifikatorischen Zusammenhalt kaum vorstellen konnte. Dies hat sicher dazu beigetragen, dass er Social Work studiert hat, Pädagoge wurde und mit Jugendlichen und in verschiedenen Ämtern von New York City gearbeitet hat. Er hat im engen Austausch mit Ernst Papanek gestanden, der neben seiner Arbeit mit Kindern zwischenzeitlich bei William Kilpatrick am Teachers College der Columbia University über die Wiener Schulreform promoviert hatte und später selbst eine Professur an dem Queens College der City University of New York (CUNY) innehatte.

Gustav Papanek, Jahrgang 1926, der älteste Sohn von Helene und Ernst Papanek (der jüngere Bruder Georg ist 2004 verstorben), ging nach der gelungenen Flucht zusammen mit Kurt Sonnenfeld auf die Haaren High School in New York City, versuchte sich zunächst in der Landwirtschaft, stellte aber während eines Jobs auf einer Farm fest, dass ihm diese Arbeit nicht lag. Bevor er auf die Ökonomie an der *Cornell University* umsattelte, diente er in der US Army, war auch nach Kriegsende in Deutschland an der Entnazifizierung in Oberbayern beteiligt. Später, an der *Harvard University*, spezialisierte er sich auf Entwicklungshilfe. 1947 heiratete er seine Jugendfreundin, ebenfalls Mitglied der Gruppe, Hanna Kaiser (siehe unten). Er war von 1951–1953 Regierungsberater in Washington, wurde in der McCarthy-Ära entlassen, fand an der Harvard University eine Anstellung und bekam den Auftrag, nach Pakistan zu gehen, wohin er 1954 mit seiner Frau und den zwei Kindern ging. Über vierzig Jahre in asiatischen Ländern, vor allem in Indonesien, als Regierungsberater tätig, hat er außerdem als Professor in Harvard und an der Boston University eine Schülerschaft hervorgebracht, die heute in der Regierungsverantwortung in Indonesien, Bangladesh, Sri Lanka und anderen Ländern steht und ihn immer noch als Berater anfordert.

Bruno Schwebel, Jahrgang 1928, Sohn von Therese und Theodor Schwebel, der Jüngste der Gruppe, meinte, dass er wohl aus Altersgründen politisch nicht so engagiert wie die anderen war. Der ältere Bruder Helmut, auch Mitglied der Gruppe, ist schon vor einigen Jahren verstorben. Seine Familie blieb noch das ganze Jahr 1941 auf einem Landgut bei Montauban in Südfrankreich, wo sein Vater als Gärtner beschäftigt war, bis es gelang, Visa für Mexiko zu bekommen. Der mexikanische Generalkonsul in Marseille, Gilberto Bosques, »the Schindler of Mexico«, hat im letzten Moment noch Tausenden das Leben gerettet, bevor die Deportationen aus Frankreich nach Auschwitz begannen. Auch die Familie des Onkels von Bruno Schwebel erhielt nach anfänglicher Ablehnung wegen der fünf Kinder doch noch die rettenden Visa, weil der Kniefall der 14-jährigen Cousine Dita den Konsul beeindruckte.[15] In Mexico City besuchten Bruno und Helmut Schwebel eine spanischsprachige Schule. Bruno wurde Ingenieur, und mit dem Eintritt in den Fernsehsender begann seine Karriere: Er wurde schließlich Direktor des Unterhaltungsprogramms. Heute lebt er in Mexico City und in San José, Kalifornien, wo seine Frau Joan arbeitet, schreibt Erinnerungen und Erzählungen, spielt Theater, malt Bilder und bereitet Ausstellungen vor, z. B. im Oktober 2005 in Wien.

Heinz (jetzt *Henry) Leichter*, Jahrgang 1925, war zusammen mit seinem Bruder Franz, Jahrgang 1931, und dem Vater Otto Leichter 1938 nach Paris geflohen, während Käthe Leichter, die Mutter, eine bekannte Sozialistin, bei ihrer pflegebedürftigen Mutter in Wien blieb, inhaftiert, nach Ravensbrück deportiert und ermordet wurde.[16] Heinz und Franz Leichter kamen im September 1940 in New York City an, bekamen ein Stipendium für den Besuch eines Internats in Connecticut. Beide studierten Jura. Franz Leichter spielte später eine wichtige Rolle in der Democratic Party in New York State und New York City. Aufgrund seines Alters, sagte Heinz, habe er das Glück gehabt, auf amerikanischer Seite in der medical infantry am Krieg teilnehmen und sich damit von der »Schuld des Überlebens« befreien zu können – eine für Emigranten seltene Ausnahme. Seine Frau Hope habe ihn zwar zum überzeugten Pazifisten bekehrt, aber das Gefühl, zurückschlagen zu können, sei sehr wichtig für ihn gewesen. In seinen Erinnerungen in dem Buch *Eine Kindheit*, 1995 auf Deutsch veröffentlicht, schreibt er: »Die meisten Flüchtlinge und Verfolgten haben nie die Gelegenheit, sich gegen die vielen Ungerechtigkeiten, die ihnen widerfahren sind, zu wehren oder sie zu bekämpfen. Der Krieg und meine Rolle in ihm hatten mir diese Möglichkeit gegeben.«[17] Für die Jahre des geleisteten Kriegsdiensts wurde dem *G. I. Bill* eine staatliche Unterstützung für das Studium gewährt, durch die auch Gustav Papanek sein Studium finanzieren konnte. Als Spezialist für internationales Recht hat Henry Leichter immer noch viele Kontakte in Europa, fliegt auch regelmäßig nach Wien, wo er es allerdings nie lange aushält. Er erzählte, er sei jedoch kaum zurück in New York City, da fange er schon wieder an, Reisepläne für Wien zu machen. Damit umschreibt er sehr treffend die ewige Suche nach der verlorenen Heimat und die vergebliche Hoffnung, den Ort der Kindheit wiederzufinden, dort wieder zu Hause zu sein, von wo er vertrieben wurde.

Hanna Papanek geb. Kaiser, geboren 1927 in Berlin, Tochter von Elly Kaiser und Alexander Stein, hat 1990 begonnen, umfangreiche Recherchen in Riga, Berlin, Bonn, Frankfurt a.M., Amsterdam, Paris, Stanford CA und New York zu unternehmen, um die Biografie ihrer Großfamilie in über hundert Jahren Exil zu schreiben. Sie hat keinen amerikanischen Verlag gefunden, aber zwischenzeitlich ist ihr Buch in deutscher Übersetzung unter dem Titel *Elly und Alexander. Revolution, Rotes Berlin, Flucht, Exil – eine sozialis-*

tische Familiengeschichte (2006) erschienen. Die von ihr angewandte Methode hat die promovierte Ethnologin während ihrer wissenschaftlichen Tätigkeit in Indonesien, Indien und Pakistan entwickelt und auf die Exilforschung übertragen: »Participatory History« nennt sie dieses Verfahren, in dem sie selbst ihre Lebensgeschichte einbringt und anhand von Dokumenten, Fotos, Briefen und anderen Archivalien die zeitgeschichtlichen Hintergründe mit der Familiengeschichte kombiniert. Sie ist als siebenjähriges Mädchen mit ihrer Mutter zunächst nach Prag zu dem dorthin bereits im August 1933 geflüchteten Vater gegangen, dann nach Paris und mit anderen Kindern in das OSE-Kinderheim Château de Montintin bei Limoges. Unter größten Schwierigkeiten, weil sie als frühere Deutsche keine Ausreiseerlaubnis erhielt, ist sie über die Pyrenäen zusammen mit ihrer Mutter nach Lissabon geflüchtet, wo sie ihr Vater erwartete. Er konnte schon etwas früher, zusammen mit seiner ersten Frau und Tochter mit gefälschten Papieren, die sie als Russen auswiesen, französische Ausreisevisen erhalten und legal die Grenze überqueren. In New York lebte sie mit ihren Eltern zusammen und ging in das Brooklyn College der City University of New York; erst nach ihrer Heirat siedelte sie nach Cambridge MA über und promovierte in Harvard. Während der Arbeit an diesem Forschungsprojekt ist Hanna Papanek in Kontakt zu der AG Frauen im Exil in der Gesellschaft für Exilforschung e.V. gekommen und hat ab 1994 an den jährlich stattfindenden Tagungen teilgenommen und vorab Ergebnisse ihrer Arbeit präsentiert, die in einigen Sammelbänden veröffentlicht worden sind.[18]

An jenem Nachmittag in Manhattan legte Hanna Papanek die Sammlung ihrer während der Recherchen gefundenen Fotografien vor und konzentrierte ihre Mitteilungen auf die beiden Mädchen Adele Kurzweil und Dorli Loebl, denen die Rettung versagt blieb und die in Auschwitz ermordet wurden,[19] und auf Lene Pariser, die mit ihrem Vater, versteckt in einer Waldhütte, überlebte. Unklar ist bis heute, warum diese Familien durch das »Gitter der Solidarität« gefallen waren, d.h. warum sie keine Visa erhielten, obwohl die Väter als politische Persönlichkeiten bekannt und damit besonders gefährdet waren.

Zum Abschluss des Treffens wurde einhellig festgestellt, dass weitere Zusammenkünfte organisiert werden sollten.

3. Weitere Treffen

Ein Jahr später, vom 3. bis 5. Juni 2006, fand das zweite Treffen in Lexington im Haus von Hanna und Gustav Papanek statt, zu dem Kurt Sonnenfeld und ich anreisten; alle anderen hatten aus unterschiedlichen Gründen absagen müssen. Dieses Mal wurde auf Deutsch gesprochen, und ich wurde in die Diskussionen einbezogen. Die Rollen waren folgendermaßen verteilt:

Hanna und Gustav Papanek stellten oftmals Fragen, die Kurt Sonnenfeld aus seinem Erinnerungsschatz beantwortete. Seine Erzählungen wurden hinterfragt, kritisch kommentiert und von Hanna Papanek durch Archivfunde, Fotos, Briefe und ihre Tagebucheintragungen komplettiert bzw. anders interpretiert. Inhaltlich ging es um die Rekonstruktion von Erinnerungen, zum einen an die politische Erziehung in der »Rote Falken«-Gruppe, z. B. um die »Buben und Mädel«-Frage, also die gemeinsame Erziehung der Geschlechter zu »Genossen«, zum anderen an pädagogische Situationen in den OSE-Heimen. Ein wesentliches, aber letztlich nicht zu klärendes Problem wurde in der Diskussion der Listen deutlich, die zur Rettung besonders bedrohter, exponierter Parteimitglieder und ihrer Familien durch die Hilfsorganisationen aufgestellt worden waren: Wer bekam in welcher Rangfolge einen Listenplatz bzw. keinen, wer wurde evtl. und warum von der Liste gestrichen und hatte keine Möglichkeit zu entkommen.

Die die Teilnehmer bewegende Frage war schließlich, was die Gruppe »Freundschaft« für die Gestaltung des eigenen Lebens bedeutet hat. Dass dann tatsächlich die alten (Kampf-)Lieder gesungen wurden – die Texte lagen vor, wurden aber nur selten benötigt – zeigt, wie bestimmend die politische Emanzipation, die Partizipation im Kampf gegen den Nationalsozialismus und die erlebte Solidarität geworden sind.

Eigentlich war es anders verabredet, aber erst 2009 hat es dann ein drittes Treffen gegeben, an dem ich nicht teilgenommen habe. Von Hanna Papanek habe ich einen kleinen Bericht erhalten, als E-Mail am 11. Mai 2009, gesendet:

»Die ›Robinsoner Reunion 2009‹ wurde, wie immer, von Kurt Sonnenfeld organisiert: diesmal trafen wir uns am 6. Februar im Austrian Cultural Forum in New York City. Am Abend vorher hatte Bruno Schwebel dort aus seinen Memoiren vorgelesen, die jetzt auch in englischer Übersetzung erschienen sind (›As Luck Would Have It‹). Hanna und Gustl Papanek kamen aus Boston, Bruno und seine Frau Joan Brodovsky aus Kalifornien; Franz Leichter und Kurt wohnen in New York. Henry (Heinz) Leichter war krank, aber wir unterhielten uns mit ihm per Telefon im Laufe des sehr interessanten Tages.

Andreas Stadler, der Leiter des Austrian Cultural Forum (ACF), hatte unsere kleine Gruppe eingeladen, um Renate Brauner, die Vizebürgermeisterin von Wien, kennen zu lernen, und sie uns, während ihres Besuchs in USA. Außer uns kamen einige in New York wohnende Mitglieder der Österreichischen Sozialistischen Partei (SPOE). Die Diskussion unter den früheren und jetzigen Österreichern dauerte einige interessante Stunden, denn beide Seiten hatten viel zu fragen und zu erzählen. Nachher gingen fünf von uns Robinsonern in ein nettes italienisches Restaurant nebenan, wo wir mehrere Stunden in Freundschaft und Nostalgie schwelgten. Die Außenwelt machte sich bemerkbar in der Person eines Kellners aus Bangladesh, der in große Aufregung geriet, als Gustl Papanek erwähnte, dass ein Kandidat aus der Heimatstadt des Kellners, der gerade ins dortige Parlament gewählt wurde, ein früherer Student von ihm war. Die Welt ist klein – und Gustl bekam ein extra Stück Kuchen!

Wir trafen uns zu fünft auch Sonnabend im ACF und gingen abends wieder in dasselbe Restaurant – es war uns allen klar, dass wir uns nur sehr ungern von einander trennen wollten. Sonntagvormittag ging's wie üblich ins Cafe Sabarsky der Neuen Galerie (ein neues Museum), um Wiener ›Mehlspeisen‹ zu genießen, aber damit war die Reunion endgültig zu Ende. Wir machen schon Pläne fürs nächste Mal!«

4. Resümee

Ich habe an diesen Erinnerungsprozessen als Zuhörerin teilgenommen und wurde von der Gruppe als »observer« tituliert, war also Beobachterin und bin jetzt Berichterstatterin. Das, was ich in Manhattan und in Lexington erlebt habe, ist ein hoffnungsvoll schimmernder Lichtblick in der Auseinandersetzung mit der NS-Zeit, weil es nach allem, was Menschen damals an Verbrechen und Leid zugefügt wurde, auch ein Weiterleben gegeben hat. Wenigen gelang die Rettung und ein Neuanfang, denn alles hing von unendlich vielen kleinen Zufällen, vom richtigen Ort und Zeitpunkt ab, ob die Flucht aus Vichy-Frankreich noch gelingen konnte oder ob die todbringende Falle zuschnappte. Weil die getroffenen Entscheidungen sich als die richtigen erwiesen, können die »Robinsoner« heute auf ein erfolgreiches, erfülltes Leben zurückblicken, in dem sie sich an die Verletzungen, die Angst, die Wut und den Hass, die persönlichen Verluste und die Trauer ebenso wie an die Glücksmomente erinnern. Alle sind kosmopolitisch denkende und handelnde Menschen geworden, die ihren politischen Überzeugungen treu geblieben sind, aber heute auch einiges kritisch analysieren, was damals in ihrer Jugend als der »klassenkämpferisch« richtige Standpunkt galt. Durch ihre oben erwähnten Aufarbeitungen und Publikationen, die interessanterweise alle auf Deutsch veröffentlicht wurden, haben sie sich bereits individuell in das kulturelle Gedächtnis eingeschrieben.

Ich als deutsche Nachgeborene wurde in diesen Kreis aufgenommen und kann nun dazu beitragen, dass es eine Überlieferung der Gespräche und Erzählungen und deren Transformation in diesen Text gibt. Damit ist eine Voraussetzung für einen Übergang der sozialen und politischen Erinnerungen einer Gruppe, die die »durch sprachlichen Austausch und Diskurse hervorgebrachte *Koordination individueller Gedächtnisse*« geleistet hat, wie Aleida Assmann schreibt, in das kollektive kulturelle Gedächtnis gegeben, denn dieses beruht »auf einem Fundus von Erfahrung und Wissen, der *von seinen lebendigen Trägern abgelöst und auf materielle Datenträger übergegangen ist.* Auf diese Weise können Erinnerungen über die Generationenschwelle hinweg stabilisiert werden.«[20] Meine Aufgabe sehe ich darin, einen Beitrag zu leisten, diese oft vergessenen, aus Deutschland und Österreich vertriebenen Menschen mit ihren Lebensgeschichten wieder »einzubürgern« und an der Entstehung einer mündigen Erinnerungskultur mitzuarbeiten.[21]

---

1 Vgl. Hanna Papanek: *Elly und Alexander. Revolution, Rotes Berlin, Flucht, Exil – eine sozialistische Familiengeschichte.* Mit einem Vorwort von Peter Lösche. Übersetzt von Joachim Helfer und Hannah C. Wettig. Berlin 2006, S. 95–115. — **2** Vgl. ebd., S. 117–139. — **3** Aleida Assmann: *Der lange Schatten der Vergangenheit. Erinnerungskultur und Geschichtspolitik.* München 2006, S. 17. — **4** Ebd., S. 34. — **5** Vgl. ebd., S. 34 ff. — **6** Ernst Papanek, Edward Linn: *Die Kinder von Montmorency.* Wien 1980, S. 27. — **7** Ernst Papanek: »Das Kinderheim, seine Theorie und Praxis im Lichte der Individualpsychologie«. In: *Acta Psychotherapeutica. Psychosomatica et Orthopaedagogica, Separatum Vol. IV, Fasc. 1.* 1956, S. 53–72, hier S. 56. — **8** Papanek, Linn: *Die Kinder von Montmorency* (s. Anm. 6), S. 118. — **9** Vgl. Inge Hansen-Schaberg: »Die Wiener Schulreform und ihre pädagogische Umsetzung durch Ernst Papanek in den OSE-Kinderheimen in Frankreich«. In: *Mitteilungen & Materialien* 53/2000, S. 88–99, und in: *Zwischenwelt. Zeitschrift für Kultur des Exils und des Widerstands* 17 (2000), Nr. 2, S. 10–14; Inge Hansen-Schaberg: »›Sie waren unentbehrlich‹ – Ernst Papanek und die Rettung traumatisierter Kinder«. In: *Bildung und Erziehung, Heft 1: Emigration und Remigration in der Pädagogik.* März 2009, S. 105–121. — **10** Vgl. ebd., S. 111–117. — **11** Vgl. Inge Hansen-Schaberg: »Kindheit und Jugend im Exil«. In: Claus-Dieter Krohn, Patrik von zur Mühlen, Gerhard Paul, Lutz Winckler (Hg.): *Handbuch der deutschsprachigen Emigration 1933–1945.* Darmstadt 1998, S. 81–94; Inge Hansen-Schaberg (Hg.): *Als Kind verfolgt: Anne Frank und die anderen.* Berlin 2004; Inge Hansen-Schaberg: »›Exil als Chance‹: Voraussetzungen und Bedingungen der Integration und Akkulturation«. In: *Exilforschung. Ein internationales Jahrbuch, Bd. 24: Kindheit und Jugend im Exil – ein Generationenthema.* Hg. von Claus-Dieter Krohn, Erwin Rotermund, Lutz Winckler und Wulf Koepke unter Mitarbeit von Inge Hansen-Schaberg. München 2006, S. 183–197; Minna Specht: *Gesinnungswandel. Beiträge zur Pädagogik im Exil und zur Erneuerung von Erziehung und Bildung im Nachkriegsdeutschland.* (Schriften des Exils zur Bildungsgeschichte und Bildungspolitik. Hg. von Hildegard Feidel-Mertz, Bd. 2). Hg. und eingeleitet von Inge Hansen-Schaberg unter Mitarbeit von Sigrid Rathgens. Frankfurt/M. / Berlin / Bern / Bruxelles / New York / Oxford / Wien 2005. — **12** Vgl. Kurt Sonnenfeld: »Reunion der ›Gruppe Freundschaft‹«. In: *Zwischenwelt*, 23. Jg. (2007), H. 2/3, S. 82; Hanna Papanek: »Eine Rote-Falken-Gruppe im Exil: Frankreich 1938–? Wo sind jetzt die Kinder?« In: *Mitteilungen, Dokumentationsarchiv des Österreichischen Widerstandes,* Folge 128, September 1996, S. 7–9. — **13** Siehe dazu die Erläuterungen bei Papanek: *Elly und Alexander* (s. Anm. 1), S. 170–172. — **14** Vgl. Lisa Fittko: *Mein Weg über die Pyrenäen.* München/Wien 1985. Neuausgabe: Frankfurt/M. 2004. — **15** Vgl. Bruno Schwebel: *Das andere Glück. Erinnerungen und Erzählungen.* Wien 2004, S. 103 f. — **16** Vgl. Herbert Steiner (Hg.): *Käthe Leichter. Leben und Sterben einer österreichischen Sozialdemokratin.* Wien 1997.— **17** Henry O. Leichter: *Eine Kindheit. Wien – Zürich – Paris – USA.* Wien 1995, S. 187. — **18** Hanna Papanek: »Spiegel und Schattenspiel. Vom Wiedererleben des Erlebten«. In: Inge Hansen-Schaberg, Beate Schmeichel-Falkenberg (Hg.): *Frauen erinnern: Widerstand – Verfolgung – Exil 1933–1945.* Berlin 2000, S. 39–53;

Hanna Papanek: »Rote Falken, Kinderheim, Flucht«. In: Anne Saint Sauveur-Henn (Hg.): *Fluchtziel Paris. Die deutschsprachige Emigration 1933–1940.* Berlin 2002, S. 316–325; Hanna Papanek: »Exilkind: … aus dem Garten vertrieben«. In: Inge Hansen-Schaberg (Hg.): *Als Kind verfolgt: Anne Frank und die anderen.* Berlin 2004, S. 31–43. — **19** Vgl. Papanek: *Elly und Alexander* (s. Anm. 1), S. 223–283; Christian Ehetreiber, Heimo Halbrainer, Bettina Ramp (Hg.): *Der Koffer der Adele Kurzweil. Auf den Spuren einer Grazer jüdischen Familie in der Emigration.* Graz 2001; Christian Ehetreiber, Heimo Halbrainer, Bettina Ramp, Sarah Ulrych (Hg.): … *und Adele Kurzweil und … Fluchtgeschichte(n) 1938 bis 2008.* Graz 2009. — **20** Assmann: *Der lange Schatten der Vergangenheit* (s. Anm. 3), S. 34, Hervorhebung i. O. — **21** Vgl. Inge Hansen-Schaberg: »Mündige Erinnerungskultur«. In: *Zeitschrift für Museum und Bildung* (2006), H. 65, S. 24–42.

Rezensionen

*Die Verfolgung und Ermordung der euro-
päischen Juden durch das nationalsozialistische
Deutschland 1933–1945.* Bd. 1: *Deutsches
Reich 1933–1937.* Bearb. von Wolf Gruner.
Bd. 2: *Deutsches Reich 1938 – August 1939.*
Bearb. von Susanne Heim. München (R. Ol-
denbourg Verlag) 2008/2009. 811 + 864 S.
*Nie mehr zurück in dieses Land. Augenzeugen
berichten über die Novemberpogrome 1938.*
Hg. von Uta Gerhardt und Thomas Karlauf.
Berlin (Propyläen) 2009. 363 S.

Die sogleich nach der Machtübertragung an
die Nationalsozialisten einsetzenden Terrormaßnahmen des Regimes gegen Juden und
politisch Andersdenkende sind im Grund-
sätzlichen bekannt. Gleichwohl ist die große,
auf 16 Bände geplante Edition (künftig zu
zitieren als VEJ) einer exemplarischen Quel-
lenauswahl zur gesamteuropäischen Situation
nicht überflüssig. Das zeigen die ersten beiden erschienenen Bände, die mit 649 sorgfältig gewählten und eindringlichen Dokumenten die Entwicklung in Deutschland und
Österreich für die Zeitspanne von 1933 bis
zum Beginn des Zweiten Weltkriegs abbilden.
Bemerkenswert ist, dass sie in erheblichem
Umfang aus der Presse und anderen zeitgenössischen Publikationen stammen, so dass
der Terror des nationalsozialistischen Staates
weitgehend öffentlich war, ja wie zahlreiche
Quellen belegen, mit aktiver Unterstützung
oder stillschweigendem Einvernehmen der
Bevölkerung geschah. Einige wenige Texte
zeugen jedoch auch von der hier und da anzu-
treffenden aufrichtigen Empörung und dem
Mut einzelner Zeitgenossen.
Begleitet werden diese Zeugnisse von denen
aus der Scheinrationalität der Administration, deren zügige totalitäre Korrumpierung
in der Regel mit archivalischen Materialien
aus Ministerien und Behörden belegt wird.
Man lese dazu nur das Protokoll einer Minis-
terialbesprechung vom Anfang April 1933
über einen, zu der Zeit allerdings noch nicht
realisierten Gesetzentwurf über die »Stellung
der Juden«, in der hoch bezahlte Beamte
über »biologischen Optimismus«, »gesunde

chirurgische Schnitte«, die Führung von
»Juden-« und »Halbjudenregistern« schwad-
ronierten und in der bereits alle künftigen
Repressionen angesprochen wurden. Die
Brutalität und der Zynismus ähnlicher Be-
sprechungen später, etwa die über »antijüdi-
sche Politik nach dem Pogrom« vom November 1938, lesen sich da nur noch wie normale
bürokratische Routine.
Für die Haltung der Opfer werden neben
Briefen, Tagebüchern etc. häufiger die Unterlagen eines Preisausschreibens der Harvard
University von 1939 herangezogen, das deutsche Flüchtlinge in Europa und den USA
ermunterte, über das Thema »Mein Leben in
Deutschland vor und nach dem 30. Januar
1933« zu schreiben. In der prominenten Tradition der Chicagoer Soziologenschule sollten
diese Berichte das Material für eine umfas-
sendere, jedoch nicht realisierte Studie über
die Wirkungen des Nationalsozialismus auf
die deutsche Gesellschaft bereitstellen.
Immer wieder irritierend ist die Lektüre der
Texte der Verfolgten, weil sie häufig deren
Illusionen über den Charakter des NS-Sys-
tems dokumentieren. Zahlreich sind etwa die
Bittbriefe von Ausgegrenzten, die nicht begreifen konnten, dass sie als Deutsche nicht
mehr dazu gehören sollten, nur weil ein Vorfahre Jude gewesen war. Gleiches gilt für die
ängstliche Zurückhaltung der jüdischen Verbände bereits in der Frühphase des noch keineswegs etablierten Regimes. Eine große Pro-
testaktion jüdischer Organisationen in den
USA mit mehr als eine Million Beteiligter,
davon 250 000 allein in New York im März
1933 gegen die Politik Hitlers beispielsweise
sollte nach dem Wunsch des »Centralvereins
deutscher Staatsbürger jüdischen Glaubens«
in Berlin nicht stattfinden, obwohl solche
amerikanischen Reaktionen bereits erkenn-
bare Wirkungen auf die Handelsbeziehungen
mit Deutschland hatten, wie der deutsche
Botschafter nach Berlin berichtete.
Die Quellenedition versteht sich als Schrift-
denkmal für die ermordeten und vertriebenen
Juden, aber auch als wissenschaftliches Nach-
schlagewerk für Forscher und Lehrer. Beide

Bände enthalten prägnante Einleitungen, der Anmerkungsapparat zu den einzelnen Quellen ist in seiner präzisen Kürze hilfreich, allerdings hätte er im ersten Band hier und da etwas sorgfältiger sein können. Ergänzt wird er von einem Personen-, Institutionen-/Firmen- und Ortsregister. Sinnvoll wäre auch ein – zugegeben schwerer zu erstellendes – Sachregister gewesen, welches den Zugriff auf die unterschiedlichen Aspekte der Verfolgungs- und Terrorpolitik des Systems erleichtert hätte. Die Herausgeber haben aber offenbar gelernt; in Band 2 gibt es wenigstens als »Dokumentenindex« ein solches, wenn auch knappes, einseitiges Stichwortverzeichnis zu den Quellen. Eine für beide Bände im ersten Band gegebene Bibliografie ist allerdings allzu knapp ausgefallen. Wichtige frühe Dokumentationen, beispielsweise das von Vertriebenen aus dem NS-Staat herausgegebene *Schwarzbuch* über die Lage der Juden in Deutschland, Paris 1934, fehlen ebenso wie weiterführende neuere Nachschlagewerke, so etwa das von Werner Röder und Herbert A. Strauss herausgegebene *Biographische Handbuch der deutschsprachigen Emigration nach 1933* (1980/83) oder die von Michael Hepp zusammengestellten Ausbürgerungen deutscher Emigranten 1933 bis 1945 (1985).

Hat der 2. Band die neuen Stufen der Verfolgung, Repressalien, öffentlichen Demütigungen und Sadismen nach dem »Anschluss Österreichs«, nach der Reichspogromnacht 1938 und im Rahmen der Arisierung des Wirtschaftslebens zum thematischen Schwerpunkt, so ist die von Uta Gerhardt und Thomas Karlauf herausgegebene Quellenedition *Nie mehr zurück in dieses Land* ganz auf die Vorgänge des November 1938 konzentriert. Die abgedruckten Augenzeugenberichte stammen alle aus dem Bestand des Preisausschreibens der Harvard University, aus dem sich auch die Sammlung *VEJ* bedient hat; einige Dokumente sind deshalb hier wie dort erschienen (der gesamte Bestand der damals eingegangenen rund 260 Texte ist im Übrigen in den 1990er Jahren an der Universität Oldenburg für ein Forschungsprojekt verfilmt worden; 16 Berichte liegen außerdem als Einzelveröffentlichungen vor). Die Entstehung und Absicht der Edition hier beruht jedoch auf ganz anderen Umständen.

Sie ist bereits kurz nach Einsendeschluss des Preisausschreibens im April 1940 entstanden,

das Manuskript blieb dann jedoch liegen, wie die Herausgeberin in ihrem ausführlichen Nachwort zu dessen Geschichte darlegt. Wie erwähnt ist die Studie, die mit diesem Urmaterial die Wirkungen des Nationalsozialismus auf die deutsche Gesellschaft analysieren wollte, nicht realisiert worden, weil die drei Organisatoren in Harvard, ein Psychologe, ein Historiker und ein Soziologe alsbald andere Wege im Kontext des Kriegseintritts der USA gingen. Der Soziologe Edward Y. Hartshorne, ohnehin die treibende Kraft des Unternehmens – ein hervorragender Deutschland-Kenner, der 1937 eine bis heute wichtige Studie über *The German Universities and National Socialism* vorgelegt und bei seinen letzten Europabesuchen dort in Emigrantenkreisen direkt für das Preisausschreiben geworben hatte – verfolgte das Projekt jedoch weiter. Neben diversen Aufsätzen in Fachzeitschriften und der Tagespresse hatte er aus den eingegangenen Texten bereits 1941 ein Konvolut zusammengestellt, das unter dem Titel »Nazi Madness: November 1938« veröffentlicht werden sollte, um den Amerikanern die Bedrohung durch den Nationalsozialismus vor Augen zu führen.

Hartshornes Berufung in das Office of Strategic Services, dann seine Tätigkeit bei der Psychological Warfare Division in Algerien und Italien, wo er mit Klaus Mann kooperierte, seit Ende des Krieges verantwortlicher Offizier für die Wiedereröffnung und Entnazifizierung der Universitäten in der amerikanischen Besatzungszone Deutschlands, verhinderten dann jedoch diese Veröffentlichung; im Sommer 1946 ist er bei Erlangen einem Mordanschlag zum Opfer gefallen. Ob das Nichterscheinen des Bandes mit Hartshornes Eintritt in den Geheimdienst zu tun hatte, wie die Herausgeberin annimmt, bedarf einer weiteren Prüfung. Dann hätte auch die berühmte Studie Franz L. Neumanns *Behemoth. The Structure and Practice of National Socialism* von 1942, Neuauflage 1944, nicht erscheinen können, da er in jener Zeit Forschungsdirektor im OSS gewesen ist.

Das von der Herausgeberin im Nachlass Hartshorne in den 1990er Jahren entdeckte, aus 34 Beiträgen des Preisausschreibens zusammengestellte Manuskript, das hier um einige überwiegend deskriptive Texte gekürzt publiziert wird, reflektiert also die Absichten und Ziele eines exzellenten amerikanischen

Deutschlandexperten, der den zeitgenössischen Isolationismus der USA mit seinen hypertrophen America-First-Obesessionen aufzuklären und zu überwinden suchte. Die Augenzeugenberichte der Pogrome aus erster Hand sollten Hitler und den Nationalsozialismus als Feind der Zivilisation zu erkennen geben und deutlich machen, welche Bedrohung das auch für Amerika haben würde. Dem heutigen Leser vermitteln die Berichte, so der Hinweis auch der Herausgeber, die unheimliche Gewissheit, dass das Jahrhunderte alte jüdische Leben in Deutschland mit dem 10. November 1938 für immer sein Ende gefunden habe, einige Jahren vor der tatsächlichen mörderischen Vernichtung.

Claus-Dieter Krohn

Simone Ladwig-Winters: *Ernst Fraenkel. Ein politisches Leben.* Frankfurt/M./New York (Campus Verlag) 2009. 447 S.

Ernst Fraenkel gehört zu den profilierten Mitbegründern der Politikwissenschaft in Deutschland nach 1945. Sein wissenschaftliches Werk, von dem hier nur *Zur Soziologie der Klassenjustiz* (1927), die berühmte Studie über das nationalsozialistische Herrschaftssystem *The Dual State* (1941) und die kanonische Analyse *Deutschland und die westlichen Demokratien* von Anfang der 1960er Jahre exemplarisch genannt seien, ist ausführlich erforscht und rezipiert worden. Die vorliegende Studie bietet dazu jetzt erstmalig Fraenkels Biografie mit ihren unterschiedlichen Lebensphasen und existenziellen Brüchen. In der Weimarer Republik zählte Fraenkel – Schüler Hugo Sinzheimers, dem Schöpfer des modernen Arbeitsrechts – zu den prominenten Gewerkschaftsjuristen in einer Sozietät mit Franz L. Neumann, der später mit seinem *Behemoth* die komplementäre Studie zum *Doppelstaat* vorlegen sollte; zeitweilig gehörte dazu auch der Referendar Otto Kirchheimer, der mit seinen Arbeiten über das Verhältnis von Strafrechtsanwendung und herrschenden Sozialverhältnissen in den USA nicht weniger prominent wurde.

Als Frontkämpfer des Ersten Weltkrieges verlor Fraenkel seine Zulassung als Anwalt nicht sofort mit Beginn der NS-Herrschaft, so be-

gann er sogleich neben seinem Beruf mit der Untergrund- und Widerstandstätigkeit im Umfeld des Internationalen Sozialistischen Kampfbundes (ISK). Kurz vor dem endgültigen Verlust der Zulassung gelangen ihm und seiner Frau wenige Wochen vor der Reichspogromnacht im Rahmen der normalen Einreise-Quote die Flucht in die USA. Dort begann er zwar ein neues Studium des amerikanischen Rechts, promovierte 1941 auch ein zweites Mal als Jurist, aber dennoch verlagerten sich bei ihm – wie bei vielen anderen emigrierten Juristen – die Interessen und Forschungsperspektiven. Begünstigt durch Untersuchungsaufträge und seine Tätigkeit in der Washingtoner Administration wandte er sich politischen und ökonomischen Ordnungsfragen zu, insbesondere für die demokratische Neugestaltung Europas. Eine Rückkehr nach Deutschland lehnte er 1945 allerdings ab, sondern ging als Rechtsberater nach Korea, wo er bis zum Ausbruch des Krieges dort 1950 blieb.

Erste Vortragsreisen nach Deutschland im Auftrag der amerikanischen Besatzungsbehörden waren zunächst nicht als Vorbereitung auf eine spätere Remigration gedacht. Angesichts des dringenden Bedarfs an Wissenschaftlern für den Aufbau der neuen Disziplin »Politikwissenschaft« als Instrument der Reorientierungspolitik und angestoßen von den Amerikanern an der von ihr finanzierten Freien Universität in Berlin, änderte sich das aber schnell. Seit 1953 wirkte dort der einst als Sozialist aus Deutschland vertriebene Jurist und als amerikanischer Staatsbürger zurückgekehrte Anhänger der westlichen Demokratie. Fraenkels pluralismustheoretisches Konzept, d. h. die Anerkennung der Autonomie von Gruppen und unterschiedlichen sozialen Lebensformen als Strukturelemente der Demokratie stand in auffallendem Gegensatz zu den großen Systemanalysen in deutscher hegelianischer Tradition und sollte nicht von ungefähr Ende der 1960er Jahre zu erheblichen Konflikten mit der studentischen Protestbewegung führen.

Einen umfassenderen Nachlass Fraenkels gibt es erst für die Jahre seiner Rückkehr, dennoch gelingt der Autorin eine dichte Rekonstruktion der Einzelheiten seines Lebens, über die er sich selbst immer sehr zurückhaltend geäußert hat. An wenigen Stellen hätte sich der Leser eine intensivere Präsentation von

Fraenkels wissenschaftlicher Arbeit im sozio-
politischen Kontext gewünscht, die Bekanntheit seiner Schlüsselstudien und seine inzwischen breite Rezeption als »Klassiker« der
Politikwissenschaft lassen darüber aber hin-
wegschauen. Problematisch allerdings sind
Nachlässigkeiten, die gewisse Unsicherheiten
der Autorin im Umgang mit dem historischen
Material andeuten oder zweifeln lassen, ob
sie einige der erwähnten Titel selbst in der
Hand gehalten hat. Um nur einige Beispiele
zu nennen: Das Berliner Universitätsgesetz
von 1969 verwechselt sie mit dem erst 1978
verabschiedeten Hochschulrahmengesetz, die
von dem Theologen Paul Tillich und anderen gegründete Emigranten-Vereinigung hieß
»Council« und nicht »Committee for a Democratic Germany«, eine erwähnte Zeitschrift
»Social Review« soll wohl »Social Research«
heißen, Herbert Marcuse war nie Nachfolger
Franz L. Neumanns auf dem politikwissen-
schaftlichen Lehrstuhl an der Columbia University in New York, und Otto Kirchheimers
frühe Attacke gegen den wertneutralen For-
malismus der Weimarer Verfassung unter
dem Titel *Weimar – und was dann?* ist 1930
als Kampfbroschüre in der »Jungsozialisti-
schen Schriftenreihe« und nicht als harmloser
Aufsatz irgendwo versteckt erschienen.

Claus-Dieter Krohn

Kay Weniger: *Zwischen Bühne und Baracke.
Lexikon der verfolgten Theater-, Film- und
Musikkünstler 1933–1945.* Mit einem Ge-
leitwort von Paul Spiegel. Berlin (Metropol
Verlag) 2008. 448 S.

Sein Lexikon sei die »erste umfassende Gesamtübersicht ihrer Art weltweit«, behauptet
Weniger (S. 9), denn er will darin alle diejenigen Künstler »von Bühne, Leinwand,
Rundfunk, Fernsehen und Musik« erfassen,
»die zwischen dem 30. Januar 1933 und dem
8. Mai 1945 im Deutschen Reich sowie in den
(...) eroberten bzw. okkupierten Gebieten
unter nationalsozialistischen Gewalt- und
Terrormaßnahmen zu leiden hatten«, wie er
im Vorwort erläutert. Als Verfolgung gilt für
Weniger, wenn Künstler »beträchtlichen Ar-
beitsbeschränkungen« unterlagen und wenn
sie »bespitzelt, geschlagen, von Kollegen de-

nunziert und infolgedessen ins Zuchthaus
geworfen oder in Konzentrationslager deportiert« (S. 9) wurden.
Wenn dieser vom Autor formulierte Anspruch zuträfe, würde man gerne dem verstorbenen Paul Spiegel zustimmen, der in
seinem Geleitwort das Lexikon als »Nach-
schlagewerk von unschätzbarem Wert« bezeichnet (S. 7). Aber leider hält das Lexikon
nicht, was Titel und einleitende Sätze versprechen. Zwar hat Weniger die Biografien
von ca. 500 Nazi-Verfolgten recherchiert,
doch wird bei der weit gefassten Definition
des Personenkreises sofort deutlich, dass dies
nur ein Bruchteil der verfolgten Theater-,
Film- und Musikkünstler sein kann; allein im
Handbuch des deutschsprachigen Exiltheaters
sind schon ca. 4000 Theaterkünstler erfasst,
die Repressalien ausgesetzt waren.[1] Denn
konsequenter Weise müsste auch Weniger
»die vielen emigrierten jüdisch-deutschen
Künstler« einbeziehen, die wegen Berufs- und
Arbeitsverbots seit 1933 Deutschland verlassen mussten – diese wurden jedoch nicht
berücksichtigt, wie lediglich aus dem Geleitwort von Paul Spiegel hervorgeht, da »es den
Umfang des Werks gesprengt hätte« (S. 7) –
eine etwas magere Erklärung angesichts des
Anspruchs einer »umfassenden Gesamtübersicht«. Diese vom Autor nicht erwähnte und
auch nicht konsequent eingehaltene Ein-
schränkung ist gleich aus mehreren Gründen
problematisch:
1. Die von Weniger vorangestellte Definition
trifft auf nahezu alle exilierten Film- und Büh-
nenkünstler zu.
2. Entgegen der Information in Spiegels Geleitwort hat Weniger dennoch eine ganze Reihe von Exilanten aufgenommen, z. B. Künstler wie Kurt Gerron und Max Ehrlich, die in
die Niederlande geflohen waren, dort nach
der Besetzung im KZ Westerbork inhaftiert
wurden und schließlich über Theresienstadt
nach Auschwitz verschleppt und dort vergast
wurden. Weiter berücksichtigt er z. B. Wolfgang Langhoff, Leon Askin und Jakob Fleck,
die im Gefängnis oder KZ inhaftiert wurden
und denen erst nach der Haft die Flucht gelang. Bei diesen Personen ist das Auswahlkri-
terium und die Aufnahme in das Lexikon verständlich, aber weshalb Weniger z. B. Gitta
Alpar, Ernst Josef Aufricht, Hertha Thiele,
Ludwig Berger, Hans Hinrich, Bobby Todd,
Franz Wachsmann, Gabriel Levy, Evelyn Holt

berücksichtigt oder Helmut Dantine, der überhaupt erst im Exil zum Film fand und mithin gar nicht zum Kreis verfolgter Film- oder Theaterkünstler gehört, ist schlechterdings nicht nachvollziehbar, zumal der Autor seine Auswahlkriterien nicht weiter offenlegt. 3. Auch für exilierte Künstler, die den Nazis nicht später noch in die Hände fielen, bedeutete das Exil keineswegs das Ende der Verfolgung. Vielmehr wurden auch sie im Ausland von den Nazis drangsaliert, die z. B. in Österreich und Ungarn ein Arbeitsverbot für jüdische Filmkünstler durchsetzten und mit Hilfe der Botschaften und Konsulate überall versuchten, die mutige antifaschistische Vortragstätigkeit Ernst Tollers zu verhindern, um nur ein bekanntes Beispiel zu nennen.

Das Lexikon bietet also nur eine Auswahl der verfolgten Künstler, wobei die Kriterien der Auswahl unklar bleiben, wie auch das Vorwort verdeutlicht, in dem Weniger einen kursorischen Überblick der NS-Verfolgung gibt. Er stellt darin unter anderem knapp die Schicksale von Reinhold Schünzel, Horst Caspar und Joseph Schmidt dar, die im Lexikon-Teil dann jedoch nicht mehr behandelt werden, was schon etwas befremdet.

Der lexikalische Teil ist in drei Abschnitte gegliedert, was die Benutzung erschwert, zumal auch das Namensregister dreigeteilt ist: Der umfangreichste 1. Teil ist überschrieben »Gefeiert – geächtet – ermordet« (S. 31–378) und enthält Biografien von Künstlern, »die im Mittelpunkt schwerer bis schwerster nationalsozialistischer Verfolgung« standen, der 2. Teil »NS-Opfer – kurz belichtet« (S. 379–422) erfasst »Weitere Bühnen,- Musik- und Filmkünstler, die in Lager deportiert, vom nationalsozialistischen Staat aus politischen oder ›rassischen‹ Gründen mit Berufsverbot belegt, aus ihren Ämtern entfernt, inhaftiert oder hingerichtet wurden, bzw. die sich dem nazistischen Terror durch Selbstmord entzogen« (S. 379). Schon in dieser allgemeinen Beschreibung wird der Unterschied der beiden Teile nicht ersichtlich, und man fragt sich, wieso etwa die im 1. Teil behandelten Antje Weisgerber, Harry Hindemith oder Ursula Grabley »im Mittelpunkt schwerer bis schwerster (…) Verfolgung« gestanden haben sollen, da sie doch alle im NS-Staat auftreten konnten. Das gilt auch z. B. für die ebenfalls porträtierten Regisseure Boleslaw Barlog und Karl-Heinz Martin, die zwar zeitweise mit

Arbeitsverbot belegt waren, aber weiter beim Film oder im Theater arbeiten konnten.

Auch bei den im 3. und letzten Teil »Im Räderwerk des Regimes« (S. 423–437) geschilderten Einzelfällen sind die Kriterien für die Separierung in einem eigenen Abschnitt nicht ersichtlich und die hierher gesetzte Biografie eines »Täters« (S. 423) ist schlicht fehl am Platz. Da hilft weder die moralische Empörung des Autors noch sein Hinweis, dass dieser bisher nicht »biografiert« – eine Lieblingswortschöpfung Wenigers – worden sei. Wozu auch, fragt man sich nach der Lektüre der zwei Seiten über diese unbedeutende Figur, deren Name deswegen hier nicht erwähnt werden muss.

Sofern man überhaupt bei einem reinen Personenlexikon eine Aufteilung vornehmen will, wäre allenfalls eine Zweiteilung nach den Kriterien Gefängnis- und KZ-Haft einerseits und Berufs- und partielles Auftrittsverbot andererseits sinnvoll gewesen. Bei näherer Durchsicht der Artikel wird die Frage nach den Kriterien des Autors für die Aufnahme der Personen noch drängender. Denn die bereits erwähnte Berücksichtigung von Helmut Dantine ist kein Einzelfall, vielmehr hat Weniger eine ganze Anzahl Nazi-Verfolgter aufgenommen, die erst nach 1945 künstlerisch tätig wurden. So findet man z. B. Artikel über den 1937 geborenen Jurek Becker, der 1939 geborenen Veruschka von Lehndorff, den 1933 geborenen Roman Polanski, der 1937 geborenen Ingrid Pitt, den 1932 geborenen Branko Lustig oder den als 20-Jährigen nach Palästina exilierten späteren Fernsehregisseur Karl Fruchtmann, die alle als Kinder oder Jugendliche in die Verfolgungsmaschinerie der Nazis gerieten, aber natürlich erst viel später künstlerisch tätig wurden. Auch Ephraim Kishon, Jonas Mekas, Arnošt Lustig, Arthur Brauner, Falk Harnack und Jorge Semprun – um nur einige zu nennen – werden behandelt, die zwar ebenfalls Nazi-Verfolgte waren – aber im »Dritten Reich« nicht künstlerisch tätig waren und daher ebenfalls nicht zum Personenkreis gehören, den Weniger eigentlich behandeln will. Sowohl der Titel des Lexikons als auch die einleitende Definition des Autors erweisen sich somit als irreführend, das Lexikon entpuppt sich vielmehr als willkürliche Auswahl von Beiträgen über Naziopfer, die teils vor und teils nach 1945 künstlerisch tätig waren.

Die zwischen 1933 und 1945 verfolgten Künstler aus dem Bereich Darstellende Kunst sind bereits weitgehend erfasst; die ermordeten Schauspieler z. B. in Ulrich Liebes *Schauspieler als Naziopfer*[2], die Theater- und teilweise auch die Film- und Musikkünstler in den Lexikonbänden des schon erwähnten *Handbuchs des deutschen Exiltheaters*[3] und dem *International Dictionary of Central European Emigrés 1933–1945*[4], so dass Weniger sich auf umfangreiche Vorarbeiten hätte stützen können. Doch erwähnt er in seinem Auswahl-Literaturverzeichnis (S. 438–441) neben anderen einschlägigen Lexika lediglich Liebes Buch, die beiden anderen für dieses Thema einschlägigen Lexika merkwürdigerweise nicht. Einige Vergleiche legen den Schluss nahe, dass Weniger diese beiden umfangreichen Standardwerke wohl nicht benutzt hat, so fehlt z. B. ein Beitrag über den in Auschwitz ermordeten Dramaturgen und Regisseur Friedrich Rosenthal, der in beiden genannten Lexika verzeichnet ist. Stichproben ergeben, dass bei Weniger noch weitere Theater- und Filmschaffende fehlen, die im NS-Staat Berufs- oder Auftrittsverbot hatten, z. B. Raimund Gessner, Guido Gialdini (eig. Curt Abramowitz), Hermann Röbbeling und William Western, um nur einige zu nennen. Damit wird klar, dass der Anspruch einer »umfassenden Gesamtübersicht« auch dann nicht eingelöst wird, wenn man die weitgehende Ausgrenzung der Exilanten unberücksichtigt lässt.

Für die einzelnen Beiträge sind keinerlei Literatur- und Quellenhinweise gegeben, was nicht lexikalischem Standard entspricht und den wissenschaftlichen Gebrauch des Lexikons einschränkt. Die von Weniger benutzten Quellen und Archive listet er ebenso wie die benutzte Literatur nur summarisch am Schluss auf und spezifiziert bei den Archiven auch nicht die Bestände. Dagegen könnte man auf die teils seitenlangen Filmografien durchaus verzichten, weil auch sie oft nur eine Auswahl bieten und angesichts der in Internetportalen wie »Filmportal« oder »IMDB« leicht zugänglichen filmografischen Daten heutzutage überflüssig sind. Es sei denn, sie vervollständigten oder korrigierten die erstellten Filmografien, was aber hier nicht der Fall ist.

Obwohl Weniger eingangs betont, er habe in den Beiträgen »besonderes Augenmerk (…)

auf die Leidensjahre während der NS-Herrschaft gelegt« (S. 27), nimmt die Schilderung der Tätigkeit nach 1945 in vielen Biografien einen umfangreichen, oft sogar den größten Teil ein, zumal bei denjenigen Künstlern, die vor 1945 nicht künstlerisch tätig waren. Das widerspricht dem eigentlichen Sinn dieses Lexikons und ist in vielen Fällen überflüssig, weil zumeist in anderen einschlägigen Lexika ausführlicher und differenzierter nachzulesen.

Bei Stichproben stellt sich im Übrigen heraus, dass zahlreiche Artikel Fehler enthalten, was bei einem solchen Werk sicher nicht ganz vermeidbar ist. Aber Arthur Schnitzlers Schauspiel *Liebelei* als »Roman« (S. 33) zu kennzeichnen, zeugt von einiger Unkenntnis und hätte durch ein sorgfältigeres Lektorat vermieden werden können. Auch den Vornamen des Gründers der »Jungen Bühne« Moriz Seeler sollte man nicht mehr falsch mit »tz« schreiben, weil Seeler bereits korrekt lexikalisch erfasst ist und es zudem eine Biografie[5] über ihn gibt, die freilich im Literaturverzeichnis nicht aufgeführt ist und die Weniger anscheinend nicht benutzt hat. Gleich mehrere Fehler und Versäumnisse enthält der Beitrag über den nach Frankreich exilierten Drehbuchautor Curt Alexander, dessen bürgerlicher Name Kurt Rosenbaum war, was Weniger unbekannt ist, der auch über Alexanders Tod nur berichtet, er sei »vermutlich in ein deutsches Konzentrationslager deportiert worden, wo sich seine Spur verliert« (S. 34). Trotz seiner »fünfjährigen Forschungsarbeit« (Klappentext) ist ihm offenbar entgangen, dass Alexander aus Drancy in Frankreich am 27.3.1944 nach Auschwitz deportiert wurde und dass er am 4.4.1945 im KZ Flossenbürg starb.[6]

Auch die Darstellung der Verfolgung in den einzelnen Beiträgen erscheint recht willkürlich, obschon Weniger betont, dass er darauf einen besonderen Akzent legt. So erfährt man in den Beiträgen über Paul Barnay und Walter Wicclair (eigentlich Walter Weinlaub) nicht, dass sie 1933 von SA-Trupps misshandelt wurden, jener in Breslau, dieser als Theaterregisseur und -leiter in seinem Gerhart-Hauptmann-Theater in Kreuzburg; Letzterem gelang erst nach der Genesung von schwerer Verletzung die Flucht.[7] In den Porträts von Richard Tauber und Franz Wachsmann hingegen werden die Überfälle von

Nazi-Schlägern auf die beiden Künstler dargestellt. Warum solche Unterschiede gemacht werden, bleibt unerklärt.

Fazit: das Lexikon *Zwischen Bühne und Baracke* ist weder umfassend noch eine Gesamtübersicht, die Auswahlkriterien sind willkürlich und es wird lediglich ein Bruchteil der unter dem Nazi-Regime verfolgten Theater-Film-Musikschaffenden porträtiert. Unverständlich ist, dass zahlreiche Nazi-Verfolgte aufgenommen wurden, die zwischen 1933–1945 noch gar nicht künstlerisch tätig waren. Die einzelnen Beiträge erweisen sich bei Stichproben als fehlerhaft und unvollständig, wissenschaftlich exakte Quellenangaben und Literaturhinweise fehlen. Der Autor hat der guten Sache, der er sich verschrieben hat, leider keinen guten Dienst erwiesen.

Helmut G. Asper

1 *Handbuch des deutschsprachigen Exiltheaters 1933–1945.* Hg. v. Frithjof Trapp u. a. Bd. 2: *Biographisches Lexikon der Theaterkünstler.* T. 1: A–K, T. 2: L.–Z. München 1999. — 2 Ulrich Liebe: *Verehrt, verfolgt, vergessen. Schauspieler als Naziopfer.* Weinheim – Basel 1992. 2. Auflage 2005. — 3 Vgl. Anm. 1. — 4 *International Dictionary of Central European Emigrés 1933–1945.* Vol. II: *The Arts, Sciences and Literature.* Part 1: A–K, Part 2: L–Z. Hg. Herbert A. Strauss, Werner Röder. München u. a. 1983. — 5 Günter Elbin: *Am Sonntag in die Matinee. Moriz Seeler und die Junge Bühne. Eine Spurensuche.* Mannheim 1998. — 6 *Gedenkbuch Berlins der jüdischen Opfer des Nationalsozialismus.* Hg. v. Zentralinstitut für sozialwissenschaftliche Forschung [der] Freien Universität Berlin. Berlin 1995, S. 1047. — 7 *Biographisches Lexikon der Theaterkünstler,* vgl. Anm. 1.

Ruth Werfel (Hg.): *Gehetzt. Südfrankreich 1940. Deutsche Literaten im Exil.* Verlag Neue Zürcher Zeitung, Zürich. Lizenzausgabe für Deutschland und Österreich: München (Wilhelm Fink Verlag) 2008, 231 S.

Auf der geografischen Karte des Exils ist das kleine Fischerdorf Sanary-sur-Mer längst verortet. Gleich mehrere Veröffentlichungen unterschiedlichen Niveaus widmeten sich Mitte der 1990er Jahre ausschließlich jenem Ort, den Ludwig Marcuse humorvoll, übertrieben oder verbittert einst als »Hauptstadt der deutschen Literatur« bezeichnete. Eine 1987 im Hafen Sanarys enthüllte Gedenktafel nennt die Namen der von den National-

sozialisten nach Frankreich geflohenen deutschen und österreichischen Autoren; ein Who's who emigrierter Schriftsteller von Bert Brecht über die Manns bis zu Stefan Zweig. Im *Aufbau* in New York, im bundesdeutschen Feuilleton, ja selbst im überregionalen Reiseteil fanden sich alsbald Artikel zum »stillen Refugium« am Mittelmeer, das den Dichter-Frauen von Sanary, jenem Badeort, der deutschen Exil-Autoren Zuflucht bot. Die Stadt selbst mochte der gesteigerten Aufmerksamkeit nicht nachstehen und veröffentlichte 2004 eine dreisprachige Broschüre mit dem Titel *Sur le pas des Allemands et des Autrichines en exil à Sanary, 1933–1945,* die neben zahlreichen Fotos und Dokumenten mit Lageplänen der Wohnorte der emigrierten Autoren aufwartet.

Nach einer ersten (Wander-)Ausstellung zu Sanary, zusammengestellt aus Archivalien und Nachlässen des Literaturarchivs Monacensia in München, entstand in der Schweiz eine weitere Präsentation, die zuerst in der Zentralbibliothek Zürich, danach in der Universitätsbibliothek Basel, zuletzt im Schloss Reinbek bei Hamburg gezeigt wurde. Unter dem Titel *Gehetzt. Deutsche Literaten im Exil. Südfrankreich 1940* erweiterte die Kuratorin, die Kulturjournalistin Ruth Werfel, die Perspektive über Sanary hinaus, thematisiert in Wort und Bild das »Schicksal« deutschsprachiger Autoren im französischen Exil. Auf den parallel zur Ausstellung erschienenen, gleichnamigen Begleitband sei an dieser Stelle hingewiesen. In der Einleitung befassen sich Michel Cullin und Barbara Vormeier mit der Situation des deutschsprachigen Exils in Frankreich 1940 und die Lage der Ausländer, Juden und Emigranten in Vichy-Frankreich. Heinke Wunderlich, selbst Mitherausgeberin eines lobenswerten Buches zu Sanary-sur-Mer, befasst sich mit »Literaten in Frankreich auf der Flucht«. Doris Obschernitzki steuert einen Beitrag zu dem berühmt-berüchtigten Internierungslager »Les Milles« bei. Renée Dray-Bensousan, Patrik von zur Mühlen und Bernd Witte beschäftigen sich mit Hilfsorganisationen in Vichy-Frankreich, dem Fluchtwegen über die Pyrenäen, dem Exil und Tod Walter Benjamins. Auf zwei weitere Beiträge sei besonders hingewiesen: auf Martin Dreyfus' Text zu der für ins Exil getriebene Autoren existenziellen Frage »Wer wird uns verlegen?« sowie Claudia Öhlschlägers Aufsatz

»Unheimliche Heimat«, die nicht nur im Untertitel »Literarische Positionen und Reflexionen zur Psychologie des Exils« nachspürt. Kurzbiografien im Buch erwähnter Autoren beschließen die Publikation. Fachwissenschaftler mögen einwenden, dass all dies doch längst publiziert und diskutiert sei. Doch jenseits der *happy few* der Eingeweihten gelten immer noch die Prinzipien der Aufklärung und Vermittlung. In das Lob für das durchgehend, teilweise farbig illustrierte Begleitbuch mischt sich allerdings ein Wermutstropfen. Für das Buch wurde das falsche Papier gewählt, ein handwerklicher, aber folgenschwerer Fehler: die schwarz-weiß Fotos verlieren an Brillanz und »saufen« im schwarz-weiß Kontrast ab.

Wilfried Weinke

Helen Adkins: *Erwin Blumenfeld. In Wahrheit war ich nur ein Berliner. Dada Montagen 1916–1933.* Ostfildern (Hatje Cantz Verlag) 2008. 223 S.; Marianne Feilchenfeldt Breslauer: *Bilder meines Lebens. Erinnerungen.* Wädenswil (Nimbus Verlag) 2009. 231 S.; Kathrin Beer, Christina Feilchenfeldt (Hg.) in Zusammenarbeit mit der Fotostiftung Schweiz: *Marianne Breslauer. Fotografien.* Wädenswil (Nimbus Verlag) 2010. 215 S.

Wer sich ein wenig für Modefotografie interessiert, wird beim Namen Erwin Blumenfeld (1897–1969) leuchtende Augen bekommen. Er zählte zu den berühmtesten und bestbezahltesten Modefotografen der 1950er und 1960er Jahre. Im Bildgedächtnis tauchen sofort die Aufnahmen von Mannequins auf dem Pariser Eifelturm auf. Blumenfelds Fotos erschienen sehr bald auf den Titelseiten von *Vogue, Cosmopolitan* oder *Harpers Bazaar.* Immer wieder hat man Blumenfelds Experimentierfreude, seine Ausleuchtungen, Doppelbelichtungen, die Montagetechnik gewürdigt und von seiner »Dada-Fantasie« gesprochen. Doch erst seit Kurzem, mit der von Helen Adkins an der Hochschule für Bildende Künste in Braunschweig abgeschlossenen Dissertation, die nun in gekürzter, überarbeiteter, reich illustrierter Fassung vorliegt, kann Blumenfeld als maßgeblicher Dadaist und Colla-

gekünstler der 1920er Jahre gewürdigt werden. Adkins, die mit Blumenfelds Enkelin zur Schule ging und so dessen Werk unmittelbar kennenlernen konnte, liefert mit 50 Collagen sowie 30 ebenfalls montierten Fotos einen komplexen Blick auf Blumenfelds Frühwerk. Der gebürtige Berliner hatte schon im Alter von 15 Jahren mit seinen Freunden Walter Mehring und Paul Citroen einen Lesezirkel gegründet, den sie »Klicke« nannten. Schon während der Freundschaft zu Citroens Cousine Lena, seiner späteren Frau, entstanden erste Montagen. Freunde und Bekannte sahen diese frühen Arbeiten, für die Öffentlichkeit waren sie nicht gedacht, zu Lebzeiten ergo auch nicht präsentiert. Sie waren, wie Blumenfelds Witwe später sagte, »ein Weg, seinen Gefühlen Ausdruck zu verleihen«. Seit Kriegsende in Amsterdam lebend, nutzte er für seine Collagen jegliches Material, Zeitungsausschnitte, Schlagzeilen, selbst das Briefpapier seiner in Amsterdam gegründeten »Fox Leather Company«, einem Laden für Damenhandtaschen.

Neben Themen wie dem Verhältnis von Mann und Frau, der Erotik, Helden, der Metropole stand die kritische Auseinandersetzung mit deutsch-nationalen Strömungen, den wilhelminischen Großmacht-Ansprüchen und dem erstarkenden Nationalsozialismus. Sie fanden ihren bildhaften Ausdruck in Blumenfelds unmittelbar um die Machtübertragung an Hitler entstandenen Fotomontage »Hitlerfresse«, in der er durch Doppelbelichtung Hitlers Kopf und einen Totenschädel direkt übereinander platzierte. Eine Montage, die nach Blumenfelds eigenen Angaben 1942 millionenfach von der US-Army über Deutschland abgeworfen worden war.

Blumenfeld, der seit 1939 in Paris lebte, gelang nach mehrfacher Internierung und abenteuerlicher Flucht im Mai 1941 gemeinsam mit seiner Familie die Flucht in die USA, wo er als Modefotograf eine brillante Karriere begann.

Neben die kurz vor seinem Tod fertiggestellten, vor Sarkasmus und Sprachwitz strotzenden Erinnerungen, denen er den Titel *Einbildungsroman* gab, gesellt sich nunmehr mit Helen Adkins Monografie eine wichtige Ergänzung, die dem interessierten Leser das Frühwerk eines Vielfachbegabten in typografisch-aufwändiger wie liebevoller Gestaltung vorstellt.

Für die ebenfalls in Berlin geborene Fotografin und spätere Kunsthändlerin Marianne Breslauer (1909–2001) war ihr Freund Erwin Blumenfeld ein »ideenreicher und lebenslustiger Mann«. So schildert sie ihn in ihren anlässlich ihres 100. Geburtstages veröffentlichten Erinnerungen.

Breslauer, in einer kunstinteressierten Familie aufgewachsen, zählte zu den aufstrebenden Fotojournalistinnen der Weimarer Republik. Im Unterschied zu anderen Kolleginnen, die auf autodidaktischem Wege ihren späteren Beruf erlernten, durchlief Marianne Breslauer eine Ausbildung in der Abteilung für Bildnisfotografie der *Photographischen Anstalt* des renommierten Lette-Vereins in Berlin. Ein Aufenthalt in Paris bot ihr zudem die Möglichkeit, mit dem Fotografen und Künstler Man Ray zu arbeiten. Dieser ermutigte sie, ihre spezifische Eigenart des Fotografierens weiterzuentwickeln. Fotografien, die sie 1929 in der französischen Hauptstadt erstellte, erschienen z. B. in der illustrierten Beilage der *Frankfurter Zeitung*. In Berlin arbeitete sie seit Frühjahr 1930 im Fotoatelier des Ullstein Verlages, ihre Fotos wurden in Magazinen und Zeitungsbeilagen des Verlages, wie *Die Dame* oder *Der Welt-Spiegel* gedruckt. Daneben entstanden Fotoreportagen, so von einer gemeinsam mit der Schriftstellerin Annemarie Schwarzenbach durchgeführten Reise nach Spanien.

In Berlin lernte sie ihren späteren Mann, den Verleger und Kunsthändler Walter Feilchenfeldt (1894–1953) kennen. Während er angesichts des Kulturvandalismus der Nationalsozialisten Deutschland schon früh verließ und als internationaler Kunsthändler von Amsterdam aus agierte, blieb Marianne Breslauer noch bis 1936 in Berlin. Aber als sie, wie sie schreibt, durch Hitler zu einem »Nicht-Arier« gestempelt wurde, nicht mehr publizieren konnte, emigrierte auch sie. Wie Marianne Breslauer wiederholt betonte, war sie »regulär aus Berlin abgereist«. Im Mai 1936 heiratete sie Walter Feilchenfeldt. Zwar beteiligte sie sich noch im gleichen Jahr an einer Fotoausstellung in Paris, doch endete ihre Arbeit als Fotografin in der Emigration.
Ihre im Frühjahr 2010 von der Fotostiftung Schweiz in Winterthur, in der zweiten Jahreshälfte in der Berlinischen Galerie gezeigten Fotografien dokumentieren ihre nur eine Dekade umfassende Karriere als Fotografin.

Die in den Ausstellungen gezeigten wie im Katalog prächtig reproduzierten Fotografien unterstreichen ihre Professionalität, ihren meisterhaften Blick auf Unspektakuläres, Unscheinbares. Ihr Interesse galt dem Alltag, ihr Augenmerk richtete sich, wie sie rückblickend schrieb, auf »die unwichtige, die übersehene, von der großen Masse unbeachtete Realität.«

Marianne Breslauers jetzt der Öffentlichkeit zugänglichen Erinnerungen gestatten den Blick auf eine hochinteressante Frau, die durch ihren Mann mit dem internationalen Kunsthandel in Berührung kam. Die von ihm in Zürich 1947 gegründete Kunsthandlung konnte sie nach seinem Tod erfolgreich weiterführen. Rückblickend bekennt sie ihre Naivität, die Unter- und Fehleinschätzung der nationalsozialistischen Machtansprüche und registriert erstaunt, dass sie trotz aller Widrigkeiten der Zeitläufte »auf wundersame Weise verschont« geblieben ist. Bei aller Sympathie für die flüssige, anekdotische Erzählweise, in deren Verlauf der Leser unzähligen namhaften Personen der Zeitgeschichte begegnet, vermisst man doch genauere Auskünfte und Bemerkungen zu jenem Thema, das seit zehn Jahren immer wieder zumindest das bundesdeutsche Feuilleton, wenn nicht die Öffentlichkeit beschäftigt: dem Kunstraub der Nationalsozialisten.

Wilfried Weinke

Thomas Wheatland: *The Frankfurt School in Exile.* Minneapolis – London (University of Minnesota Press) 2009. 415 S.

In den USA könne man von einer »Frankfurt School industry« sprechen, meint der Autor und versucht, den Ursachen dieses Booms nachzugehen. Seine Geschichte beginnt mit der Aufnahme des aus Frankfurt am Main geflohenen Instituts für Sozialforschung 1934 an der Columbia University in New York und reicht bis zur Rezeption der Kritischen Theorie durch die Studentenbewegung der 1960er Jahre. Auffallend sei, dass die Wirksamkeit des Instituts in seiner direkten Emigrationsphase bis zur Rückkehr der Kerngruppe um Max Horkheimer 1949/50 nur von begrenzter Reichweite gewesen ist und deshalb 25 Jahre später Herbert Marcuse zunächst nicht als deren Repräsentant wahrgenommen werden konnte, sondern als einsamer »Guru« autochthoner Botschaften. Erst als seine kanonischen Texte über den »eindimensionalen Menschen« oder die »repressive Toleranz« in der modernen verwalteten Welt von der von ihm kritisierten Kulturindustrie geräuschlos aufgesogen und auch die Neue Linke zerfallen war, habe eine neue akademische Generation nach den Gründen für die Wirkungslosigkeit seiner Analysen und Strategien der »großen Weigerung« zu fragen begonnen und dabei gewahrte man auch den genealogischen Kontext des Marcuse-Denkens. Auftakt dafür war das Erscheinen von Martin Jays erster umfassender Monografie der Frankfurter Schule, die 1973 unter dem Titel *Dialectical Imagination* erschien. Für den Verfasser ist dabei merkwürdig, dass die älteren intellektuellen Größen der amerikanischen Sozialwissenschaftler, wie etwa Daniel Bell oder Edward Shils, die als junge Gelehrte an den Diskussionen der »New York Intellectuals« in den 1930er/40er Jahren teilgenommen hatten, sich bei der Neu-Rezeption der Kritischen Theorie 40 Jahre später weitgehend zurückgehalten haben.

Von Interesse soll hier allerdings nur die Frühgeschichte des Horkheimer-Kreises in New York sein. Was der Autor dazu institutionen-, personen- und akkulturationsgeschichtlich ausbreitet, ist weitgehend bekannt. Wo er darüber hinaus geht, etwa beim Versuch, die Motive der Columbia University für die Aufnahme des in Deutschland marxistisch profilierten Instituts zu erklären, bleibt vieles mangels eindeutiger Belege vage und hypothetisch. Aber auch da, wo es möglich gewesen ist, hätte sich der Leser gelegentlich gewünscht, auf die für den genannten Sachverhalt vorhandene Literatur hingewiesen zu werden; Befunde bleiben so häufig auf der Behauptungsebene.

Das Verdienst des Buches aber ist, zumal für die deutschen Leser, dass es die Forschungen des Instituts im Kontext der amerikanischen Wissenschaftslandschaft betrachtet. Zunächst geschieht das auf der Departmentsebene der Columbia University, dann im Rahmen der amerikanischen Sozialwissenschaften und schließlich – das sind die erhellendsten und wichtigsten Passagen – im Rahmen der Debatten unter den legendären, bereits in vielen

Studien gewürdigten »New York Intellectuals« der 1940er und 1950er Jahre. Generell gilt, dass sich die Institutsmitglieder gegenüber den amerikanischen Kollegen auf Geheiß Horkheimers reserviert verhalten haben, um sich politisch nicht in die Karten schauen zu lassen. Beibehalten wurden deshalb in den USA die deutschsprachigen Publikationen des Instituts; die erste englischsprachige Studie erschien erst 1939. Eine größere Außenwirkung erzielte in den frühen Jahren lediglich der Psychoanalytiker Erich Fromm, weil dessen empirische Arbeiten und ihr Gegenstand anschlussfähig an die amerikanische Wissenschaft waren. Nicht von ungefähr wurde er 1939 entlassen, offiziell wegen finanzieller Engpässe durch Kursrückgänge der amerikanischen Kapitalanlagen des Instituts und damit verbundener Personaleinschränkungen, inoffiziell, weil er zu deutlich Horkheimers Rivale in der Außenrepräsentation wurde.

Die Finanzprobleme führten zu einer Öffnung des Instituts nach außen, da fortan neue Sponsoren gesucht werden musste. Die großen, vom American Jewish Committee geförderten Untersuchungen etwa zum Antisemitismus, die später in den mehrbändigen *Studies in Prejudice* mündeten, sind Beispiele dafür. Die bisher gewollte Isolation wurde damit zwar nicht aufgegeben, aber mit den nunmehr englischsprachigen Publikationen begann die öffentliche Wahrnehmung. Dafür gewonnene Übersetzer kamen nicht zufällig aus dem City College, seinerzeit eine der Denkfabriken für junge linke Intellektuelle der zweiten Generation, die zugleich als Multiplikatoren der Institutsarbeiten in den New Yorker Freundeskreisen wirkten. Deren jüdische Herkunft, meist aus europäischen Einwandererfamilien, ihr politisches Profil und ihre wissenschaftstheoretischen Überzeugungen waren nahezu identisch mit dem Sozialmilieu der Institutsmitglieder. Zu einer persönlichen Annäherung und direkten Disputen kam es jedoch nicht, man nahm sich vor allem durch Publikationen zur Kenntnis. Immerhin waren einige später bedeutende Wissenschaftler wie Daniel Bell zeitweise Angestellte des Instituts.

Eindrucksvoll wird das Verhältnis zwischen Horkheimer-Kreis und den New Yorker Intellektuellen am Beispiel Sidney Hooks, ihrem anerkannten und einflussreichsten Marxismus-Experten, sowie den Herausgeber-Kreisen der Zeitschriften *Partisan Review, Politics,* des 1945 gegründeten jüdischen *Commentary* sowie des seit 1954 von dem Emigranten Lewis Coser und Irving Howe herausgegebenen *Dissent* dargestellt, alles zu jener Zeit profilierte und argumentationsstarke antistalinistische linke Highbrows. Zum schärfsten Opponenten und Stichwortgeber gegen die in den Exiljahren des Instituts allmählich Kontur annehmende Kritische Theorie wurde Hook, der den Marx'schen Ansatz mit dem Pragmatismus seines Lehrers John Dewey zu verbinden suchte. Die Deutschen dagegen wollten »das Ganze« der Gesellschaft erklären und brachten dabei im Rückgriff auf das hegelianische System ihre Praxisindifferenz und Ablehnung des »Positivismus« zum Ausdruck, worunter alles fiel, was dem eigenen Ansatz widersprach. Trotz großer Übereinstimmungen in der Analyse der Moderne mit ihren industriekapitalistischen Zwängen, massenkulturellen Deformationen und autoritären Tendenzen standen sich hier Welten gegenüber. In Anlehnung an Freud formuliert der Autor diese Gegensätze etwas verharmlosend als »narcissim of small differences« (104), immerhin erscheint an anderer Stelle Hook als »Dewey's Pit Bull« (97 ff.), der mit seinen Kollegen den Anschluss der Marx'schen Lehre an den zivilen Prozess von Problemlösungen im demokratischen Handeln suchte, während die ehemaligen Frankfurter in ihren Augen im hermetischen und antidemokratischen Elitismus die Sehnsucht nach der vormodernen bourgeoisen Welt pflegten.

Trennscharf und spannend präsentiert der Autor diese wissenschaftstheoretischen Differenzen auch noch an anderen Diskussionsgegenständen, etwa den Auseinandersetzungen um den epistemologischen Gehalt der »dialektischen Logik« oder der Bewertung der Massenkultur. Wenn er daraus aber ableitet, dass die Begegnung von Frankfurter Schule und amerikanischen Intellektuellen eine der fruchtbarsten Perioden der transatlantischen Ideengeschichte gewesen ist, so erscheint das für die Frühphase überzogen. Zumindest sollte erwähnt werden, dass es zur gleichen Zeit in New York nicht weniger profilierte intellektuelle Emigrantengruppen gegeben hat, die in einen wirklichen transatlantischen Ideenaustausch eingetreten sind und sich nicht als Botschafter camouflierender »Fla-

schenpost« verstanden haben wie Horkheimer und seine engeren Freunde. Mit deren Rückkehr und den zerronnenen sozialistischen Hoffnungen der New Yorker Intellektuellen angesichts der Entwicklung des real existierenden Sozialismus nach 1945 verebbte diese Debatte. Erstaunlich ist, dass die Rolle und Bedeutung der in den USA gebliebenen Instituts-Angehörigen mit Ausnahme Marcuses nur marginal gestreift werden, obwohl etwa Leo Löwenthal, Otto Kirchheimer und insbesondere Franz Neumann mit seiner bahnbrechenden NS-Analyse *Behemoth* nicht weniger bedeutend waren, gerade weil sie sich aus der analytischen Stringenz der Instituts-orthodoxie befreit hatten. Die seit den 1970er Jahren wiederbelebte Rezeption war von vornherein anders determiniert. Jetzt lieferten auch jüngere Repräsentanten der Kritischen Theorie wie Jürgen Habermas die Stichworte, der mit seiner Theorie des kommunikativen Handelns unter anderem jene Kerndifferenzen der frühen Jahre des Horkheimer-Kreises in den USA zu überwinden vermochte.

Claus-Dieter Krohn

Lucy von Jacobi – Journalistin. Mit Aufsätzen und Kritiken von Lucy von Jacobi. Essays von Irene Below und Ruth Oelze (= Film & Schrift. Band 9). München (edition text + kritik) 2009. 329 S.

Schauspielerin an den ersten Häusern in München, Berlin und Hamburg, Dramaturgin in Dresden, Mitarbeiterin der ersten Stunde im Nordwestdeutschen Rundfunk, Redakteurin bei Ullsteins *Tempo* und fleißige Übersetzerin: Das ist der Steckbrief einer 1933 aus der Bahn geworfenen Emigrantin. Nicht ein Lebens-Lauf ist darin zu erkennen, eher die mühsame Klettertour einer begabten Frau auf dem holprigen Weg zu professioneller Behauptung und unabhängiger Lebensgestaltung durch schwieriges Terrain, das Terrain des 20. Jahrhunderts. Das Jahr 1914 bringt die private und politische Katastrophe: Im Februar stirbt der siebenjährige Sohn, der im August begonnene Weltkrieg raubt ihr den Oktober den Mann Bernhard von Jacobi, ebenfalls Schauspieler, an der Front. Wie sich die aus dem um Assimilation bemühten Wiener Bürgertum stammende Frau im Konkur-

renzgefecht und dem gender trouble der
Theaterwelt und den politischen Eiertänzen
in der Zeitungslandschaft hindurch- und hin-
aufarbeitet, immer auf Selbstständigkeit und
Unabhängigkeit bedacht, beschreibt Irene
Below in ihrem umfangreichen und durch
einen großen Nachlassfund quellengesättig-
ten biografischen Essay als Weg der »Profes-
sionalisierung«. Sie ist in charakteristischen
Zügen wiederzuerkennen in der klugen Hed-
da von Herzfeld in Klaus Manns Roman
Mephisto.
1933 ist alles zu Ende. Exilstationen: Prag,
Wien, Florenz. Im Oktober 1938 gelingt die
Flucht in die Schweiz. Übersetzungsarbeiten,
pseudonym veröffentlichte Feuilletons sichern kaum das finanzielle Überleben. Jetzt
heißt es – ganz ähnlich wie bei Alice Rühle-
Gerstel und vielen anderen professionell
Schreibenden - sich mit Gebrauchstexten, mit
Frauen- und Kinderseiten über Wasser zu halten. Die Kontakte zu den lebenslangen Freunden, zu den Schnitzlers, Alfred Wolfenstein,
zu Mirjam Horwitz-Ziegel und Erich Ziegel,
zu Arnold und Beatrice Zweig, zum Ullstein-
Kollegen Manfred Georg(e) überdauern –
soweit sie noch leben – das Exil.
Lucy von Jacobis Feuilletons sind Tagesditera-
tur und so gut wie vergessen. Allein für *Tempo* hat sie von 1928 bis 1933 über 2000 Artikel veröffentlicht. Ruth Oelze hat sich hier auf
ihre Filmkritiken konzentriert. Ihr einfüh-
render Essay beleuchtet die Rolle Jacobis in
der Zeitung. Im Auge die überwiegend weib-
liche Leserschaft, nicht zu anspruchsvoll,
weniger Filmtechnisches als Inhaltliches, dafür »spritzig«, direkt, das war ihr Markenzei-
chen. Sie war zuständig für die massenhaften
Unterhaltungsfilme. Weit über 200 dieser
kleinen pointierten, nie intellektuell über-
heblichen Kritiken sind hier versammelt,
immer im »Wir-Ton«, immer gesehen in Au-
genhöhe mit dem Publikum, nie belehrend.
Die Spitzen gegen das zu Flache, Süßliche,
Hollywoodeske pieksen charmant, wo die
zeitgeistige Schwärmerei für deutsche Kolo-
nien und der Militär- und Uniformfimmel
überhand nehmen, wird sie deutlicher: »Jungens, Jungens, die Ihr diesen Film seht: es ist
nicht immer so im Krieg! Nicht in allen Dorf-
wirtshäusern erwarten euch verliebte Prinzes-
sinnen! In Gaskriegen kann es auch manchmal ein bißchen anders kommen. Jungens,
die ihr diesen Film seht: *schaut vorwärts* um

Gotteswillen!« (*Der schwarze Husar.* Tempo,
31.10.32) Eine vergessene Feuilletonistin ist
wieder kennenzulernen. In ihrer Sicht auf die
Filmszene der späten Weimarer Republik
scheint, so leicht und lässig sie wirkt, das kommende Unheil hindurch.

Hiltrud Häntzschel

Kurzbiografien der Autorinnen und Autoren

Sylvia Asmus, geb. 1966; Studium der Germanistik, Kunstgeschichte und Kunstpädagogik in Frankfurt am Main, Magisterexamen 1992. Studium der Bibliothekswissenschaft an der Humboldt-Universität, Berlin, 2010 Promotion über Nachlasserschließung im Deutschen Exilarchiv 1933–1945. Seit 1994 in der Deutschen Nationalbibliothek in Frankfurt tätg, seit 2006 stellvertretende Leiterin des Deutschen Exilarchivs 1933–1945. Zahlreiche Veröffentlichungen zur Emigrationsgeschichte und Exilliteratur.

Regine Dehnel, geb. 1962; 1980–1985 Studium der Kunstgeschichte in Leningrad (St. Petersburg); 1990 Promotion im Fach Kunstgeschichte; 1985–1992 wissenschaftliche Assistentin an der Ernst-Moritz-Arndt-Universität Greifswald; seit November 2008 Projektverantwortliche für NS-Raubgut in der Gottfried Wilhelm Leibniz Bibliothek; zuvor u. a. wiss. Mitarbeiterin und stellv. Leiterin der Koordinierungsstelle für Kulturgutverlust in Magdeburg, Projektverantwortliche für das Zweite und das Dritte Hannoversche Symposium »Jüdischer Buchbesitz als Raubgut« (2005) sowie »NS-Raubgut in Bibliotheken« (2007) an der Gottfried Wilhelm Leibniz Bibliothek.

Brita Eckert, geb. 1947; Studium der Geschichte, Germanistik und ev. Theologie in Frankfurt am Main, Staatsexamen 1971, Promotion 1975. Seit 1972 im wissenschaftlichen Bibliotheksdienst an der Deutschen Nationalbibliothek in Frankfurt tätig, seit 1984 Leiterin des Deutschen Exilarchivs 1933–1945. Zahlreiche Veröffentlichungen zur Emigrationsgeschichte und Exilliteratur.

Heike Gfrereis, geb. 1968; Studium der Germanistik und Kunstgeschichte in Stuttgart, Tübingen und Marburg/Lahn, nach der Promotion von 1994 bis 1999 wiss. Mitarbeiterin am Lehrstuhl für Neuere deutsche Literatur der Universität Stuttgart. Im Anschluss Mitarbeiterin in einem auf Ausstellungen und Museen spezialisierten Architekturbüro. Seit November 2001 Leiterin des Museums des Deutschen Literaturarchivs Marbach; Konzeption u. a. der Dauerausstellungen im Literaturmuseum der Moderne und Schiller-Nationalmuseum, der Ausstellungen »Ordnung. Eine unendliche Geschichte«, »Wanderne Schatten. W. G. Sebalds Unterwelt« und »Autopsie Schiller. Eine literarische Untersuchung«.

Inge Hansen-Schaberg, Dr. phil., geb. 1954; apl. Professorin für Erziehungswissenschaft mit besonderer Berücksichtigung der Historischen Pädagogik an der Technischen Universität Berlin; zurzeit Lehrtätigkeit an der Georg-August-Universität in Göttingen. 2. Vorsitzende der Gesellschaft für Exilforschung e.V., Leiterin der AG »Frauen im Exil«. Veröffentlichungen zur Reformpädagogik, Koedukation, Pädagogik im Exil, Biografieforschung.

Anja Heuß, geb. 1964; Studium der Germanistik, Philosophie und Filmwissenschaft. Promotion zum Thema »Kunst- und Kulturgutraub in Frankreich und der Sowjetunion« (1999). Mitarbeiterin der Schweizer Historikerkommission (1998–2000). Mitarbeiterin der Oberfinanzdirektion Berlin (2000–2002). Zurzeit Provenienzforscherin an der Staatsgalerie Stuttgart und dem Landesmuseum Württemberg, Stuttgart.

Sabine Hillebrecht, geb. in Berlin; Studium der Geschichtswissenschaft und Romanistik in Berlin und Paris. 1991–1993 wiss. Mitarbeiterin am Jüdischen Museum Berlin, seit 1993 Studienrätin, Lehrbeauftragte an der Technischen Universität Berlin und Humboldt Universität Berlin sowie freiberufliche Historikerin und Museumspädagogin. Stellvertretende Vorsitzende des Berliner Vereins Aktives Museum. Wissenschaftliche Publikationen zu den Bereichen NS-Geschichte und Berliner Regionalgeschichte sowie Veröffentlichungen für schulische Zwecke. Erstellung des pädagogischen Begleitprogramms zur Ausstellung »Varian Fry«.

Heinz Högerle, geb. 1949; führt seit vielen Jahren ein Dienstleistungsunternehmen für Verlage. Seit 2000 wohnt er in Rexingen und beschäftigt sich mit der Geschichte der jüdischen Gemeinden im Rabbinat Horb-Mühringen. Er ist Mitglied im Vorstand des Träger- und Fördervereins Ehemalige Synagoge Rexingen und Vorsitzende des Gedenkstättenverbundes Gäu-Neckar-Alb.

Wulf Koepke, 1928–2010 – Distinguished Professor Emeritus, Texas A&M University, Mitherausgeber des Jahrbuchs *Exilforschung* und des *Herder-Jahrbuchs,* Bücher über Jean Paul, J.G. Herder, Lion Feuchtwanger, Alfred Döblin und Max Frisch. Herausgeber oder Mitherausgeber von Bänden über J.G. Herder und verschiedene Aspekte der Exilforschung, etwa 200 Studien zum 18. und 20. Jahrhundert sowie Lehrbücher.

Christoph Kopke, geb. 1967; Studium der Politikwissenschaft an der Freien Universität Berlin, 2008 Promotion; z.Zt. freier Projektmitarbeiter am Moses Mendelssohn Zentrum für europäisch-jüdische Studien, Universität Potsdam. Forschungen zum Nationalsozialismus und Rechtsextremismus.

Lena Kreppel, geb. 1979; Studium der Neueren deutschen Literatur, Politikwissenschaft und Publizistik in Osnabrück, Nikosia und Berlin. Seit 2007 Doktorandin an der Freien Universität Berlin, Promotion zur Literatur deutsch-jüdischer Migranten in Palästina / Israel, seit 2009 in der Graduiertenförderung der Friedrich-Ebert-Stiftung.

Angelika Meyer, geb. 1967; Diplom-Politologin; seit 1996 in der historisch-politischen Bildungsarbeit und wissenschaftlichen Projekten für verschiedene NS-Gedenkstätten- und Dokumentationszentren tätig. Mitarbeiterin der Mahn- und Gedenkstätte Ravensbrück / Stiftung Brandenburgische Gedenkstätten. Vorstandsbeisitzerin des Aktiven Museums und zusammen mit Marion Neumann Kuratorin von Ausstellung und Katalog zu Varian Fry.

Marion Neumann, Studium der Ethnologie, Altamerikanistik und Kunstgeschichte in Heidelberg und Berlin; Abschluss 1992. Danach (Studien-)Reiseleiterin und wissenschaftliche Mitarbeiterin bei den Ausstellungen »Exil: Flucht und Vertreibung aus dem Bayerischen Viertel« (Kunstamt Berlin-Schöneberg), »Entschädigt? Zwangsarbeit in Berlin 1938–1945« (Jugendmuseum Berlin-Schöneberg). Seit 2000 freie Mitarbeiterin beim Aktiven Museum Berlin und zusammen mit Angelika Meyer Kuratorin von Ausstellung und Katalog zu Varian Fry.

Gerhard Paul, geb. 1951; Studium der Sozialwissenschaften und Geschichte in Bonn, Frankfurt am Main und Hannover, Promotion 1984, Habilitation 1990; seit 1994 Professor für Geschichte und ihre Didaktik an der Universität Flensburg. Letzte Publikationen: Hg. Visual History. Ein Studienbuch. Göttingen 2006; Hg. Das Jahrhundert der Bilder. Bildatlas I 1900–1949, Göttingen 2009; Bildatlas II 1949 bis heute, Göttingen 2008.

Ines Rotermund-Reynard, geb. 1968; Studium der Kunstgeschichte, Allgemeinen Rhetorik und Germanistik in Tübingen und Paris. Promotion (thèse en co-tutelle Paris / Berlin) 2007 mit einer Arbeit über das französische und mexikanische Exil des Kunstkritikers Paul Westheim. Mehrjährige Tätigkeit als Lektorin und Lehrbeauftragte für Germanistik und Kunstgeschichte an den Universitäten Lille III und Paris I / Panthéon-Sorbonne. Zur Zeit Post-Doc-Stipendiatin des Deutschen Historischen Instituts Moskau (Briefedition aus sowjetischen Beuteakten). Arbeitet am Deutschen Forum für Kunstgeschichte in Paris.

Verena Staack, geb. 1975; 1998 erstes Staatsexamen in Deutsch, Geschichte und ev. Religion für Grund- und Hauptschulen in Kiel, 2004 Magister in Neuerer deutscher Literaturwissenschaft, Mittlerer und Neuer Geschichte

260 Kurzbiografien der Autorinnen und Autoren

und Europäischer Ethnologie in Heidelberg, danach Tätigkeit u. a. am Badischen Landesmuseum Karlsruhe, der Stiftung Reichspräsident-Friedrich-Ebert-Gedenkstätten und der Landeszentrale für politische Bildung Heidelberg, seit 2006 zuständig für Literaturvermittlung an den Museen des Deutschen Literaturarchivs Marbach.

Barbara Staudacher, geb. 1943 in Stuttgart; Verlagsbuchhändlerin, Vorsitzende des Stiftungsrates der Förderstiftung Jüdischer Betsaal Horb. 1980 kaufte sie ein altes Haus in Rexingen, in unmittelbarer Nähe zum dortigen jüdischen Friedhof. Durch den Austausch mit ihrem Nachbarn, dem letzten christlichen Totengräber der jüdischen Gemeinde, entstand eine intensive Beschäftigung mit der Geschichte Gemeinde und viele freundschaftliche Beziehungen zu jüdischen Familien in den USA und Israel.

Werner Treß, M. A., geb. 1975; Studium der Geschichtswissenschaft und der Philosophie an der Freien Universität Berlin und an der Humboldt Universität zu Berlin; wissenschaftlicher Mitarbeiter am Moses Mendelssohn Zentrum für europäisch-jüdische Studien, Universität Potsdam; verantwortlich für das Editionsprojekt »Bibliothek verbrannter Bücher«.

Lutz Winckler, Studium der Germanistik und Geschichte in Lausanne, Berlin und Tübingen. Promotion zum Dr. phil. an der Universität Tübingen. 1975 Habilitation, 1988–1998 apl. Professor an der Universität Tübingen. 1993 Maître de conférences an der Universität Poitiers. 1998–2006 Professor für deutsche Literatur und Kultur an der Universität Poitiers. Gastprofessuren an den Universitäten Marburg (1973/4), Hamburg (1979–1981), Besançon (1985–1988) und Paris VIII (1983/4 und 1989/90). Im Mittelpunkt von Forschung und Lehre stehen die Auseinandersetzung mit der Literatur des Exils nach 1933 und der Versuch, ihr einen Platz im kulturellen Gedächtnis zu sichern.

Exilforschung. Ein internationales Jahrbuch

Herausgegeben von Claus-Dieter Krohn und Lutz Winckler in
Verbindung mit Erwin Rotermund

Band 1/1983
Stalin und die Intellektuellen und andere Themen

391 Seiten

»… der erste Band gibt in der Tat mehr als nur eine Ahnung davon, was eine
so interdisziplinär wie breit angelegte Exilforschung sein könnte.«

Neue Politische Literatur

Band 2/1984
Erinnerungen ans Exil – kritische Lektüre der Autobiographien nach 1933

415 Seiten

»Band 2 vermag mühelos das Niveau des ersten Bandes zu halten, in manchen Studien wird geradezu außergewöhnlicher Rang erreicht …«

Wissenschaftlicher Literaturanzeiger

Band 3/1985
Gedanken an Deutschland im Exil und andere Themen

400 Seiten

»Die Beiträge beschäftigen sich nicht nur mit Exilliteratur, sondern auch mit
den Lebensbedingungen der Exilierten. Sie untersuchen Möglichkeiten und
Grenzen der Mediennutzung, erläutern die Probleme der Verlagsarbeit und
verfolgen ›Lebensläufe im Exil‹.«

Neue Zürcher Zeitung

Band 4/1986
Das jüdische Exil und andere Themen

310 Seiten

Hannah Arendt, Bruno Frei, Nelly Sachs, Armin T. Wegner, Paul Tillich,
Hans Henny Jahnn und Sergej Tschachotin sind Beiträge dieses Bandes
gewidmet. Ernst Loewy schreibt über den Widerspruch, als Jude, Israeli,
Deutscher zu leben.

Band 5/1987
Fluchtpunkte des Exils und andere Themen
260 Seiten

Das Thema »Akkulturation und soziale Erfahrungen im Exil« stellt neben der individuellen Exilerfahrung die Integration verschiedener Berufsgruppen in den Aufnahmeländern in den Mittelpunkt. Bisher wenig bekannte Flüchtlingszentren in Lateinamerika und Ostasien kommen ins Blickfeld.

Band 6/1988
Vertreibung der Wissenschaften und andere Themen
243 Seiten

Der Blick wird auf einen Bereich gelenkt, der von der Exilforschung bis dahin kaum wahrgenommen wurde. Das gilt sowohl für den Transfer denkgeschichtlicher und theoretischer Traditionen und die Wirkung der vertriebenen Gelehrten auf die Wissenschaftsentwicklung in den Zufluchtsländern wie auch für die Frage nach dem »Emigrationsverlust«, den die Wissenschaftsemigration für die Forschung im NS-Staat bedeutete.

Band 7/1989
Publizistik im Exil und andere Themen
249 Seiten

Der Band stellt neben der Berufsgeschichte emigrierter Journalisten in den USA exemplarisch Persönlichkeiten und Periodika des Exils vor, vermittelt an deren Beispiel Einblick in politische und literarische Debatten, aber auch in die Alltagswirklichkeit der Exilierten.

Band 8/1990
Politische Aspekte des Exils
243 Seiten

Der Band wirft Schlaglichter auf ein umfassendes Thema, beschreibt Handlungsspielräume in verschiedenen Ländern, stellt Einzelschicksale vor. Der Akzent auf dem kommunistischen Exil, dem Spannungsverhältnis zwischen antifaschistischem Widerstand und politischem Dogmatismus, verleiht ihm angesichts der politischen Umwälzungen seit 1989 Aktualität.

Band 9/1991
Exil und Remigration
263 Seiten

Der Band lenkt den Blick auf die deutsche Nachkriegsgeschichte, untersucht, wie mit rückkehrwilligen Vertriebenen aus dem Nazi-Staat in diesem Land nach 1945 umgegangen wurde.

Band 10/1992
Künste im Exil
212 Seiten. Zahlreiche Abbildungen

Beiträge zur bildenden Kunst und Musik, zu Architektur und Film im Exil stehen im Mittelpunkt dieses Jahrbuchs. Fragen der kunst- und musikhistorischen Entwicklung werden diskutiert, die verschiedenen Wege der ästhetischen Auseinandersetzung mit dem Faschismus dargestellt, Lebens- und Arbeitsbedingungen der Künstler beschrieben.

Band 11/1993
Frauen und Exil
Zwischen Anpassung und Selbstbestimmung
283 Seiten

Der Band trägt zur Erforschung der Bedingungen und künstlerischen wie biografischen Auswirkungen des Exils von Frauen bei. Literaturwissenschaftliche und biografische Auseinandersetzungen mit Lebensläufen und Texten ergänzen feministische Fragestellungen nach spezifisch »weiblichen Überlebensstrategien« im Exil.

Band 12/1994
Aspekte der künstlerischen Inneren Emigration
1933 bis 1945
236 Seiten

Der Band will eine abgebrochene Diskussion über einen kontroversen Gegenstandsbereich fortsetzen: Zur Diskussion stehen Literatur und Künste in der Inneren Emigration zwischen 1933 und 1945, Möglichkeiten und Grenzen einer innerdeutschen politischen und künstlerischen Opposition.

Band 13/1995
Kulturtransfer im Exil
276 Seiten

Das Jahrbuch 1995 macht auf Zusammenhänge des Kulturtransfers aufmerksam. Die Beiträge zeigen unter anderem, in welchem Ausmaß die aus Deutschland vertriebenen Emigranten das Bewusstsein der Nachkriegsgeneration der sechziger Jahre – in Deutschland wie in den Exilländern – prägten, welche Themen und welche Erwartungen die Exilforschung seit jener Zeit begleitet haben.

Band 14/1996
Rückblick und Perspektiven
231 Seiten

Methoden und Ziele wie auch Mythen der Exilforschung werden kritisch untersucht; der Band zielt damit auf eine problem- wie themenorientierte Erneuerung der Exilforschung. Im Zusammenhang mit der Kritik traditioneller Epochendiskurse stehen Rückblicke auf die Erträge der Forschung unter anderem in den USA, der DDR und in den skandinavischen Ländern. Zugleich werden Ausblicke auf neue Ansätze, etwa in der Frauenforschung und der Literaturwissenschaft, gegeben.

Band 15/1997
Exil und Widerstand
282 Seiten

Der Widerstand gegen das nationalsozialistische Herrschaftssystem aus dem Exil heraus steht im Mittelpunkt dieses Jahrbuchs. Neben einer Problematisierung des Widerstandsbegriffs beleuchten die Beiträge typische Schicksale namhafter politischer Emigranten und untersuchen verschiedene Formen und Phasen des politischen Widerstands: z. B. bei der Braunbuch-Kampagne zum Reichstagsbrand, in der französischen Résistance, in der Zusammenarbeit mit britischen und amerikanischen Geheimdiensten sowie bei den Planungen der Exil-KPD für ein Nachkriegsdeutschland.

Band 16/1998
Exil und Avantgarden
275 Seiten

Der Band diskutiert und revidiert die Ergebnisse einer mehr als zwanzigjährigen Debatte um Bestand, Entwicklung oder Transformation der historischen Avantgarden unter den Bedingungen von Exil und Akkulturation; die Beiträge verlieren dabei den gegenwärtigen Umgang mit dem Thema Avantgarde nicht aus dem Blick.

Band 17/1999
Sprache – Identität – Kultur
Frauen im Exil
268 Seiten

Die Untersuchungen dieses Bandes fragen nach der spezifischen Konstruktion weiblicher Identität unter den Bedingungen des Exils. Welche Brüche verursacht die – erzwungene oder freiwillige – Exilerfahrung in der individuellen Sozialisation? Und welche Chancen ergeben sich möglicherweise daraus für die Entwicklung neuer, modifizierter oder alternativer Identitätskonzepte? Die Beiträge bieten unter heterogenen Forschungsansätzen literatur- und kunstwissenschaftliche, zeithistorische und autobiografische Analysen.

Band 18/2000
Exile im 20. Jahrhundert
280 Seiten

Ohne Übertreibung kann man das 20. Jahrhundert als das der Flüchtlinge bezeichnen. Erzwungene Migrationen, Fluchtbewegungen und Asylsuchende hat es zwar immer gegeben, erst im 20. Jahrhundert jedoch begannen Massenvertreibungen in einem bis dahin unbekannten Ausmaß. Die Beiträge des Bandes behandeln unterschiedliche Formen von Vertreibung, vom Exil aus dem zaristischen Russland bis hin zur Flucht chinesischer Dissidenten in der jüngsten Zeit. Das Jahrbuch will damit auf Unbekanntes aufmerksam machen und zu einer Erweiterung des Blicks in vergleichender Perspektive anregen.

Band 19/2001
Jüdische Emigration
Zwischen Assimilation und Verfolgung, Akkulturation und jüdischer Identität
294 Seiten

Das Thema der jüdischen Emigration während des »Dritten Reichs« und Probleme jüdischer Identität und Akkulturation in verschiedenen europäischen und außereuropäischen Ländern bilden den Schwerpunkt dieses Jahrbuchs. Die Beiträge befassen sich unter anderem mit der Vertreibungspolitik der Nationalsozialisten, richten die Aufmerksamkeit auf die Sicht der Betroffenen und thematisieren Defizite und Perspektiven der Wirkungsgeschichte jüdischer Emigration.

Band 20/2002
Metropolen des Exils

310 Seiten

Ausländische Metropolen wie Prag, Paris, Los Angeles, Buenos Aires oder Shanghai stellten eine urbane Fremde dar, in der die Emigrantinnen und Emigranten widersprüchlichen Erfahrungen ausgesetzt waren: Teilweise gelang ihnen der Anschluss an die großstädtische Kultur, teilweise fanden sie sich aber auch in der für sie ungewohnten Rolle einer Randgruppe wieder. Der daraus entstehende Widerspruch zwischen Integration, Marginalisierung und Exklusion wird anhand topografischer und mentalitätsgeschichtlicher Untersuchungen der Metropolenemigration, vor allem aber am Schicksal der großstädtischen politischen und kulturellen Avantgarden und ihrer Fähigkeit, sich in den neuen Metropolen zu reorganisieren, analysiert. Ein spezielles Kapitel ist dem Imaginären der Metropolen, seiner Rekonstruktion und Repräsentation in Literatur und Fotografie gewidmet.

Band 21/2003
Film und Fotografie

296 Seiten

Als »neue« Medien verbinden Film und Fotografie stärker als die traditionellen Künste Dokumentation und Fiktion, Amateurismus und Professionalität, künstlerische, technische und kommerzielle Produktionsweisen. Der Band geht den Produktions- und Rezeptionsbedingungen von Film und Fotografie im Exil nach, erforscht anhand von Länderstudien und Einzelschicksalen Akkulturations- und Integrationsmöglichkeiten und thematisiert den Umgang mit Exil und Widerstand im Nachkriegsfilm.

Band 22/2004
Bücher, Verlage, Medien

292 Seiten

Die Beiträge des Bandes fokussieren die medialen Voraussetzungen für die Entstehung einer nach Umfang und Rang weltgeschichtlich singulären Exilliteratur. Dabei geht es um das Symbol Buch ebenso wie um die politische Funktion von Zeitschriften, aber auch um die praktischen Arbeitsbedingungen von Verlagen, Buchhandlungen etc. unter den Bedingungen des Exils.

Band 23/2005
Autobiografie und wissenschaftliche Biografik
263 Seiten

Neben Autobiografien als Zeugnis und Dokument sind Erinnerung und Gedächtnis in den Vordergrund des Erkenntnisinteresses der Exilforschung gerückt. Die »narrative Identität« (Paul Ricœur) ist auf Kommunikation verwiesen, sie ist unabgeschlossen, offen für Grenzüberschreitungen und interkulturelle Erfahrungen; sie artikuliert sich in der Sprache, in den Bildern, aber auch über Orte und Dinge des Alltags. Vor diesem Hintergrund stellt der Band autobiografische Texte, wissenschaftliche Biografien und Darstellungen zur Biografik des Exils vor und diskutiert Formen und Funktionen ästhetischen, historischen, fiktionalen und wissenschaftlichen Erzählens.

Band 24/2006
Kindheit und Jugend im Exil – Ein Generationenthema
284 Seiten

Das als Kind erfahrene Unrecht ist vielfach einer der Beweggründe, im späteren Lebensalter Zeugnis abzulegen und oft mit Genugtuung auf ein erfolgreiches Leben trotz aller Hindernisse und Widrigkeiten zurückzublicken. Kindheit unter den Bedingungen von Verfolgung und Exil muss also einerseits als komplexes, tief gehendes und lang anhaltendes Geschehen mit oftmals traumatischen Wirkungen über mehrere Generationen gesehen werden, andererseits können produktive, kreative Lebensentwürfe nach der Katastrophe zu der nachträglichen Bewertung des Exils als Bereicherung geführt haben. Diesen Tatsachen wird in diesem Band konzeptionell und inhaltlich anhand neu erschlossener Quellen nachgegangen.

Band 25/2007
Übersetzung als transkultureller Prozess
293 Seiten

Übersetzen ist stets ein Akt des Dialogs zwischen dem Selbst und dem Anderen, zwischen kulturell Eigenem und Fremdem. Übersetzen bedeutet insofern auch deutende Vermittlung kultureller Verschiedenheit im Sinne einer »Äquivalenz des Nicht-Identischen« (P. Ricœur). Ein kulturtheoretisch fundierter Übersetzungsbegriff ist daher geeignet, die traditionelle Exilliteratur aus den Engpässen von muttersprachlicher Fixierung und der Fortschreibung von Nationalliteraturen herauszuführen. Er regt dazu an, das Übersetzen als Alternative zu den Risiken von Dekulturation bzw. Akkulturation aufzufassen und nach Formen der Lokalisierung neuer Identitäten zu suchen, wel-

che in der Extraterritorialität der Sprache und in der Entstehung einer inter-
kulturellen »Literatur des Exils« ihren Ausdruck finden.

Der Band präsentiert Überlegungen und Analysen zu Übersetzern und
Übersetzungen von bzw. durch Exilautorinnen und -autoren (u. a. Hermann
Broch, Heinrich Mann, Hans Sahl, Anna Seghers). Er enthält Studien zu
Sprachwechsel und Mehrsprachigkeit sowie Beispiele eines Schreibens »zwi-
schen« den Sprachen (Walter Abish, Wladimir Nabokov, Peter Weiss), die
eine geografische und zeitliche Entgrenzung der »Exilliteratur« nahelegen.

Ein Register aller Beiträge der Bände 1 bis 25 des Jahrbuchs rundet den
Band ab und gibt einen Überblick über den Stand der Exilforschung.

Band 26/2008
Kulturelle Räume und ästhetische Universalität
Musik und Musiker im Exil
253 Seiten

Das Themenspektrum des Bandes reicht von allgemeinen Überlegungen zum
Doppelcharakter von Musik als »Werk und Zeugnis« über Musik in Exilzeitschriften, die Migration von Musiker/Komponisten-Archiven, die Frage
nach »brain drain« und »brain gain« in der Musikwissenschaft bis zum Beitrag von Musikern in der Filmindustrie und einer Fallstudie zum Exil in
Südamerika.

Band 27/2009
Exil, Entwurzelung, Hybridität
244 Seiten

Vor dem Hintergrund des Begriffs Hybridität, einem der Schlüsselbegriffe
in den Kulturwissenschaften, versammelt der vorliegende Band Beiträge, die
dazu anregen sollen Vertreibungen und Entwurzelungen sowie die damit verbundenen Integrationsprozesse unter differenten gesellschaftspolitischen
Verhältnissen, insbesondere auch im Zeichen der heutigen Massenwande-
rungen zu vergleichen.

Ausführliche Informationen über alle Bücher des Verlags im Internet unter:
www.etk-muenchen.de

Film in der edition text + kritik

neu

Anhand der Werke u. a. von Musil, Kafka, Murnau, Lang widmet sich der Band den Beziehungen zwischen Literatur und Film in den ersten Jahrzehnten ihres Mit- und Gegeneinanders, in denen es darum ging, sich voneinander abzugrenzen, aber auch voneinander zu lernen.

S. Keppler-Tasaki/F. Liptay (Hg.)
Grauzonen
Positionen zwischen Literatur und Film 1910–1960
352 Seiten, € 28,–
ISBN 978-3-86916-076-4

Der Mythos von der schöpferischen Kraft des Leidens prägt zahlreiche Künstlerbiografien. Der Sammelband ist der Erkundung der Triebkräfte künstlerischer Schöpfung im Film gewidmet, die zwischen Leiden und Leidenschaft, Krise und Kreativität oszillieren.

Ch. Balme/F. Liptay/
M. Drewes (Hg.)
Die Passion des Künstlers
Kreativität und Krise im Film
etwa 320 Seiten, ca. € 30,–
ISBN 978-3-86916-089-4

neu

et+k

edition text + kritik

Levelingstraße 6 a
81673 München

info@etk-muenchen.de
www.etk-muenchen.de

Literatur in der edition text + kritik

Robert Krause

Lebensgeschichten
aus der Fremde
Autobiografien
deutschsprachiger
emigrierter SchriftstellerInnen
als Beispiel literarischer
Akkulturation nach 1933

359 Seiten, € 32,–
ISBN 978-3-86916-079-5

Alfred Bodenheimer /
Barbara Breysach (Hg.)

Abschied von Europa
Jüdisches Schreiben zwischen
1930 und 1950

(Schriften der Gesellschaft
für europäisch-jüdische
Literaturstudien, Bd. 3)

etwa 176 Seiten, ca. € 24,–
ISBN 978-3-86916-099-3

et+k

edition text + kritik   Levelingstraße 6a   info@etk-muenchen.de
81673 München   www.etk-muenchen.de

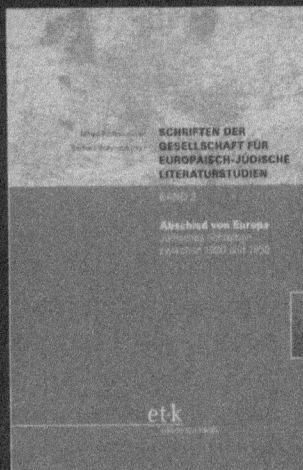

Film in der edition text + kritik

neu

REINECKERLAND
DER SCHRIFTSTELLER
HERBERT REINECKER

Herbert Reinecker ist v. a. als Autor von »Der Kommissar« und »Derrick« bekannt. Die Ursprünge seines Schaffens liegen jedoch in der NS-Propaganda der 1930er und 1940er Jahre. Das Buch nimmt Reineckers Gesamtwerk in den Blick.

R. Aurich/N. Beckenbach/
W. Jacobsen
Reineckerland
Der Schriftsteller
Herbert Reinecker
330 Seiten, € 29,80
ISBN 978-3-86916-068-9

Historiker und Medienwissenschaftler untersuchen die deutschen »Propagandakompanien« im Zweiten Weltkrieg, deren Fotos und Filme als wirksamste »geistige Waffe im Krieg« galten und bis heute unsere visuelle Erinnerung an das »Dritte Reich« prägen.

R. Rother/J. Prokasky (Hg.)
Die Kamera als Waffe
Propagandabilder des
Zweiten Weltkriegs
326 Seiten, € 27,–
ISBN 978-3-86916-067-2

DIE KAMERA
ALS WAFFE

neu

et+k

edition text + kritik

Levelingstraße 6a
81673 München

info@etk-muenchen.de
www.etk-muenchen.de

Musik-Konzepte

Herausgegeben von Ulrich Tadday

Musik-Konzepte Neue Folge 150
Herausgegeben von Ulrich Tadday

Stefan Wolpe I
VII/2010
edition text+kritik

neu

Die Musik-Konzepte widmen Stefan Wolpe (1902–1972) zwei Bände: Im ersten erscheinen vier in deutscher Sprache bislang unveröffentlichte Vorträge des Komponisten, die von Hyesu Shin, Heidy Zimmermann, Austin Clarkson und Thomas Phleps kommentiert werden.

**Heft 150
Stefan Wolpe I
129 Seiten, € 20,–
ISBN 978-3-86916-087-0**

Die europäische Kunstmusik lebt seit ihren Anfängen vom Kontrapunkt. Der Band stellt die Frage, weshalb »Kontrapunkt« in der Tradition Bachs zu einer Größe geworden ist, die über die Generationen hinweg bis auf den heutigen Tag zu philosophischen Deutungen einlädt.

**Musik-Konzepte Neue Folge
Sonderband**
Herausgegeben von Ulrich Tadday

Philosophie des Kontrapunkts
XI/2010
edition text+kritik

neu

**Sonderband 2010
Philosophie des Kontrapunkts
etwa 200 Seiten, ca. € 22,–
ISBN 978-3-86916-088-7**

et+k

edition text + kritik   Levelingstraße 6 a   info@etk-muenchen.de
                             81673 München   www.etk-muenchen.de

www.ingramcontent.com/pod-product-compliance
Lightning Source LLC
Chambersburg PA
CBHW030339270326
41926CB00009B/894